汽车装配与调试技术

主　编　杨正荣
副主编　丁　丽　陈廷稳
参　编　潘婷婷　吴厚廷　吴添天　刘立立　李开宇
　　　　杨胜春　黄再霖　张　炎　孙黎明

机械工业出版社

本书是根据职业教育汽车制造与试验技术专业核心课程要求，采用"岗课赛证"综合育人理念编写，内容包括汽车装配与调试总体认知、车门分装、仪表分装、汽车内饰一装配、动力总成及底盘装配、汽车内饰二装配、汽车尾线装配、汽车检测与调试 8 个项目。

本书可作为职业教育汽车制造与试验技术专业教学用书。

为方便教学，本书配有电子课件、电子教案等资源。凡选用本书作为授课教材的教师均可登录 www.cmpedu.com，以教师身份注册后免费下载，或来电咨询编辑，咨询电话：010-88379201。

图书在版编目（CIP）数据

汽车装配与调试技术 / 杨正荣主编. —北京：机械工业出版社，2024.1
（2025.1 重印）
ISBN 978-7-111-74797-0

Ⅰ.①汽⋯ Ⅱ.①杨⋯ Ⅲ.①汽车—装配（机械）—职业教育—教材 ②汽车—调试方法—职业教育—教材 Ⅳ.①U463

中国国家版本馆CIP数据核字（2024）第006528号

机械工业出版社（北京市百万庄大街22号　邮政编码100037）
策划编辑：师　哲　　　　责任编辑：师　哲
责任校对：梁　园　王　延　封面设计：张　静
责任印制：常天培
固安县铭成印刷有限公司印刷
2025 年 1 月第 1 版第 3 次印刷
210mm×285mm・14.25 印张・380 千字
标准书号：ISBN 978-7-111-74797-0
定价：59.00 元

电话服务　　　　　　　　　网络服务
客服电话：010-88361066　　机　工　官　网：www.cmpbook.com
　　　　　010-88379833　　机　工　官　博：weibo.com/cmp1952
　　　　　010-68326294　　金　书　网：www.golden-book.com
封底无防伪标均为盗版　机工教育服务网：www.cmpedu.com

前 言

为满足汽车制造、售后服务领域高质量发展对高素质技术技能人才的需求，推动职业教育专业升级和数字化改造，提高人才培养质量，增强高等职业教育的适应性，根据新时代职业教育教材建设的总体要求，参照《职业教育专业目录2021》、汽车相关专业国家教学标准以及汽车故障检修大赛要求等，组织编写了本书。

本书具有以下特点：

第一，聚焦"岗课赛证"综合育人理念，对课程的知识点、技能点和项目资源进行设计，将项目评价、职业技能等级证书评价、大赛评价融入课程教学考核评价体系，注重实用性，体现先进性，保证科学性，凸显职业性，强调可操作性，反映了汽车工业的新知识、新技术、新工艺和新标准。

第二，落实立德树人根本任务，贯彻落实党的二十大精神，将素质教育元素有机融入，文字简洁，通俗易懂，图文并茂，形象直观，在培养学生专业能力的同时，关注学生身心健康，坚持意识形态的指导地位，坚定学生的理想信念，加强职业道德与爱国主义的教育，激发学生的家国情怀和使命担当。

第三，教师角色多元化。在明确任务目标的情况下，通过任务描述引出与完成学习任务联系十分紧密的知识。因此，教师需要从一名技术知识的传授者，转化为提高学生综合职业能力的促进者、学习任务的策划者、学习行动的组织动员者、学习资源的提供者、制订计划与实施计划的咨询者以及学习绩效的评估和改善者，即教师的多元化角色。

第四，将任务目标工作化。任务目标即工作目标，既能体现职业教育的能力要求，又能具有鲜明的工作特性。任务目标有适度开放的空间，既不拘泥于当前学校或企业的状况，又充分体现出职业生涯成长的综合要求。

第五，学习过程的行动化。首先是行动的过程性，让学生通过实践体验学习和解决问题的全过程；其次是行动的整体性，无论学习任务的大小和复杂程度如何，每个学习任务都要求学生完成从任务目标、任务描述、知识储备、任务实施到检测评价、课后测评这一完整的工作过程。

第六，评价反馈的过程化。过程化的学习评价可帮助学生获得初步的总结、反思及自我反馈的能力，为提高其综合职业能力提供必要的基础。

本书由贵州装备制造职业学院杨正荣担任主编，丁丽、陈廷稳担任副主编。参加编写的还有潘婷婷、吴厚廷、吴添天、刘立立、李开宇、杨胜春、黄再霖、张炎、孙黎明。

由于编者水平有限，书中不妥之处在所难免，敬请广大读者批评指正。

编　者

目 录

前言

项目一　汽车装配与调试总体认知 ·· 1
　　任务一　总装车间布局、工艺文件认识 ··· 1
　　任务二　装配质量不合格定义及分类 ··· 9
　　任务三　总装班组管理能力 ·· 15

项目二　车门分装 ·· 31
　　任务一　车门分装工作安全与作业准备 ··· 31
　　任务二　车门分装工艺 ·· 34

项目三　仪表分装 ·· 56
　　任务一　仪表分装工作安全与作业准备 ··· 56
　　任务二　仪表分装工艺 ·· 60

项目四　汽车内饰一装配 ·· 69
　　任务一　内饰一线工作安全与作业准备 ··· 69
　　任务二　内饰一装配工艺 ·· 72

项目五　动力总成及底盘装配 ·· 116
　　任务一　动力总成及底盘装配工作安全与作业准备 ······································ 116
　　任务二　动力总成及底盘装调工艺 ··· 119

项目六　汽车内饰二装配 ·· 157
　　任务一　内饰二线工作安全与作业准备 ··· 157
　　任务二　内饰二装配工艺 ·· 159

项目七　汽车尾线装配 ·· 178
　　任务一　尾线工作安全与作业准备 ··· 178
　　任务二　尾线装配工艺 ·· 180

项目八　汽车检测与调试 ·· 203
　　任务一　汽车调试工艺 ·· 203
　　任务二　总装下线检测 ·· 210

参考文献 ·· 224

项目一　汽车装配与调试总体认知

【项目描述】

汽车装配与调试是使汽车各零部件和总成具有一定的相互关系并形成整车的工艺过程。整个装配与调试过程涉及的手段、方法和条件复杂，需要让进入总装工厂的每一位员工对生产工艺、质量控制、现场管理的知识进行熟悉。

任务一　总装车间布局、工艺文件认识

【任务目标】

知识目标：	技能目标：	素养目标：
1）了解汽车总装制造工艺流程。 2）了解汽车总装车间工艺布局。 3）了解工艺卡识读与使用方法。 4）了解总装装配质量不合格的分类。 5）了解总装车间班组管理与班组管理文件的使用。	1）具有正确使用与识读总装工艺卡的能力。 2）具有总装车间常见装配质量判断与防治的能力。 3）具有班组管理文件使用的能力。	1）提高质量控制意识。 2）提高标准化作业意识，养成标准作业习惯。

【任务描述】

汽车总装是汽车全部制造工艺过程的最终环节，是把无数合格的各类零部件，按规定的精度标准和技术要求组合成总成（整车），并经严格的检测工艺，确认其装配性、功能性、安全性等指标合格的一个工艺过程。工艺文件是指指导工人操作和用于生产、工艺管理的各种技术文件，是企业组织生产、计划生产和进行核算的重要技术参数。因此，需要学会如何识读与使用工艺文件。

【知识储备】

汽车总装配线由车门分装工段、一次内饰装配工段、发动机总成分装工段、仪表分装工段、前桥和后桥分装工段、底盘装配工段、二次内饰装配工段、下线检测工段、返修班组等组成。

一、汽车总装车间工艺过程

整车生产工艺流程如图 1-1 所示。

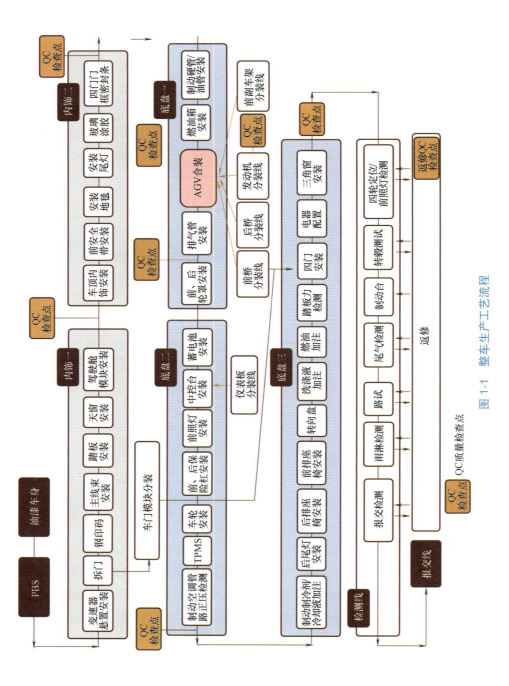

图 1-1 整车生产工艺流程

二、总装车间布局

总装车间工艺平面布置图如图 1-2 所示。

总装车间布局如下：

1）总装配线长度及作业区。

2）车间通道。

3）天车或单轨电动葫芦等各种运输设备的运行轨道及其标高。

4）其他设备和主要工艺装备（如分装台、气动吊具等）的安装位置。

5）其他分装地、储存地、生活间、厕所等的位置。

6）车间内水、电、气等的动力供应点。

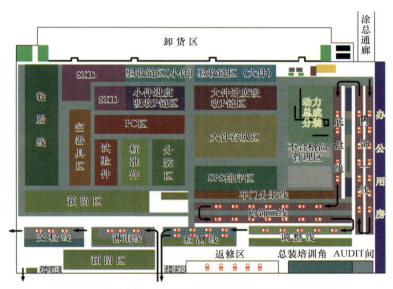

图 1-2 总装车间工艺平面布置图

三、作业指导书识读

在总装工厂质量认证和管理中，一般将文件分为四级，一级文件指质量管理手册，属于纲领性的；二级文件指标准要求形成文件的程序文件，或其他组织自认为必需的程序文件；三级文件指部门范围内的操作指导性文件，如作业指导书等；执行上述文件所产生的记录，称为四级文件。作业指导书是针对某个部门内部或某个岗位作业活动的文件，侧重描述如何进行操作，是对程序文件的补充或具体化。

1. 作业指导书的作用

1）作业指导书是指导保证过程质量的最基础的文件，可为开展纯技术性质量活动提供指导。

2）作业指导书是质量体系程序文件的支持性文件。

2. 作业指导书的种类

1）作业指导书种类按受控方式可分为正式作业指导书和临时作业指导书。

2）作业指导书种类按工序方式可分为装配作业指导书、测试作业指导书和品检作业指导书。作业指导书由操作顺序卡、操作方法卡、行走路线图和测时卡 4 部分组成。

3. 作业指导书的关键要素

1）LOGO：公司的标志。

2）标题："作业指导书" / "工艺流程图"。

3）使用对象：作业指导书的使用对象，具体到总装车间的每个工位。

4）产品型号：快速识别产品，对产品进行的编号。

5）生产节拍：产品每小时标准的产量规定。

6）工程符号：每个工位工程属性分类符号，主要有以下几种表达方式：

"▽"表示开始。

"○"表示普通作业。

"⚐"表示人机工程。

"✢"表示安全关注点。

"◇"表示检查 / 测试。

7）工位标示：每个工位是否为关键工位或瓶颈工位的标记，主要用以下两种标志作为标示："*"表示关键工位，"△"表示瓶颈工位。

8）版本更新记录：对此份文件每次更新做出的记录，要求将"版本号""更新记录""更新范围"做出详细的记录，以便追查。

9）名称 / 规格：对物料名称及规格的描述，按照 BOM 和 ECO 进行描述说明。

10）零部件信息：对物料编号的描述，按照 BOM 和 ECO 进行描述说明。

11）零部件用量：对物料所需用量的描述。

12）位置：对物料安装位置的描述。

13）操作内容：对作业员作业顺序及方法的描述。

14）重点注意事项：对作业员作业方法及注意事项的重点说明。

15）工装设备：对作业员作业过程中所需工具、量具、仪器和设备的规定，包括其参数规定。

16）作业要求：对作业员作业过程中作业条件做出的相关要求。

【任务实施】

1. 操作顺序卡

操作顺序卡如图 1-3 所示。操作顺序卡记录本工位的工位信息、标准操作步骤顺序、每一步的操作时间、零部件信息和工艺变更信息等内容。

1）工位信息栏：展示工段、班组、工位信息，以及生产车辆型号和生产操作的标准节拍（节拍是工位的标准操作时长）。

2）关键质量控制栏：通过用字母"K"对应的操作步骤，作为本工位的关键质量控制项。

3）操作步骤栏：显示本工位的所有操作内容，操作内容细化到步行多少米，工具的拿取，零件的检查等。

4）操作时间栏：显示每一步操作需要用到的时间信息。该信息是通过工艺人员反复地实地测算和工艺平衡得出的。总时间合计时长通常会少于标准节拍。

5）零件信息栏：显示本工位每步操作对应要使用的零件名称、零件号、零件数量，以及对应的力矩信息。通过零件号的对比，避免错装外观相似的零件。通过单车零件装配数量，来保证物流部门及时向生产部门供货。力矩信息保证操作者的装配质量。

6）工艺变更信息栏：由于生产工艺的优化或新车投产，会涉及零件的更换、工具设备的更换，以及一些操作方法的变化。每次工艺变更后，为了准确地传达到每个班次、每个班组，需要在此栏进行变更内容的记录，并要求相关的人员逐一进行签字确认登记。

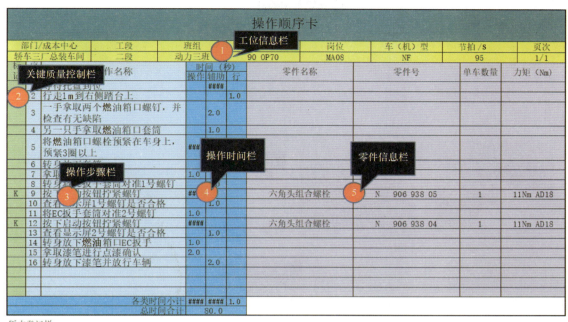

图1-3　操作顺序卡

2. 操作方法卡

操作方法卡如图1-4所示。操作方法卡为操作顺序卡的详细解说版本，通过对操作步骤的细化讲解，配上相关的操作图片，让操作者更容易理解和上手。

1）工位信息栏：显示操作名称、车型和一些劳保穿戴说明。

2）操作步骤信息栏：显示本工位的主要操作内容。

3）操作方法信息栏：将操作步骤通过更加详细的解说文字进行表达。

4）操作注意事项信息栏：对每一个步骤涉及的质量控制项和安全事项进行说明，保证装配质量和操作安全。

5）操作配图信息栏：与每个操作步骤一一对应，通过详细的操作说明文字和配图，使操作更加形象易懂。

6）工艺变更信息栏：由于生产工艺的优化或新车投产会涉及零件和工具设备的更换，以及一些操作方法的变化。每次工艺变更后，为了准确地传达到每个班次、每个班组，需要在此栏进行变更内容的记录，并要求相关的人员逐一进行签字确认登记。

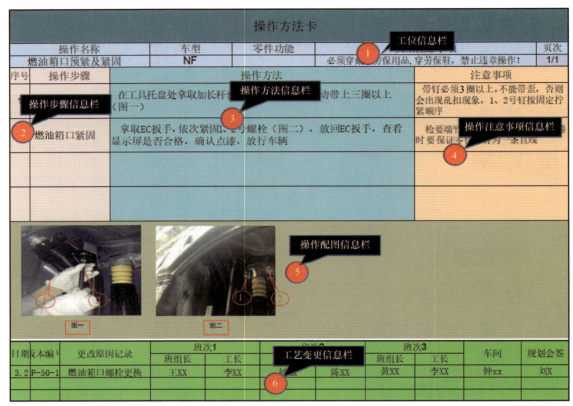

图 1-4 操作方法卡

【检测评价】

教师依据表 1-1 对学生进行该任务的考核测评。

表 1-1 考核评价表

序号	步　　骤	评 分 细 则	分值	得分
1	总装工艺流程描述	能简述总装工艺流程，能准确描述总装车间几大生产工段	25	
2	作业指导书关键要素识别	能识别作业指导书的关键要素，并能说出各关键要素的含义	25	
3	操作顺序卡识读	能表述操作顺序卡里各栏目所表达的意义	25	
4	操作方法卡识读	能表述操作方法卡里各栏目所表达的意义	25	
		总分	100	

注：每项分值都是扣完为止。

【课后测评】

识读作业指导书

识读操作顺序卡（图 1-5）和操作方法卡（图 1-6）。

标准操作卡（操作顺序卡）

部门 / 成本中心	工段	班组	工位	岗位	车（机）型	节拍 /s	页次
轿车三厂总装车间	动力总成	F09	ED01	MA02	NCS	81	1/1

标记	序号	操作名称	时间 /s 操作	时间 /s 辅助	时间 /s 行走	零件名称	零件号	单车数量	PR 号	力矩 / N · m	频次	PDM 图号	页码
▽	1	转身取 FIS 单，查看 FIS 确认车型		4.0									
	2	转回身用扫码器扫 FIS 单条码	3.0										
	3	当绿色指示灯亮起，将 FIS 单放在托盘上	2.0										
	4	转动托盘，将车型所对应的发动机支点立好	12.0	4.0									
	5	辅助将发动机落在托盘支点上，并确认发动机	16.0	4.0									
◇		是否与 FIS 单 PR 号匹配，检查发动机是否划伤											
	6	从发动机条码袋中取出条码	12.0										
	7	核对发动机舱盖上的条码		6.0									
*	8	转身取随车卡，看与 FIS 单上底盘号是否一致		6.0									
	9	将条码粘贴在随车卡上的相应位置	4.0										
	10	将随车卡放在发动机上面	2.0										
	11	转动托盘，放行托盘		4.0									
			51.0	28.0									
				79.0									

版本登记栏

日期	版本	更改原因记录	班次 1 班组长	班次 1 工长	班次 2 班组长	班次 2 工长	班次 3 班组长	班次 3 工长	车间	

图 1-5 标准操作卡（操作顺序卡）SAB

标准操作卡（操作方法卡）

操作名称	零件功能		车型		页次
扫描发动机条码，并粘贴FIS单	车辆识别		NCS		1/1
安全注意事项					
工作前必须穿戴好劳保用品：戴好安全帽，穿劳保鞋，禁止违章操作！					

序号	操作步骤	操作方法	注意事项
1	看FIS单确认车型	取FIS单，查看FIS单PR号确认车型。1.4T手动+D16+G0C+TT3 1.4T自动+D16+G1C+TT3 1.6L手动+D3H+G0C+TL0 1.6L自动+D3H+G1A+TL0 1.8T+D67+G1C+TH6（图一）	注意底盘号和流水号是否正确
2	扫描条码确认信息	用扫码器扫FIS单条码，检查发动机和FIS单上所示的车型是否一致，检查发动机FIS单底盘号是否有划伤，核查发动机FIS单与随车卡底盘号是否一致，查看绿灯是否长亮，核对无误后将FIS单放在托盘上	
3	贴发动机条码	扫完条码后选取相应的发动机支点，看与发动机条码是否一致（ABC蓝点是1.4T，1.6L发动机支点，DEF红点是1.8T发动机支点）（图三），取发动机舱盖上条码贴在条码后贴在随车卡相应位置，并把随车卡放到发动机上（图四）	条码不要出格，不要上下颠倒
4	放行托盘	转动托盘，放行托盘	

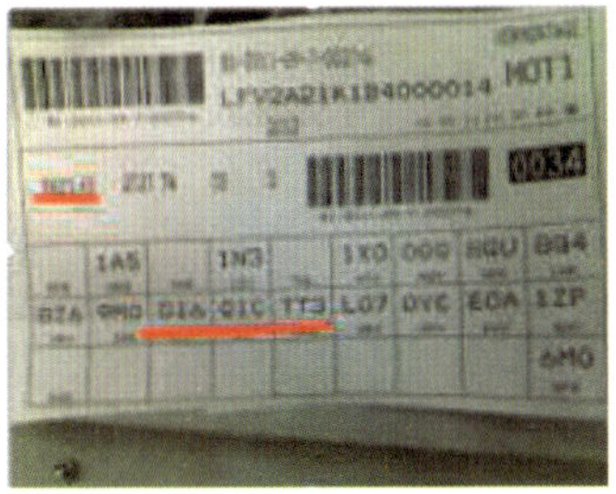

图四

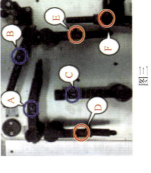

图三

图二

图一

更改原因记录

日期	版本编号	班次1		班次2		班次3		车间
		班组长	工长	班组长	工长	班组长	工长	

图1-6 标准操作卡（操作方法卡）SAB

任务二　装配质量不合格定义及分类

【任务目标】

知识目标：	技能目标：	素养目标：
1）了解不合格的术语及定义。 2）了解装配质量不合格的定义及分类。	1）具备判断装配质量不合格的能力。 2）具备分析装配质量不合格原因的能力。	1）树立质量意识，严格按照标准作业。 2）培养工匠精神，制造合格产品。

【任务描述】

装配质量不合格的定义就是零部件进行装配与调试后，出现无法满足工艺要求与技术标准的情况。总装常见的质量装配不合格种类有紧固件装配不合格、铆接不合格、粘贴不合格、镶嵌装配不合格、卡扣装配不合格、插头装配不合格等。

【知识储备】

不合格术语及定义见表1-2。

表1-2　不合格术语及定义

不合格类型	不合格状态	合格状态
焊接不合格	1）焊接外观缺陷：焊接完成后外观可见的缺陷，如气孔、咬边等 2）焊缝尺寸不到位：焊缝尺寸不符合要求，如焊缝的深度和宽度等达不到要求	焊缝气孔
粘接不合格	1）开胶：粘接不到位导致粘接部位裂开，没有粘牢固 2）胶未清尽：打胶完毕后溢出的胶水没有清除干净，导致产品表面污染 3）漏打胶：需要打胶的地方没有打胶 4）打胶不到位：该打胶的地方少打胶，或是没有按工艺要求的方式打胶	开胶 密封件外溢

（续）

不合格类型	不合格状态	合格状态
喷涂不合格	1）杂质颗粒：喷涂表面存在超过标准范围内的凸起颗粒和杂质等 2）鱼眼：喷涂前工件表面存在水、油等，油漆经喷涂后，在油漆面上出现细小而类似火山口状的开口 3）露底：喷涂后露出下层漆层或底材表面 4）堆粉：喷涂后粉层过厚或流平性不良造成塑粉，局部堆积 5）针孔：喷涂表面存在细小的孔洞 6）橘皮：喷涂表面起皱 7）流挂：油漆喷涂不均或油漆过稀造成局部呈水流状 8）不平：油漆表面不平整 9）黑星：油漆表面存在黑色杂质 10）气泡：漆面产生小气泡 11）裂纹：油漆表面裂开 12）挂钩印：由于挂钩放置不合理，烘烤后工件表面留下挂钩的印痕 13）斑痕：由于刮腻子之后打磨不到位造成油漆表面隆起。或是其他原因造成的表面斑痕，如油斑、水斑、打磨斑 14）掉漆：喷涂后附着力不良，漆层脱落 15）色差：油漆颜色与技术要求不符 16）光泽度不符合：油漆光泽度与技术要求不符	漆面颗粒 漆面鱼眼 漆面起皱 漆面流痕 漆面裂纹
装配不合格	1）漏装：需要装配的件没有安装 2）错装：在正确的地方安装了错误的零件 3）紧固不到位：安装件紧固程度达不到要求 4）间隙：装配后，零件与零件之间存在缝隙，没有完全配合好 5）装配尺寸不符：装配尺寸与图样要求不符 6）装配不平整：装配后，表面平整度不符合要求	螺栓漏装 紧固不到位 间隙

项目一 汽车装配与调试总体认知

（续）

不合格类型	不合格状态	合格状态
外观不合格	1）擦伤、划伤：产品表面出现擦碰之后的脱落、翻卷的痕迹 2）凹坑：产品表面存在凹向里面的小坑 3）表面腐蚀：产品表面因锈蚀产生锈斑等痕迹 4）飞边：产品加工边缘有余屑	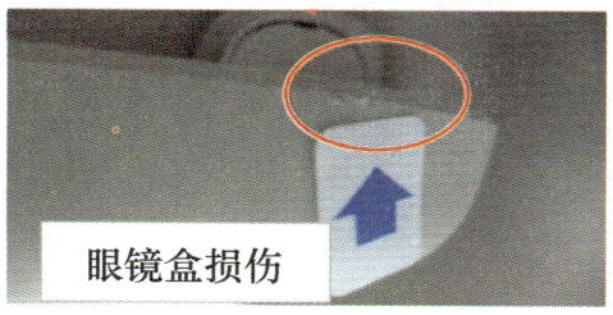 外观件擦伤 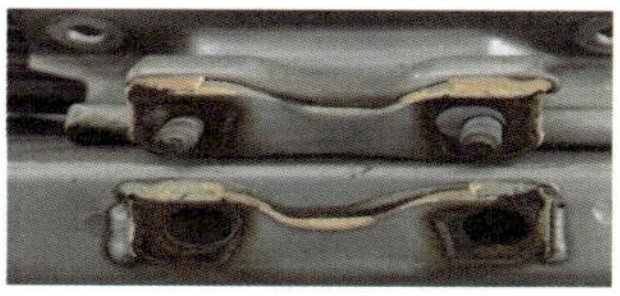 零件锈蚀

【任务实施】

1. 紧固件装配不合格

紧固件装配不合格的情况通常有紧固件漏装、紧固件错装、紧固件紧固不到位、紧固件歪斜、紧固件力矩不合格、管箍漏紧、管箍装配位置错误等，见表1-3。

表1-3 紧固件装配不合格的类型

不合格类型	不合格状态	合格状态
紧固件漏装——充电口螺钉漏装	 螺钉漏装 NOK	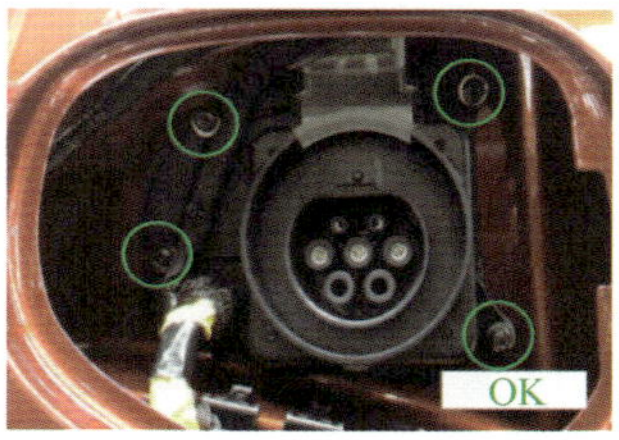 OK
紧固件漏紧——换档拨片漏紧	 换档拨片的固定螺母未拧紧 NOK	
管箍漏紧——冷却液管管箍漏紧	 管箍未紧固 NOK	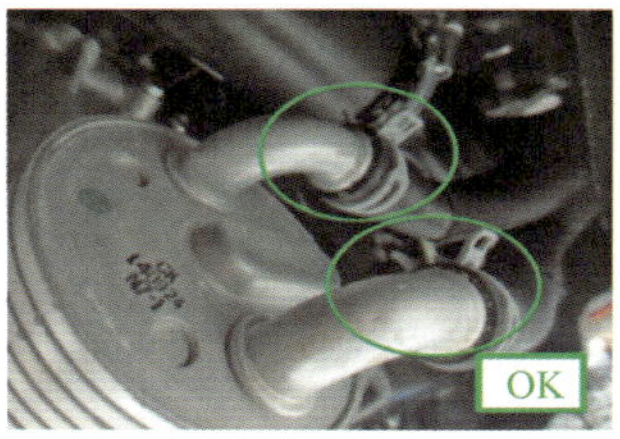 OK

11

2. 铆接不合格

铆接不合格的情况有铆钉漏装、铆接不到位、铆接损伤零件等。

3. 粘贴不合格

粘贴不合格的情况有警示标志错装、粘贴歪斜、粘贴压住异物、粘贴安装孔变形导致的密封不良等，见表1-4。

表1-4 粘贴不合格类型

不合格类型	不合格状态	合格状态
警示标志错装——安全警示标签粘贴错误	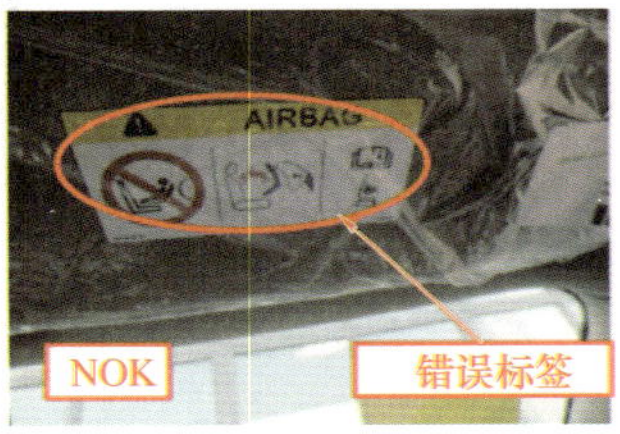 NOK 错误标签	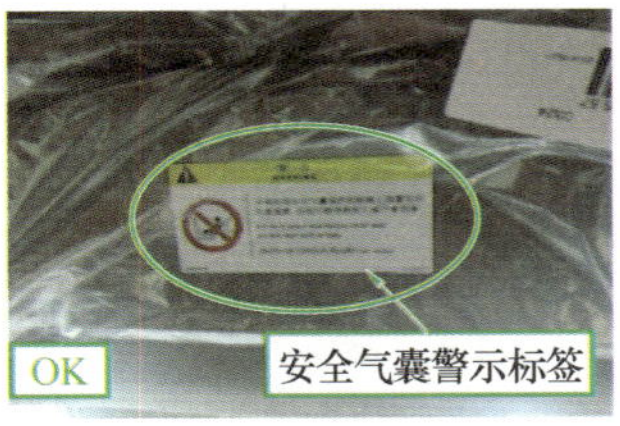 OK 安全气囊警示标签
贴膜漏装——后视镜贴膜漏装	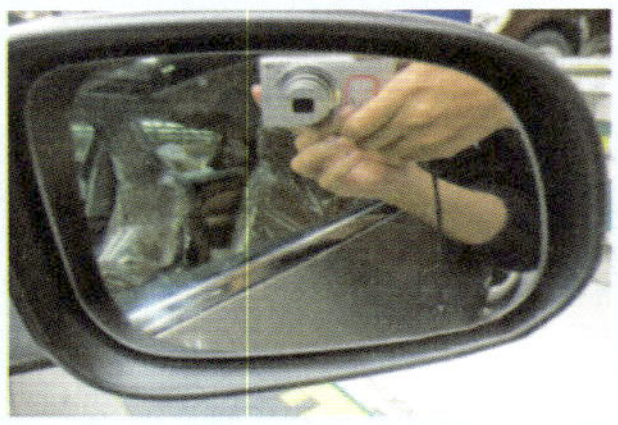 贴膜漏贴	

4. 镶嵌装配不合格

镶嵌装配不合格的情况有密封条装配不良、密封条损坏、密封胶堵漏装、密封胶堵装配不良等，见表1-5。

表1-5 镶嵌装配不合格类型

不合格类型	不合格状态	合格状态
镶嵌不良——车门密封胶堵装配不良	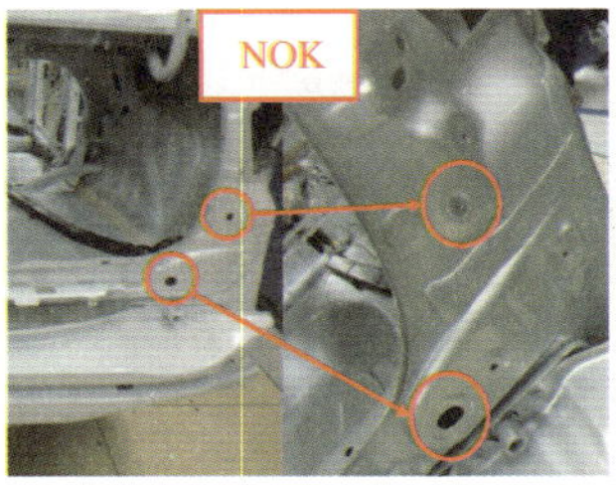 NOK	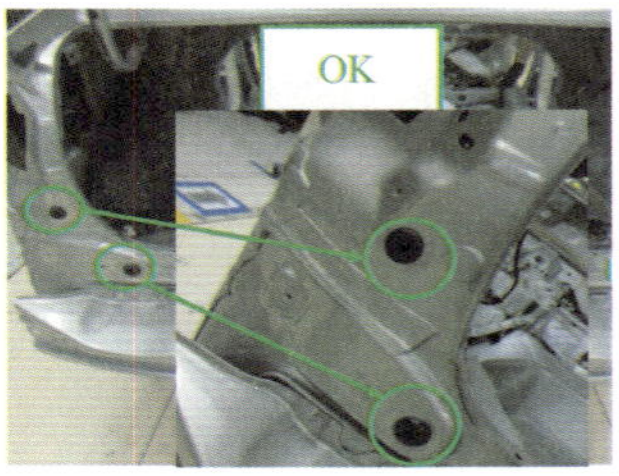 OK
密封胶垫漏装——发动机舱密封胶垫漏装	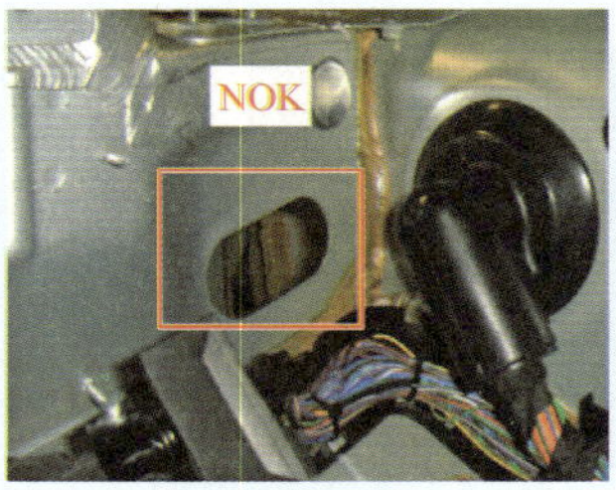 NOK 密封垫漏装	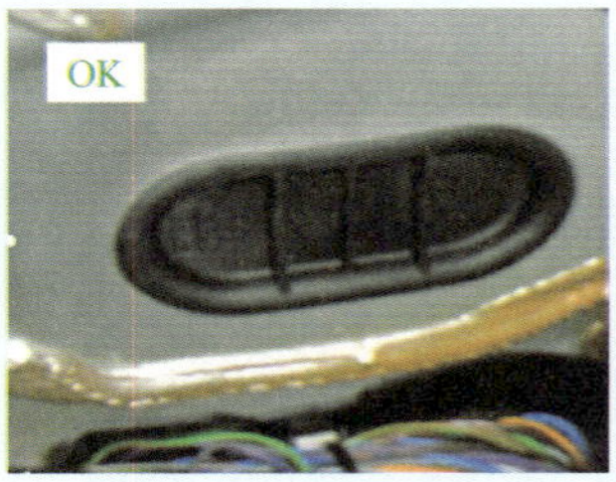 OK

（续）

不合格类型	不合格状态	合 格 状 态
密封胶条装配不良——行李舱密封胶条装配不到位	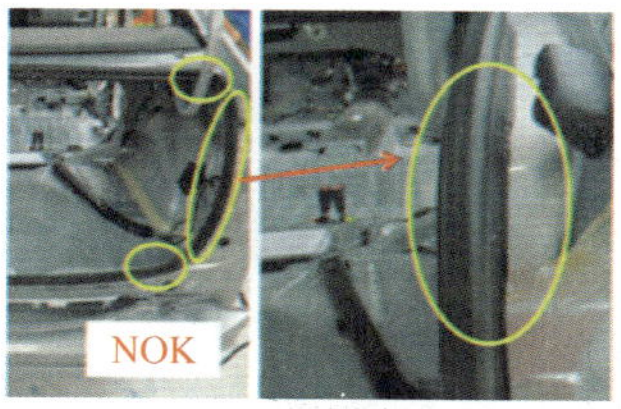 胶条装配不到位 NOK	
密封胶条漏卡——天窗密封胶条漏卡紧	 胶条漏卡 NOK	 OK

5. 卡扣装配不合格

卡扣装配不合格的情况通常有卡扣漏卡、卡扣损坏、卡扣卡紧不良等，见表1-6。

表1-6　卡扣装配不合格

不合格类型	不合格状态	合 格 状 态
卡扣卡紧不良——后视镜饰板卡扣卡紧不到位	 后视镜卡扣固定不良 NOK	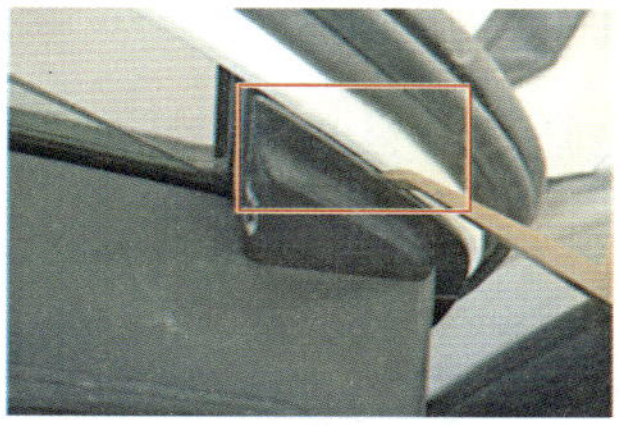 卡扣安装到位
卡扣漏卡——车门饰板卡扣漏卡	 NOK	 OK
卡扣漏卡——发动机线束卡扣漏卡		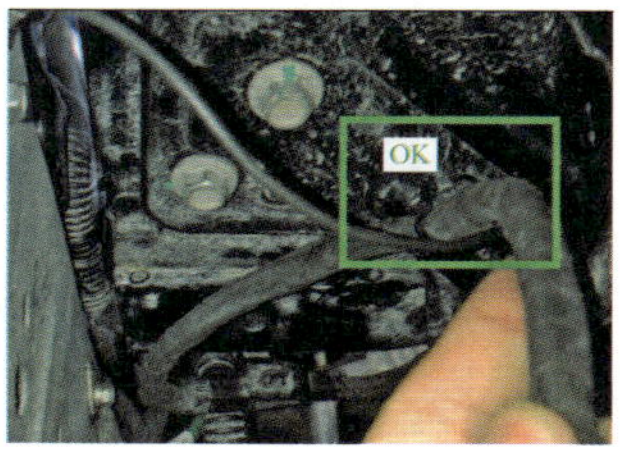 OK

6. 插头装配不合格

插头装配不合格的情况通常有插头漏插、插头虚插和插头针脚损坏等，见表1-7。

表1-7 插头装配不合格

不合格类型	不合格状态	合 格 状 态
插头虚插——发动机机油压力传感器插头虚插	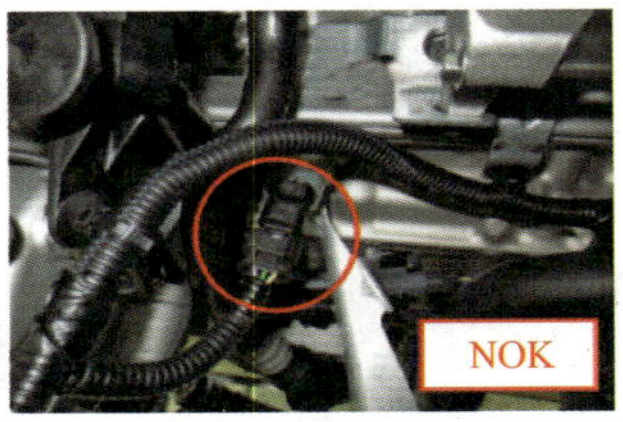 插头虚插 NOK	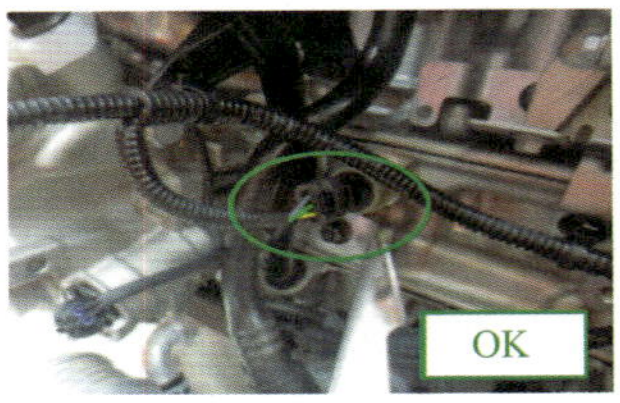 OK
插头漏插——发动机机油压力传感器插头漏插	 插头漏插 NOK	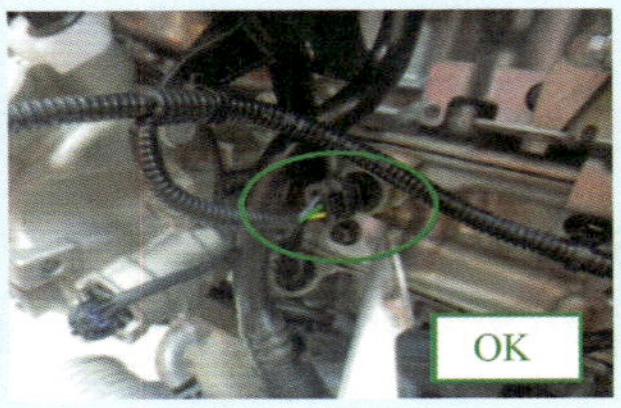 OK

【检测评价】

教师依据表1-8对学生进行该任务的考核测评。

表1-8 考核评价表

序号	步　　骤	评 分 细 则	分值	得分
1	紧固件装配不合格判断	能准确判断合格与不合格状态，且能描述不合格发生的原因	20	
2	粘贴不合格判断	能准确判断合格与不合格状态，且能描述不合格发生的原因	20	
3	镶嵌装配不合格判断	能准确判断合格与不合格状态，且能描述不合格发生的原因	20	
4	卡扣装配不合格判断	能准确判断合格与不合格状态，且能描述不合格发生的原因	20	
5	插头装配不合格判断	能准确判断合格与不合格状态，且能描述不合格发生的原因	20	
		总分	100	

【课后测评】

判断题

1）紧固件装配不合格的情况通常有紧固件漏装、紧固件错装、紧固件紧固不到位、紧固件歪斜、紧固件力矩不合格、管箍漏紧、管箍装配位置错误。（　　）
2）密封胶堵漏装不属于镶嵌装配不合格。（　　）
3）粘贴压住异物属于粘贴不合格。（　　）
4）插头装配不合格的情况通常有插头漏插、插头虚插和插头针脚损坏。（　　）
5）卡扣漏卡不属于卡扣装配不合格。（　　）

任务三　总装班组管理能力

【任务目标】

知识目标：	技能目标：	素养目标：
1）了解作为班组长应具备的素质。 2）了解班组看板的功能。 3）了解班组看板文件以及生产管理文件的功能和使用方法。	1）具备使用班组看板的能力。 2）具备班组看板文件以及生产管理文件使用的能力。	1）提高技能水平，掌握班组管理能力。 2）强化自我修养，培养工匠精神。

【任务描述】

班组管理是作为员工岗位晋升的重要能力要求。想要当好一名班组长，就必须具备相应的能力与素质。所以需要对个人自我修养进行提升，对班组管理的系列文件使用做系统性的学习。

【知识储备】

1. 班组长应具备的素质和修养

素质是指事物要素和精神要素的规定性。班组长素质是指班组长在先天的生理和心理基础上，通过后天学习和实践所获得从事工作所必需的主观条件的总和。

2. 班组长的素质

1）思想政治素质——有较强的事业心和责任感，是当好班组长的首要条件。
2）专业技术素质——熟悉生产工艺、技术较精，是当好班组长的重要依据。
3）管理素质——会管理，有一定的组织能力，是当好班组长的中心点。
4）文化素质——有一定的文化程度，是当好班组长的文化基础。
5）心理、身体素质——能团结员工，年纪较轻，身体状态良好，是当好班组长的必要条件。

3. 班组看板文件使用技能

看板管理的主要价值如下：

1）将信息即时公示出来，实现一对多的沟通。

2）起到强化的作用，将管理的要求和意图公示，起到时时提醒和时时强化的作用，形成一种自我约束力。

3）将班组成员的绩效情况公示出来，起到相互促进、相互竞赛的"比学赶帮超"氛围。

4）将班组成员的操作心得、经验和案例等透明化，起到学习和交流的作用。

5）形成良好的班组氛围。

【任务实施】

一、班组看板样板

班组看板包括的内容有安全、质量、出勤、交付、成本、5S、质量统计表等，如图1-7所示。

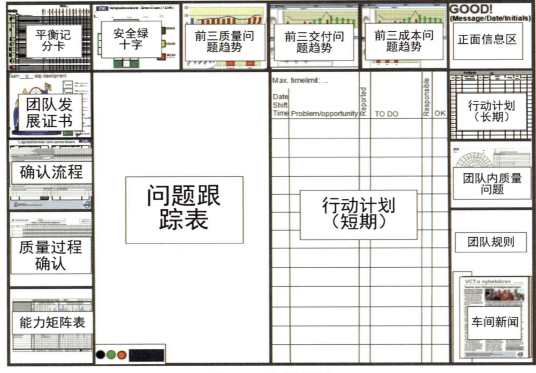

图1-7 班组看板样板

二、班组看板文件学习

1）信息发放确认表，见表1-9。

2）零部件报废申请单，见表1-10。

3）每日质量问题记录表，见表1-11。

表 1-9　信息发放确认表

发行（部门，名字）	**品质管理部　张三**		日期	**2017 年 3 月 12 日**
组织	**总装车间**	区域/团队/班次　**底盘二班 C21 班组**		页

信息：**如车间发生重大安全事故、重大质量问题、零件变更等**

签字确认已阅读并理解信息，且按要求实行。签名和得到信息的日期

名字	日期	签名
班组成员名字	**收到信息时间**	**签字确认**

表 1-10　零部件报废申请单

部门：**底盘区域**　　申请人：**张三**　　日期：**2017.5.6**

责任人	**李四**		发生时间	**2017.5.6　13：34**	
零部件名称	**带轮**	零件号　**FJ-6065113**	材质	**—**	数量　**2**
报废原因	**来件发现带轮外观有损坏，装配后会影响发动机功能性**				
班组长意见			是否可再利用	□是	□否
品管部意见			技术意见		

申请人填好申请单后，交由班组长签字。再将报废零件放置到零件报废区待品管部门进行确认

表 1-11　每日质量问题记录表

月份：<u>5 月</u>　　　　　　　　　　　　　　　　　　　　　班组：<u>底盘 2 班</u>
　　　　　　　　　　　　　　　　　　　　　　　　　　　考核标准：<u>合格率 95%</u>

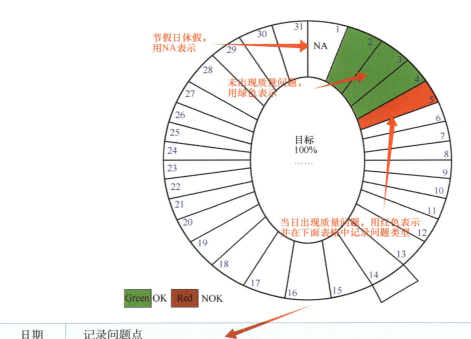

日期	记录问题点
2017.5.7	1. 交流电机工位，电机固定螺栓漏紧固。2. 机油压力传感器插头漏插

4）每日成本记录表，见表 1-12。

表 1-12　每日成本记录表

月份：　5月　　　　　　　　　　　　　　　　　　　　　　　　班组：　底盘 2 班　
　　　　　　　　　　　　　　　　　　　　　　　　　　　　　　考核标准：　0.23 元 / 台　

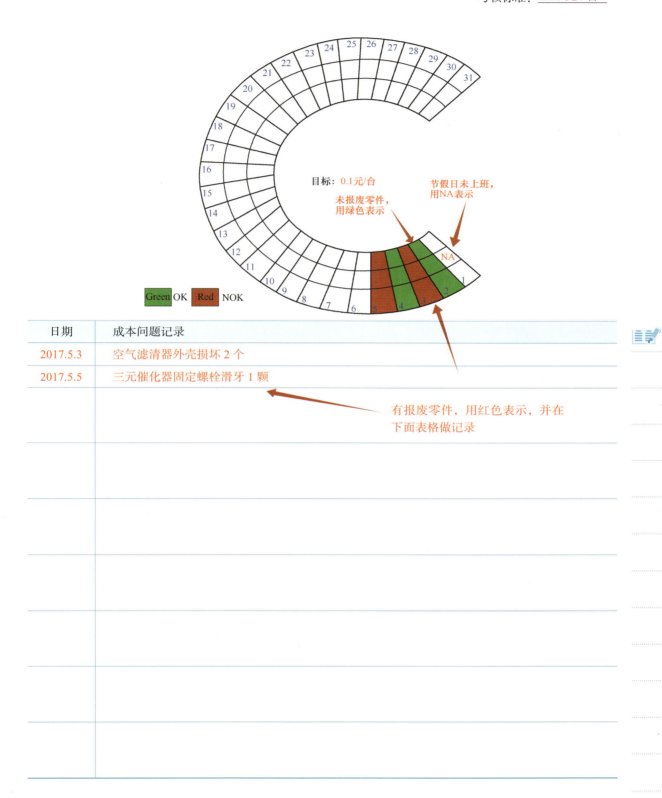

日期	成本问题记录
2017.5.3	空气滤清器外壳损坏 2 个
2017.5.5	三元催化器固定螺栓滑牙 1 颗

5）每日产品交付表，见表 1-13。

表 1-13　每日产品交付表

月份：<u>5 月</u>　　　　　　　　　　　　　　　　　　　　　　　班组：<u>底盘 2 班</u>

考核标准：<u>停线总时间不超过 10min</u>

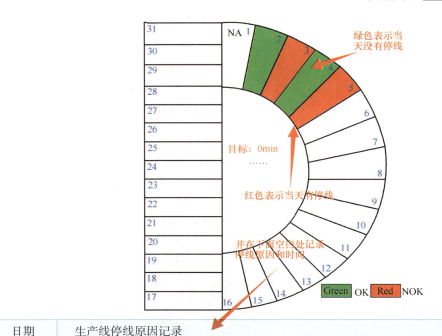

日期	生产线停线原因记录
2017.5.3	发动机上线工位吊具故障，导致停线 3min
2017.5.5	压缩机安装工位，物流未及时送压缩机固定螺栓，导致停线 8min

6）安全事故记录表，见表 1-14。

表 1-14　安全事故记录表

月份：<u>5月</u>　　　　　　　　　　　　　　　　　　　　　班组：<u>底盘 2 班</u>
　　　　　　　　　　　　　　　　　　　　　　　　　　　考核标准：<u>0 安全事故</u>

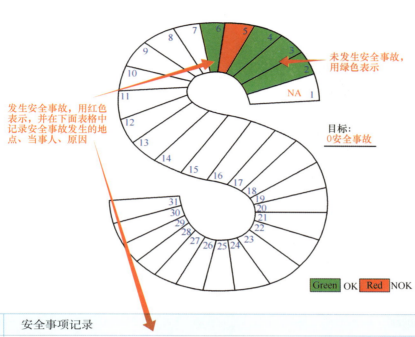

日期	安全事项记录
2017.5.5	发动机吊装岗位，操作者张三未按要求戴安全头盔，头部撞伤

7）人员出勤记录表，见表 1-15。

表 1-15　人员出勤记录表

月份：<u>5 月</u>　　　　　　　　　　　　　　　　　　　班组：<u>底盘 2 班</u>
　　　　　　　　　　　　　　　　　　　　　　　　　考核标准：<u>出勤率 95%</u>

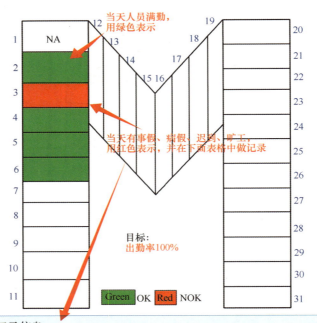

日期	人员出勤记录信息
2017.5.3	张三请病假 1 天

8) 停线次数统计表，见表1-16。(本表格数据从每日交付表格中获取。)

表1-16 停线次数统计表

9) 质量问题数据统计表,见表1-17。(本表格数据从每日质量问题记录表格中获取。)

表1-17 质量问题数据统计表

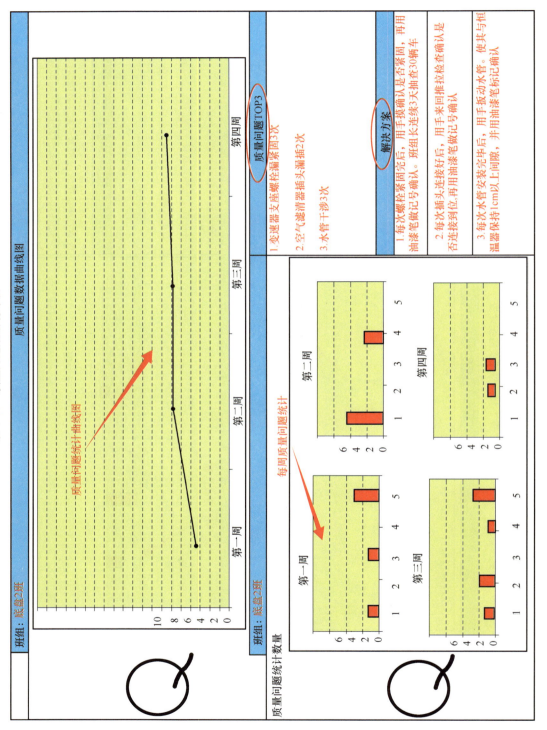

10) 标准作业检查表（QPS），见表1-18。

表1-18 标准作业检查表

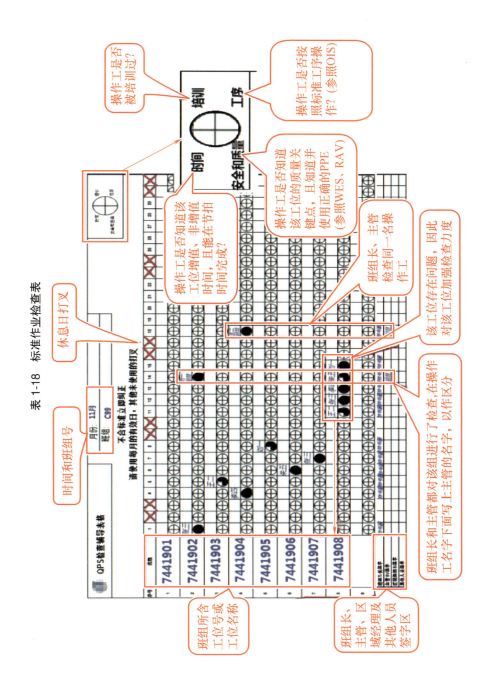

11）团队 5S 跟踪检查表，见表 1-19。

表 1-19　团队 5S 跟踪检查表

团队 5S 跟踪检查表　　　　　　　　　　Red 红色　　不好（把问题放进行动计划）
团队区域：　　　　　　　　　　　　　　Green 绿色　　好

	检查项		年份				
			一月—二月	三月—四月	五月—六月	七月—八月	九月—十月	十一月—十二月
1S	1.1	是否所有的成员都知道他们所负责的区域，并通过平面图将其目视化？						
	1.2	在小组负责的区域里，是否只有需要的材料、设备和工具（包括文件、黏合剂、电子文件）？						
	1.3	不需要的设备和工具是否放在红色标记区域？						
2S	2.1	所有工具是否都有固定且做好标记的位置（是否可用）？						
	2.2	常见的储物柜、柜、黏合剂是否都按照标准标记（如库存清单、最小量/最大量……）？						
	2.3	是否建立了一个系统的文件/数据结构？						
3S	3.1	小组是否知道何时、何地、由谁、如何去做清洁/检查工作？						
	3.2	设施/设备是否都干净且处在一个好的使用状态？						
	3.3	在清洁/检查过程中，问题是否确认且记录？						
4S	4.1	为了保持 5S 在合适的水平，是否建立了标准、说明或方法（包括目视化）？						
	4.2	清洁安排是否到位（谁、何时、做什么、在哪里、怎么做）？						
	4.3	所有的成员是否都清楚他们在小组范围内的职责（包括公共的）？						
5S	5.1	是否根据清洁计划来执行清洁任务？						
	5.2	是否按照规定的标准来清洁？						
	5.3	你正在积极努力改善吗？审查标准，尝试找出并减少/消除产生污垢/紊乱的源头						
		签名：						

检查项合格，在对应空白处涂上绿色

检查项未做，或者做得不好，将对应的空白处涂上红色

步骤 1：把不需要的材料和工具带离工作区域	整理
步骤 2：有序组织和清洁。确定所需要的材料，并把它放在标识的位置	整顿
步骤 3：清洁工作场所和设备	清扫/清洁
步骤 4：标准化并寻求改进的机会	标准化
步骤 5：跟踪，维持好的状态并持续改进	素养

项目一　汽车装配与调试总体认知

三、工位看板文件学习

1) 设备 TPM 点检表（开工前完成），见表 1-20。

表 1-20　设备 TPM 点检表

设备名称：VIN 打标设备　　　　设备编号：总装 10952　　　　负责人：王××　　　　日期：2017 年 × 月

NO	检查项目	1	2	3	4	5	6	7	8	9	10	11	12	13	14	15	16	17	18	19	20	21	22	23	24	25	26	27	28	29	30	31
1.	控制柜表面无灰尘。每日	○	○	○	○	○	○	○	○	○																						
2.	控制计算机正常开机。每日	○	○	○	○	○	○	○	○	○																						
3.	打标机软件正常运行。每日	○	○	○	○	○	○	○	○	○																						
4.	吊具钢丝绳完好。每日	○	○	○	○	○	○	○	○	○																						
5.	打标针头无卡滞现象。每日	○	○	○	○	○	○	○	×	○																						
6.	涂抹润滑油至打标针头。每周	○																														
7.	打标枪电线无裸露、短路。每日	○	○	○	○	○	○	○	○	○																						
8.	打标枪夹具定位销无松动。每日	○	○	○	○	○	○	○	○	○																						
9.	备用打标设备正常运行。每日	○	○	○	○	○	○	○	○	○																						
10.	备用夹具无变形。每日	○	○	○	○	○	○	○	○	○																						
11.	备用夹具定位销无松动。每日	○	○	○	○	○	○	○	○	○																						
12.	备用夹具定位校准。每周	○																														
13.		王	王	王	王	王	×	×	×	×																						
14.		王	王	王	王	王	×	×	×	×																						
15.	检查完毕签字记录：	王	王	王	王	王	×	×	×	×																						

备注：检查项目正常打"○"，异常打"×"，并及时上报班组长。

2）每日工作交接表，见表1-21。

每日工作交接表的主要目的是记录每个班次生产的车辆序号信息，方便后期出现质量问题时，能及时排查出质量问题可能出现的范围，合理区分责任。

表1-21　每日工作交接表

岗位：		742110		日期：	2017年 × 月
日期	班次	开始车号	终止车号	签字确认	备注
1.	A	1045	1325	王××	
2.	B	1326	1577	李××	
3.	A	1576	1824	王××	电机螺栓混件，请注意
4.	B	1825	2014	李××	
5.	A	2015	2234	王××	
6.					
7.					
8.	上班前记录开始车号		下班后记录终止车号		记录本工位今天发生的异常情况，告知对班人员注意
9.					
10.					
11.					
12.					
13.					
14.					
15.					
16.					
17.					
18.					
19.					
20.					
21.					
22.					
23.					
24.					

【检测评价】

教师依据表1-22对学生进行该任务的考核测评。

表1-22 考核评价表

序号	步　　骤	评 分 细 则	分值	得分
1	班组看板识别	能说明班组看板的功能，能准确描述看板上所包含的文件名称	20	
2	信息发放确认表识别	能说明表格的功能，能准确描述表格每个信息栏的意义	20	
3	零部件报废申请单识别	能说明表格的功能，能准确描述表格每个信息栏的意义	20	
4	设备TPM点检表识别	能说明表格的功能，能准确描述表格每个信息栏的意义	20	
5	每日工作交接表识别	能说明表格的功能，能准确描述表格每个信息栏的意义	20	
		总分	100	

【课后测评】

1．判断题

1）安全事故调查中事故原因没有查清，可优先保证生产再来找原因。　　　　　　　　（　　）
2）不安全行为就会产生一些事故，有事故就会带来伤害。　　　　　　　　　　　　　（　　）
3）工人在独立使用设备前，必须经过技术培训。　　　　　　　　　　　　　　　　　（　　）
4）接触旋转设备的女工可以留长发，不必戴工作帽上岗工作。　　　　　　　　　　　（　　）
5）化学品应存放在干燥、阴凉、隔离的地方，避免阳光的直接照射。　　　　　　　　（　　）

2．班组工位看板文件使用练习

1）某操作工在操作时，不慎将CX001车型空气滤清器（零件号K6584721）掉落在地上，将空气滤清器外壳摔坏，已不能正常装配使用。请填写零部件报废申请单，将损坏的空气滤清器及时报废隔离。

零部件报废申请单

部门：		申请人：		日期：	
责任人			发生时间		
零部件名称		零件号	材质		数量
报废原因					
消耗工时					
班组长意见			是否可再利用	□是	□否
品管部意见			技术部意见		

2）B班出勤上班，在74210工位A班产量的终止车号是2234。B班当日完成产量126辆车，且当日发现本工位扭力扳手有力矩异常的情况。根据以上情况，完成每日工作交接表的记录工作。

每日工作交接表

岗位：		74210		日期：	2017 年 × 月
日期	班次	开始车号	终止车号	签字确认	备注
1.	A	1045	1325	王××	
2.	B	1326	1577	李××	
3.	A	1576	1824	王××	电机螺栓混件，请注意
4.	B	1825	2014	李××	
5.	A	2015	2234	王××	
6.					
7.					
8.					
9.					
10.					
11.					

项目二　车门分装

【项目描述】

车门分装是独立于总装主生产线之外的独立单元。在车身从涂装车间进入总装车间后，第一道工序就是将车门壳体拆下，送入车门分装线。在车门分装线完成车门总成的装配工作后，将分装好的车门总成送入总装主线，完成和车身的合装工作。

任务一　车门分装工作安全与作业准备

【任务目标】

知识目标：	技能目标：	素养目标：
1）了解车门分装线的安全风险。 2）了解车门分装线工具和设备的使用方法。	1）具有判断车门分装线安全风险点的能力。 2）具有操作车门分装工具和设备的能力。	1）提高安全素质和安全意识。 2）养成安全生产的习惯，自觉规范安全行为。

【任务描述】

车门分装线常出现作业者手臂和手腕的割伤现象，以及腱鞘炎等职业疾病。割伤事故多发生于作业者与车门钣金边缘的接触。职业疾病多因工具和设备的操作不当导致安全事故的发生。因此，必须清楚了解车门分装线的安全事故易发点与工具、设备的正确操作方法，掌握避免安全事故与职业疾病发生的技能。

【知识储备】

车门分装线生产安全

在车门分装线，影响安全事故的因素有三大类：第一种，不正确穿戴劳保用品；第二种，不按照工艺标准进行作业；第三种，安全意识松懈。

车门分装线安全事故易发点如图 2-1~图 2-4 所示。

图 2-1　紧固门锁支架

图 2-2　安装锁舌机构

图 2-3　安装车门线束

图 2-4　安装升窗器

以上几个装配位置是容易发生划伤和割伤事故的工序。所以，在操作之前必须穿戴好劳保用品，提高自我保护的意识。在他人未按要求穿戴劳保用品时，我们有义务进行劝导、纠正。

【任务实施】

一、手持电枪的使用

正确地使用手持电枪工具，能保证在长时间使用此类工具时，更好地保护手，预防手部肌体劳损和腱鞘炎等疾病的发生。手持电枪的使用见表 2-1。

表 2-1　手持电枪的使用

序号	操作方法	操作图示	注意事项
1	食指和大拇指握住电枪中部，中指扣动启动开关		在操作手持电枪的过程中，切记不要用手去抓握电枪高速旋转部位，避免将手套绞入旋转头，造成重大人员伤害事故
2	食指和拇指拨动切换开关，控制电枪的正转、反转		在切换正转、反转时，注意手指不要误触旋转开关，以免发生安全事故

二、车门转移夹具的使用

车门转移夹具的使用见表 2-2。

表 2-2 车门转移夹具的使用

序号	操作方法	操作图示	注意事项
1	双手握住操作柄,将机械手靠近车门		防止机械手划伤车门,造成车门钣金件划伤
2	使下面的托钩完全将钣金件卡住,定位销靠紧钣金件	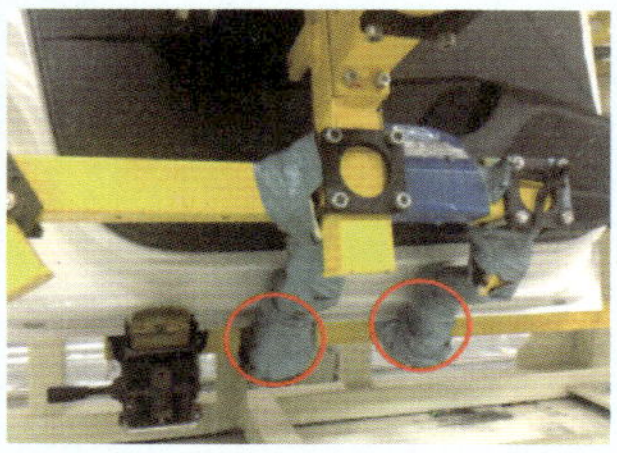	确保托钩完全托住车门底部,防止因未固定到位导致车门坠落
3	右手按下右侧第 3 个按钮将吸盘贴住玻璃,双手同时按住左、右侧第 1 个按钮,使车门吸住防划伤垫片	 吸盘与玻璃贴合完整	吸附车门玻璃时,确认玻璃表面无异物附着。吸盘与玻璃应贴合完整,无漏气的现象
4	双手同时按住按钮之后,检查气压表,应达到规定的气压值,两个吸盘全部吸住	 气压值(0.3~0.6MPa)	确定气压值(0.3~0.6MPa)和吸盘状态,防止车门脱落,造成操作人员受伤
5	左手按下左侧第 3 个按钮,将机械手摆正,双手握住手柄,将车门转移至合装工位		在转移车门的过程中,不能蛮力操作,避免将车门钣金件和漆面碰伤

【检测评价】

教师依据表 2-3 对学生进行该任务的考核测评。

表 2-3　评价考核表

序号	步　骤	评 分 细 则	分值	得分
1	安全风险点确认	能在车门分装工位指出易发安全事故的风险点位	20	
2	安全风险描述	能描述安全风险发生的类型	20	
3	手持电枪的使用	展示手持电枪拿握姿势正确，能说出操作注意事项	30	
4	车门转移夹具的使用	能说出车门转移夹具使用的注意事项，以及夹具的气压标准值范围	30	
		总分	100	

注：每项分值都是扣完为止。

【课后测评】

判断题

1）车门分装线易发的安全事故类型为作业者手臂、手腕的割伤。　　　　　　　　　　（　　）
2）在操作手持电枪过程中，可以用手去抓握电枪高速旋转部位。　　　　　　　　　　（　　）
3）他人未按要求穿戴劳保用品时，我们有义务进行劝导、纠正。　　　　　　　　　　（　　）
4）车门转移夹具的气压表盘的压力值在 0.1~0.3MPa 范围内。　　　　　　　　　　（　　）
5）正确的手持电枪拿握姿势，能预防手部肌体劳损和腱鞘炎等疾病的发生。　　　　（　　）

任务二　车门分装工艺

【任务目标】

知识目标：
1）了解车门的各个零部件，了解零部件布局。
2）了解车门分装线劳保用品穿戴要求。
3）掌握车门分装线的工艺流程。
4）掌握车门分装工艺操作方法和操作注意事项。

技能目标：
1）具有认识车门结构，能正确认识车门零件的能力。
2）具有正确描述车门分装工艺流程的能力。
3）具有正确描述车门装调操作注意事项的能力。

素养目标：
1）养成安全生产的习惯，自觉规范安全行为。
2）树立质量意识，严格按照标准作业。
3）培养工匠精神，制造合格产品。

【任务描述】

车门分装工艺是将门锁机构、把手、车门线束、扬声器、升窗器、升窗电动机、玻璃、门饰板等零部件按照标准的工艺流程和工艺方法安装进车门壳体内的一个过程。因此，需要对车门的结构和零部件有所认知。在车门分装工艺过程中涉及大量的工具和设备操作,所以需要了解相关工具和设备的正确操作方法。

【知识储备】

一、车门零配件装配图解

1. 前车门零配件装配图解
前车门零配件装配图解如图 2-5 所示。

2. 前车门拉手和车门锁机构装配图解
前车门拉手和车门锁机构装配图解如图 2-6 所示。

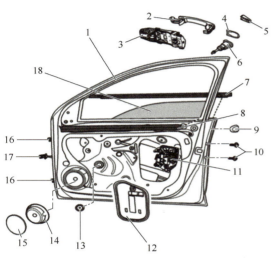

图 2-5　前车门零配件装配图解

1—前车门　2—车门拉手　3—弓形支撑架　4—垫片
5—外壳　6—锁芯　7—外部窗框密封条　8—内部车
窗密封条　9、13、15—盖罩　10—螺栓　11—盖板
12—密封板　14—扬声器　16—车门铰链　17—车门
限位器　18—车窗玻璃

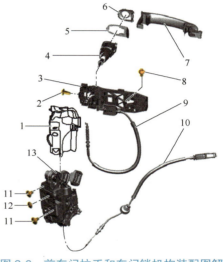

图 2-6　前车门拉手和车门锁机构装配图解

1、12—盖罩　2、8、11—螺栓　3—弓形支撑架
4—锁芯　5—垫片　6—外壳　7—车门把手
9、10—拉索　13—车门锁

3. 后车门零配件装配图解
后车门零配件装配图解如图 2-7 所示。

4. 后车门拉手和车门锁机构装配图解
后车门拉手和车门锁机构装配图解如图 2-8 所示。

二、车门分装工艺流程

车门分装工艺流程如图 2-9 所示。

汽车装配与调试技术

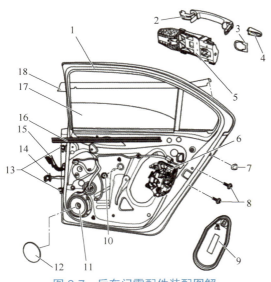
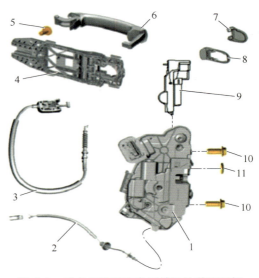

图 2-7　后车门零配件装配图解

图 2-8　后车门拉手和车门锁机构装配图解

1—后车门　2—车门把手　3—垫片　4、7、10、12—盖罩
5—弓形支撑架　6—车门锁　8—螺栓　9—密封罩
11—扬声器　13—门锁链　14—车门限位器　15—插头
16—内部车门密封条　17—车窗玻璃　18—外部车窗密封条

1—车门锁　2、3—拉索　4—弓形支撑架　5、10—螺栓
6—车门拉手　7、9、11—盖罩　8—垫片

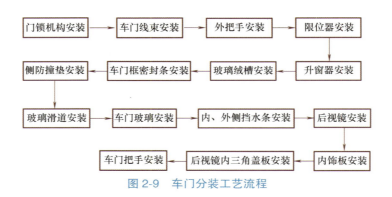

图 2-9　车门分装工艺流程

【任务实施】

一、劳保用品穿戴

实训操作练习开始前，请穿戴好劳保用品，严格按照工艺标准进行操作，如图 2-10 所示。

图 2-10　车门分装线劳保用品穿戴要求

二、车门分装工艺

序号	操作步骤	操作方法	操作图示	注意事项
1 左侧车门 MA01	查看 FIS 单,核对 VIN 和 KNR 号	行走 1m 到左前门挂 FIS 单		1)看 FIS 单上 VIN 与随车卡上的是否相同 2)看 FIS 单上与左前门上 KNR 号是否一致
2	连接左侧前、后门拉丝 T 形头至锁支架	将拉丝上的 T 形头卡进锁支架的固定槽内		将拉丝 T 形头端短头插入槽内
	分装左侧前、后门拉丝与锁支架	将拉丝后端的固定槽卡进锁支架的半圆槽内	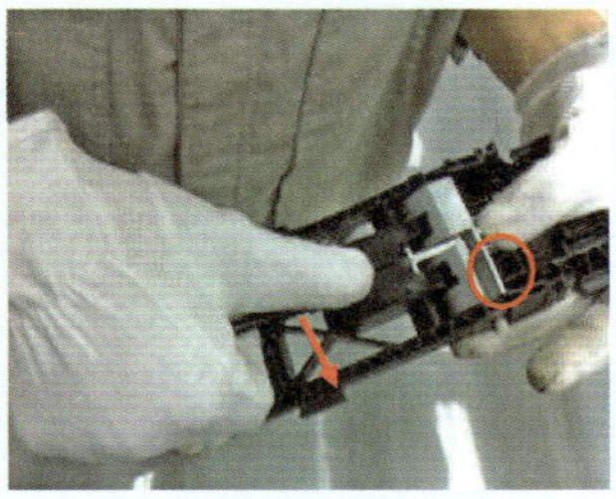	拉丝一定要卡到卡槽内
3	分装左侧前、后门拉丝与门锁	拿取拉丝和门锁,连接拉丝至门锁相应位置。完成前、后门门锁分装工作	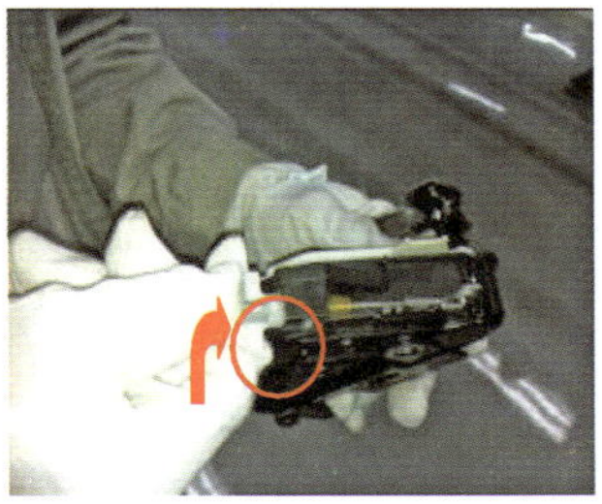	注意拉丝上胶堵前门是黑色,后门是蓝色
4	装配左侧前门锁支架及垫片	将垫片卡入钣金件,站在门的内侧,将锁支架伸入钣金件内,将锁支架两端卡在两端的工艺孔内	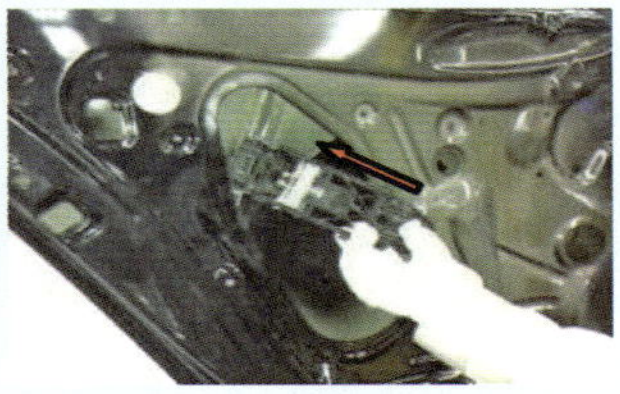	垫片与锁支架要卡到位,防止掉落
	紧固锁支架	取 1 颗螺栓,左手拿电枪,右手食指伸入工艺孔内,向左推锁支架,同时紧固锁支架	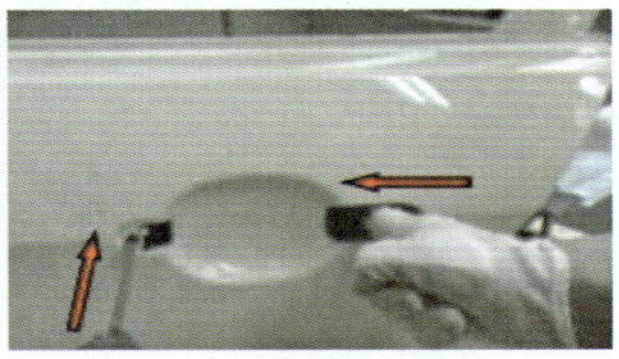	打钉的时候要推锁支架,防止支架卡不到位

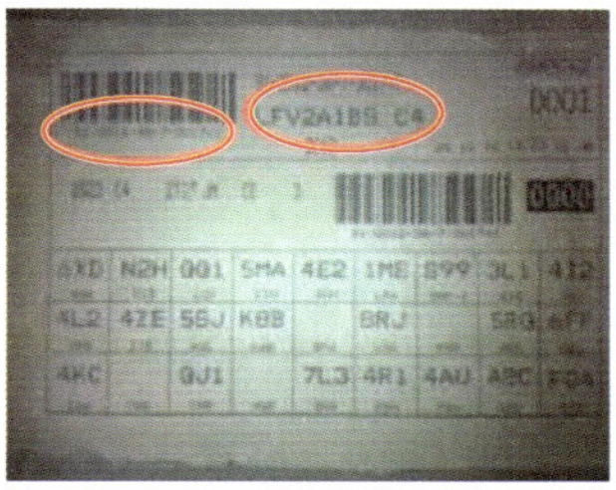

（续）

序号	操作步骤	操作方法	操作图示	注意事项
5	分装左侧前门锁支架拉丝与门锁连接	将锁支架拉丝与门锁连接，将拉丝卡槽固定在门锁上	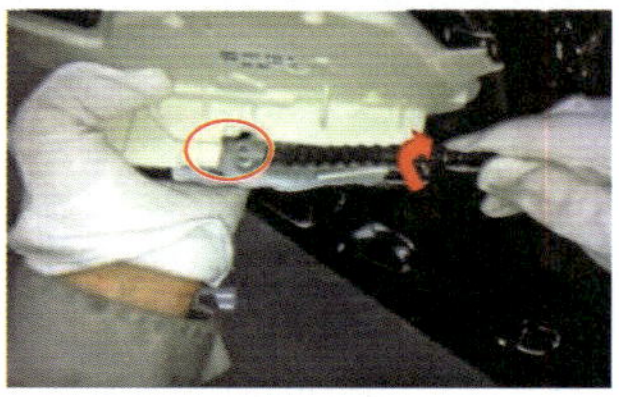	装配时，注意卡到卡槽里
5	装配左侧前门门锁罩盖	拿取门锁罩盖，按照相应的位置装配到门锁上	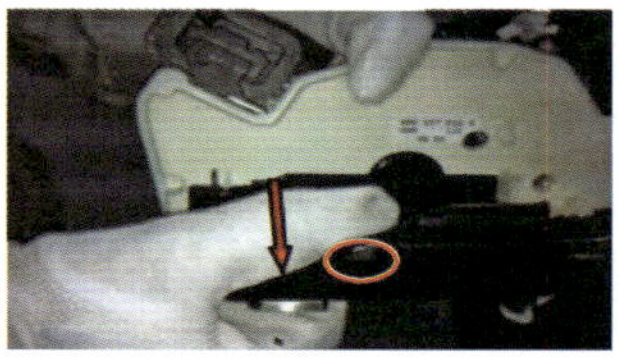	卡槽一半在里一半在外
5	装配左侧前门锁	右手拿分装好的门锁，伸入钣金件内，调整位置门锁的螺孔与钣金件孔对齐。左手拿电枪，右手把住门锁，用2颗螺栓预紧门锁	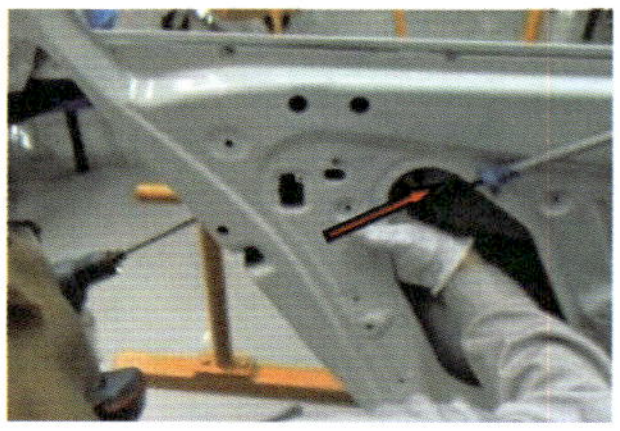	打钉时，枪要垂直于钣金件，注意别划伤钣金件
6	装配左侧后门锁支架及垫片	将垫片卡入钣金件，站在门的内侧，将锁支架伸入钣金件内，将锁支架两端卡在两端的工艺孔内	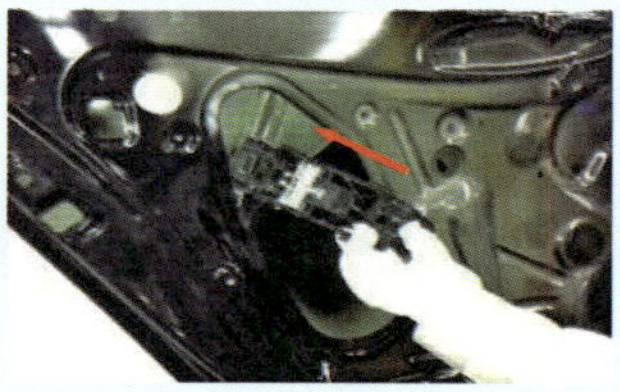	垫片与锁支架要卡到位，防止掉落
6	紧固锁支架	取1颗螺栓，左手拿电枪，右手食指伸入工艺孔内，向左推锁支架，同时紧固锁支架	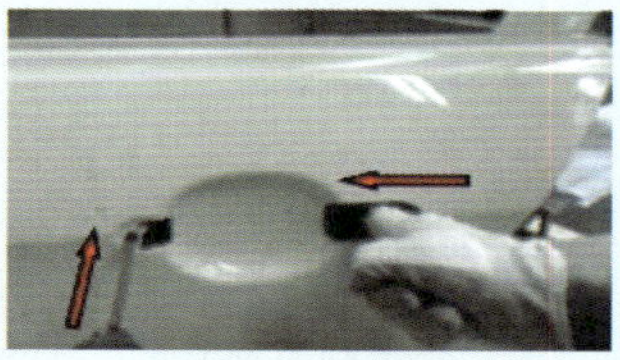	打钉时要推锁支架，防止支架卡不到位
7	分装左侧后门锁支架拉丝与门锁连接	将锁支架拉丝与门锁连接，将拉丝卡槽固定在门锁上	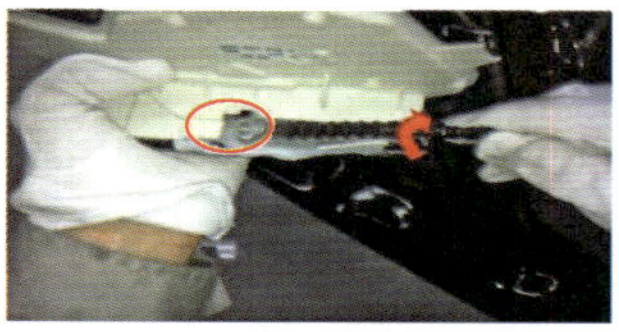	装配时，注意卡到卡槽里
7	装配左侧后门门锁罩盖	拿取门锁罩盖，按照相应的位置装配到门锁上	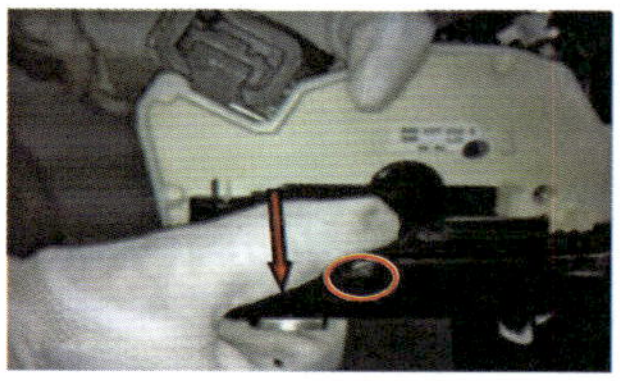	卡槽一半在里一半在外
7	装配左侧后门锁	右手拿取分装好的门锁，伸入钣金件内，调整位置门锁上的螺孔与钣金工艺孔对齐。左手拿取电枪，右手把住门锁，用2颗螺栓预紧门锁		1）打钉时，枪要垂直于钣金件 2）注意别划伤钣金件

项目二　车门分装

（续）

序号	操作步骤	操作方法	操作图示	注意事项
右侧车门MA021	查看FIS单，核对VIN和KNR号	行走1m到右前门挂FIS单	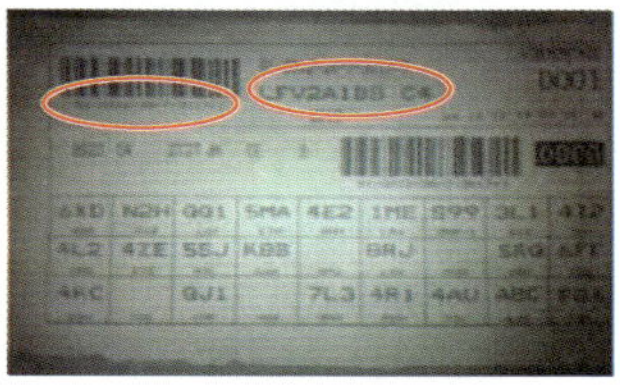	看FIS单上VIN与随车卡上的是否相同
2	分装右侧前、后门拉丝与锁支架	拿取拉丝和门锁，连接拉丝和锁支架。分别完成前、后门门锁的分装工作	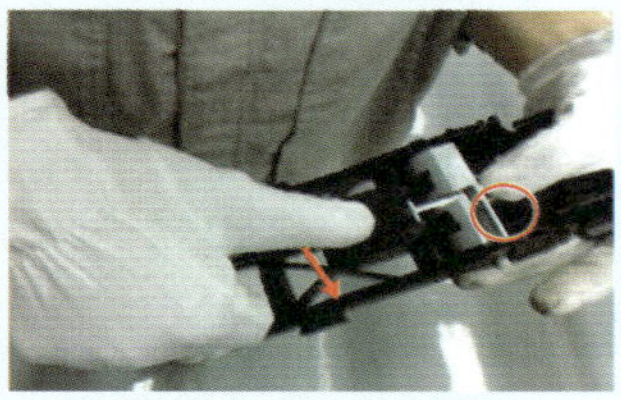	1）将拉丝T形头端短头插入槽孔内 2）拉丝一定要卡到卡槽内
3	分装右侧前、后门拉丝与门锁	拿取拉丝和门锁，连接拉丝至门锁相应位置。完成前、后门门锁分装工作	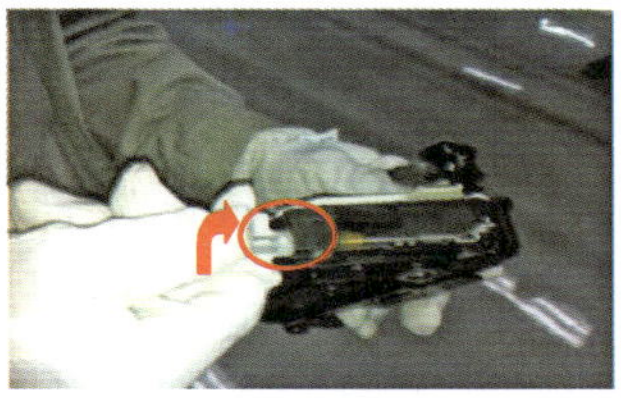	1）注意拉丝上胶堵前门是黑色，后门是蓝色 2）拉丝上的各个卡一定要卡在卡槽里
4	装配右侧前门锁支架及垫片	将垫片卡入钣金件，站在门的内侧，将锁支架伸入钣金件内，将锁支架两端卡在两端的工艺孔内		垫片与锁支架要卡到位，防止掉落
	紧固锁支架	取1颗螺栓，左手拿电枪，右手食指伸入工艺孔内，向左推锁支架，同时紧固锁支架	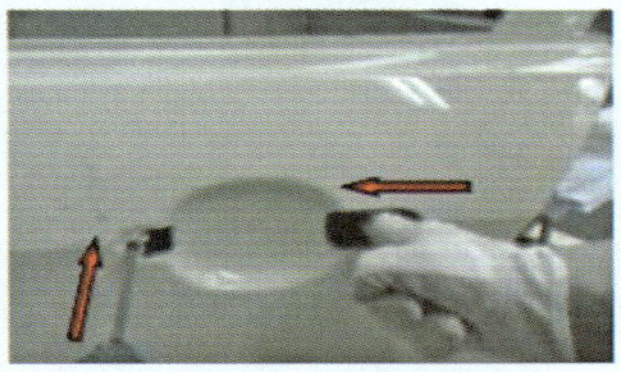	打钉时要推锁支架，防止支架卡不到位
	分装右侧前门锁支架拉丝与门锁连接	将锁支架拉丝与门锁连接，将拉丝卡槽固定在门锁上	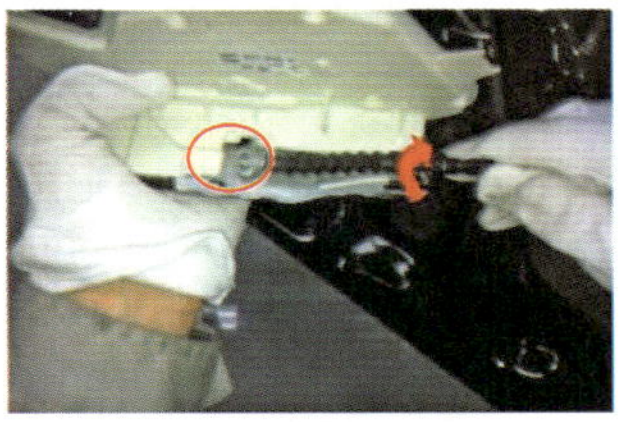	装配时，注意卡到卡槽里
5	装配右侧前门门锁罩盖	拿取门锁罩盖，按照相应的位置装配到门锁上	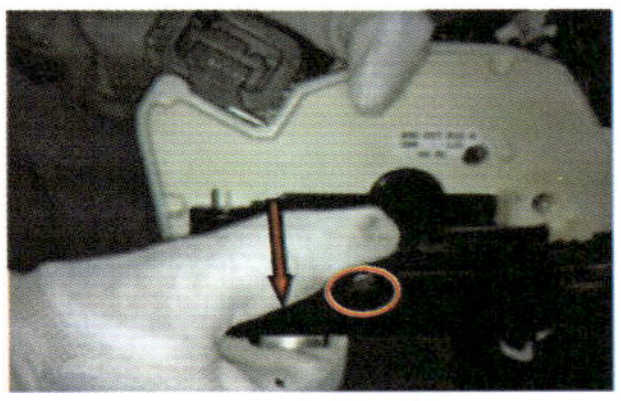	卡槽一半在里一半在外
	装配右侧前门锁	右手拿取分装好的门锁，伸入钣金件内，调整位置门锁上的螺孔与钣金工艺孔对齐，左手拿电枪，右手把住门锁，用2颗螺栓预紧		1）打钉时，枪要垂直于钣金件 2）注意别划伤钣金件

39

（续）

序号	操作步骤	操作方法	操作图示	注意事项
6	装配右侧后门锁支架及垫片	将垫片卡入钣金件，站在门的内侧，将锁支架伸入钣金件内，将锁支架两端卡在两端的工艺孔内	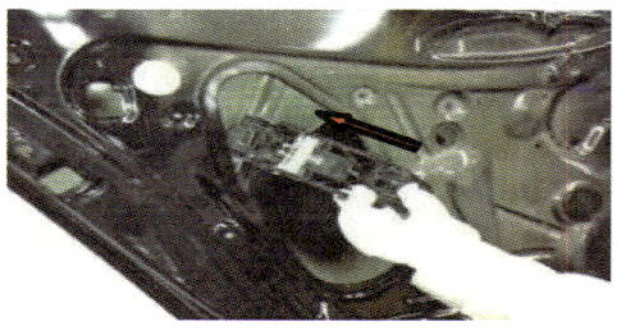	垫片与锁支架要卡到位，防止掉落
	紧固锁支架	取1颗螺栓，左手拿电枪，右手食指伸入工艺孔内，向左推锁支架，同时紧固锁支架	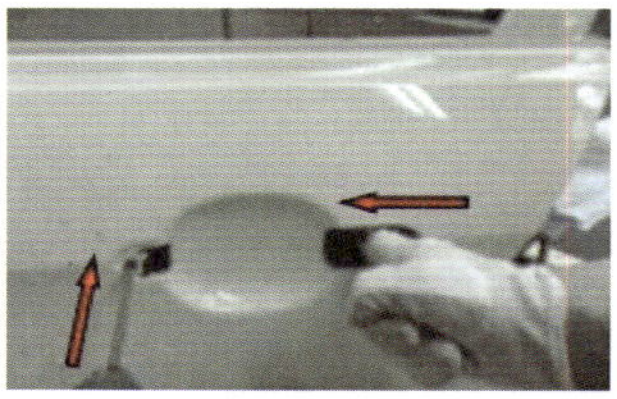	打钉时要推锁支架，防止支架卡不到位
7	分装右侧后门锁支架拉丝与门锁连接	将锁支架拉丝与门锁连接，将拉丝卡槽固定在门锁上	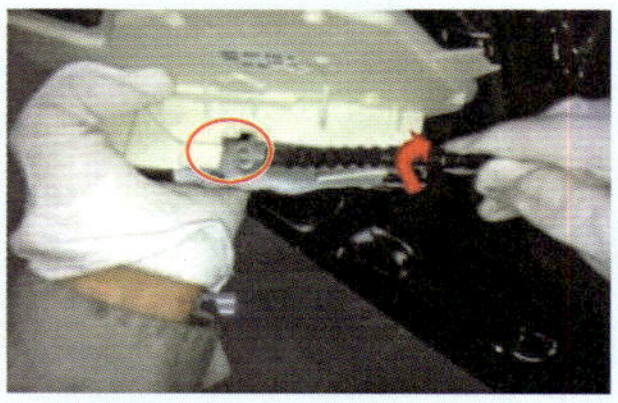	装配时，注意卡到卡槽里
	装配右侧后门门锁罩盖	拿取门锁罩盖，按照相应的位置装配到门锁上	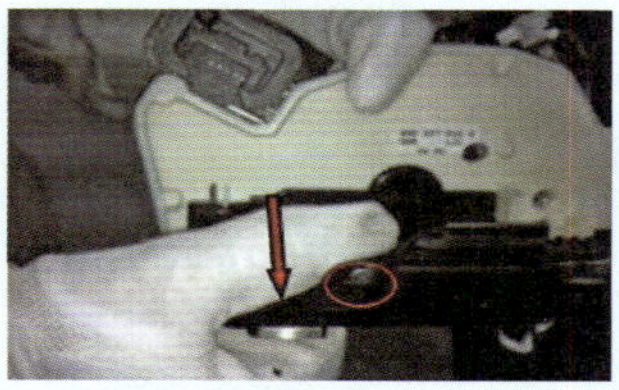	卡槽一半在里一半在外
	装配右侧后门锁	右手拿取分装好的门锁，伸入钣金件内，调整位置门锁上的螺孔与钣金工艺孔对齐 左手拿取电枪，用2颗螺栓预紧门锁	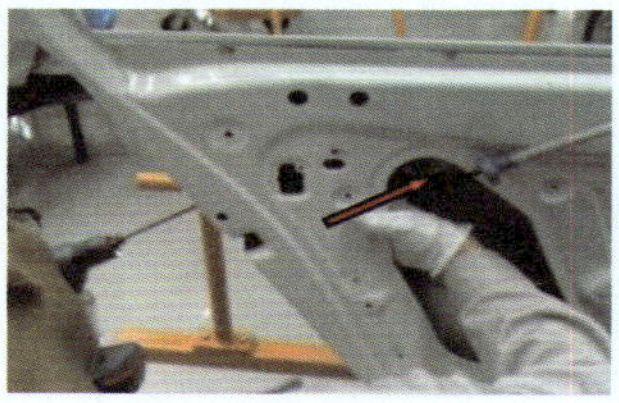	打钉时，注意别划伤钣金件
左侧车门 MA031	查看FIS单	行走1m到车门前查看FIS单上门把手PR号，拿取门把手		注意检查门把手的型号与FIS单上零件号是否匹配
2	装配左侧前门外把手	先将外门把手总成的前端装进把手导轨槽内，再将把手的后部向斜下方用力推		防止把手前端胶皮外露
3	装配左侧前门锁芯	取1颗螺栓，左手向外拉住门把手，拇指按住锁芯，先紧固黑色颗钉，再将锁支架上的螺钉拧紧	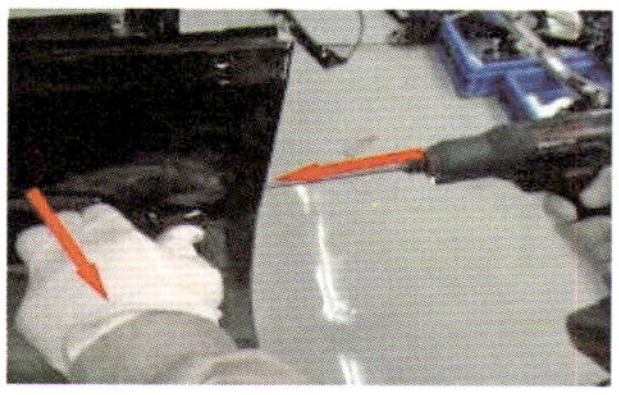	注意对准钉孔，防止锁芯钉紧固不到位

（续）

序号	操作步骤	操作方法	操作图示	注意事项
4	装配左侧前门锁芯盖板、胶盖	将锁芯盖板与锁芯外形对齐，用拇指向下按，听见"咔"的一声即装配到位。拿取胶盖，盖住两个螺钉工艺孔	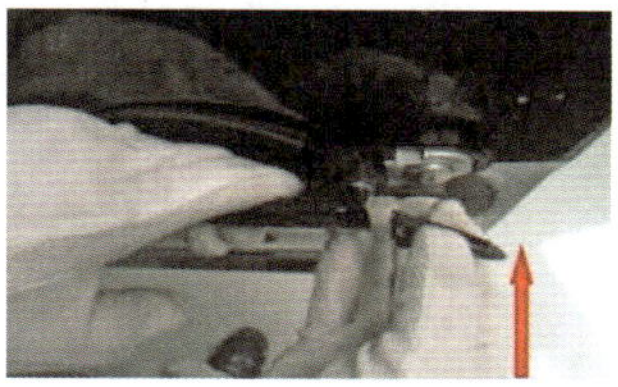	1）防止划伤车门钣金件及虚卡 2）胶盖注意密封
5	装配左侧后门外把手	先将外门把手总成的前端装进把手导轨槽内，再将把手的后部对准钣金凹槽向斜下方用力推，听见"咔"的一声即装配到位	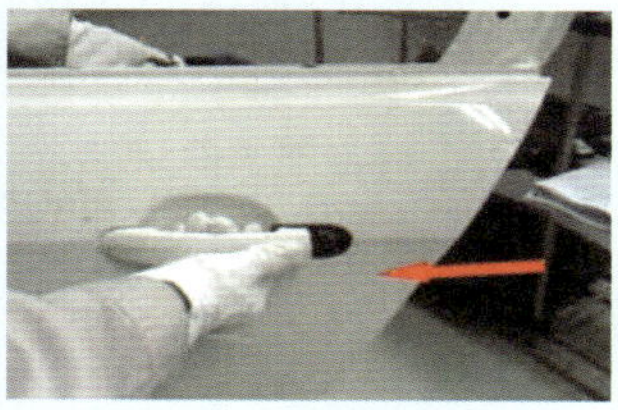	防止把手前端胶皮外露
6	装配左侧后门把手盖板	左手拉起门把手，右手将盖板对准钣金孔按进去	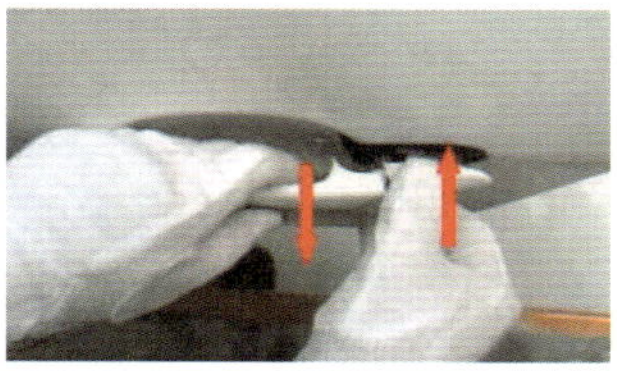	防止虚卡
7	锁死锁支架锁死机构	右手伸进钣金件将锁支架锁死机构锁死		听见"咔"的一声即装配到位
8	安装左侧后门胶堵	拿取后门小胶堵，安装后门小胶堵	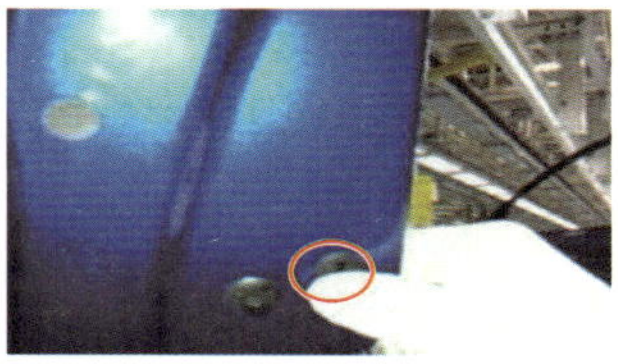	注意安装胶堵时与槽孔垂直
9	EC扳手紧固门锁钉	拿取扫描枪，对准FIS单的条码扫描，然后拿取EC扳手对前后门锁钉进行紧固	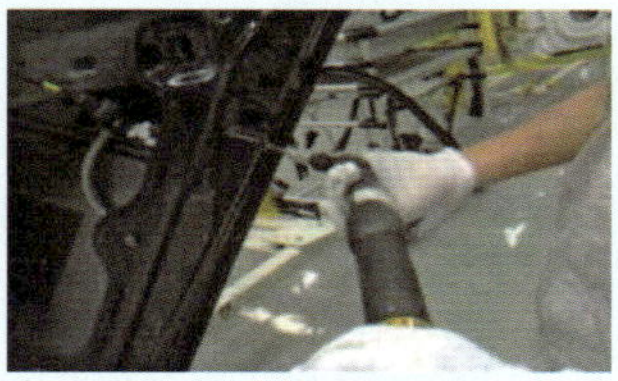	紧固时，枪必须垂直于操作面，必须拿稳，防止划伤钣金件
右侧车门MA04 1	装配右侧前门外把手	先将外门把手总成的前端装进把手导轨槽内，再将把手的后部对准钣金凹槽向斜下方用力推，听见"咔"的一声即装配到位	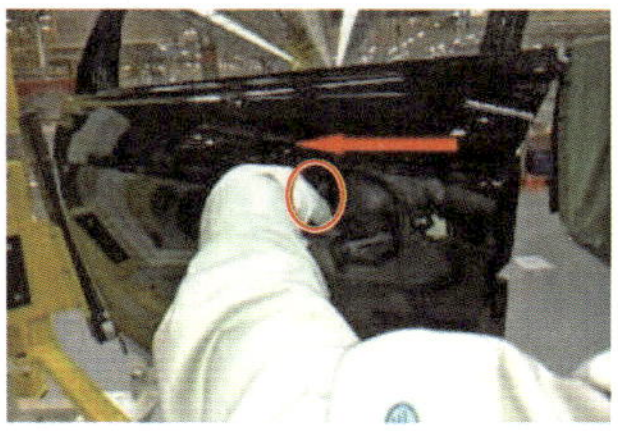	防止把手前端胶皮外露
2	装配右侧前门锁芯	取1颗螺栓，左手向外拉住门把手，拇指按住锁芯，右手拿电枪打钉，先紧固黑色颗钉，再将锁支架上的螺钉拧紧	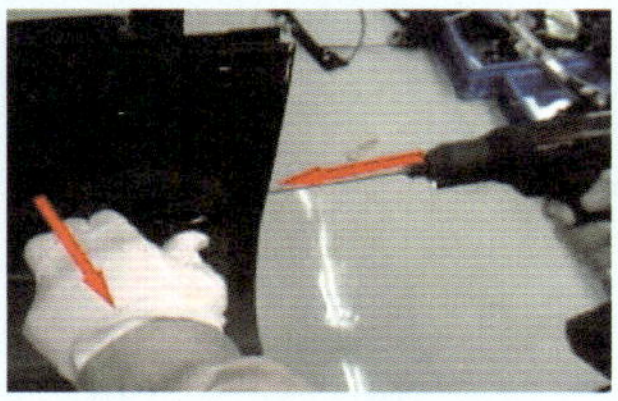	注意对准钉孔，防止锁芯钉紧固不到位

（续）

序号	操作步骤	操作方法	操作图示	注意事项
3	装配右侧前门锁芯盖板、胶盖	将锁芯盖板与锁芯外形对齐，用拇指向下按，听见"咔"的一声即装配到位。拿取胶盖，窄的一侧向右，盖住两个螺钉工艺孔	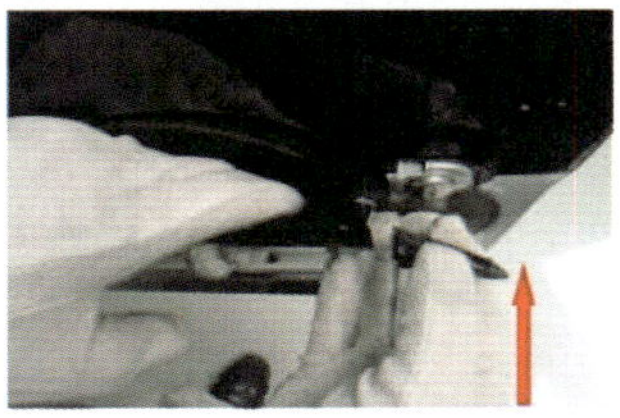	1）防止划伤车门钣金件及虚卡 2）胶盖注意密封
4	装配右侧后门外把手	先将外门把手总成的前端装进把手导轨槽内，再将把手的后部对准钣金凹槽向斜下方用力推，听见"咔"的一声即装配到位	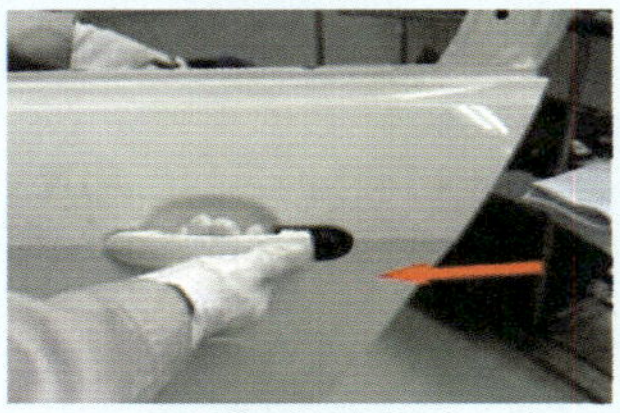	防止把手前端胶皮外露
5	装配右侧后门把手盖板	左手拉起门把手，右手将盖板对准钣金孔按进去	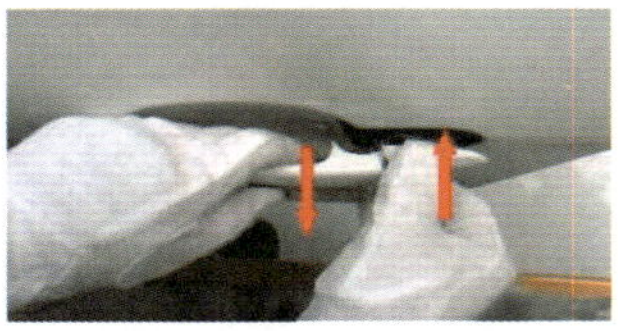	防止虚卡
6	锁死锁支架锁死机构	右手伸进钣金件将锁支架锁死机构锁死	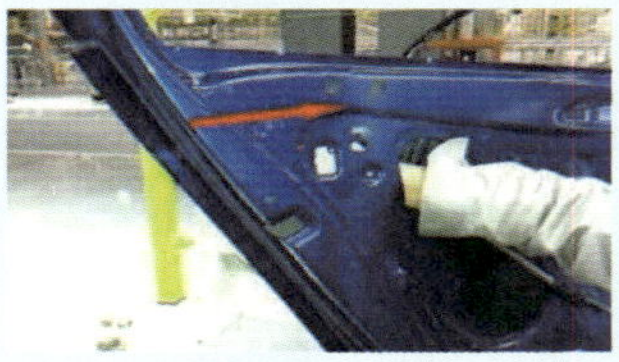	听见"咔"的一声即装配到位
7	安装右侧后门胶堵、胶盖	拿取后门小胶堵、胶盖，安装后门小胶堵、胶盖	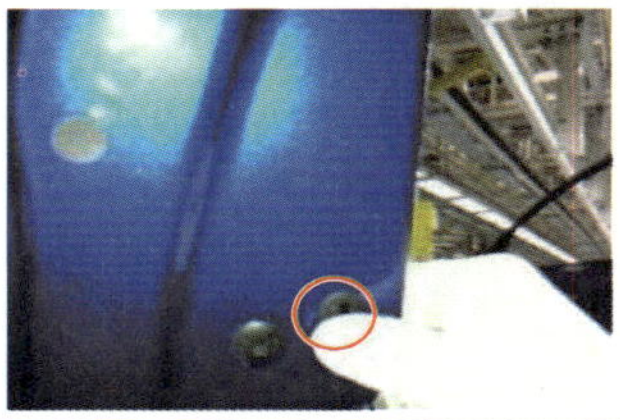	注意安装胶堵时与槽孔垂直
8	EC扳手紧固门锁钉	拿取扫描枪，对准FIS单的条码扫描，然后拿取EC扳手对前后门锁钉进行紧固	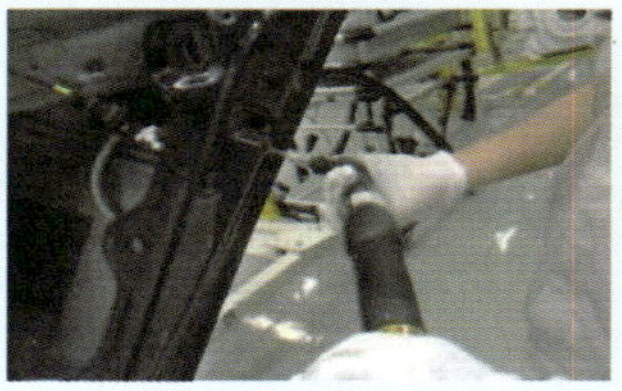	紧固时，枪必须垂直于操作面，必须拿稳，防止划伤钣金件

2. 车门线束、升降器、电动机、门框条、三角窗装配

左侧车门MA05 1	查看FIS单，拿取左前门线束	行走1m到车门前查看FIS单上左前门线束PR号，拿取左前门线束		注意线束的型号是否正确
2	装配左前门线束	将线束从钣金孔穿入，再将线束头从前端拉出，波纹管凸头向上装配，将一侧装配拉出，再将另一侧拉出，再卡钣金件内的2个卡扣，随后装上圆胶堵	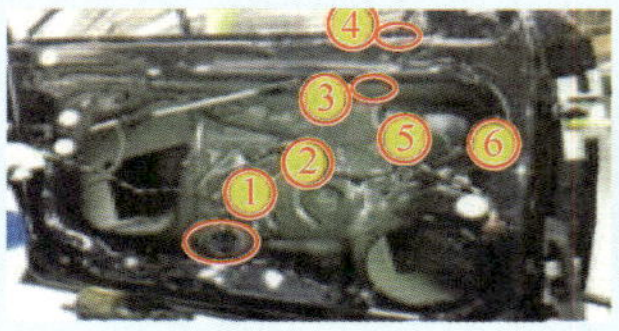	波纹管凸头向上，按一定的顺序按卡扣。注意钣金件内侧扬声器下方有2个卡扣

项目二 车门分装

（续）

序号	操作步骤	操作方法	操作图示	注意事项
3	拿取左后门线束	行走1m到车门前查看FIS单上左后门线束PR号，拿取左后门线束	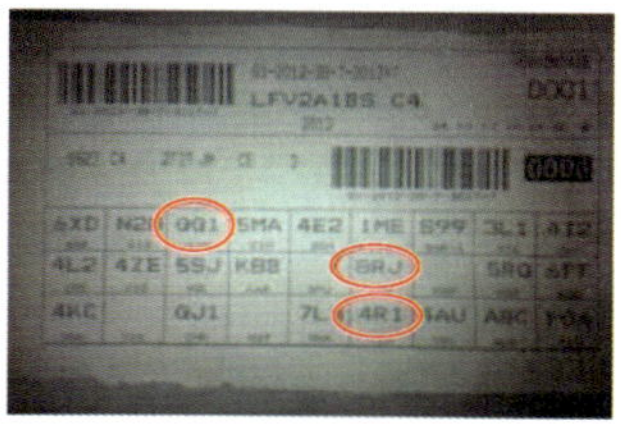	注意线束的型号是否正确
4	装配左后门线束	将线束从钣金孔穿入，再将线束头从前端拉出，波纹管凸头向上装配，先将一侧装配拉出，随后装上圆胶堵，再按顺序卡好钣金件上的卡扣	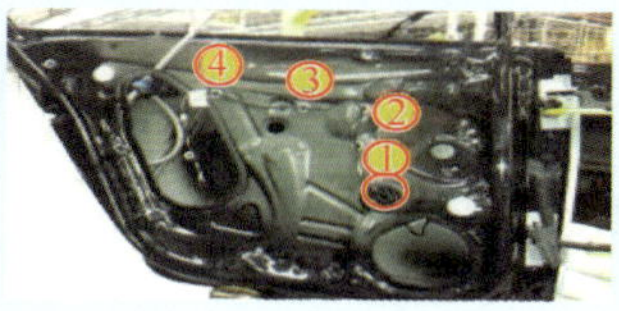	波纹管凸头向上，按一定的顺序按卡扣。注意钣金件内有1个卡扣
右侧车门MA06 1	装配右前门线束	将线束从钣金孔穿入，再将线束头从前端拉出，波纹管凸头向上装配，先将一侧装配拉出，再将另一侧拉出，再卡钣金件内的2个卡扣，随后装上圆胶堵		波纹管凸头向上，按一定的顺序按卡扣。注意钣金件内侧扬声器下方有2个卡扣
2	拿取右后门线束	行走1m到车门前查看FIS单上右后门线束PR号，拿取右后门线束	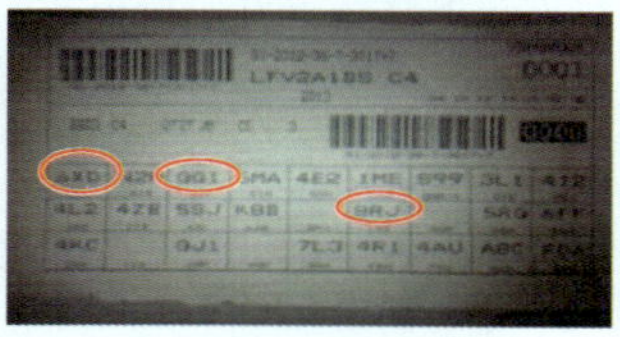	注意线束的型号是否正确
3	装配右后门线束	将线束从钣金孔穿入，再将线束头从前端拉出，波纹管凸头向上装配，再卡钣金件内的卡扣，随后装上圆胶堵，再卡好钣金件上的卡扣	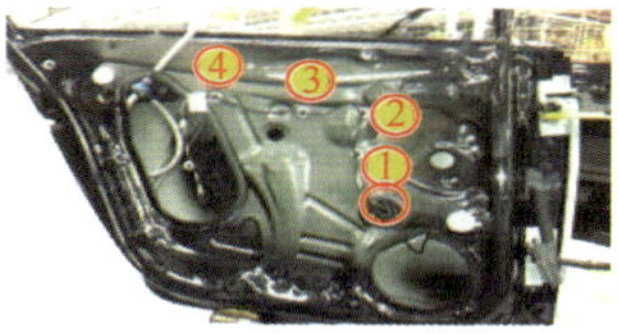	波纹管凸头向上，按一定的顺序按卡扣。注意钣金件内有1个卡扣
左侧车门MA07 1	查看FIS单，装配左前门玻璃升降器	将升降器在手中摆正，将左边滑道放进车壳内，再放入左手中的滑道，同时，左手拉另一侧，将升降器上的卡扣和螺柱卡入钣金工艺孔内，用4颗螺栓紧固升降器	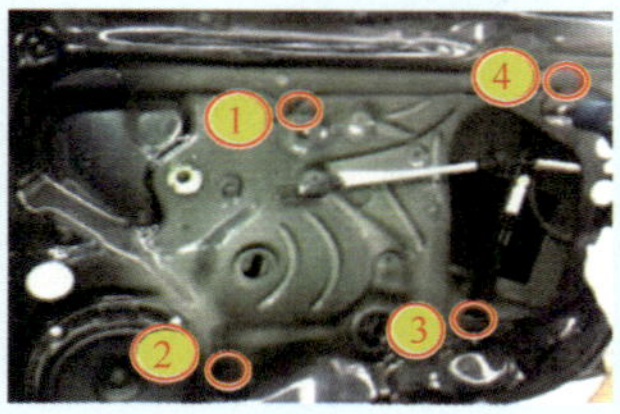	注意升降器里面的卡扣不要漏卡
2	装配左后门玻璃升降器	将升降器左侧放入滑道，同时，左手拉另一侧，将升降器上的卡和螺柱卡入钣金工艺孔内。用2颗螺栓紧固升降器	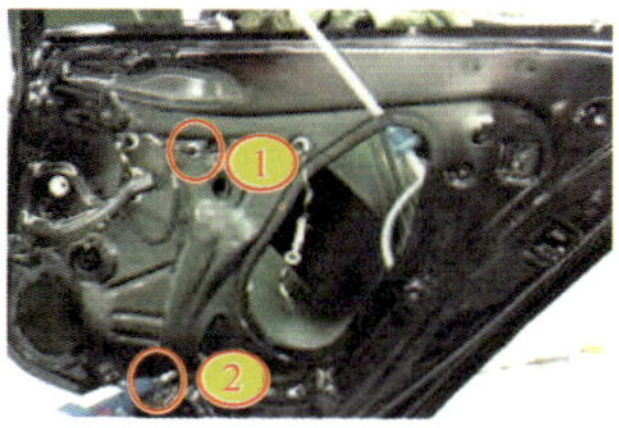	注意升降器里面的卡扣不要漏卡

（续）

序号	操作步骤	操作方法	操作图示	注意事项
3	装配左前门电动机	将电动机在手中摆正，先将线束电动机插头插在电动机上，再将插头锁死。将电动机齿轮中柱和卡槽对准钣金件上的托架卡死，再用3颗螺栓紧固电动机		电动机插头上的红卡要锁死
4	查看FIS单，拿取左后门电动机	行走1m到车门前查看FIS单上左后门电动机PR号，拿取左后门电动机		核对零件号与FIS单号是否一致
5	装配左后门电动机	将电动机在手中摆正，先将线束电动机插头插在电动机上，再将插头锁死。将电动机齿轮中柱和卡槽对准钣金件上的托架卡死，再用3颗螺栓紧固电动机		电动机插头上的红卡要锁死

右侧车门 MA08

序号	操作步骤	操作方法	操作图示	注意事项
1	查看FIS单，装配右前门玻璃升降器	将升降器右边滑道放进车壳内，然后再放入右手中的滑道，同时，左手拉另一侧，将升降器上的卡扣和螺柱卡入对应的钣金工艺孔内，用4颗螺栓紧固升降器		注意升降器里面的卡扣不要漏卡
2	装配右后门玻璃升降器	将升降器右侧放入滑道，同时，右手拉另一侧，将升降器上的卡扣和螺柱卡入钣金工艺孔内。用2颗螺栓紧固升降器	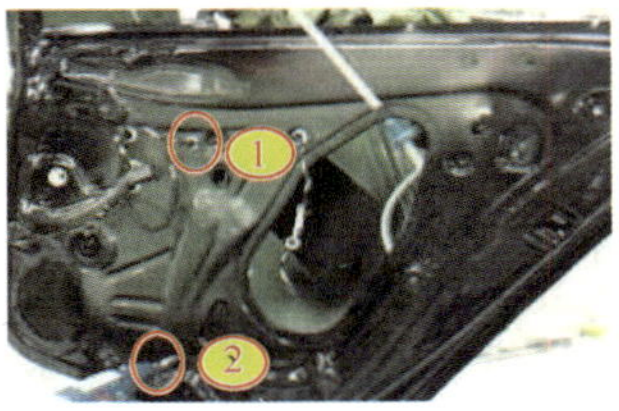	注意升降器里面的卡扣不要漏卡
3	装配右前门电动机	将电动机在手中摆正，先将线束电动机插头插在电动机上，再将插头锁死。将电动机齿轮中柱和卡槽对准钣金件上的托架卡死，再用3颗螺栓紧固电动机		电动机插头上的红卡要锁死
4	查看FIS单，拿取右后门电动机	行走1m到车门前查看FIS单上右后门电动机PR号，拿取右后门电动机	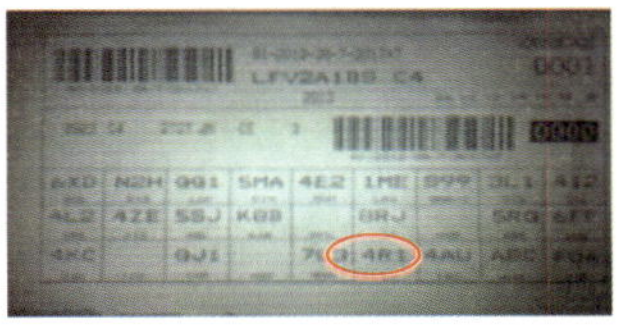	核对零件号与FIS单号是否一致

（续）

序号	操作步骤	操作方法	操作图示	注意事项
5	装配右后门电动机	先将电动机在手中摆正，将线束电动机插头插在电动机上，再将插头锁死。将电动机齿轮中柱和卡槽对准钣金件上的托架卡死，再用3颗螺栓紧固电动机		电动机插头上的红卡要锁死
左侧车门 MA09 1	查看FIS单，装配左前门门框条	用刷子将肥皂水均匀地涂抹在门框条上，将门框条靠近B柱的下端从下往上轻卡住钣金件，将定位销处装配到位，锁紧定位销，再顺着定位销处向右装配门框条，向下装配门框条	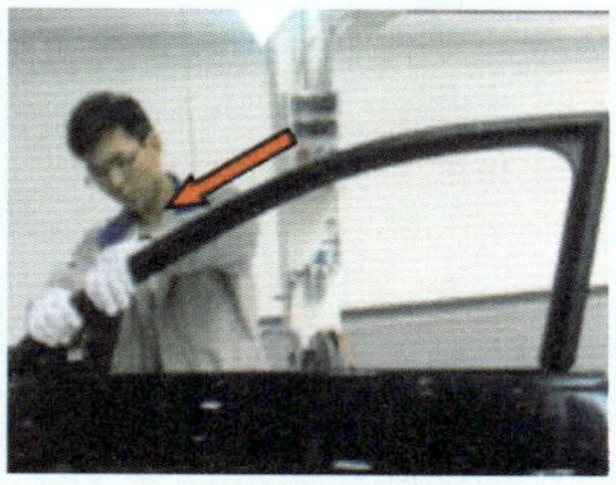	1）检查门框条表面是否有划伤或裂口 2）要保证胶条完全包住钣金件
2	装配左后门三角窗	将三角窗放到C柱钣金槽内，将卡扣1轻轻按到孔里，再将卡扣2搭到钣金件口		卡扣对准钣金件口，卡扣在未安装门框条之前不要将其按进孔里卡死
右侧车门 MA10 1	查看FIS单，装配右前门门框条	用刷子将肥皂水均匀地涂抹在门框条上，将门框条靠近B柱的下端从下往上轻卡住钣金件，将定位销处装配到位，顺着定位销向右装配门框条，向下装配门框条	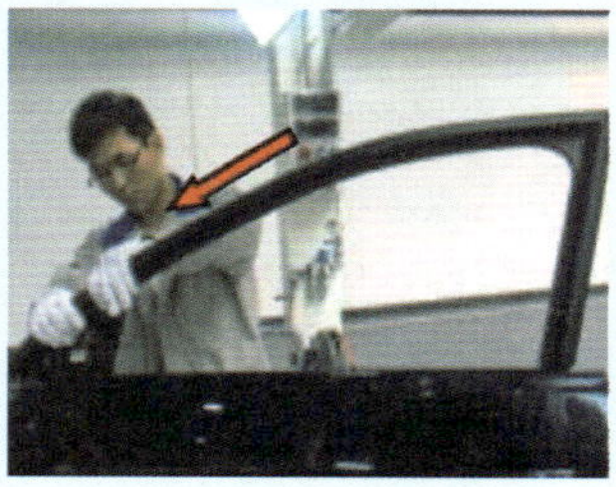	注意门框条表面是否有划伤或裂口。要保证胶条完全包住钣金件
2	查看FIS单，拿取右后门三角窗总成	查看FIS单，拿取右后门三角窗		注意检查三角窗型号是否正确
3	装配右后门三角窗	将三角窗放到C柱钣金槽内，将卡扣1轻轻按到孔里，再将卡扣2搭到钣金件口		卡扣对准钣金件口，卡扣在未安装门框条之前，不要将其按进孔里卡死

3. 车门玻璃、门框条装配

左侧车门 MA11 1	查看FIS单，装配左后门门框条（只装配一半胶条）	将左后门框条与三角窗匹配，靠近C柱门框条用力卡进钣金孔中，后门框条中部导向槽从上往下装入三角窗槽里	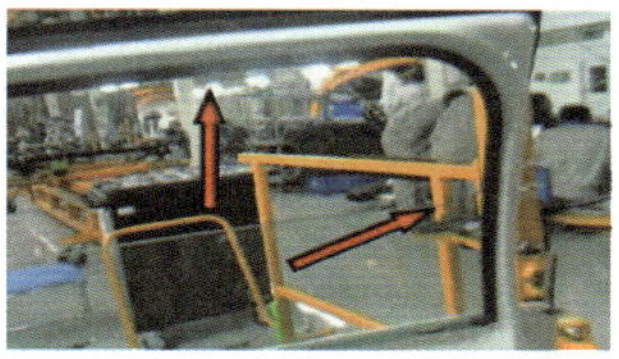	门框条中部胶条不能全塞到中框架中，以免装玻璃时擦伤门框条

（续）

序号	操作步骤	操作方法	操作图示	注意事项
2	装配左后门玻璃	门框条装到一半，先将玻璃的右侧卡入导轨槽内，再将左端顺入，双手把住玻璃，上下滑动保证玻璃卡在导轨槽里，最后用力向下摁	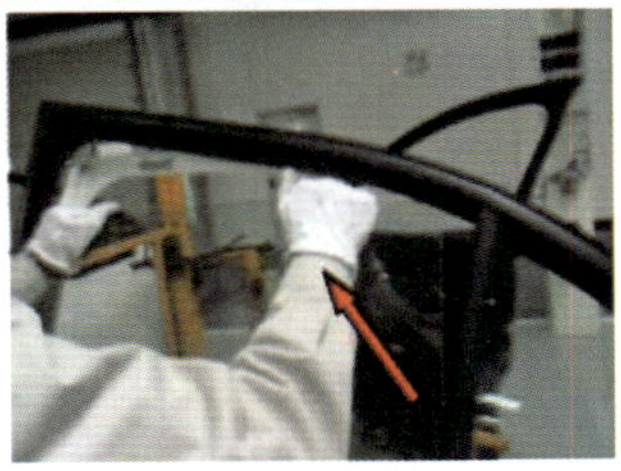	一定要确保玻璃卡在托架中间，防止划伤玻璃
3	装配剩余的门框条	先将B柱滑入玻璃，保证各个部位的间隙与平度，再按入B柱上角的卡扣，然后用压板滑动胶条，让胶条包住钣金件	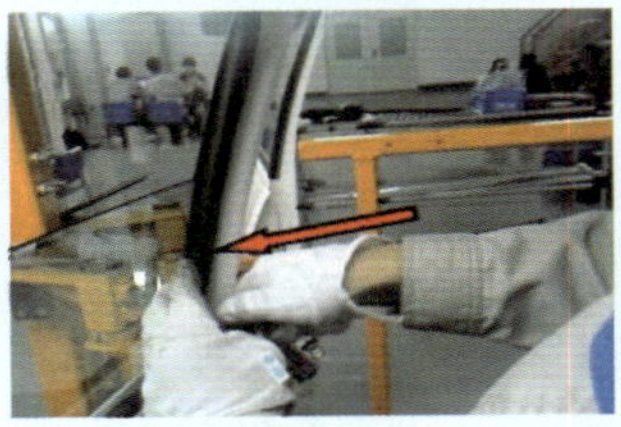	1）一定要保证各处的间隙、平度 2）要保证胶条完全包住钣金件
右侧车门MA12 1	查看FIS单，装配右后门框条（只装配一半胶条）	将右后门框条与三角窗匹配，调整右后门框条与三角窗的间隙，靠近C柱门框条用力卡进钣金孔中，右后门框条中部导向槽从上往下装入三角窗槽里	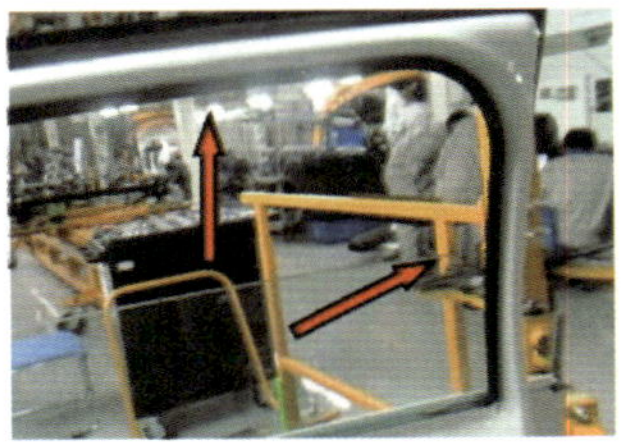	注意门框条中部胶条处与三角玻璃不能有间隙，不能全塞到中框架中，以免装玻璃时擦伤门框条
2	装配右后门玻璃	门框条装到一半，先将玻璃的右侧卡入导轨槽内，再将左端顺入，然后双手把住玻璃，上下滑动保证玻璃卡在导轨槽里，最后用力向下摁	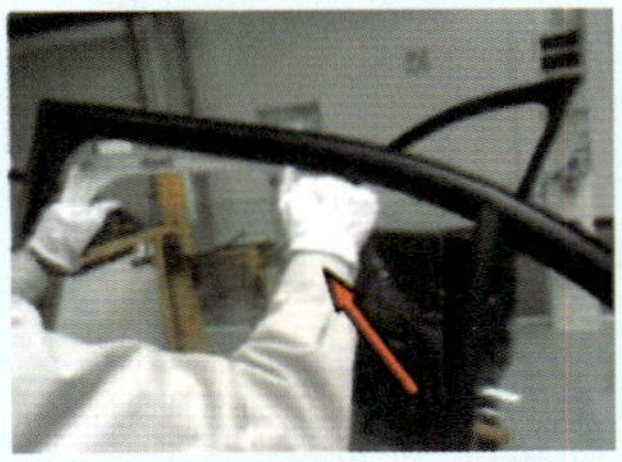	确保玻璃卡在托架中间，防止划伤玻璃
3	装配剩余的门框条	先将B柱滑入玻璃，保证各个部位的间隙与平度，再按入B柱上角的卡扣，然后用压板滑动胶条，让胶条包住钣金件	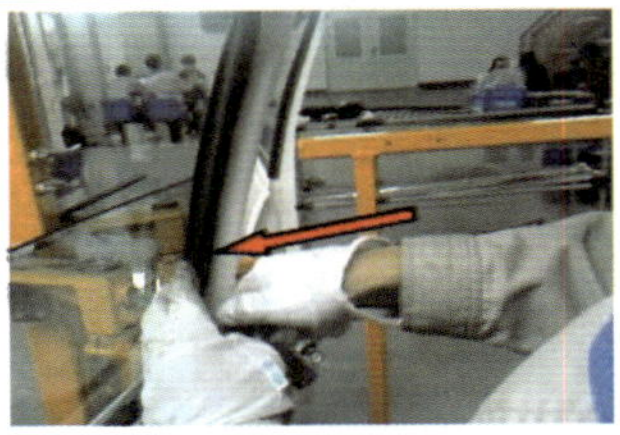	保证各处的间隙、平度
左侧车门MA13 1	查看FIS单，拿取左前门玻璃	查看FIS单，拿取左前门玻璃		注意检查玻璃型号是否一致
2	装配左前门玻璃	先将玻璃的左侧伸入钣金件内，再将左侧顺入导轨槽内，双手把住玻璃上下滑动，然后用力向下压，听到"咔咔"的两声，则玻璃的两个卡扣已经卡在升降器托架上，然后上下反复提拉，确保装配到位		向下用力压时，一定要确保玻璃卡在托架中间，防止划伤玻璃

（续）

序号	操作步骤	操作方法	操作图示	注意事项
3	查看 FIS 单，拿取左侧车门窗台密封条	查看 FIS 单，拿取左侧车门窗台密封条		注意检查密封条型号是否正确
4	装配左前门外饰条	拿取外饰条，以 B 柱为基准，先将 B 柱压入钣金件内，然后依次压向 A 柱，注意 A、B 柱的胶条要包住钣金件，最后用锤子将外饰条敲入钣金件内	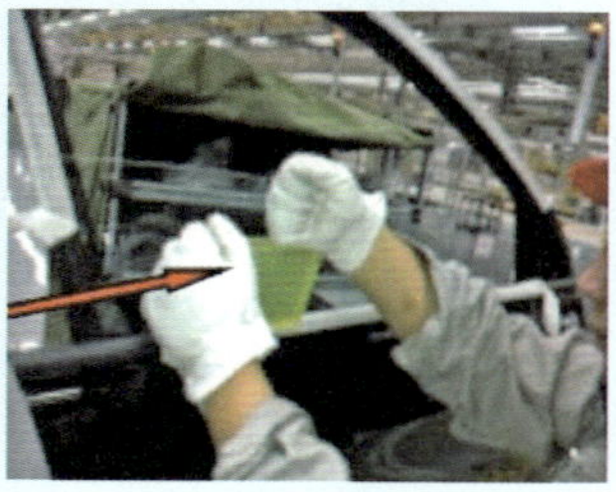	用锤子和垫块敲打钣金件时，不要敲在 B 柱端上，防止外饰条变形和压痕
5	装配左前、后车门胶堵	拿取 2 个胶堵，分别装配到左前、后车门对应的工艺孔上	 	胶堵一定要完全密封工艺孔，防止漏雨
6	装配左后门外饰条	拿取左后门外饰条，撕下保护膜，以 B 柱为基准，先将 B 柱压入钣金件内，然后依次压向 C 柱，注意 B、C 柱的胶条要包住钣金件		用锤子和垫块敲打钣金件时，不要敲在 B 柱端上，防止外饰条变形和压痕
右侧车门 MA14 1	装配右前门玻璃	先将玻璃的右侧伸入钣金件内，再将右侧顺入导轨槽内，双手把住玻璃上下滑动，然后用力向下压，听到"咔咔"的两声，则玻璃的两个卡扣已经卡在升降器托架上，然后上下反复提拉		向下用力压时，一定要先确保玻璃卡在托架中间，防止划伤玻璃。若发现玻璃未卡在导槽内，就上下滑动玻璃，保证玻璃卡在导槽内
2	查看 FIS 单，拿取右侧车门窗台密封条	查看 FIS 单，拿取右侧车门窗台密封条	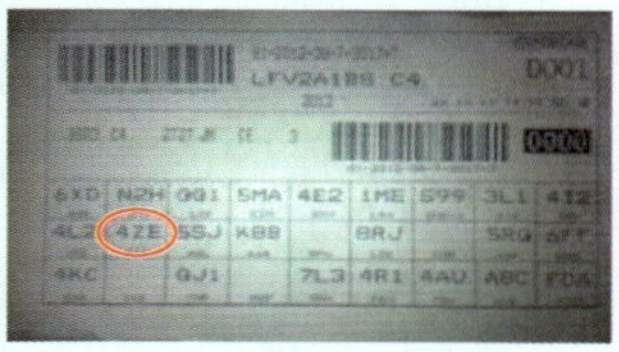	注意检查密封条型号是否正确
3	装配右前门外饰条	拿取外饰条，以 B 柱为基准，先将 B 柱压入钣金件内，然后依次压向 A 柱，注意 A、B 柱的胶条要包住钣金件，最后用锤子将外饰条敲入钣金件内	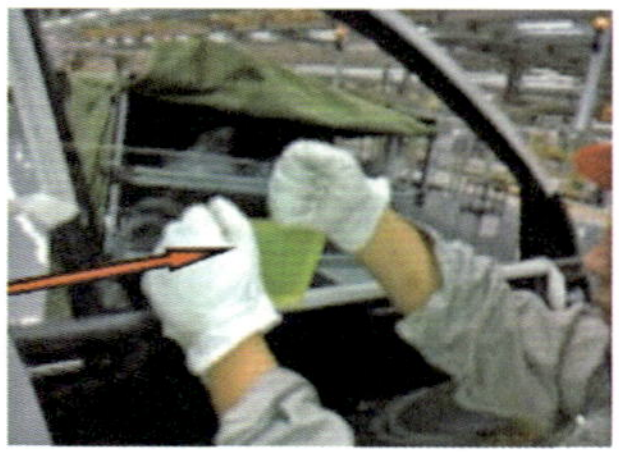	1）两端的胶条一定要包住钣金件 2）用锤子和垫块敲打钣金件时，不要敲在 B 柱端上，防止外饰条变形和压痕

47

（续）

序号	操作步骤	操作方法	操作图示	注意事项
4	装配右前、后车门胶堵	拿取 2 个胶堵，分别装配到右前、后车门对应的工艺孔上		胶堵一定要完全密封工艺孔，防止漏雨
5	装配右后门外饰条	拿取右后门外饰条，撕下保护膜，以 B 柱为基准，先将 B 柱压入钣金件内，然后依次压向 C 柱，注意 B、C 柱的胶条要包住钣金件		用锤子和垫块敲打钣金件时，不要敲在 B 柱端上，防止外饰条变形和压痕

4. 后视镜、三角盖板、门压条、内板、限位器、扬声器装配

序号	操作步骤	操作方法	操作图示	注意事项
左侧车门 MA151	装配左前门后视镜	将线束从钣金孔中穿过，后视镜底座海绵塞入钣金件，将后视镜下角装入门框条，调整后视镜与门框条间隙，并调整角度，再用 1 颗膨胀螺母、1 颗螺栓固定后视镜		1）查看后视镜颜色和配置与 FIS 单代码一致 2）螺钉垂直，防止造成假力矩
2	装配左前门三角盖板	将左前门三角盖板卡扣卡在钣金件内，然后拍打三角盖板，再用电枪将其紧固。将后视镜线束插头插上		装配完成后，检查三角盖板与钣金件的间隙，不超过（1.5±0.5）mm
右侧车门 MA161	装配右前门后视镜	将线束从钣金孔中穿过，后视镜底座海绵塞入钣金件，将后视镜下角装入门框条，调整后视镜与门框条间隙，并调整角度，再用 1 颗膨胀螺母、1 颗螺栓固定后视镜		1）查看后视镜颜色和配置与 FIS 单代码一致 2）螺钉垂直，防止造成假力矩
2	装配右前门三角盖板	将右前门三角盖板卡扣卡在钣金件内，然后拍打三角盖板，再用电枪将其紧固。将后视镜线束插头插上		装配完成后，检查三角盖板与钣金件的间隙，不超过（1.5±0.5）mm
左侧车门 MA171	装配左前门内压条	将左前门内压条以 B 柱为基准卡接在左前门钣金件上，使用辅助工具橡胶锤敲击左前门内压条		装配时，从 B 柱开始卡接

（续）

序号	操作步骤	操作方法	操作图示	注意事项
2	装配左前门内板	装配左前门内板	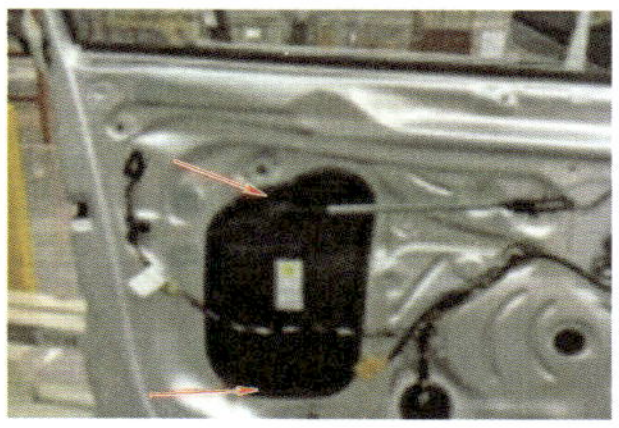	1）套管完全固定在内板中，无间隙 2）内板完全卡接在钣金工艺孔中，与钣金工艺孔无间隙
3	紧固左后门三角窗总成螺钉	紧固左后门三角窗总成螺钉	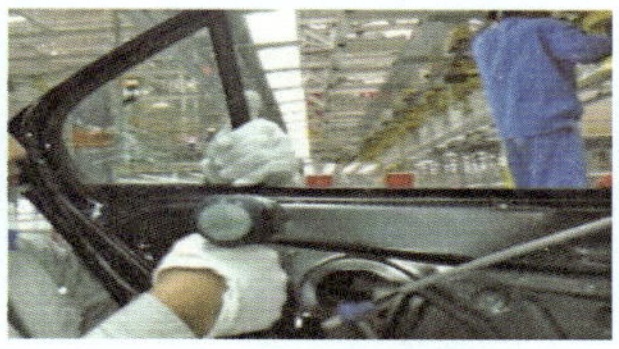	左后门三角窗总成顶端与门框条无间隙
4	装配左后门内压条	装配左后门内压条	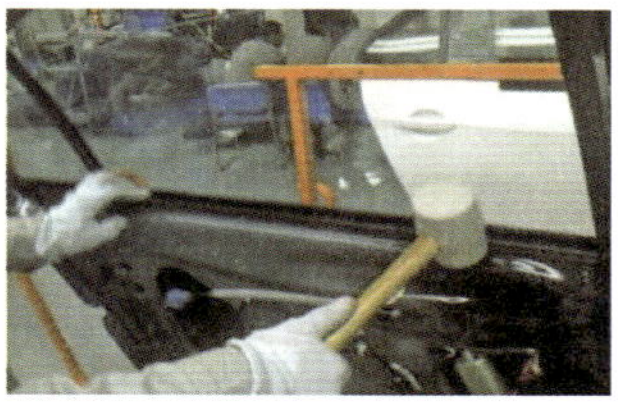	装配时，从B柱开始卡接
5	装配左后门内板	装配左后门内板		套管完全固定在内板中，无间隙
右侧车门MA18 1	装配右前门内压条	装配右前门内压条	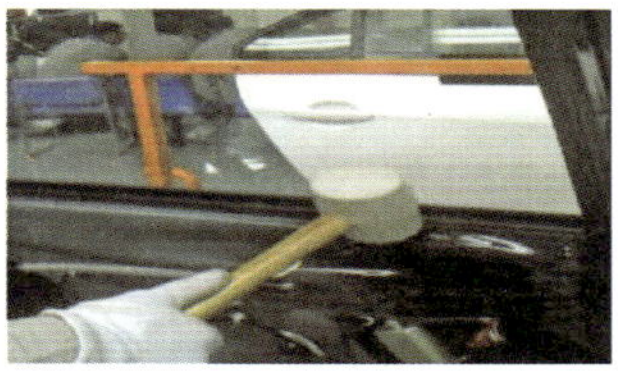	装配时，从B柱开始卡接
2	装配右前门内板	装配右前门内板	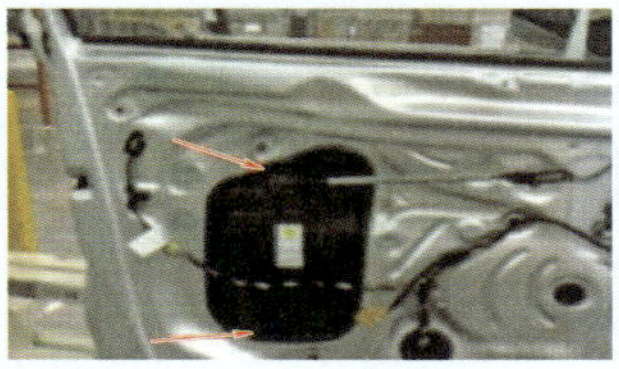	套管完全固定在内板中，无间隙
3	紧固右后门三角窗总成螺钉	取电枪和两颗螺钉，左手扶住三角窗总成上提，右手按顺序紧固三角窗总成	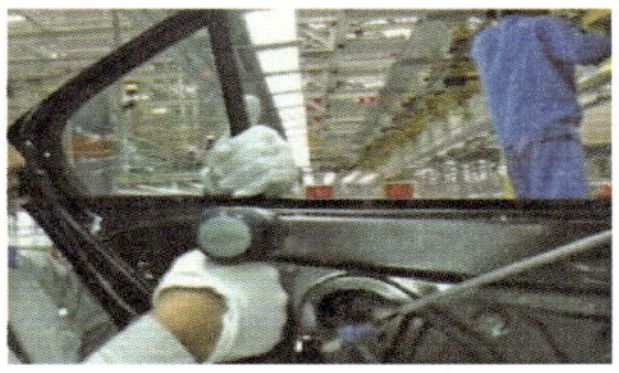	右后门三角窗总成顶端与门框条无间隙
4	装配右后门内压条	将右后门内压条以B柱为基准卡接在右后门钣金件上，使用辅助工具橡胶锤及胶块敲击右后门内压条	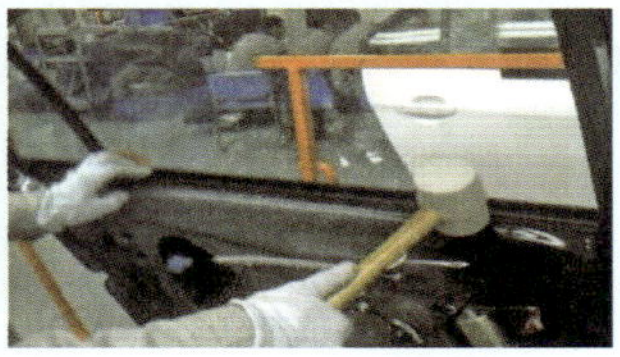	装配时，从B柱开始卡接

（续）

序号	操作步骤	操作方法	操作图示	注意事项
5	装配右后门内板	将右后门锁拉丝和套管穿过内板，将套管固定在内板中；将右后门内板上部卡在钣金工艺孔中		套管完全固定在内板中，无间隙
左侧车门 MA19 1	装配左前门限位器总成	取左车门限位器总成，通过扬声器孔装入，用2颗螺栓紧固限位器		安装时，注意支杆标记，左车门"VL"在上部，右车门"VR"在上部
2	装配左前门扬声器	取左前门扬声器，将扬声器卡在钣金件上，用拉铆枪将扬声器紧固在前门工艺孔上，再将扬声器插头与扬声器连接好。用4颗铆钉紧固扬声器		铆钉垂直于前门工艺孔，铆钉头部完全插入钣金孔内再紧固铆钉，紧固铆钉时按对角线打钉
3	装配左后门限位器总成	取左车门限位器总成，通过扬声器孔装入，用2颗螺栓紧固限位器		安装时，注意支杆标记，左车门"VL"在上部；右车门"VR"在上部
4	装配左后门扬声器	取左后门扬声器，将扬声器卡在钣金件上，用拉铆枪将扬声器紧固在后门工艺孔上，再将扬声器插头与扬声器连接好，用4颗铆钉紧固扬声器		铆钉垂直于前门工艺孔，铆钉头部完全插入钣金孔内再紧固铆钉，紧固铆钉时按对角线打钉
右侧车门 MA20 1	装配右前门限位器总成	取右车门限位器总成，通过扬声器孔装入，用2颗螺栓紧固限位器		安装时，注意支杆标记，左车门"VL"在上部，右车门"VR"在上部
2	装配右前门扬声器	取右前门扬声器，将扬声器卡在钣金件上，用拉铆枪将扬声器紧固在前门工艺孔上，再将扬声器插头与扬声器连接好，用4颗铆钉紧固扬声器		铆钉垂直于前门工艺孔，铆钉头部完全插入钣金孔内再紧固铆钉，紧固铆钉时按对角线打钉

（续）

序号	操作步骤	操作方法	操作图示	注意事项
3	装配右后门限位器总成	取右车门限位器总成，通过扬声器孔装入，装配完毕沿着汽车内部方向使车门限位器支座就位，用2颗螺栓紧固限位器		安装时，注意支杆标记，左车门"VL"在上部，右车门"VR"在上部
4	装配右后门扬声器	取右后门扬声器，将扬声器卡在钣金件上，用拉铆枪将扬声器紧固在后门孔上，再将扬声器插头与扬声器连接好，用4颗铆钉紧固扬声器		铆钉垂直于前门工艺孔，铆钉头部完全插入钣金孔内再紧固铆钉，紧固铆钉时按对角线打钉

5. 门护板总成、内开启把手、门控制开关、门盖板装配

	序号	操作步骤	操作方法	操作图示	注意事项
左侧车门MA211	1	装配左前门护板总成	取左前门护板总成，连接门锁拉丝与内手扣，同时将玻璃升降开关插头从门护板总成工艺孔中穿过；按图顺序安装左前门护板总成	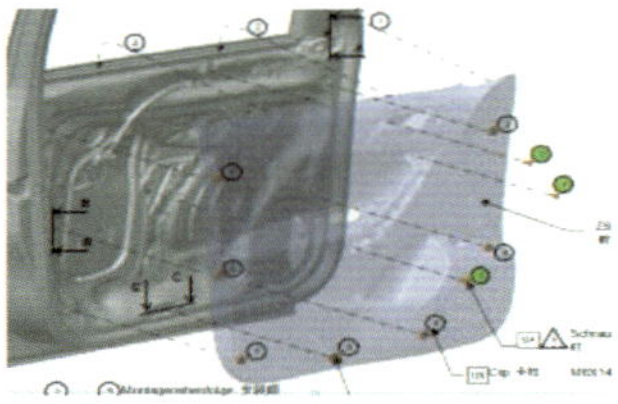	装配完成后，扣一下手扣，检查拉丝是否挂上。按照顺序安装左前门护板总成卡扣
	2	安装左前门内开启把手	取左前门内开启把手，将拉丝挂在内开启把手上，安装至内饰板内，用1颗螺钉紧固把手		紧固螺钉时，注意不要将内饰板划伤
	3	装配左前门控制开关	取左前门控制开关，按照顺序连接线束插头，使控制开关的后方先卡接在左前门护板总成工艺孔中，再使前方卡接在左前门护板总成工艺孔中	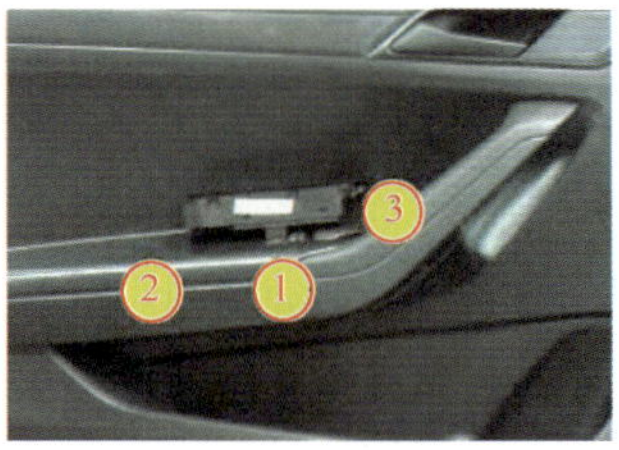	线束插头安装后，用手拉动线束插头无脱落。左前门控制开关与门护板总成工艺孔周边无间隙
左侧车门MA221	1	装配左后门护板总成	取左后门护板总成，连接门锁拉丝与内手扣；同时将玻璃升降开关插头从右前门护板总成工艺孔中穿过；安装左后门护板总成	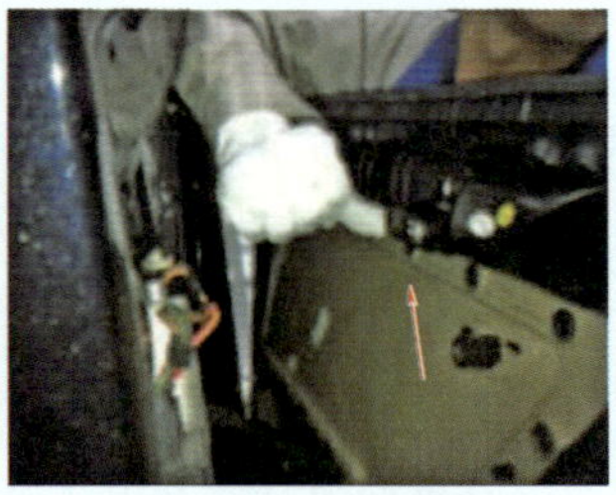	装配完成后，扣一下手扣，检查拉丝是否挂上。按照顺序安装左后门护板总成卡扣
	2	安装左后门内开启把手	取左后门内开启把手，将拉丝挂在内开启把手上，安装至内饰板内，用1颗螺钉紧固把手		紧固螺时，注意不要将内饰板划伤

（续）

序号	操作步骤	操作方法	操作图示	注意事项
3	装配左后门控制开关	取左后门控制开关，按照顺序连接线束插头，使控制开关的后方先卡接在左后门护板总成工艺孔中，再使前方卡接在左后门护板总成工艺孔中		1）线束插头安装后，用手拉动线束插头无脱落 2）左后门控制开关与门护板总成工艺孔周边应无间隙
右侧车门MA23 1	装配右前门护板总成	取右前门护板总成，连接门锁拉丝与内手扣，同时将玻璃升降开关插头从门护板总成工艺孔中穿过；安装右前门护板总成	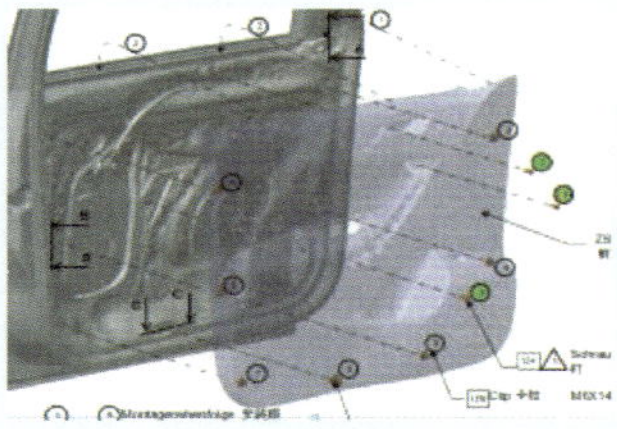	装配完成后，扣一下手扣，检查拉丝是否挂上
2	安装右前门内开启把手	取右前门内开启把手，将拉丝挂在内开启把手上，安装至内饰板内，用1颗螺钉紧固把手	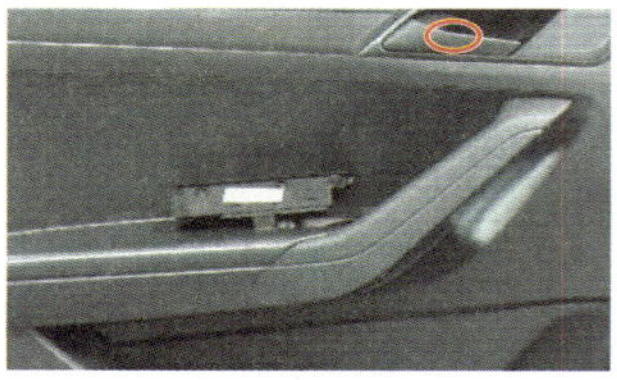	紧固螺钉时，注意不要将内饰板划伤
3	装配右前门控制开关	取右前门控制开关，按照顺序连接线束插头，使控制开关的后方先卡接在左前门护板总成工艺孔中，再使前方卡接在左前门护板总成工艺孔中	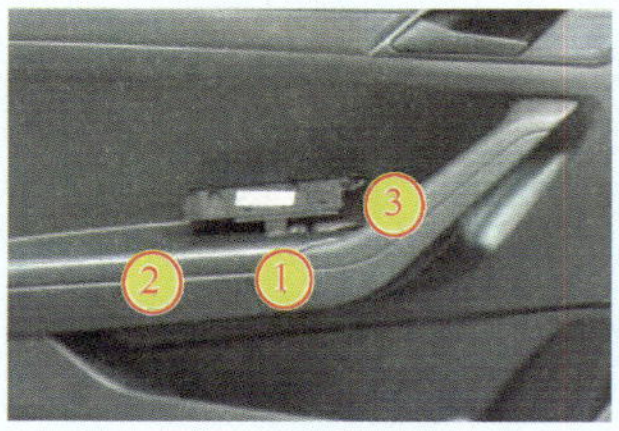	线束插头安装后，用手拉动线束插头无脱落。右前控制开关与门护板总成工艺孔周边应无间隙
右侧车门MA24 1	装配右后门护板总成	取右后门护板总成，连接门锁拉丝与内手扣；同时将玻璃升降开关插头从右前门护板总成工艺孔中穿过；安装右后门护板总成	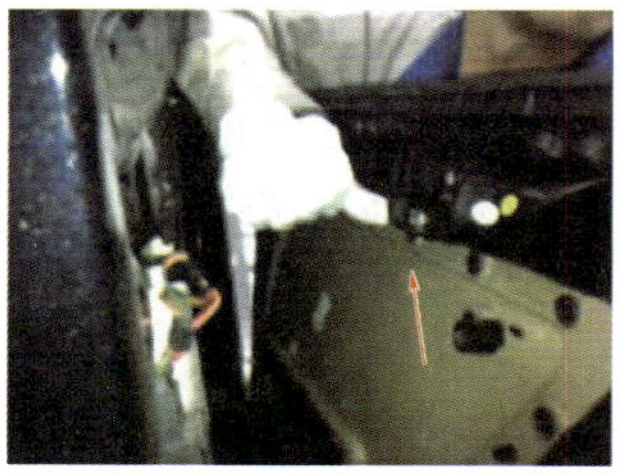	装配完成后，扣一下手扣，检查拉丝是否挂上
2	安装右后门内开启把手	取右后门内开启把手，将拉丝挂在内开启把手上，安装至内饰板内，用1颗螺钉紧固把手	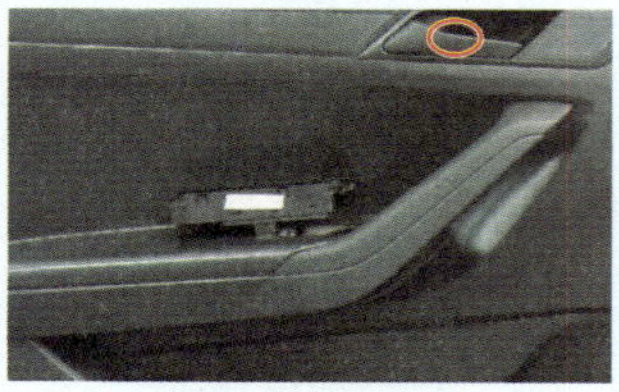	紧固螺钉时，注意不要将内饰板划伤
3	装配右后门控制开关	取右后门控制开关，按照顺序连接线束插头，使控制开关的后方先卡接在左后门护板总成工艺孔中，再使前方卡接在右后门护板总成工艺孔中		1）线束插头安装后，用手拉动线束插头无脱落 2）右后门控制开关与门护板总成工艺孔周边应无间隙

项目二 车门分装

（续）

序号	操作步骤	操作方法	操作图示	注意事项
左侧车门 MA25 1	安装左前门盖板	将盖板放在车门护板工艺孔中，沿水平方向向后方推动盖板，使盖板卡在车门护板工艺孔中	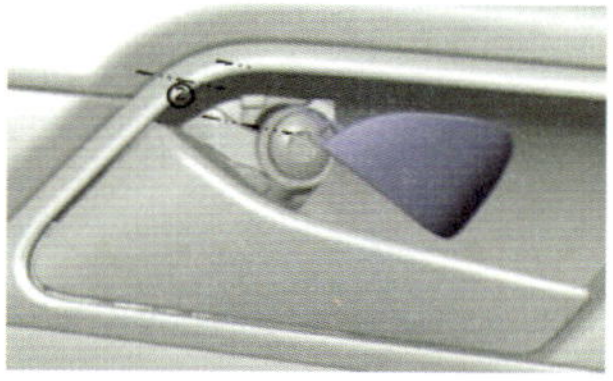	车门盖板与车门工艺孔周边应无间隙
2	安装左前门上扶手盖板	将车门上扶手盖板3个卡接处与车门护板上的3个卡片垂直对正连接，使其卡在车门护板上	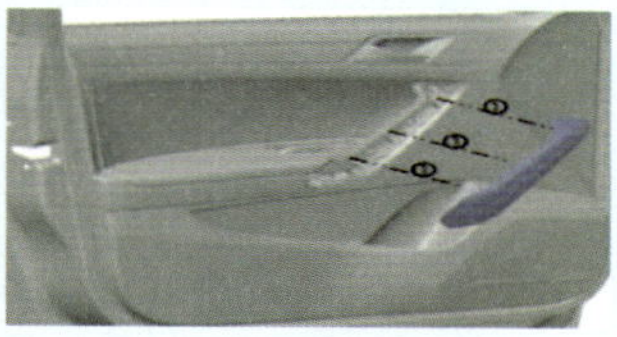	车门上扶手盖板与车门周边应无间隙
3	安装左后门盖板	将盖板放在车门护板工艺孔中，沿水平方向向后方推动盖板，使盖板卡在后门护板工艺孔中	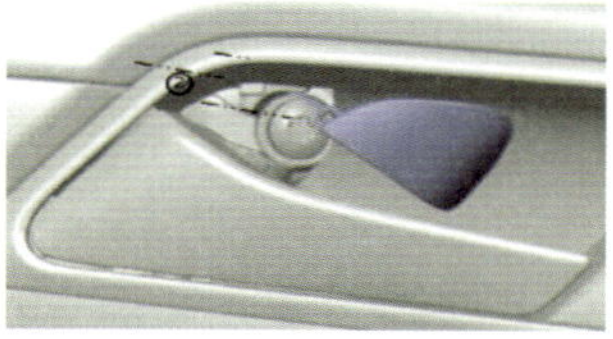	车门盖板与车门工艺孔周边应无间隙
4	安装左后门上扶手盖板	将车门上扶手盖板3个卡接处与车门护板上的3个卡片垂直对正连接，使其卡在车门护板上	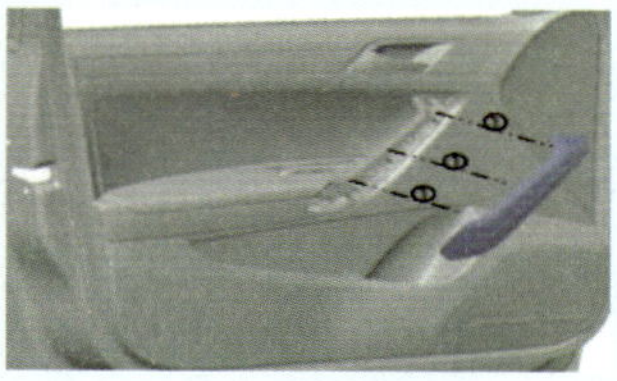	车门上扶手盖板与车门周边应无间隙
右侧车门 MA26 1	安装右前门盖板	将盖板放在车门护板工艺孔中，沿水平方向向后方推动盖板，使盖板卡在车门护板工艺孔中	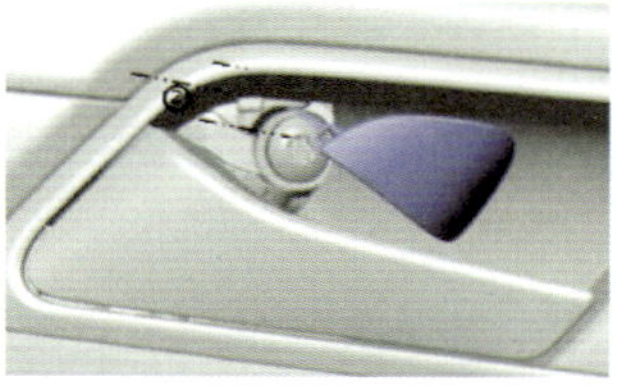	车门盖板与车门工艺孔周边应无间隙
2	安装右前门上扶手盖板	将车门上扶手盖板3个卡接处与车门护板上的3个卡片垂直对正连接，垂直于车门护板方向推动车门上扶手盖板，使其卡在车门护板上	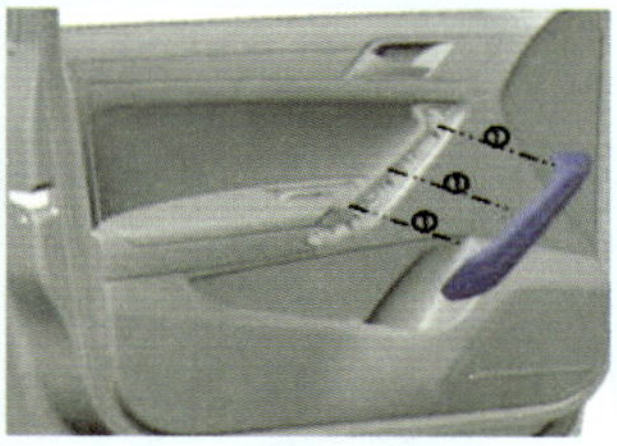	车门上扶手盖板与车门周边应无间隙
3	安装右后门盖板	将盖板放在车门护板工艺孔中，沿水平方向向后方推动盖板，使盖板卡在左后门护板工艺孔中	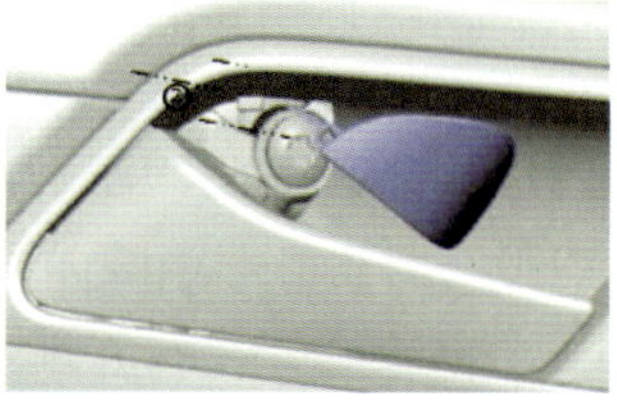	车门盖板与车门工艺孔周边应无间隙
4	安装右后门上扶手盖板	将车门上扶手盖板3个卡接处与车门护板上的3个卡片垂直对正连接，垂直于车门护板方向推动后车门上扶手盖板，使其卡在车门护板上	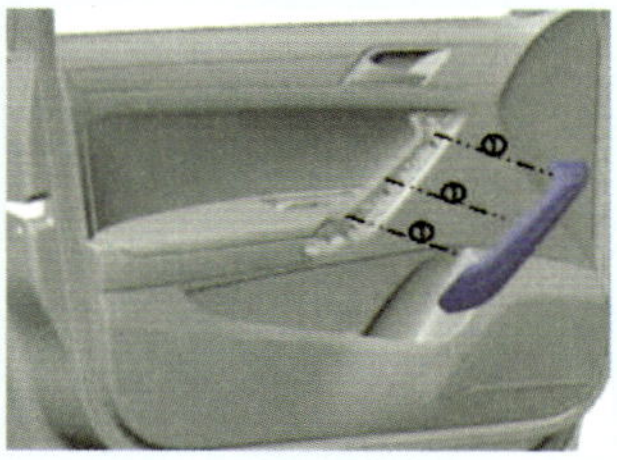	车门上扶手盖板与车门周边应无间隙

【检测评价】

教师依据表 2-4 对学生进行该任务的考核测评（以左前门为考核对象）。

表 2-4　评价考核表

序号	步　骤	评　分　细　则	分值	得分
1	穿戴劳保用品	操作步骤正确，能正确回答操作注意事项	5	
2	分装左前门锁支架及拉杆	操作步骤正确，能正确回答操作注意事项	3	
3	分装左前门门锁、拉杆和门锁盖罩	操作步骤正确，能正确回答操作注意事项	3	
4	装配左前门支架和垫片	操作步骤正确，能正确回答操作注意事项	3	
5	装配左前门门锁总成	操作步骤正确，能正确回答操作注意事项	2	
6	粘贴门框上胶条	操作步骤正确，能正确回答操作注意事项	2	
7	装配左前门外把手	操作步骤正确，能正确回答操作注意事项	2	
8	装配锁芯、锁芯盖板	操作步骤正确，能正确回答操作注意事项	5	
9	装配左前门胶盖、胶堵、胶贴	操作步骤正确，能正确回答操作注意事项	5	
10	装配左前门线束	操作步骤正确，能正确回答操作注意事项	5	
11	粘贴左前门胶贴	操作步骤正确，能正确回答操作注意事项	5	
12	装配左前门玻璃升降器托架	操作步骤正确，能正确回答操作注意事项	3	
13	装配左前门电动机	操作步骤正确，能正确回答操作注意事项	3	
14	装配左前门门框条	操作步骤正确，能正确回答操作注意事项	5	
15	安装左前门玻璃	操作步骤正确，能正确回答操作注意事项	5	
16	安装左前门外饰条	操作步骤正确，能正确回答操作注意事项	5	
17	安装左前门胶堵	操作步骤正确，能正确回答操作注意事项	2	
18	安装左前门后视镜	操作步骤正确，能正确回答操作注意事项	3	
19	安装左前门三角盖板	操作步骤正确，能正确回答操作注意事项	3	
20	安装左前门内压条及内板	操作步骤正确，能正确回答操作注意事项	5	
21	安装左前门限位器总成	操作步骤正确，能正确回答操作注意事项	5	
22	安装左前门扬声器	操作步骤正确，能正确回答操作注意事项	3	
23	安装左前门护板总成	操作步骤正确，能正确回答操作注意事项	5	
24	安装左前门内开启把手	操作步骤正确，能正确回答操作注意事项	2	
25	安装左前门控制开关	操作步骤正确，能正确回答操作注意事项	5	
26	安装左前门盖板	操作步骤正确，能正确回答操作注意事项	3	
27	安装左前门上扶手盖板	操作步骤正确，能正确回答操作注意事项	3	
	总分		100	

注：每项分值都是扣完为止。

【课后测评】

1. 判断题

1）在车门装配工艺中，车门内压条装配时，可使用铁锤作为辅助装配工具。（ ）

2）车门装配工艺中要求，三角盖板与钣金件的间隙为（5±0.5）mm。（ ）

3）玻璃升降器最大行程比实际行程大些，以更好地升降玻璃。（ ）

4）车门限位器主要对车门起限位的作用，因此限位器应该具有两个档位来实现车门的全开以及半开功能。（ ）

5）门锁机构一般由锁体、锁扣、锁止机构、连动杆件以及内、外手柄构成。（ ）

2. 请填写图2-11中前车门零配件的名称

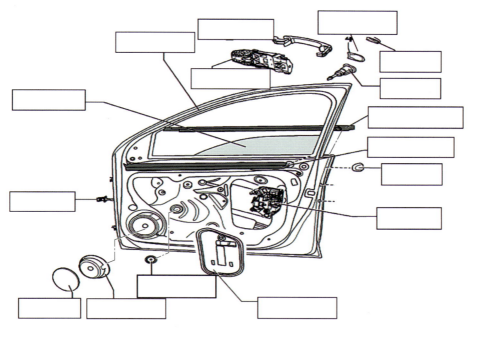

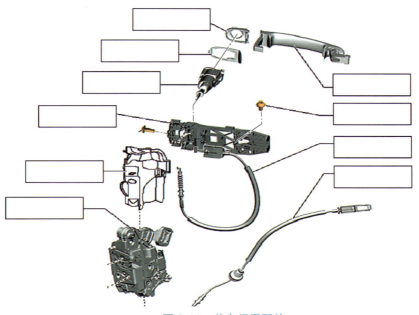

图2-11　前车门零配件

项目三 仪表分装

【项目描述】

仪表分装是独立于总装主生产线之外的独立单元。一般仪表分装线位于一次内饰线或者二次内饰线旁边，等一次内饰线将空调机构、踏板机构等仪表台内部零件装配完毕后，再将分装好的仪表总成送入总装主线，完成和车身的合装工作。

任务一 仪表分装工作安全与作业准备

【任务目标】

知识目标：	技能目标：	素养目标：
1）了解仪表分装线事故易发点以及安全注意事项。 2）了解仪表分装工具、设备使用方法和操作注意事项。	1）具有判断仪表分装工段安全风险点的能力。 2）具有使用仪表分装工具和设备的能力。	1）提高安全素质和安全意识。 2）养成安全生产的习惯，自觉规范安全行为。

【任务描述】

在仪表分装线，由于仪表骨架边缘容易残留金属飞边，所以发生的安全事故多为手掌、手臂的划伤、碰伤。另外，安全气囊装配有很高的安全要求。职业疾病多因工具和设备的操作不当导致安全事故的发生。因此，必须清楚地了解仪表分装线的安全事故易发点与工具、设备的正确操作方法，掌握避免安全事故与职业疾病发生的技能。

【知识储备】

仪表分装线安全事故易发点

仪表分装线安全事故易发点如图3-1~图3-4所示。

项目三 仪表分装

图 3-1　拿取仪表骨架

图 3-2　安装仪表线束

图 3-3　安装转向柱

图 3-4　安装安全气囊

注意事项如下：

1）以上几个装配位置是较易发生手部划伤事故的部位，在操作之前必须穿戴防割劳保用品，提高自我保护的意识。在他人未按要求穿戴劳保用品时，我们有义务进行劝导。

2）不按工艺标准要求操作的行为应该进行制止。特别是安装安全气囊的工位应特别注意，安全气囊不能在高温环境下储存，操作时避免身上带有静电，不能蛮力操作、敲打安全气囊。

【任务实施】

一、弯头电枪的使用

正确使用弯头电枪，能避免工具使用过程中造成的安全事故。正确的操作姿势，能避免长期使用导致的腰肌劳损问题发生。弯头电枪的使用见表 3-1。

表 3-1　弯头电枪的使用

序号	操作方法	操作图示	注意事项
1	左手握住电枪头部，右手握住电枪后部，身体站直，两腿站姿为弓步		在操作弯头电枪过程中，切记不要用手去抓握电枪高速旋转部位。避免将手套绞入旋转头，造成重大人员伤害事故
2	右手扣动起动按钮，起动电枪。转动转向切换开关按钮，切换正转、反转方向		防止启动电枪时，右手端反力矩造成电枪跳动，发生安全事故

二、仪表转移设备的使用

仪表转移设备的使用见表 3-2。

表 3-2 仪表转移设备的使用

序号	操作方法	操作图示	注意事项
1	操作机械手手柄使其在 Y 轴方向移动，使仪表吊具定位销插入机械手套筒，按"抓取"按钮抓牢仪表板		注意机械手套筒要与仪表吊具定位销完全贴合。注意避免机械手两侧划伤仪表板
2	操作机械手手柄使其在 Y 轴方向移动，离开仪表吊具，并按"行进位置"按钮旋转机械手至行进位置，此时行进位置处指示灯亮		注意机械手到行进位置时，左右对中气缸必须加紧
3	等待白车身 B 柱与仪表机械手臂平行，操作机械手手柄在 Y 轴方向移动，使仪表机械手进入车身至车身内部	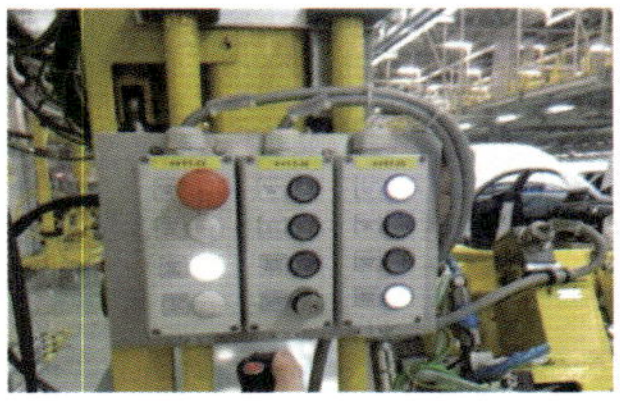	在机械手进入车身内的过程中，不要刮坏 B 柱镶条。机械手在进入过程中，滚轮要贴住左前镶条
4	按左侧"安装位置"按钮旋转机械手至安装位置，此时安装位置处指示灯亮	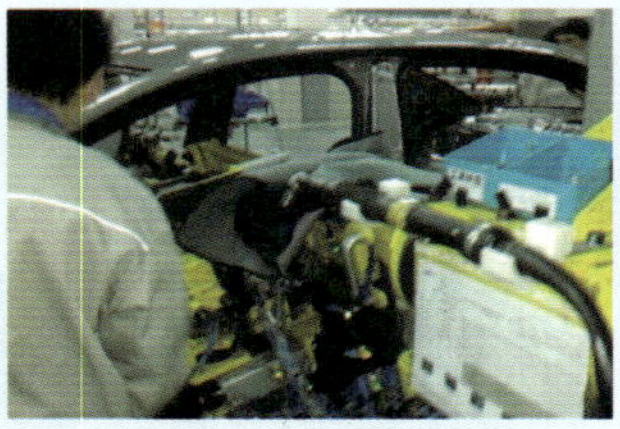	机械手在旋转过程中，滚轮要贴住左前镶条
5	当"抓取/释放"按钮指示灯亮时，按一下"抓取/释放"按钮，将仪表结合到车身，辅助人员紧固仪表到仪表支架	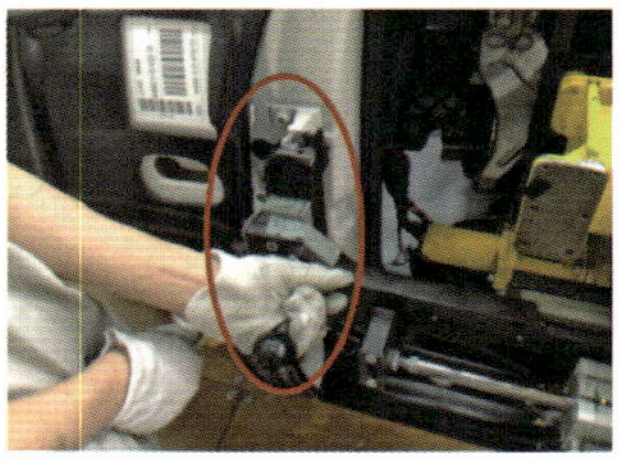	机械手在旋转过程中，滚轮要贴住左前镶条

（续）

序号	操 作 方 法	操 作 图 示	注 意 事 项
6	在机械手向前运行过程中，右手、左手握住把手，将把手向下推动到底的同时往右旋转，保持，把手控制机械手高度，使固定机构保持在车门铰链下方		挂钩时，不要划伤A柱门铰链。操作者在机械手结合时将手拿开，防止意外伤害。机械手结合时，注意不要压左侧A柱线束
7	仪表紧固完成后，将把手2向下推压，使固定杆退出车门铰链孔，待机械手与车身分离		注意避免机械手两侧划伤仪表板
8	操作设备，移除工装，将其放至工位旁		注意避免机械手两侧划伤仪表板

【检测评价】

教师依据表3-3对学生进行该任务的考核测评。

表3-3 考核评价表

序号	步 骤	评 分 细 则	分值	得分
1	安全风险点确认	能在仪表分装工位指出易发安全事故的风险点位	25	
2	安全风险描述	能描述安全风险发生的类型	25	
3	弯头电枪的使用	展示弯头电枪拿握正确姿势，能说出操作注意事项	25	
4	仪表转移设备的使用	能说出仪表转移设备转移仪表总成时的注意事项	25	
		总分	100	

注：每项分值都是扣完为止。

【课后测评】

判断题

1）仪表骨架上会有因制造过程产生的飞边，因此需要带好防割劳保用品。　　　　　（　　）
2）安全气囊存放无特殊要求，只要堆放整齐即可。　　　　　　　　　　　　　　　（　　）
3）使用弯头电枪的正确站姿为弓步站姿。　　　　　　　　　　　　　　　　　　　（　　）
4）仪表转移设备操作过程最容易发生的事故为撞上车身或其他零部件。　　　　　　（　　）
5）在使用弯头电枪时，可用手抓握旋转的枪头。　　　　　　　　　　　　　　　　（　　）

任务二　仪表分装工艺

【任务目标】

知识目标：	技能目标：	素养目标：
1）了解仪表总成的各个零部件，了解零部件布局。 2）了解仪表分装线劳保用品穿戴要求。 3）掌握仪表分装线的工艺流程。 4）掌握仪表分装工艺操作方法。	1）具有认识仪表结构的能力。 2）具有正确描述仪表分装工艺流程的能力。 3）具有正确描述仪表装调操作注意事项的能力。	1）养成安全生产的习惯，自觉规范安全行为。 2）树立质量意识，严格按照标准作业。 3）培养工匠精神，制造合格产品。

【任务描述】

仪表分装线是一个多总成集成的装配模块。仪表分装的主要设备是可翻转的专用装配台架，其主要装配工艺过程是依次将仪表骨架、仪表线束、转向柱、空调、仪表板、空调控制器、转速表等零部件安装到仪表分装台架上，完成仪表总成的装配。

【知识储备】

一、仪表零配件装配图解

1. 仪表零件装配图

仪表零配件的组成如图 3-5 所示。

2. 组合开关零件图

组合开关零件图如图 3-6 所示。

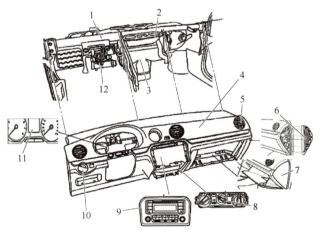

图 3-5　仪表零配件的组成

1—仪表骨架　2—风道　3—空调控制装置　4—仪表蒙皮　5—出风口
6—仪表侧饰板　7—杂物箱　8—空调控制面板　9—收音机　10—灯光开关
11—转速表　12—转向机

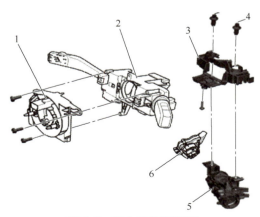

图 3-6　组合开关零件图

1—复位环　2—转向柱组合开关　3—转向柱开关基架
4—防松螺栓　5—转向锁壳体　6—点火开关

二、仪表分装工艺流程

仪表分装工艺流程如图 3-7 所示。

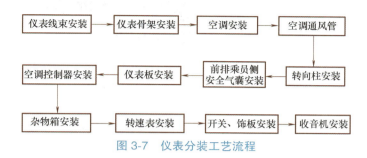

图 3-7　仪表分装工艺流程

【任务实施】

一、仪表分装工段劳保用品的穿戴

在仪表分装工段，由于仪表骨架边缘较为锋利，容易残留金属飞边，所以发生的安全事故多为手掌、手臂的划伤、碰伤。因此，必须正确佩戴相关劳保用品，避免在工作中受伤。

仪表分装工段劳保用品的穿戴要求如图 2-10 所示。

二、仪表分装工艺

序号	操作步骤	操作方法	操作图示	注意事项
1. 仪表骨架、仪表线束、BCM、隔音垫、空调装置装配				
MA011	查看 FIS 单，核对 VIN 和 KNR 号	行走 1m 到分装台粘贴 FIS 单		FIS 单和随车卡 VIN 一定要一一对应
2	安装仪表骨架	把骨架装配到吊具，将骨架锁死在分装台上		取仪表骨架时，注意骨架边缘的飞边，不要将手划伤
3	安装仪表线束	把线束安装到仪表骨架上		1）核对线束标签是否正确 2）线束布线要正确，不能绕绞成一团
4	安装 BCM 锁	把 BCM 板安装到线束上，连接插头		安装位置要正确，不要绕线，插头要锁死，避免虚插漏插

（续）

序号	操作步骤	操作方法	操作图示	注意事项
5	安装隔音垫	把隔音垫安装到线束上		安装位置要正确
MA021	查看FIS单	查看所示的PR号位置，确定所安装空调	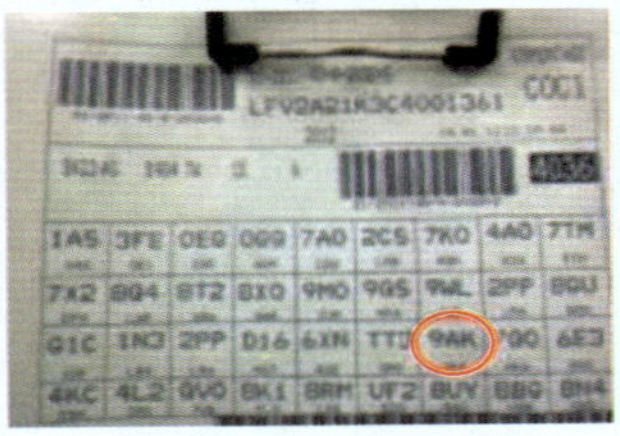	PR号必须查看正确而且牢记，避免出现错漏装
2	安装空调辅具	把辅具安装到仪表吊具上		辅具不要装偏，要安装到位，避免脱落
3	安装空调	把空调放到辅具上		检查空调零部件号和来件是否有缺陷，安装时注意不要把空调磕伤
4	装配空调隔音垫	把隔音垫粘贴到空调上	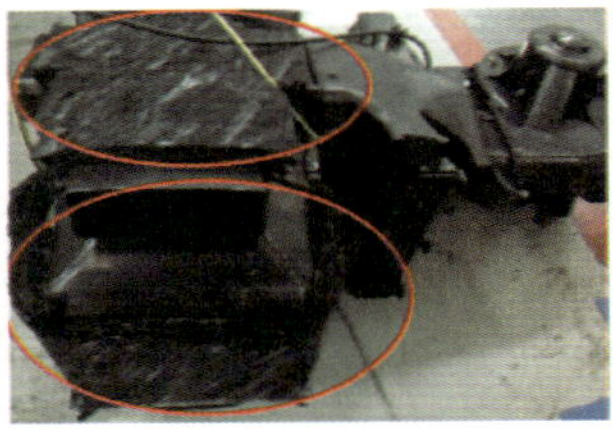	粘贴位置要正确
5	整理线束	把线束整理到正确位置		不要绕线，线束走向位置要正确
MA031	安装中风道	把传感器安装到中风道上，安装中风道至空调装置相应位置		严格按照PR号对应装配，避免错漏装

项目三　仪表分装

（续）

序号	操作步骤	操作方法	操作图示	注意事项
2	安装风窗玻璃连接件总成	把风道连接件安装在空调出风口上，用2个铆钉将零件固定在骨架上		检查零件状态，装配时操作力不要过大，避免损坏空调，定位卡必须卡到相应位置
3	固定线束	将总线束上的固定卡固定在仪表骨架上	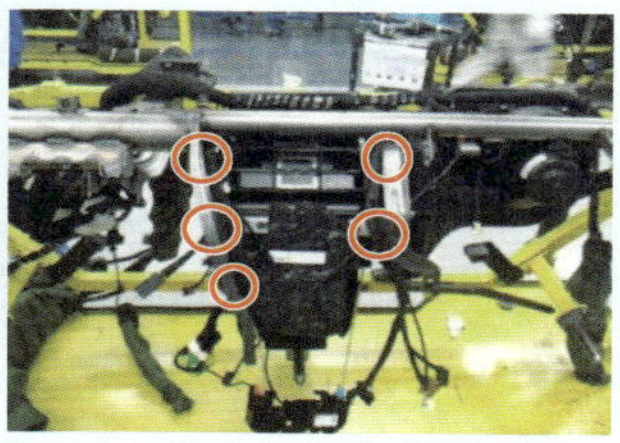	确保固定卡子卡紧到位
MA04 1	装配空调隔音垫	把2张隔音垫粘贴到空调上		粘贴位置要正确
2	安装空调套管	安装空调套管时，先把两个白色防尘帽取下，然后安装空调套管，最后把防尘帽重新安装到空调上	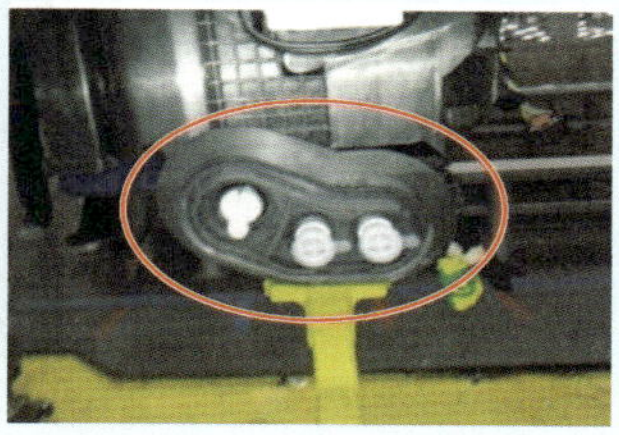	要注意安装方向，装配完成后，必须将空调防尘帽重新安装好

2. 转向柱、点火锁、防撞梁、仪表板、安全气囊、风道装配

MA05 1	安装转向柱	双手取转向柱，将转向柱下方卡槽卡在骨架相应位置，用手预紧转向柱3颗螺栓，用电枪紧固，连接转向柱插头	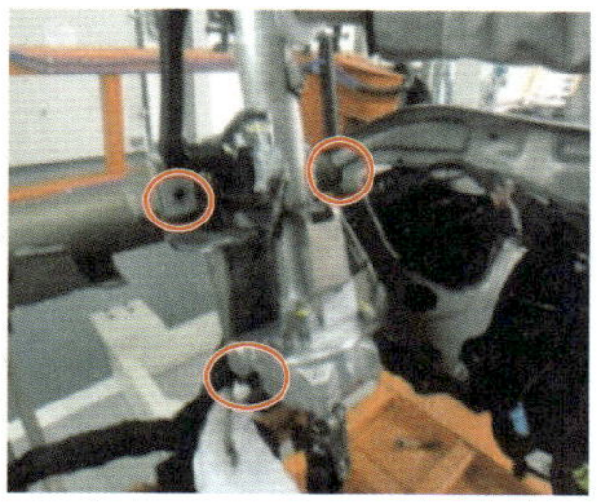	转向柱比较重，避免拿取不稳造成砸伤。在转向柱的装配过程中，严禁打开锁死手柄
2	安装点火锁	连接点火锁插头，将点火锁装在组合开关上		点火锁插头不要漏插
3	装配防撞梁	将防撞梁安装到骨架上，用手将1颗防撞梁螺母带上，再用电枪紧固螺母		拿取过程中不要将仪表板撞坏

（续）

序号	操作步骤	操作方法	操作图示	注意事项
MA06 1	安装仪表板	从料架取仪表板，将泡沫仪表板放在分装台上		拿取过程中不要将仪表板撞坏
2	安装安全气囊支架	将安全气囊左、右两侧支架安装在蒙皮的定位卡上	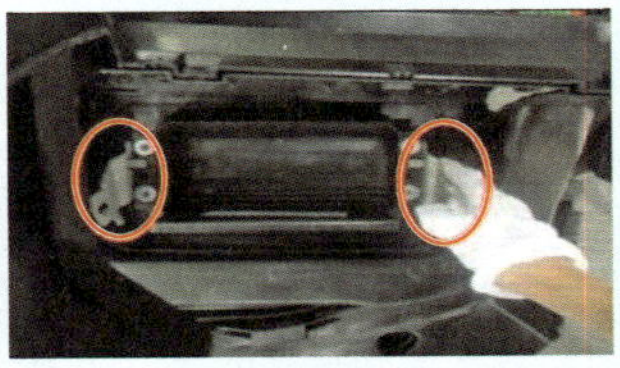	安全气囊支架要完全安装在蒙皮上，否则后续安装安全气囊时无法安装到正确位置
3	安装安全气囊	放上安全气囊，与泡沫仪表板器具上孔位相对应。取4个安全气囊螺钉，用EC扳手按照图片标定顺序紧固	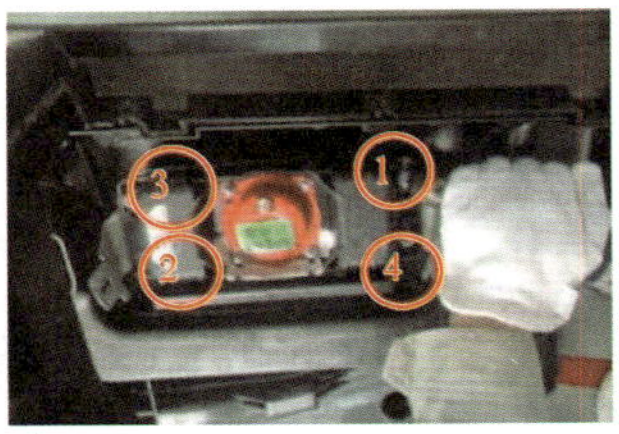	安全气囊必须正确放置，否则会造成紧固安全气囊困难
MA07 1	安装及紧固吹脚风道	将右侧风道与空调相应位置相连接，然后安装左侧风道，最后用电枪请按照圆圈所标定数字顺序进行紧固	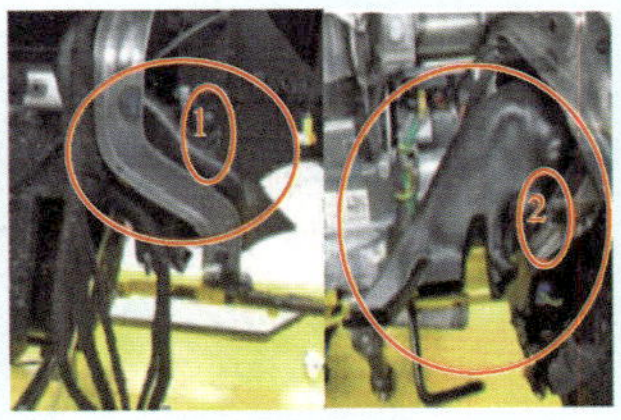	风道附近线束较多，注意不要压线，电枪要垂直，避免螺钉滑丝，浪费返修工时
2	紧固线束继电器	把线束继电器紧固到骨架上，按照顺序进行紧固		3个螺栓位置必须在同一侧，电枪要垂直，避免螺钉乱扣，浪费返修工时
3	紧固搭铁线	预紧搭铁线，用电枪把搭铁线紧固在转向柱上	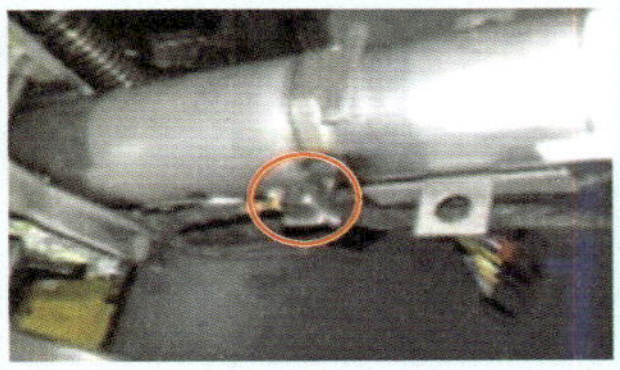	电枪要垂直，避免螺钉滑丝，浪费返修工时，搭铁线必须按照位置紧固

3. 中框架、空调控制器、杂物箱、组合仪表、转向柱开关、护罩、灯光开关、收音机装配

序号	操作步骤	操作方法	操作图示	注意事项
MA08 1	安装隔声垫	把两个隔声垫放到仪表上		注意不要安装反了，否则容易出现噪声，浪费返修工时

项目三 仪表分装

（续）

序号	操作步骤	操作方法	操作图示	注意事项
2	安装泡沫仪表板	将泡沫仪表板左侧搭在骨架上，右侧稍微抬起，将空调控制器从泡沫仪表板穿出。将泡沫仪表板装在骨架上，左、右定位卡与骨架孔对应		注意泡沫仪表板下侧与骨架的匹配
3	安装双闪开关	将双闪开关线束从泡沫仪表板穿出并连接插头，然后安装	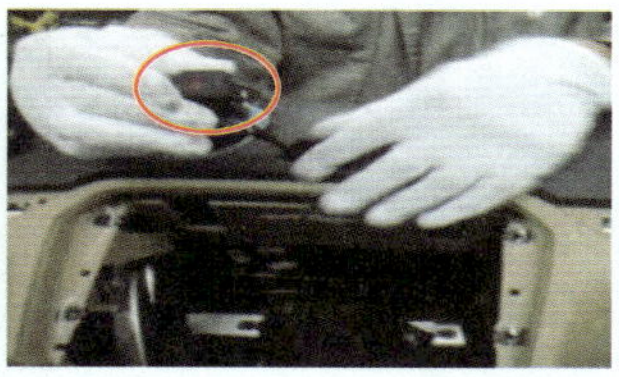	安装时，注意不要划伤，插头不要虚插漏插
4	安装阳光传感器	1）安装阳光传感器至仪表板上 2）将装饰盖安装到泡沫仪表板上	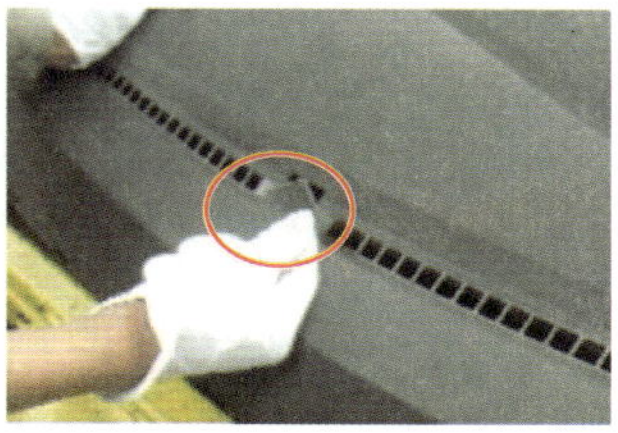	安装时，注意装饰盖的方向，应与泡沫仪表板匹配
MA09 1	按顺序紧固蒙皮	用9颗螺钉，按顺序进行仪表板紧固		不要漏钉及划伤蒙皮
2	安装紧固中框架	将收音机线束穿过中框架，将中框架放入卡中，按图中所示顺序紧固	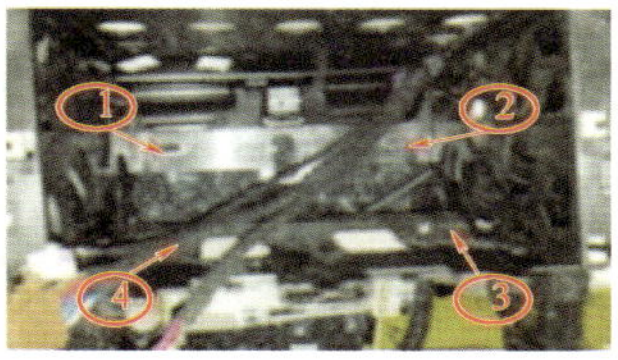	不要压线
3	安装空调控制器	将空调控制器插头连接，放入卡中，用2颗螺钉进行紧固		不要漏插插头及漏钉
MA10 1	紧固安全气囊至泡沫仪表板	将安全气囊的4个固定卡卡到仪表蒙皮上	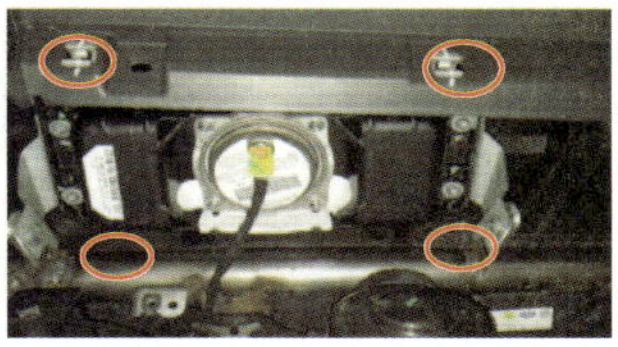	确保安全气囊固定卡卡紧到位
2	紧固安全气囊支架至骨架	用2颗螺钉紧固安全气囊，再连接安全气囊插头		不要将螺钉打滑

（续）

序号	操作步骤	操作方法	操作图示	注意事项
3	安装杂物箱内板	将固定座内侧左、右的两个柱子对正仪表骨架的孔位，上方的凸起部分对正仪表板总成的卡槽，双手轻轻推入		固定座安装完成后，确认两个柱子未断裂
4	安装杂物箱总成	将杂物箱左、右两侧凹槽分别对应仪表板总成左、右卡槽，卡入仪表板卡槽后轻轻关闭杂物箱总成	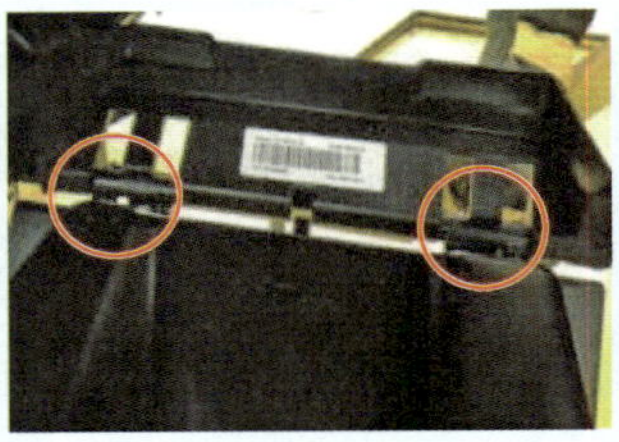	检查杂物箱总成表面有无划伤、晃动有无异响。杂物箱总成装配完成关闭后，与仪表板无干涉
MA11 1	安装组合仪表	连接组合仪表的插头，将组合仪表放入仪表板内，用2颗螺钉紧固组合仪表		不要漏装
2	安装同步器滑块	将同步器滑块按图示方向插入，能感觉到被卡住为止		不要漏装
3	安装转向柱开关，并连接插头	将转向柱开关插入转向柱上方，并按1~5的顺序依次连接开关插头，插头连接时听见"咔嚓"声为连接到位	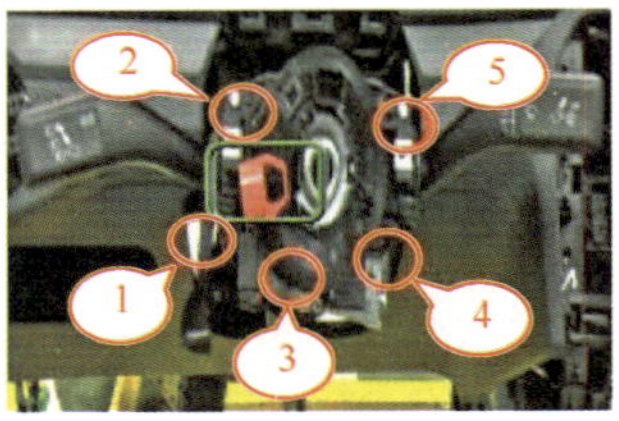	插头连接好后，用手推拉检查确认
MA12 1	安装、紧固下护罩	将下护罩装在组合开关上，用2颗螺钉紧固下护罩		注意检查件是否划伤，螺钉是否紧固
2	安装上护罩	右手将上护罩打入卡槽中，将断面插入仪表下方	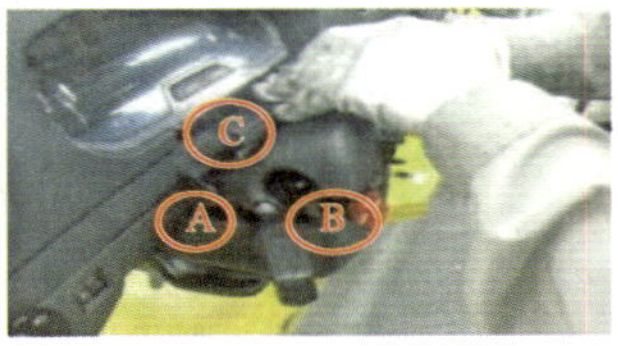	注意检查件是否划伤，卡片是否安装到位

项目三 仪表分装

（续）

序号	操作步骤	操作方法	操作图示	注意事项
3	安装灯光开关	将灯光开关插头连接后，将灯光开关从蒙皮内侧放入卡槽中，听见"咔咔"两声为到位		将两个开关完全按入槽中，听见"咔咔"声为到位，否则是未按到位
MA131	安装左、中、右装饰条	将装饰条按从左到右的顺序依次用手敲入卡槽中	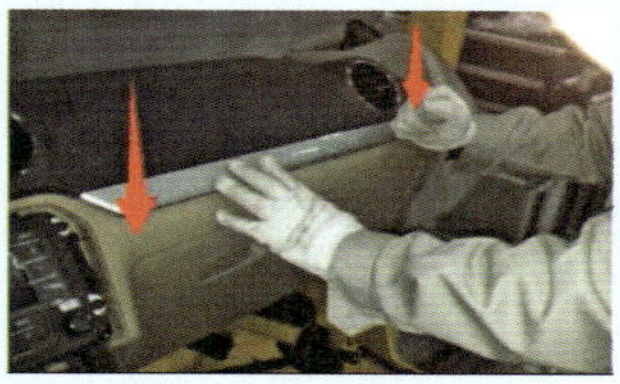	检查饰条是否划伤，安装是否到位
2	拧紧熔丝盒螺钉	将熔丝盒放入安装位置，预紧2颗螺钉，用电枪紧固螺钉		带钉时，不要将钉拧偏
3	安装前照灯开关	将前照灯开关插头连接后，将其放入仪表板卡槽中，用手按，听见"咔"的一声为安装到位		将开关完全按入槽中，听见"咔咔"的声音为到位，否则是未按到位
4	安装收音机	将收音机插头连接后，收音机后部沿中框架的槽滑入中框架，用4颗螺钉按顺序紧固收音机	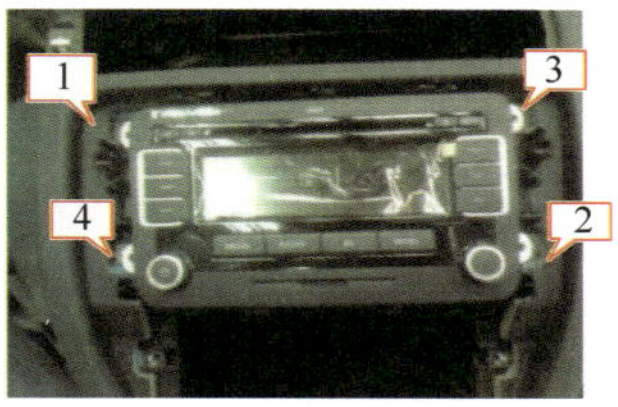	防止划伤收音机

【检测评价】

教师依据表2-4对学生进行该任务的考核测评。

表2-4 考核评价表

序号	步骤	评分细则	分值	得分
1	安装仪表骨架	操作步骤正确，能正确回答操作注意事项	8	
2	安装仪表线束	操作步骤正确，能正确回答操作注意事项	8	
3	安装BCM	操作步骤正确，能正确回答操作注意事项	4	
4	安装空调装置	操作步骤正确，能正确回答操作注意事项	8	
5	安装转向柱	操作步骤正确，能正确回答操作注意事项	5	
6	安装点火锁	操作步骤正确，能正确回答操作注意事项	4	

（续）

序号	步骤	评分细则	分值	得分
7	安装仪表板	操作步骤正确，能正确回答操作注意事项	6	
8	安装安全气囊	操作步骤正确，能正确回答操作注意事项	5	
9	安装泡沫仪表板	操作步骤正确，能正确回答操作注意事项	8	
10	安装紧固中框架	操作步骤正确，能正确回答操作注意事项	5	
11	安装空调控制器	操作步骤正确，能正确回答操作注意事项	6	
12	安装杂物箱	操作步骤正确，能正确回答操作注意事项	6	
13	安装组合仪表	操作步骤正确，能正确回答操作注意事项	6	
14	安装同步器滑块	操作步骤正确，能正确回答操作注意事项	5	
15	安装灯光开关	操作步骤正确，能正确回答操作注意事项	5	
16	安装前照灯开关	操作步骤正确，能正确回答操作注意事项	5	
17	安装紧固收音机	操作步骤正确，能正确回答操作注意事项	6	
	总分		100	

注：每项分值都是扣完为止。

【课后测评】

1. 判断题

1）在总装生产线，工作鞋可以穿材质比较硬的旅游鞋。　　　　　　　　　　　　　　（　　）
2）所有工位最后一个操作步骤都是自检。　　　　　　　　　　　　　　　　　　　　（　　）
3）涂胶作业岗位要求戴上防毒面具。　　　　　　　　　　　　　　　　　　　　　　（　　）
4）车身上灯光反光带反映的状态，灯光均匀则无坑包，灯光变窄，为有坑；灯光变宽，为有包。（　　）
5）在操作手持电枪过程中，可以用手抓握电枪高速旋转部位。　　　　　　　　　　　（　　）

2. 请填写图 3-8 中各个零部件的名称

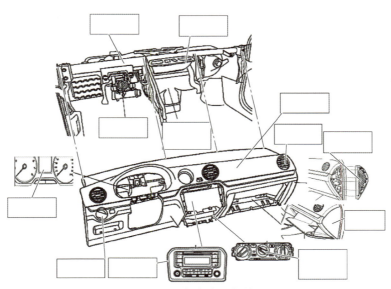

图 3-8　仪表台零部件

项目四　汽车内饰一装配

【项目描述】

一次内饰线是车身从涂装车间进入总装车间的第一工段，在这里会对汽车最基础的零部件进行装配，其主要工序内容包括车身线束装配、安全带装配、制动管路装配、踏板机构装配、仪表总成装配及元器件支架等零部件的装配工作。

任务一　内饰一线工作安全与作业准备

【任务目标】

知识目标：	技能目标：	素养目标：
1）了解内饰一装配线的安全风险。 2）了解内饰一装配线工具和设备的使用方法。	1）具有判断内饰一装配线安全风险点的能力。 2）具有操作内饰一装配线工具和设备的能力。	1）提高安全素质和安全意识。 2）养成安全生产的习惯，自觉规范安全行为。

【任务描述】

在汽车内饰一装配线从事机舱管线布局等工作时，会直接接触白车身。白车身由于冲压和焊接等工艺原因，钣金边缘会出现飞边和卷边的现象，操作人员在装配过程中会有划伤的风险。另外，风窗玻璃的安装需要涂抹底漆，底漆具有强烈的刺激性和毒性，所以从事这些岗位工作的人员必须经过特殊岗位培训，培训合格后才能从事这些工作。

【知识储备】

1. 拆卸车门工位

车门钣金边缘可能会存在未清理干净的金属飞边，在拆卸车门时，可能会刺伤手部。拆卸如图4-1所示。

2. 装配助力真空泵工位

助力真空泵属于较大、较重的零部件，安装比较困难，如图4-2所示，在安装过程中可能会出现手指被压的情况。

图4-1 拆卸车门

图4-2 安装助力真空泵

3. 涂抹底漆工位

安装风窗玻璃前，需要涂抹底漆作为辅助黏合剂，如图4-3所示。底漆有浓烈的刺激性气味，长期吸入会对身体健康造成损伤。

4. 安装风窗玻璃工位

风窗玻璃属于易碎、笨重的部件，在安装过程中可能会导致划伤、碰伤事故的发生，且长期从事此类工作，容易引发腰肌劳损等职业性疾病。安装风窗玻璃如图4-4所示。

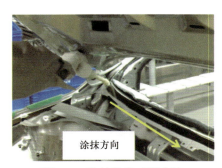

图4-3 涂抹风窗玻璃底漆

图4-4 安装风窗玻璃

【任务实施】

手持式风窗玻璃吸盘的使用

手持式风窗玻璃吸盘的使用方法见表4-1。

表4-1 手持式风窗玻璃吸盘的使用方法

序号	操作方法	操作图示	注意事项
1	将玻璃吸盘放置在玻璃面上，将吸盘两端的吸附锁压下并锁死，即完成吸附	吸附锁	在操作中，安装手持式玻璃吸盘前，应确保玻璃表面和吸盘表面无异物附着。吸附时，应确保吸附锁锁死到位

（续）

序号	操作方法	操作图示	注意事项
2	玻璃安装完成后，将吸附锁向上松开，即可取下玻璃吸盘		转移玻璃时，先用手推拉两下吸盘。确认已经吸附到位，然后转移玻璃至安装工位

【检测评价】

教师依据表4-2对学生进行该任务的考核测评。

表 4-2　评价考核表

序号	步　　骤	评 分 细 则	分值	得分
1	内饰—装配线安全事故易发点确认	能描述出内饰—装配线安全事故易发工位的位置和原因	25	
2	手持电枪的使用	展示手持电枪拿握正确姿势，能说出操作注意事项	25	
3	弯头电枪的使用	展示弯头电枪拿握正确姿势，能说出操作注意事项	25	
4	玻璃吸盘的使用	能说出玻璃吸盘的使用方法和注意事项	25	
		总分	100	

注：每项分值都是扣完为止。

【课后测评】

判断题

1）风窗玻璃安装时涂抹的底漆没有毒性。　　　　　　　　　　　　　　　　　　　　（　　）
2）底漆涂抹工位的操作人员必须经过培训合格后才能上岗操作。　　　　　　　　　　（　　）
3）拆卸车门工位易发的安全事故为脚部砸伤。　　　　　　　　　　　　　　　　　　（　　）
4）使用弯头电枪时，要求为弓步站姿。　　　　　　　　　　　　　　　　　　　　　（　　）
5）安装手持式玻璃吸盘前，应确保玻璃表面和吸盘表面无异物附着。　　　　　　　　（　　）

任务二　内饰一装配工艺

【任务目标】

知识目标：	技能目标：	素养目标：
1）了解内饰一装配线装配的零部件，了解零部件的布局。 2）了解内饰一装配线劳保用品的穿戴要求。 3）掌握内饰一装配线的工艺流程。 4）掌握内饰一装配线装配工艺操作方法和操作注意事项。	1）具有认识安全带、饰板、刮水器、真空助力器及相关零件的能力。 2）具有正确描述内饰一装配工艺流程的能力。 3）具有正确描述内饰一装配操作注意事项的能力。	1）养成安全生产的习惯，自觉规范安全行为。 2）树立质量意识，严格按照标准作业。 3）培养工匠精神，制造合格产品。

【任务描述】

内饰一为总装车间的一条主线，一次内饰完成后就会送往底盘线和底盘总成进行合装，然后送往最终线进行后续工艺装配。内饰一线属于地面大滑板摩擦输送线，分为白车身运输层、装配输送层。

【知识储备】

一、汽车内饰一零配件装配图解

1. 前排安全带零配件装配图

前排安全带零配件装配图解如图 4-5 所示。

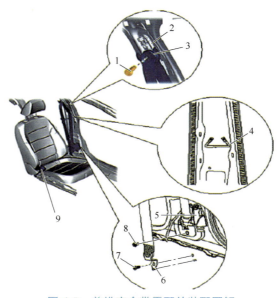

图 4-5　前排安全带零配件装配图解

1、7、8—螺栓　2—安全带高度调节装置　3—安全带导向扣　4—安全带导向件
5—安全带自动收缩装置　6—安全带端部固定件　9—安全带锁

2. 后排安全带装配图

后排安全带装配图解如图 4-6 所示。

3. 真空助力器装配图

真空助力器装配图解如图 4-7 所示。

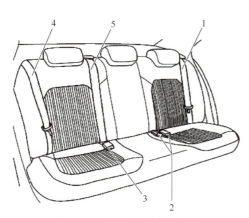

图 4-6　后排安全带装配图解

1—左侧外部安全带　2—双安全带锁　3—单个安全带锁
4—右侧外部安全带　5—中间安全带

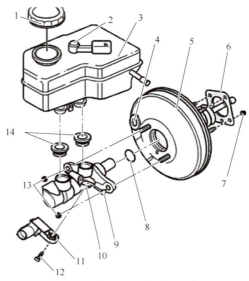

图 4-7　真空助力器装配图解

1—密封盖　2—制动液液位传感器　3—制动液储液罐
4、14—密封塞　5—真空助力器　6—密封垫
7、13—螺母　8—密封圈　9—销钉　10—制动主缸
11—制动灯开关　12—螺栓

二、内饰一装配工艺流程

内饰一装配工艺流程如图 4-8 所示。

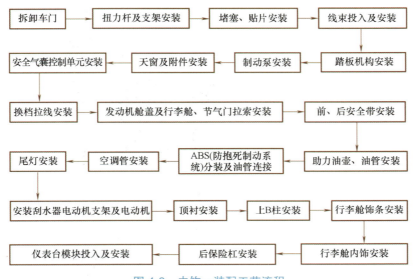

图 4-8　内饰一装配工艺流程

【任务实施】

一、内饰装调工段劳保用品的穿戴要求

内饰装调工段劳保用品的穿戴要求如图 2-10 所示。

特殊岗位劳保用品要求：加注作业岗位要求戴上防护眼镜，涂胶作业岗位要求戴上防毒面具，如图 4-9 所示。

必须戴防护眼镜

必须戴防毒面罩

图 4-9 特殊岗位劳保用品穿戴要求

二、汽车内饰一装配工艺

实操开始前，穿戴好劳保用品，严格按照工艺标准进行操作。

序号	操作步骤	操作方法	操作图示	注意事项
	1. B柱传感器、密封盖总成、通风框架、真空助力泵、进气歧管、减振块、踏板机构装配			
内饰一段 MA01（左侧）1	查看FIS信息	查看装配单 G8 和 C9 位置	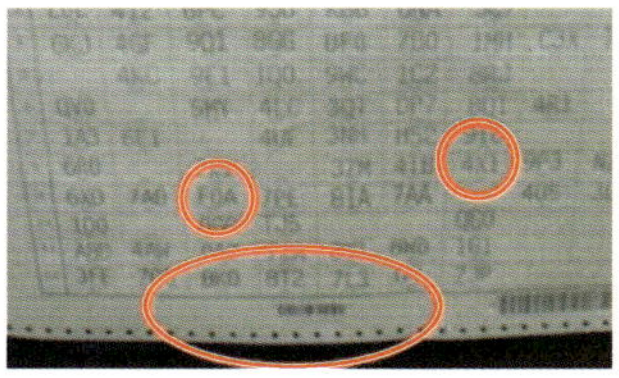	4X1：安装 B 柱安全气囊传感器；4X0：不安装 B 柱，气囊传感器
2	安装左侧B柱传感器	将螺栓套在传感器孔内，用1颗螺栓预紧传感器 2~3 圈，再用电枪将螺栓紧固		紧固螺栓前，确保传感器完全安装到位
3	安装B柱堵塞	将堵塞安装在左侧B柱外侧钣金孔1处，将另一个堵塞安装在右侧B柱钣金孔2处	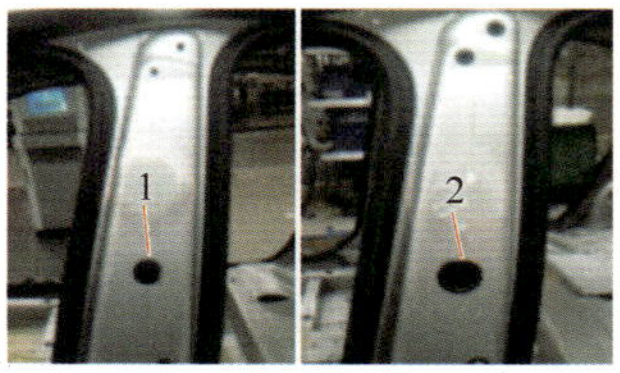	目视确认堵塞全部嵌入钣金孔中
4	安装密封盖总成、护孔圈座	将密封盖总成安装在钣金孔①处，将护孔圈座安装在钣金孔②处，将座椅衬套安装在钣金孔③、④处	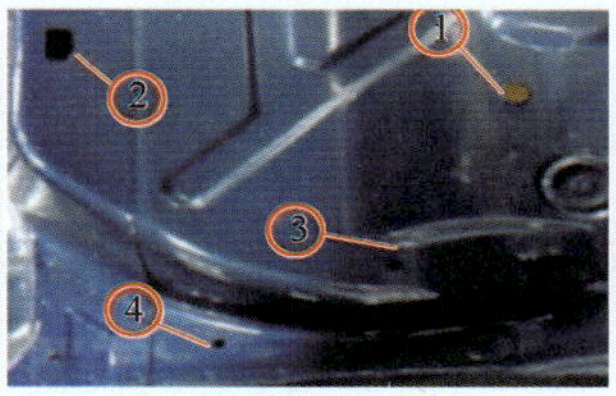	检查通风框架有无破损，圆脚向下且下胶片无翘起，防止进尘土

项目四　汽车内饰—装配

（续）

序号	操作步骤	操作方法	操作图示	注意事项
5	安装左侧通风框架	取左侧通风框架，检查零件状态后，用两手将通风框架的4个卡扣按照1~2的顺序卡进钣金件内	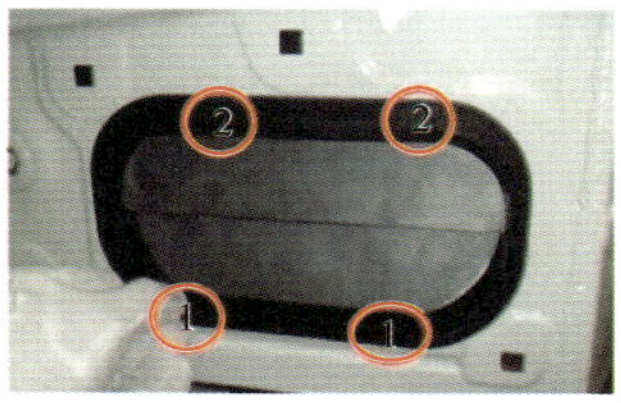	安装位置要正确
6	安装左侧行李舱膨胀螺母	按照①~⑧的顺序安装左侧行李舱膨胀螺母	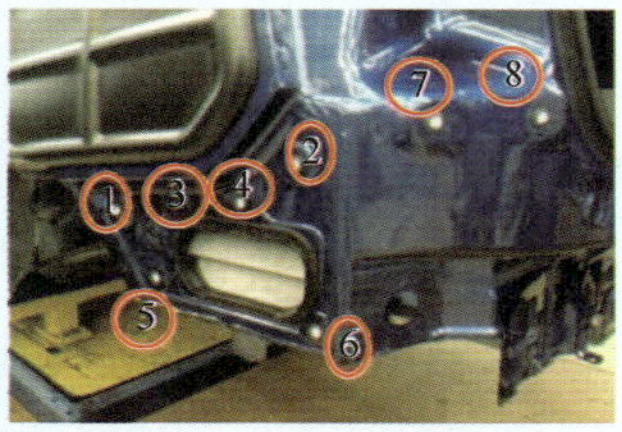	螺母与钣金件完全贴合，无压边
MA02（右侧）1	安装右侧B柱传感器	将内花形圆柱头螺栓套在传感器孔内，用1颗螺栓拧进2~3圈预紧传感器，再用电枪将螺栓紧固		紧固螺栓前，确保传感器完全安装到位
2	安装右侧密封盖总成、护孔圈座	将密封盖总成安装在钣金孔①处，将护孔圈座安装在钣金孔②处，将座椅衬套安装在钣金孔③、④处	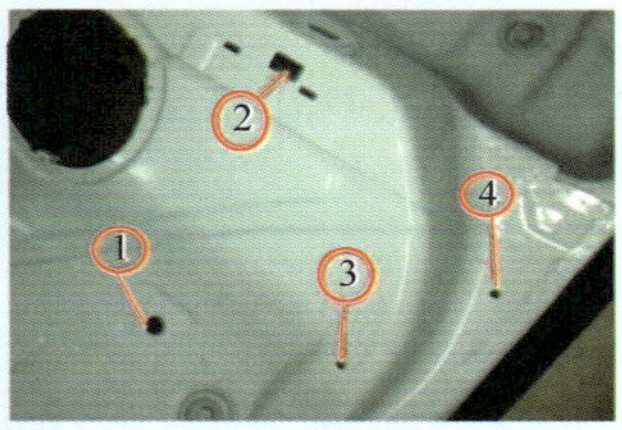	目视确认密封盖、护孔圈座全部嵌入钣金孔中
3	安装右侧通风框架	取右侧通风框架，检查零件状态后，用两手将通风框架的4个卡扣按照①~②的顺序卡进钣金件内	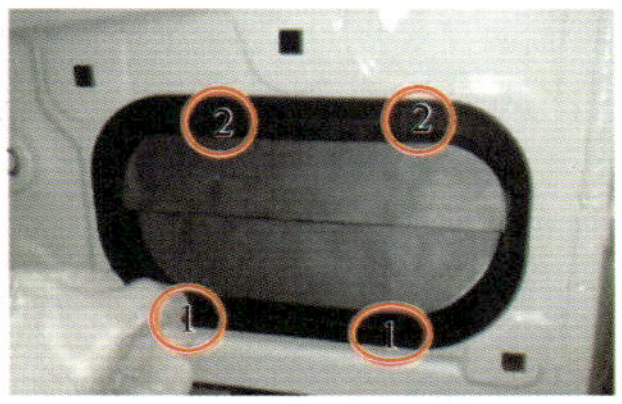	检查通风框架圆脚向下且下胶片无翘起，防止尘土进入
4	安装右侧行李舱膨胀螺母	按照①~⑧的顺序安装右侧行李舱膨胀螺母	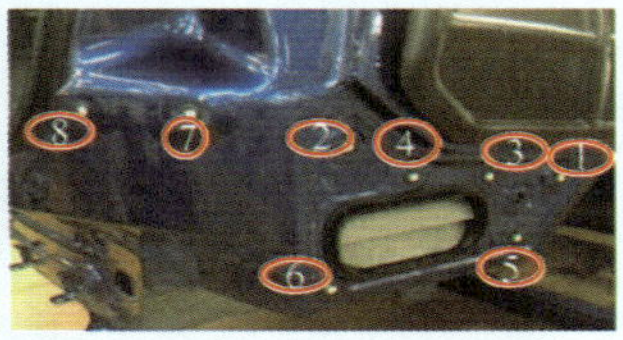	螺母与钣金件完全贴合，无压边
MA03 1	安装真空助力泵总成	握住真空助力泵总成，使真空助力泵总成上4颗螺柱对准发动机舱4个钣金孔，安装到发动机舱		安装时，保证助力泵制动液壶朝上
2	安装进气歧管	先将进气歧管的左侧卡扣卡入钣金件，再将右侧卡扣卡到钣金件上		用手轻摇进气歧管，确认无晃动

75

(续)

序号	操作步骤	操作方法	操作图示	注意事项
3	安装减振块	用手将 2 个减振块按①~②的顺序按进车身钣金孔内	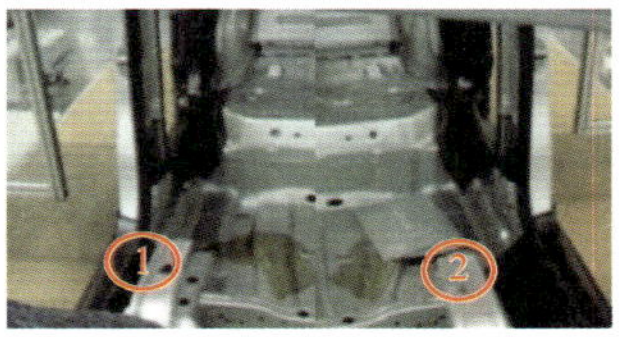	确认减振块边缘与钣金件无间隙，否则影响仪表间隙匹配
4	扫描，查看PR号	扫描装配单左下角条码，查看装配单E2位置	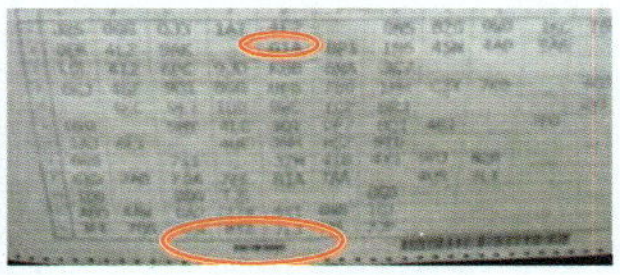	
5	安装挺杆开关	先涂抹聚酯尿素膏到顶杆头上，通过安装孔将挺杆开关装入，沿箭头方向旋转45°至挡块位置，从而将其固定	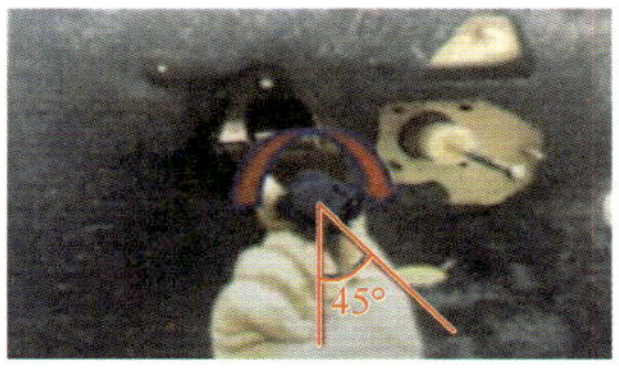	为了能保证将速度调节装置开关足够牢固地安装到踏板机构中，这种开关只能装配1次
6	安装踏板机构	把踏板机构放入真空助力泵焊柱里，用6颗螺母预紧踏板机构，并用电枪紧固螺栓	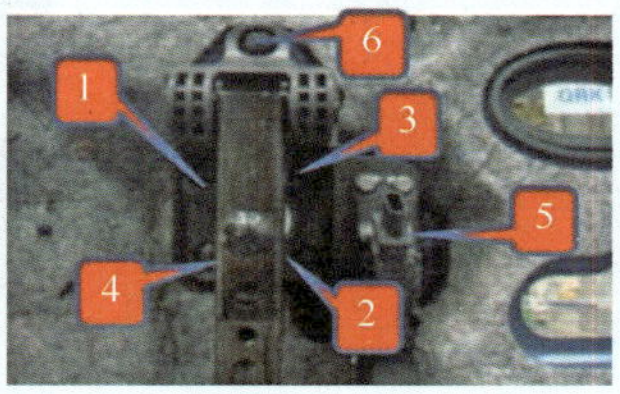	踏板机构钉孔要与真空助力泵焊柱对应
7	制动踏板与顶杆接合	用力下压制动踏板，使真空助力泵顶杆头卡入踏板内侧卡扣内	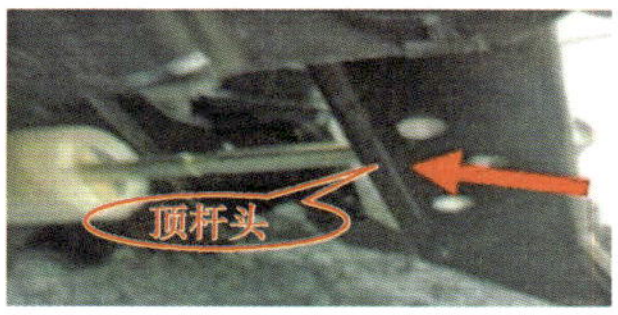	用手向上轻抬制动踏板，确认顶杆头卡入卡扣内
MA04 1	前风窗玻璃钣金框涂漆作业	从左侧前风窗玻璃钣金框上沿中间处逆时针涂抹底漆		底漆宽度为（14±2）mm，涂抹完底漆后，钣金框应无断带现象
2	后风窗玻璃钣金框涂漆作业	从后风窗玻璃钣金框上沿中间开始逆时针涂抹左侧底漆	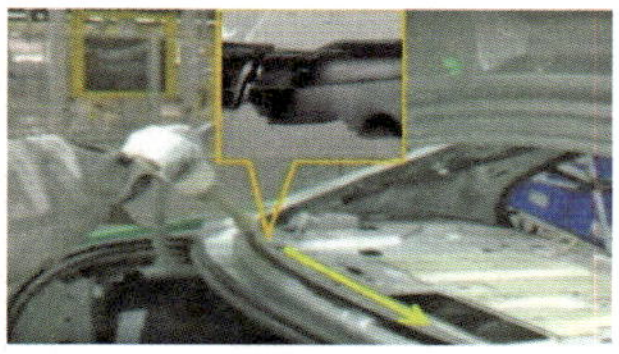	底漆宽度为（14±2）mm
3	安装行李舱锁	调整锁芯与钣金件间隙，用 2 颗螺栓预紧锁，然后用电枪按1~2的顺序将行李舱盖锁紧固	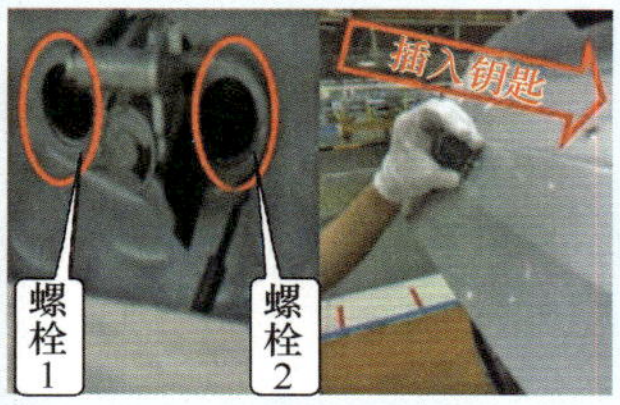	保证锁芯与钣金件间隙均匀，否则会漏水

（续）

序号	操作步骤	操作方法	操作图示	注意事项
4	连接连接杆	将连接杆按进黑卡子上的凹槽内，将黑卡子锁死	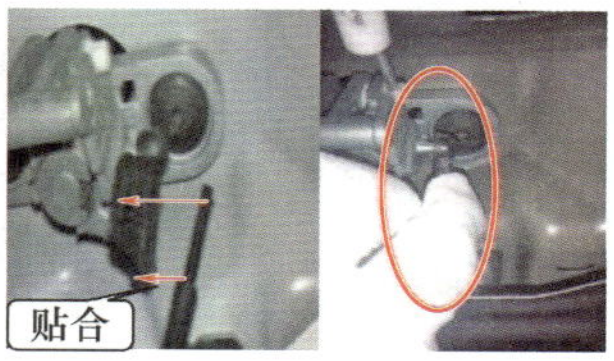	操纵杆螺纹应固定到卡口中或伸出一个螺纹
5	安装中控行李舱锁总成	取中控行李舱锁总成，将中控行李舱锁总成自带螺钉分别按1~2的顺序卡入钣金里，然后同时向前滑动到钣金孔前端	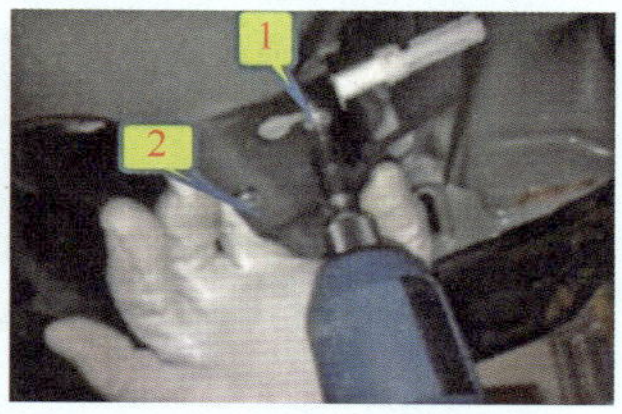	检查中控行李舱锁总成件白色卡槽是否损坏
6	连接连接杆一端到中控行李舱锁	将连接杆一端垂直卡入中控行李舱锁的卡槽内，然后沿着白色卡槽向前滑动到底	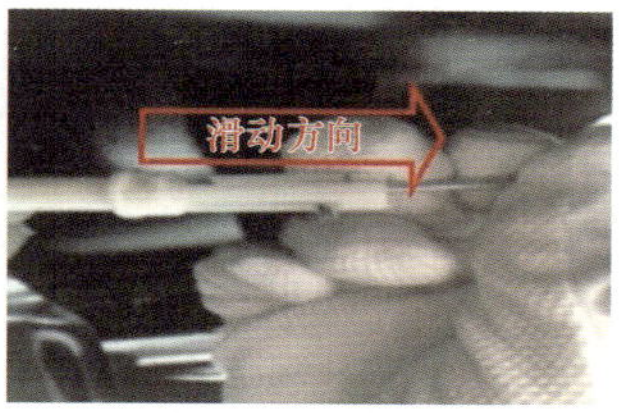	确保连接杆卡紧到位
7	连接连接杆一端到传动杆行李舱锁	将连接杆一端垂直卡入传动杆行李舱锁的卡槽A内	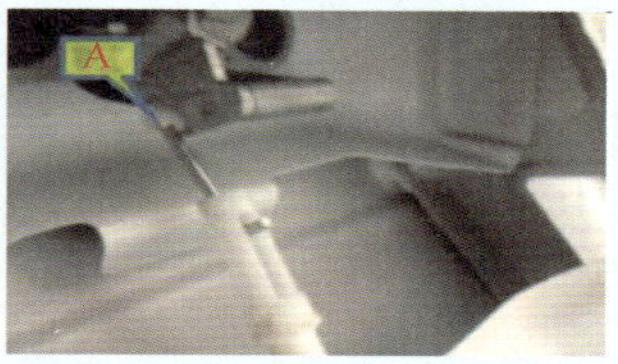	操纵杆应插入锁芯卡口，否则无法开启行李舱盖
MA05 1	安装左侧A柱线束	按照①~④的顺序将卡扣按进左侧A柱对应的钣金孔内		安装前，检查线束上的插头有无损坏
2	穿天线线束	整理线束，用双手将天线线束从水管后边穿过，将线束卡扣5卡入顶篷工艺孔里	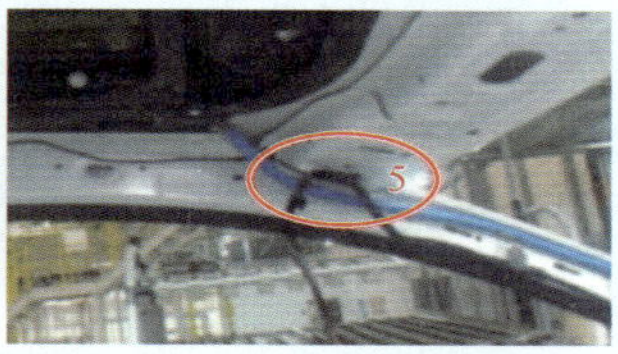	确保卡扣卡紧到位
3	安装顶篷前沿线束	按照①~④的顺序安装顶篷前沿线束卡扣，连接天窗插头5	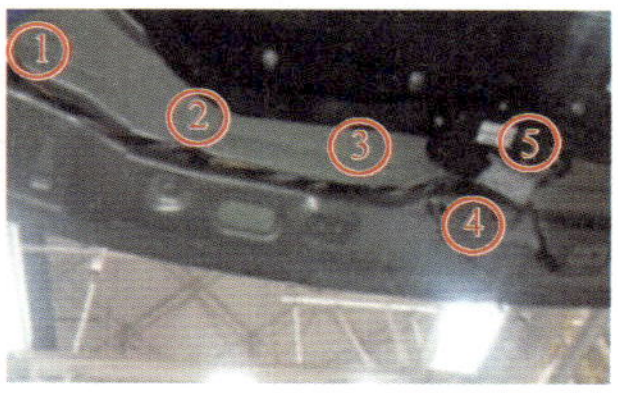	确保线束卡扣全部卡入钣金孔中
4	安装A柱车门插头	将插头下部卡爪卡入钣金孔中，使车门插头上部卡爪卡在工艺孔边缘	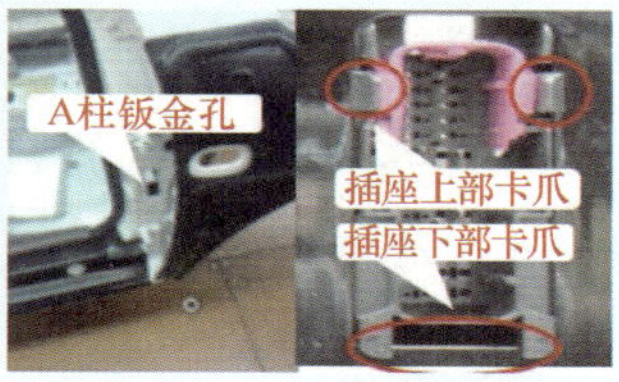	门柱插头不能与门槛线束绕线

（续）

序号	操作步骤	操作方法	操作图示	注意事项
5	铺设左侧门槛线束	将门槛线束卡扣按照①~④的顺序卡入车身工艺孔内		确保卡扣卡紧到位
6	安装左侧座椅线束	将座椅线束卡扣①~③按照"黑—黄—蓝"的顺序依次卡入车身工艺孔内	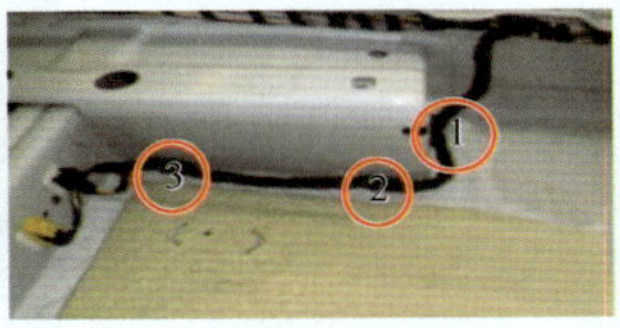	座椅线束不能与主线束绕线
7	安装左侧B柱安全气囊插头	用手将安全气囊插头（黄色）插到B柱传感器上，并把锁止按下	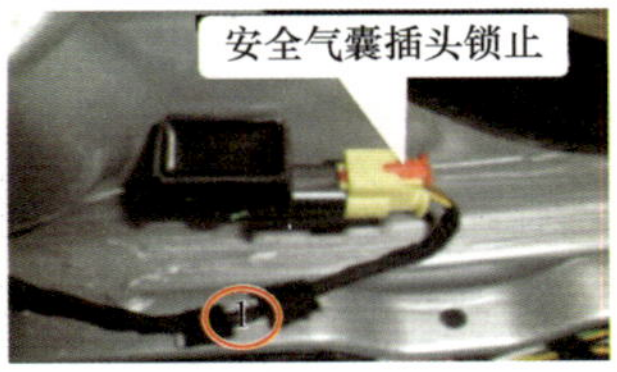	A8D高配车多一根B柱安全气囊插头
8	安装B柱车门插头	左手拿插头塞入车身工艺孔中，将插头下部卡爪卡入钣金孔中，左手扶着插头，右手用力向前推车门插头上部，使车门插头上部卡爪卡在工艺孔边缘，把B柱剩余两个卡扣①~②卡入钣金孔中	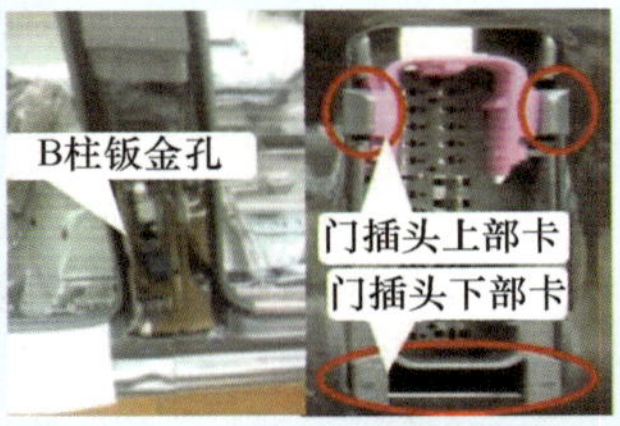 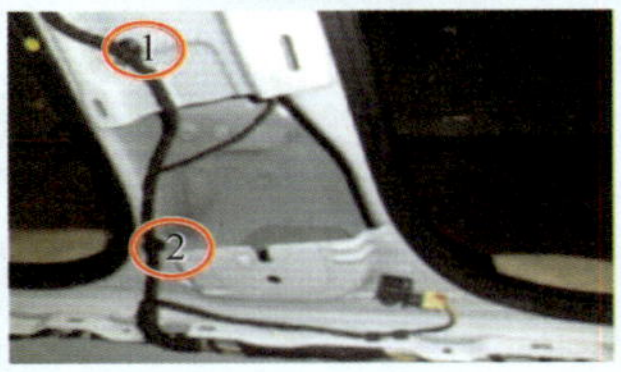	1）门柱插头不能与门槛线束绕线 2）车门插头卡爪完全卡住工艺孔边缘
MA061	安装A柱车门插头	将插头下部卡爪卡入钣金孔中，右手用手指拉住紫色车门插头保险，左手用力向前推车门插头上部	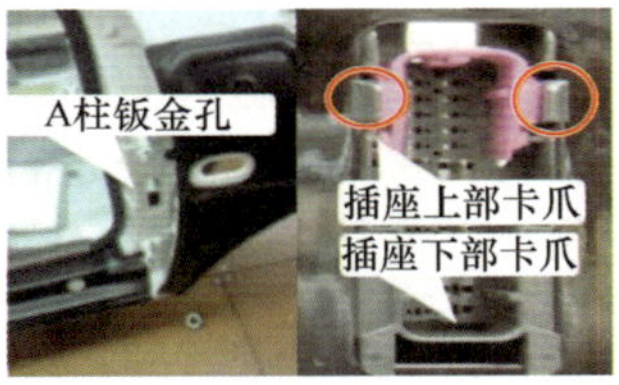	门柱插头不能与门槛线束绕线
2	铺设右侧门槛线束卡扣	将门槛线束卡扣按照①~④的顺序卡入车身工艺孔内		确保卡扣卡紧到位
3	安装右侧座椅线束	将座椅线束卡扣①~③按照"黑—黄—蓝"的顺序依次卡入车身工艺孔内	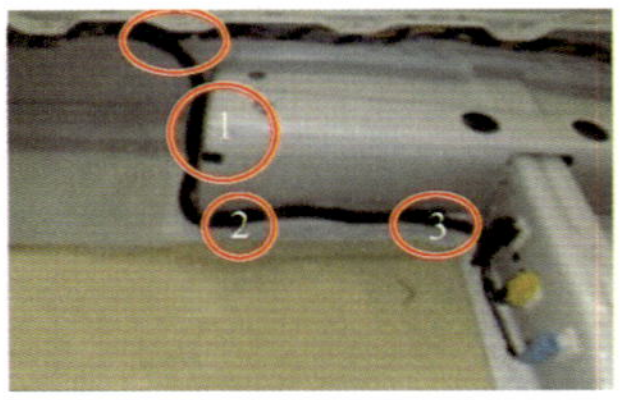	座椅线束不能与A、B柱主线束绕线

（续）

序号	操作步骤	操作方法	操作图示	注意事项
4	安装B柱车门插头	左手拿插头塞入车身工艺孔中，将插头下部卡入钣金孔中，左手扶着插头，右手用力向前推车门插头上部，使车门插头上部卡爪卡在工艺孔边缘，把B柱剩余两个卡扣①~②卡入钣金孔中	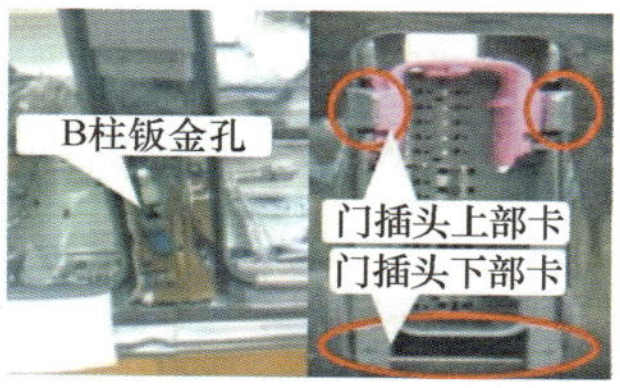 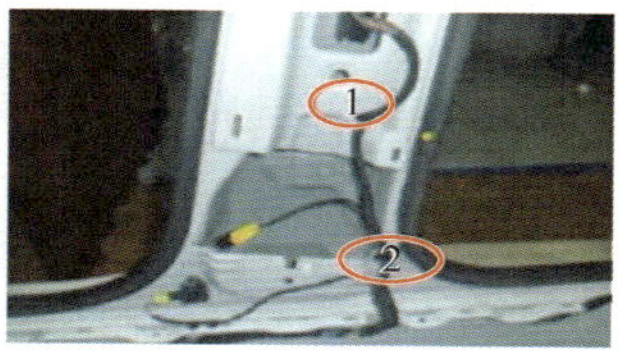	1）门柱插头不能与门槛线束绕线 2）车门插头卡爪完全卡住工艺孔边缘
5	安装右侧B柱门槛线束卡扣	将门槛线束卡扣①卡入车身工艺孔内，卡扣②~③按顺序卡到车身焊柱上	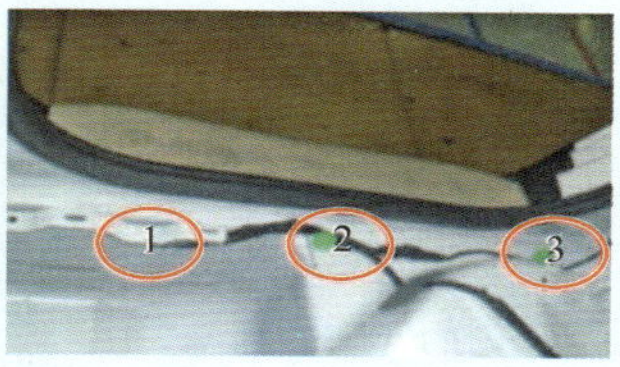	确保卡扣卡紧到位
6	安装右侧C柱线束卡扣	将右侧C柱线束卡扣①卡入车身钣金边缘，线束卡扣②卡入车身工艺孔内，线束卡扣③卡入钣金件边缘	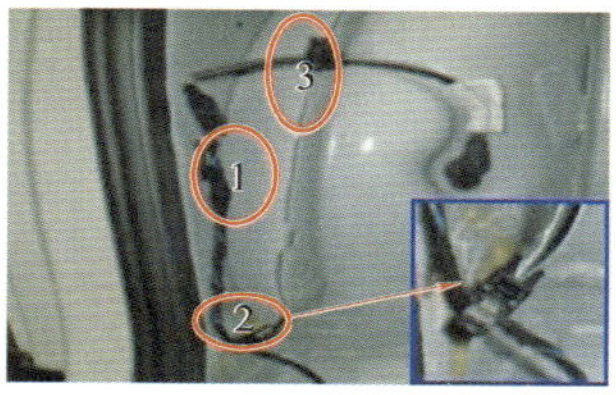	确保卡扣卡紧到位
7	安装右后轮罩线束	将后轮罩胶堵线束穿过车身工艺孔，将线束胶堵按在工艺孔上，将胶堵线束打活结。粘贴吸声材料	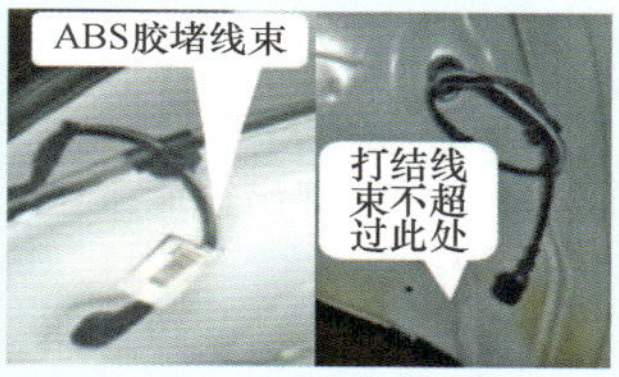	确认ABS胶堵安装方向与车身工艺孔方向一致
8	安装燃油箱插头	安装燃油箱插头线束卡扣1、2，将燃油箱插头压在线束下面	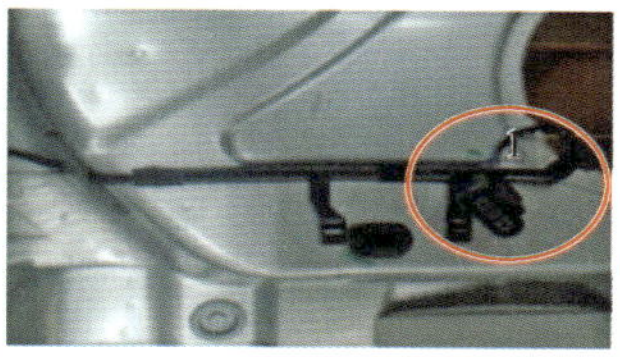	将燃油箱插头压住，防止底盘结合时将插头压碎
MA071	整理ABS胶堵线束和转向灯线束	从主线束中整理出ABS胶堵线束和转向灯线束，将线束对折从流水槽左侧工艺孔穿至左前轮罩处	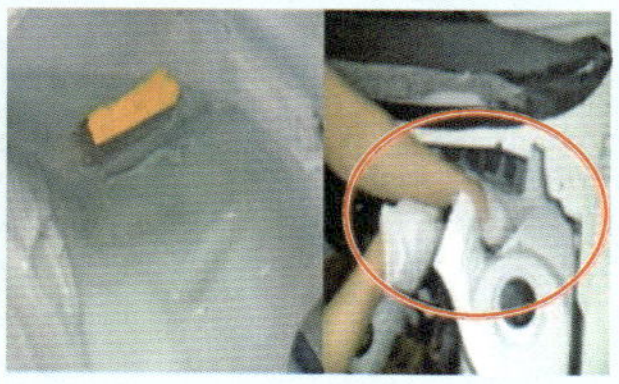	钣金件边缘会有飞边，防止手腕被划伤
2	安装流水槽胶堵	左手扶住胶堵上方线束，右手扶住胶堵，将胶堵安装到流水槽工艺孔上		胶堵完全与钣金件贴合、无窝边，否则会漏水

（续）

序号	操作步骤	操作方法	操作图示	注意事项
3	安装胶堵下部卡扣	将线束塞进纵梁角落里，将卡扣安装到焊柱上	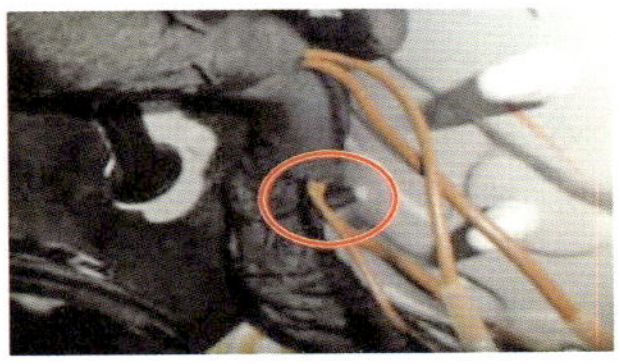	卡扣完全与焊柱贴合，搭铁线不绕线
4	安装左纵梁线束	将左纵梁线束导向件安装到左纵梁工艺孔上，并将左前照灯线束卡扣卡在焊柱上	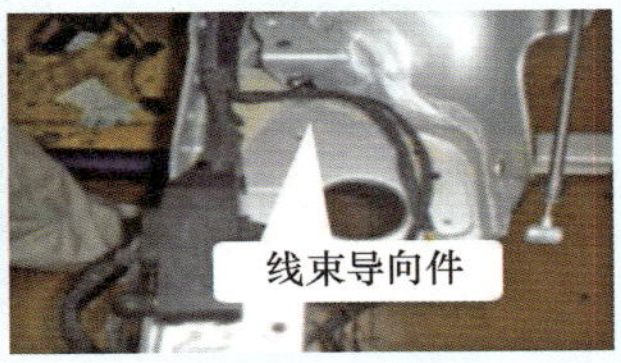	确认线束在线束卡扣下方
5	安装发动机舱挡板	先将挡板放正，双手同时将挡板下面卡扣按进卡槽中，然后双手将挡板上面卡扣按进卡槽中	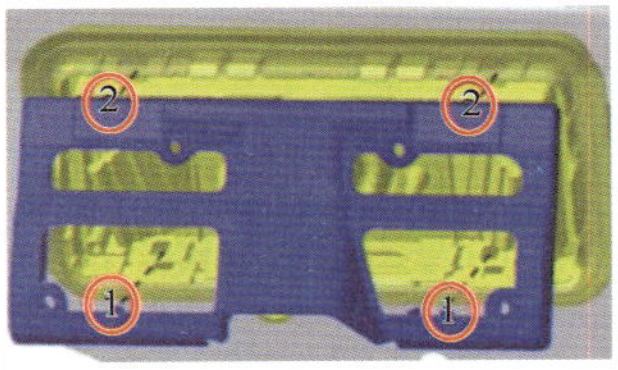	听见"咔"的声音，说明挡板已卡进卡槽内，共4个卡扣
6	安装刮水器套管	将刮水器套管安装到发动机舱左侧工艺孔内	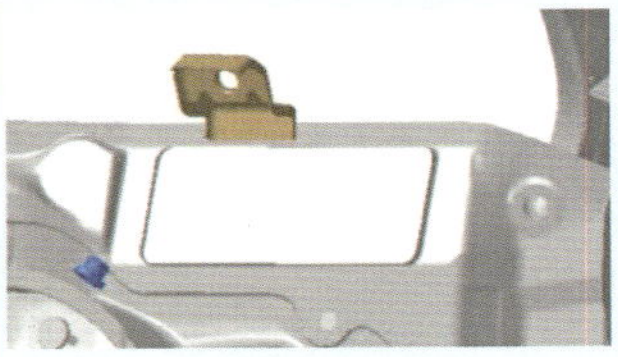	装配完后，轻拉套管，确认套管卡入钣金孔内
7	将左前ABS线束穿出	将左前ABS线束从A柱钣金缝隙中穿出，搭在左门槛内	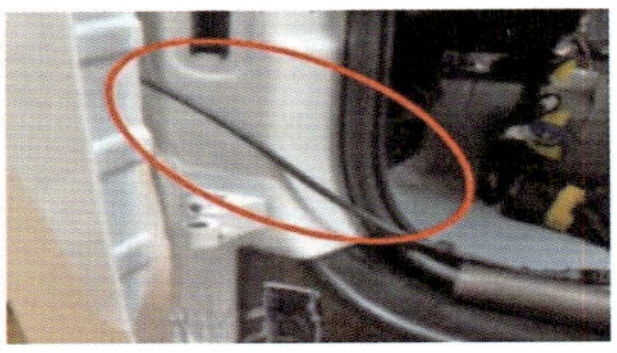	保证ABS线束不会掉下来，否则结合时会被压坏
8	安装左转向灯卡扣	将线速卡扣卡在钣金件上	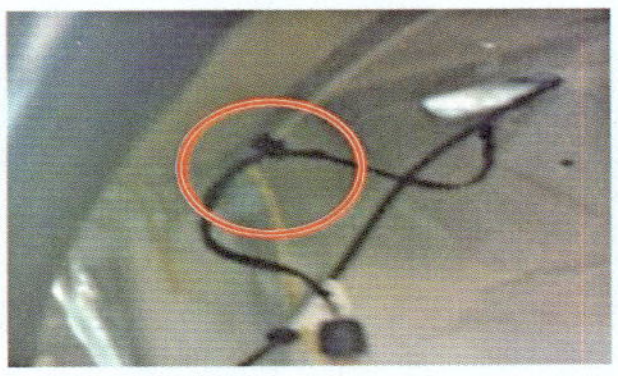	卡扣卡的位置要靠近钣金件三角
MA08 1	整理左侧行李舱线束	将行李舱线束捋顺，分离衣帽架线束放置在后排处，对折行李舱线束，从工艺孔将线束送至行李舱	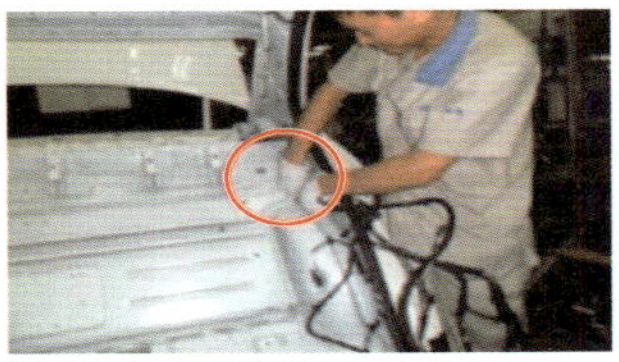	穿过线束时，避免钣金件边缘划破线束外胶带
2	安装左侧C柱线束卡扣	将左侧C柱线束卡扣①卡入车身钣金边缘，按图的顺序安装线束卡扣①～③到车身工艺孔内	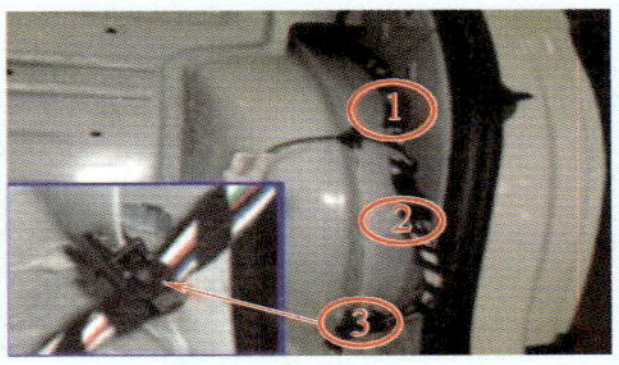	确保卡扣卡紧到位

80

（续）

序号	操作步骤	操作方法	操作图示	注意事项
3	安装左侧C柱门槛线束卡扣	将门槛线束卡扣①~②按照顺序卡到车身焊柱上	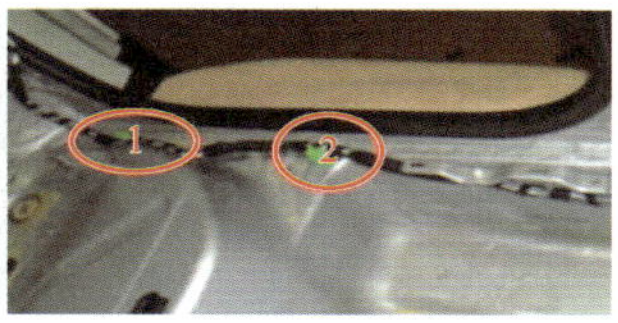	确保卡扣卡紧到位
4	安装左后轮罩线束	将后轮罩胶堵线束穿过车身工艺孔，左手扶住胶堵，右手向下拉胶堵线束，将线束胶堵按在工艺孔上	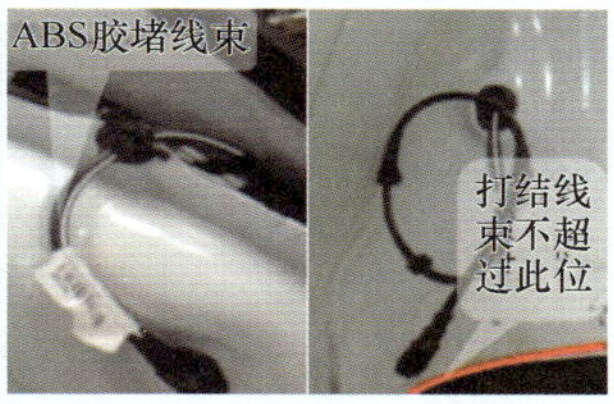	ABS胶堵与工艺孔无间隙
5	安装左侧行李舱处线束卡扣	整理线束，将行李舱线束卡扣按照①~⑤的顺序固定在后轮毂处相应的车身工艺孔中	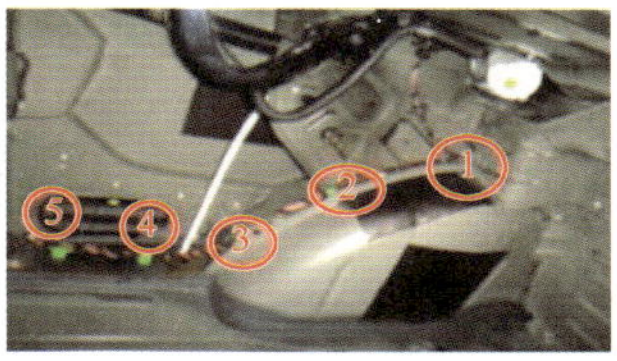	确保卡扣卡紧到位
6	安装并穿出左侧尾灯线束	先按①~②的顺序将尾灯线束卡扣固定在车身工艺孔中，然后将左侧后尾灯线束从左侧后尾灯钣金孔中拿出	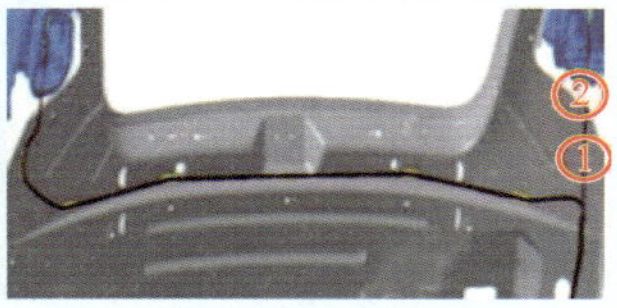	确保卡扣卡紧到位
7	安装行李舱后杠线束	整理线束，按照①~⑤的顺序将行李舱线束卡扣固定在相应的车身钣金工艺孔中	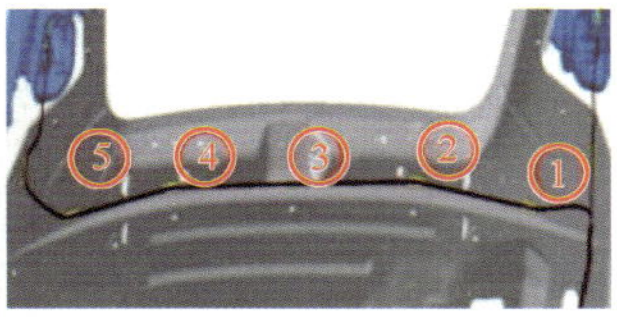	确保卡扣卡紧到位
8	安装并穿出右侧尾灯线束	先将右侧尾灯线束卡扣固定在车身钣金工艺孔中，然后将右侧后尾灯线束从右侧后尾灯钣金孔中取出	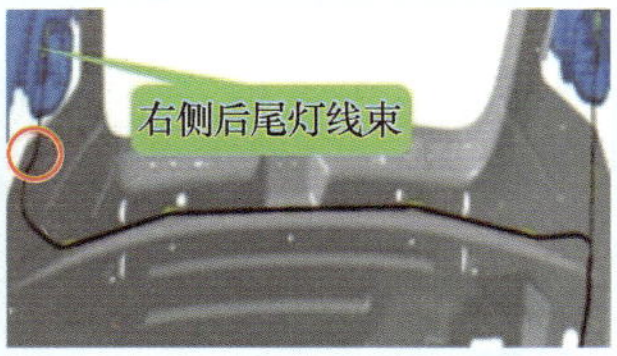	确保卡扣卡紧到位
9	安装后盖线束	按照①~④的顺序安装后盖线束卡扣	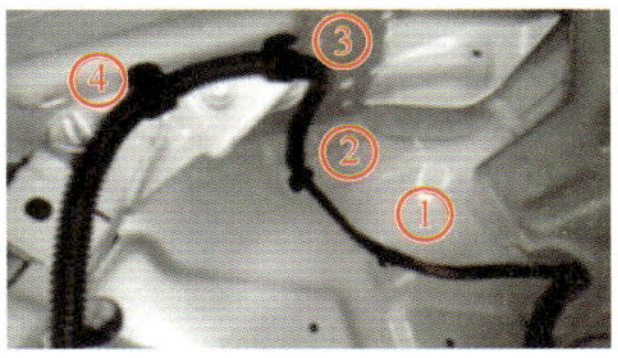	确保卡扣卡紧到位
MA091	安装右纵梁中部线束	将线束卡扣按照①~③的顺序依次卡入车身焊柱		确保卡扣卡紧到位

（续）

序号	操作步骤	操作方法	操作图示	注意事项
2	穿出右前轮罩线束	将ABS胶堵线束和转向灯线束穿过发动机舱流水槽右侧工艺孔	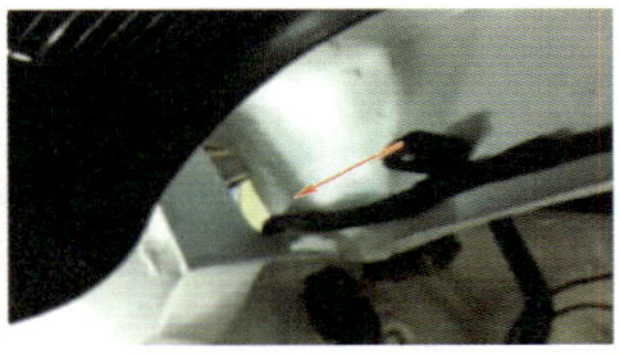	注意钣金孔边缘的飞边，防止划伤手
3	安装流水槽右侧胶堵	将流水槽右侧胶堵安装到流水槽工艺孔中	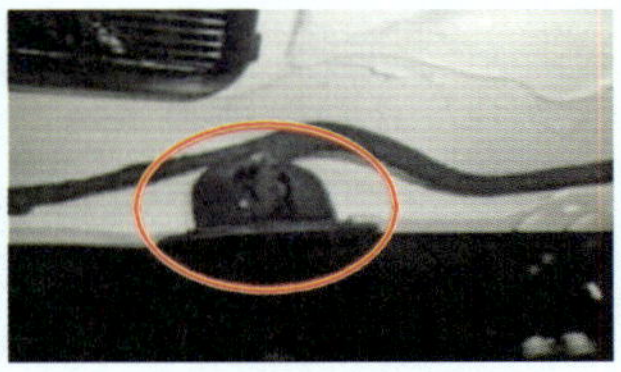	胶堵与工艺孔无缝隙、无窝边
4	安装右侧发动机舱隔热板卡扣	将右侧发动机舱隔热板线束卡扣按照①~②的顺序卡入相应的车身工艺孔内	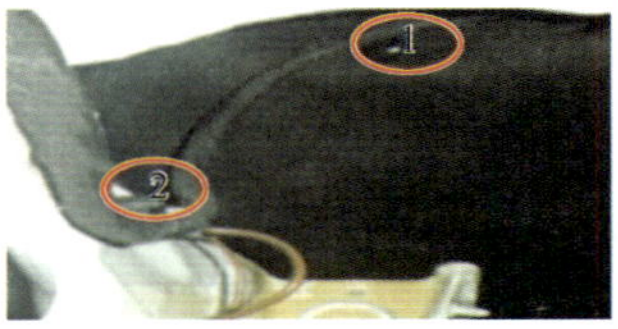	确保卡扣卡紧到位
5	安装右侧纵梁线束	将右侧纵梁线束按照①~④的顺序依次卡入相应的车身工艺孔内，并将剩余线束盘绕在翼子板轮罩处	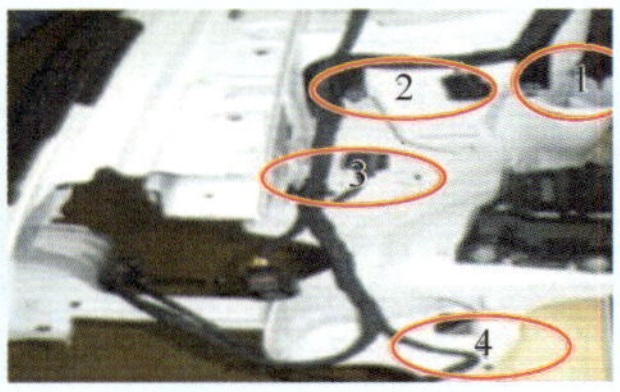	右侧梁线束不得绕线
6	安装刮水器水管卡扣	将刮水器水管线束铁夹子与卡扣①~②完全卡入车身钣金边缘	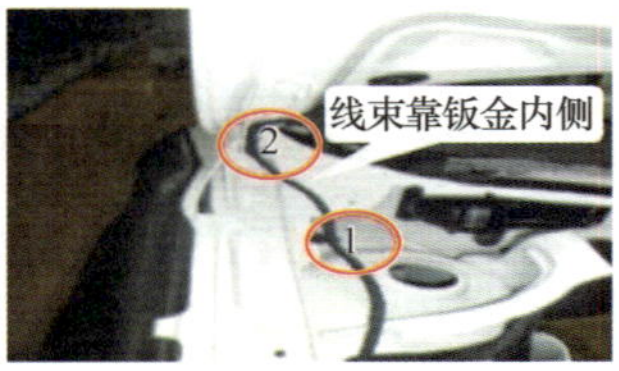	线束要靠钣金内侧，否则水管将会与流水槽盖板干涉
7	整理安装刮水器水管	摘下水管喷嘴堵件，整理刮水器线束，将水管穿入发动机舱盖右侧工艺孔A，分别从工艺孔B、C拉出	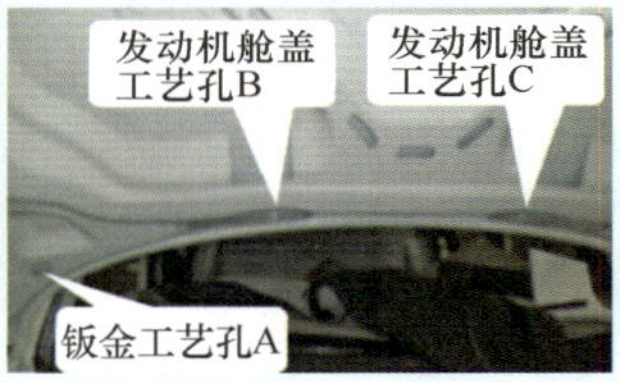	装配前将水管喷嘴取下，避免落入发动机舱盖内产生异响
8	安装刮水器水管喷嘴	安装刮水器水管喷嘴到车身，听到"咔"的一声，轻拉喷嘴，确认卡住钣金件	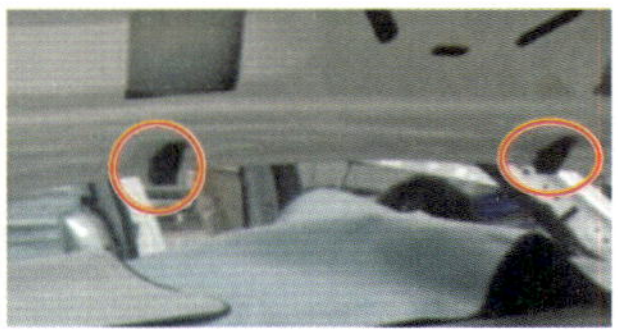	接口扣合必须听到"咔"的声音
9	安装刮水器水管胶堵	将刮水器水管胶堵①安装到发动机舱盖工艺孔中，将刮水器水管卡扣②卡入发动机舱盖铰链工艺孔里	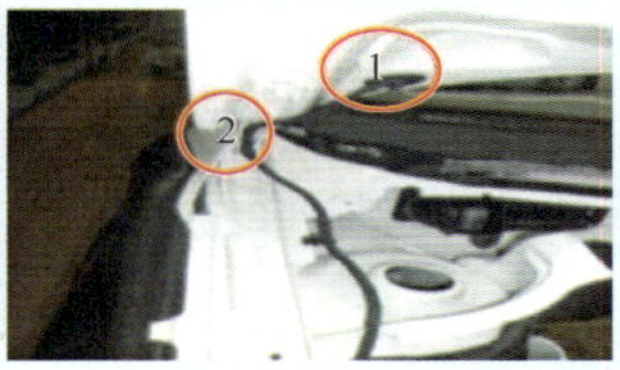	胶堵与工艺孔无缝隙、无窝边，否则会漏水

（续）

序号	操作步骤	操作方法	操作图示	注意事项
10	将左前 ABS 线束穿出	将左前 ABS 线束从 A 柱钣金缝隙中穿出，搭在左门槛内	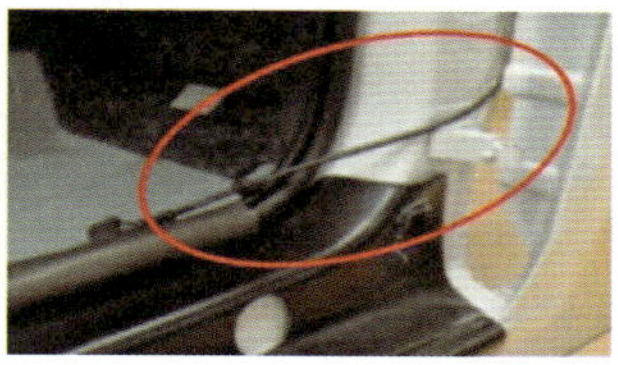	保证 ABS 线束不会掉下来，否则结合时会被压坏
11	安装左转向灯卡扣	将线速卡扣卡在钣金上	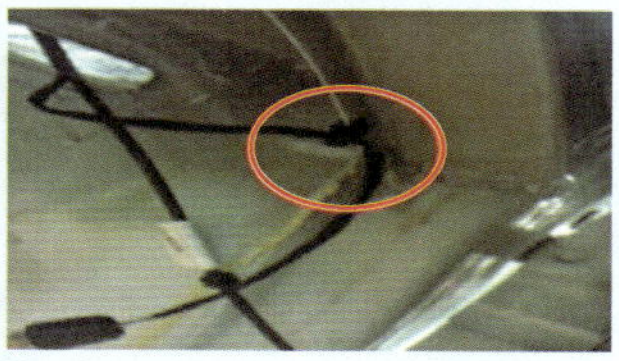	卡扣卡的位置要靠近钣金三角，否则按转向灯时线束长度不够

2. 天线线束、A 柱搭铁线、顶篷拉手支架、加热线、仪表支架装配

序号	操作步骤	操作方法	操作图示	注意事项
MA10（左侧）1	安装左侧加热线夹	将加热线夹垂直按入左侧 C 柱处的钣金孔内	 开口较大端	加热线夹开口较大端向上
2	用电枪卸下左侧 A 柱搭铁线螺母	用电枪卸下左侧 A 柱搭铁线螺母	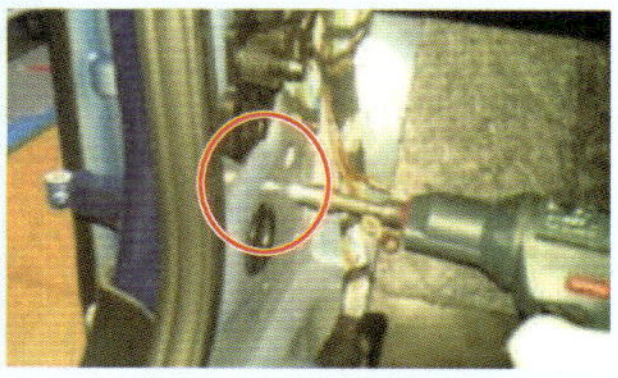	（线束自带）
3	安装力矩保护和搭铁线	将力矩保护安装在焊柱上，再将搭铁线套在焊柱上，并将其卡在力矩保护卡内		确认搭铁线垫片已全部固定在焊柱上
4	紧固左侧 A 柱搭铁线	用螺母预紧搭铁线。取 EC 扳手垂直于左侧 A 柱下方的搭铁线进行紧固	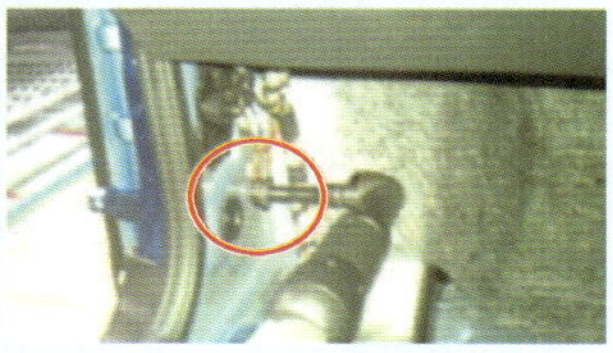	搭铁螺栓须先预紧再紧固
5	穿天线线束	整理线束，用双手将天线线束从水管后边穿过，并将线束卡扣①卡入顶篷工艺孔中	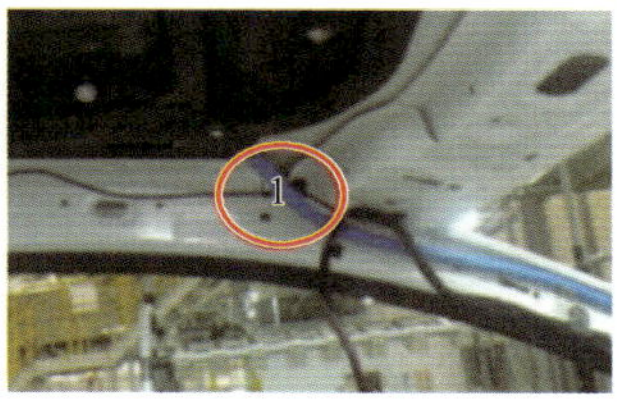	注意不要把水管碰脱落
6	安装天线线束前部卡扣	将天线线束前部卡扣按照②～③的顺序卡入顶篷工艺孔里	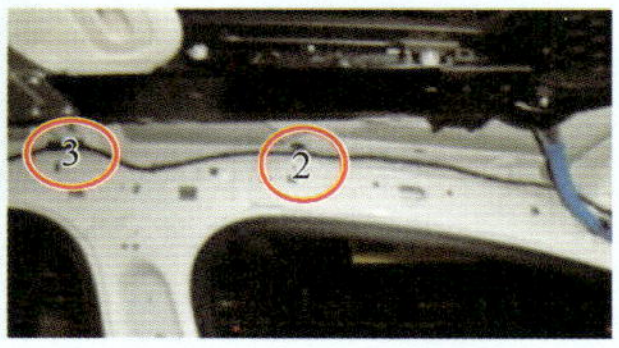	确保卡扣卡紧到位

（续）

序号	操作步骤	操作方法	操作图示	注意事项
7	安装天线线束后部卡扣	将天线线束穿过后排水管，并按照①~⑥的顺序将线束卡扣卡入顶篷工艺孔里，连接天线插头	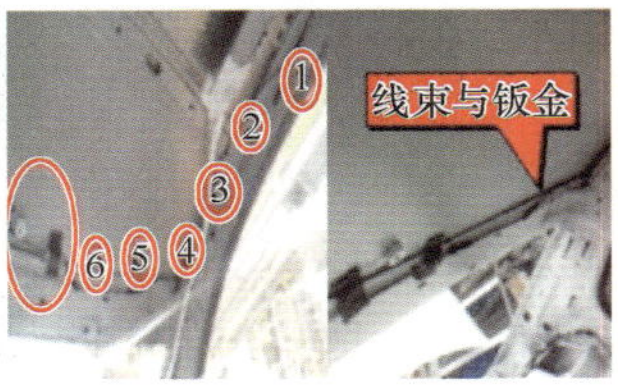	线束与钣金凹槽贴合
MA11（右侧）1	安装右侧加热线夹	将加热线夹垂直按入右侧C柱处的钣金孔内	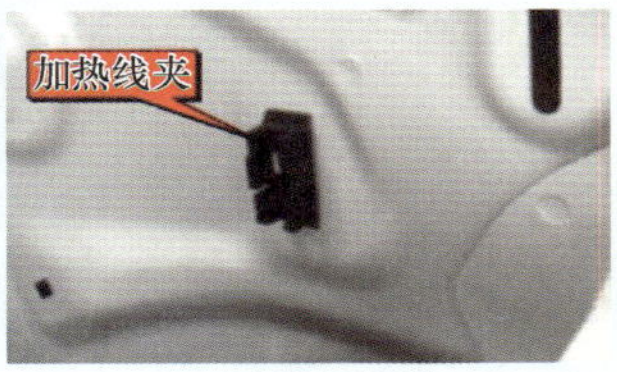	加热线夹开口较大端向上
2	用电枪拆卸右侧A柱搭铁线螺母	用电枪按照①~②的顺序拆卸右侧A柱靠下的搭铁线螺母	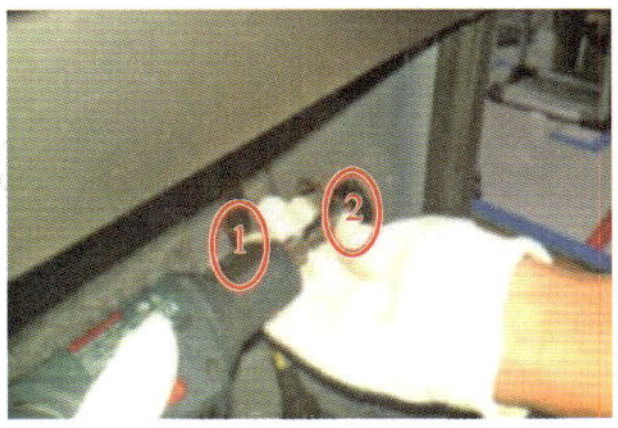	（线束自带）
3	安装力矩保护和搭铁线	按照①~②的顺序安装力矩保护到车身A柱下的焊柱上，将搭铁线套在焊柱上，并将其卡在力矩保护卡内	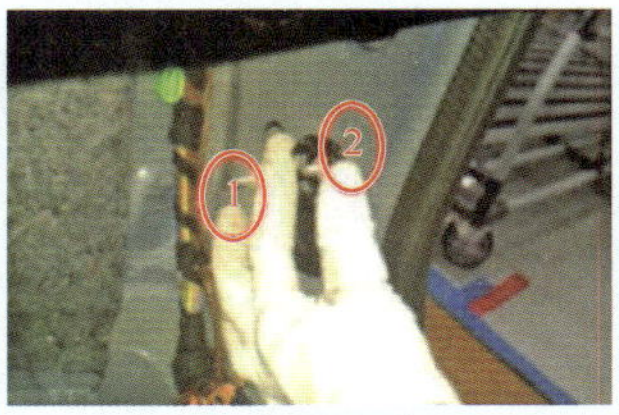	确认搭铁线垫片已全部固定在焊柱上
4	带入右侧A柱搭铁线螺母	将右侧A柱靠下的搭铁线按照①~②的顺序把螺母带入2~3圈	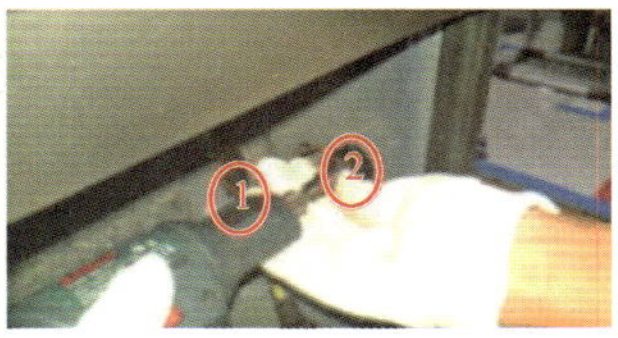	
5	连接安全气囊控制器插头	将安全气囊控制器插头穿过仪表下方，双手将插头垂直插入控制器，然后用右手将控制器插头锁紧		安装插头时必须将插头垂直插入控制器
6	固定中通道线束	将中通道线束从仪表支架下方穿出，用吸声材料将中通道线束固定在钣金上，将安全气囊控制器线束塞进支架下面	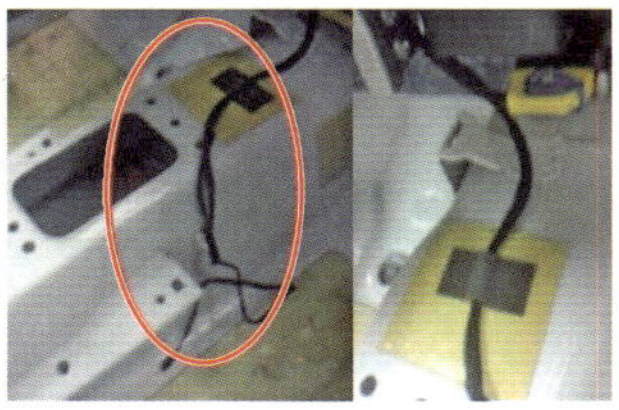	中通道线束必须放在车内，否则结合时将会被压断
7	紧固右A柱下搭铁线	拿取EC扳手垂直对着右A柱搭铁线按照1~2的顺序进行紧固	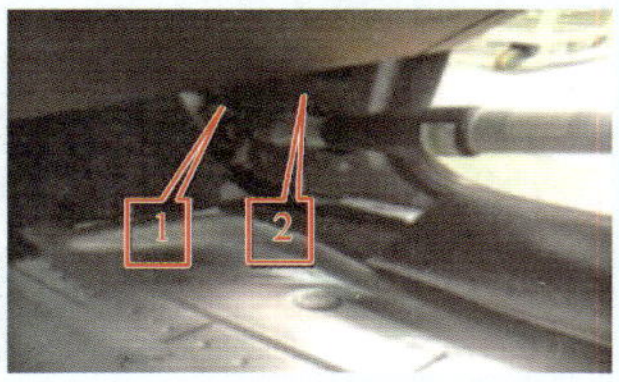	紧固时，电枪要垂直，避免损坏螺纹

（续）

序号	操作步骤	操作方法	操作图示	注意事项
MA12 1	拆卸右侧搭铁线螺母	双手取蓄电池扳手垂直对准发动机舱右侧搭铁线螺母进行拆卸	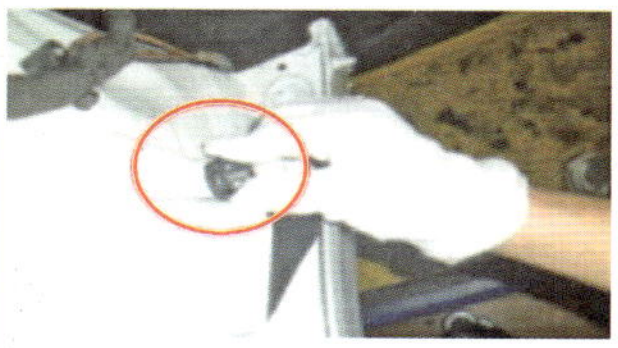	注意拆卸后不要遗失搭铁线螺母
2	拆卸左侧搭铁线螺母	双手取蓄电池扳手垂直对准发动机舱左侧搭铁线螺母进行拆卸	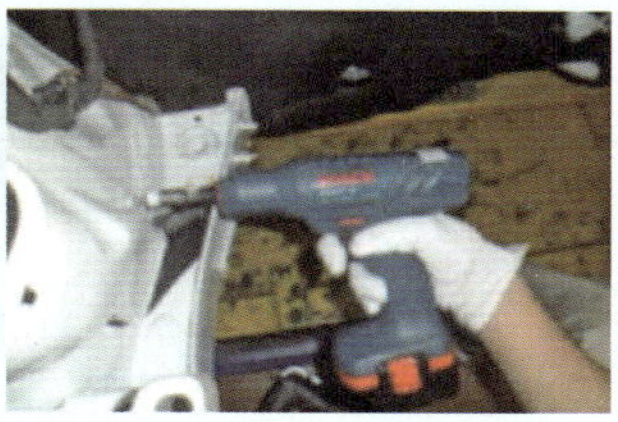	注意拆卸后不要遗失搭铁线螺母
3	安装右侧力矩保护	将力矩保护固定在焊柱上的八角底座上	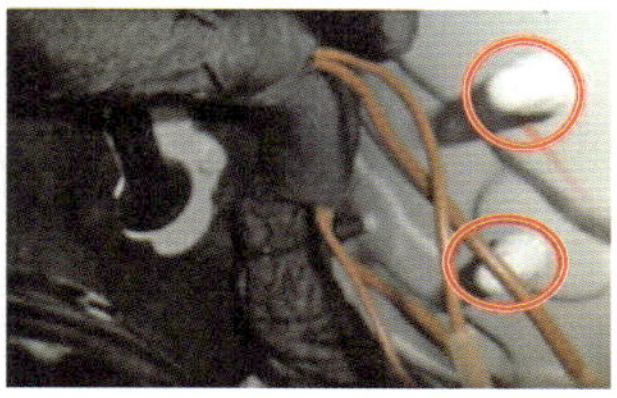	确保力矩保护安装到位，无漏装、歪斜现象
4	安装发动机舱左侧、右侧ABS搭铁线	先用左手整理右侧的搭铁线，把右侧的搭铁线安装在焊柱上，分别将左、右搭铁线螺母1带入2~3圈到焊柱上	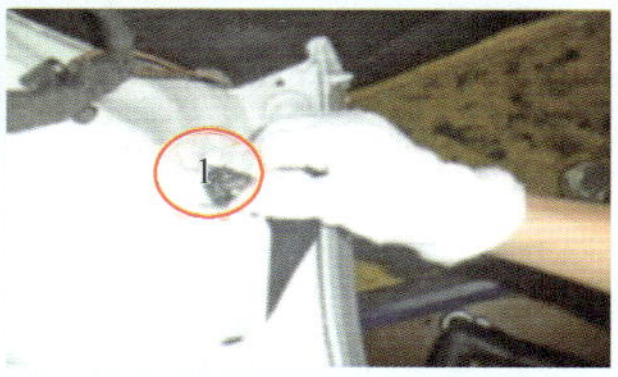	向下的搭铁线向右偏差不超过30°
5	紧固发动机舱右侧ABS搭铁线	取EC扳手，将发动机舱右侧ABS搭铁线螺母紧固到规定力矩	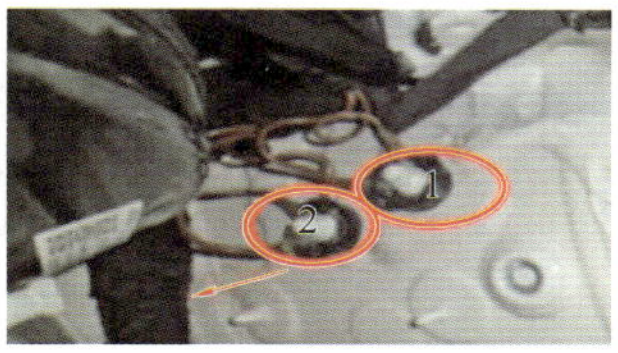	紧固时，确保电枪垂直，不要损坏螺纹
6	紧固发动机舱左侧ABS搭铁线	用电枪紧固右侧ABS搭铁线螺母，按照①~②的顺序紧固	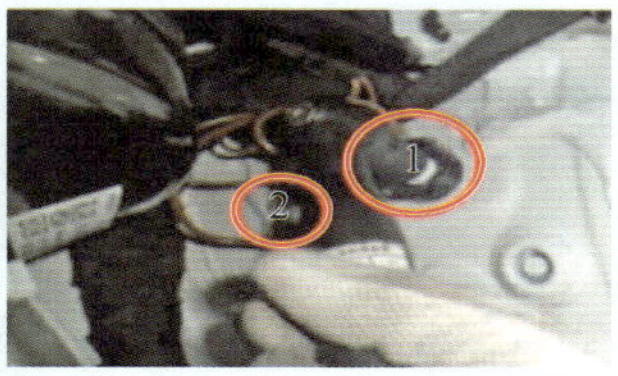	紧固时，确保电枪垂直，不要损坏螺纹
MA13 1	查看装配单	查看装配单A12位置	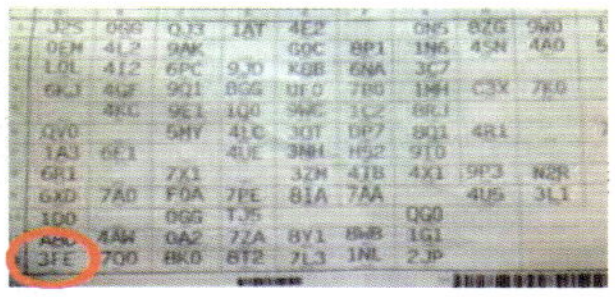	FE：装配顶篷拉手支架
2	安装左后顶篷拉手支架	左手取后顶篷拉手支架，将2颗螺栓放入拉手支架紧固孔内，采用三枪紧固法（①—②—①）将顶篷拉手支架紧固到车身	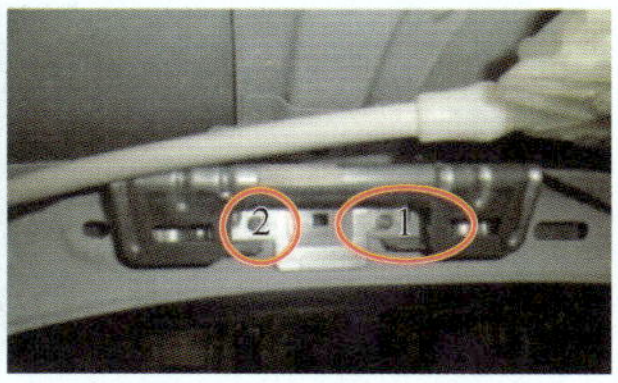	紧固时，电枪保持垂直，避免损坏螺纹

（续）

序号	操作步骤	操作方法	操作图示	注意事项
3	安装右后顶篷拉手支架	左手取后顶篷拉手支架，将2颗螺栓放入拉手支架紧固孔内，采用三枪紧固法（①—②—①）将顶篷拉手支架紧固到车身	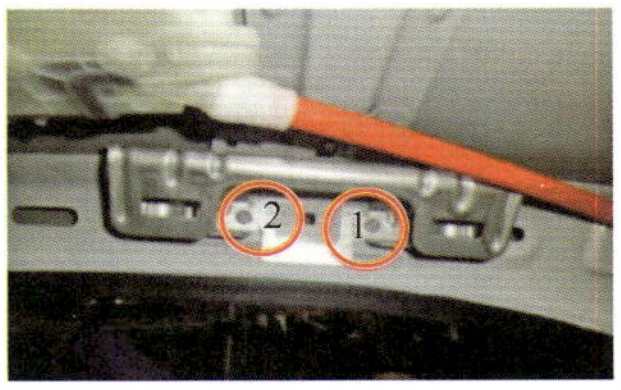	紧固时，电枪保持垂直，避免损坏螺纹
4	安装右前顶篷拉手支架	左手取前顶篷拉手支架，将2颗螺栓放入拉手支架紧固孔内，采用三枪紧固法（①—②—①）将顶篷拉手支架紧固到车身		紧固时，电枪保持垂直，避免损坏螺纹
5	安装左侧衣帽架线束	按照①~④的顺序将衣帽架线束卡扣按入车身左侧相应的钣金孔中	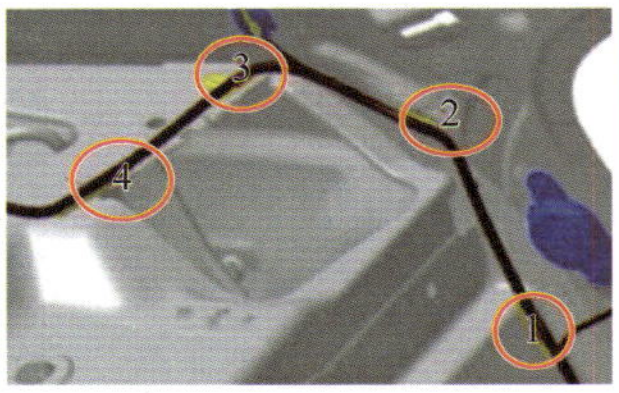	线束走向不能绕线
6	安装左侧风窗玻璃加热线	将左侧风窗玻璃加热线插头卡入加热线夹内	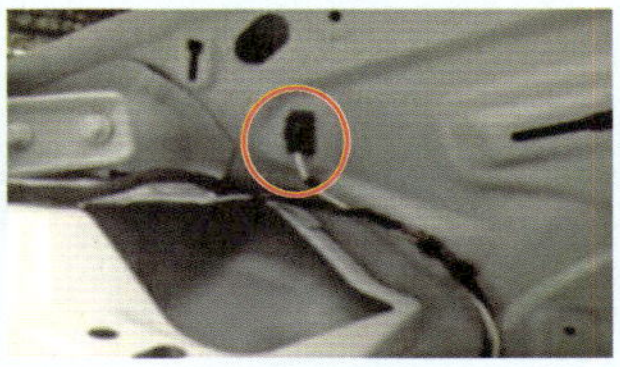	确保卡紧到位
7	安装右侧衣帽架线束	按照①~⑨的顺序将衣帽架线束卡扣按入车身相应的钣金孔中	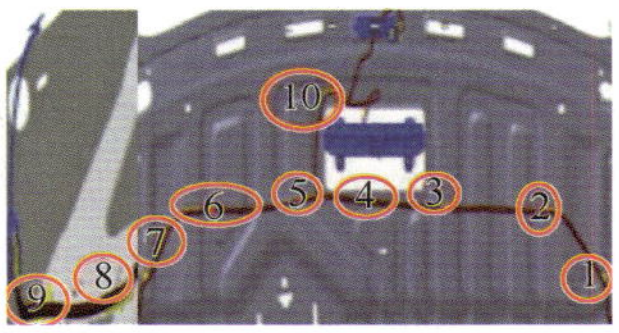	线束走向不能绕线
8	安装右侧风窗玻璃加热线	将右侧风窗玻璃加热线插头卡入加热线夹内	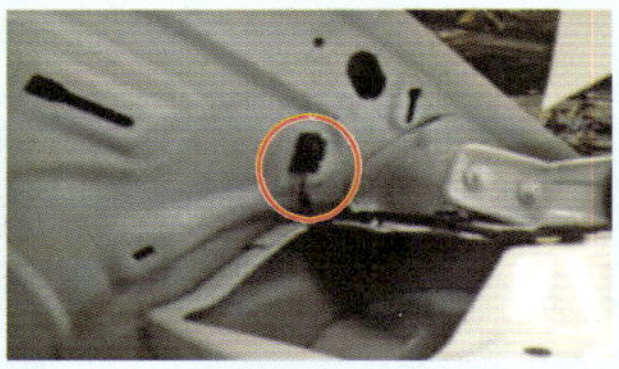	确保卡紧到位
MA14 1	安装支架簧片螺母	将簧片螺母凸出部分朝向车身右侧垂直卡入仪表下方的钣金件正中的位置		卡片要与钣金完全贴合
2	安装仪表下部螺栓	用1颗六角头法兰面螺栓（大）、2颗六角头法兰面螺栓（小）预紧仪表下支架	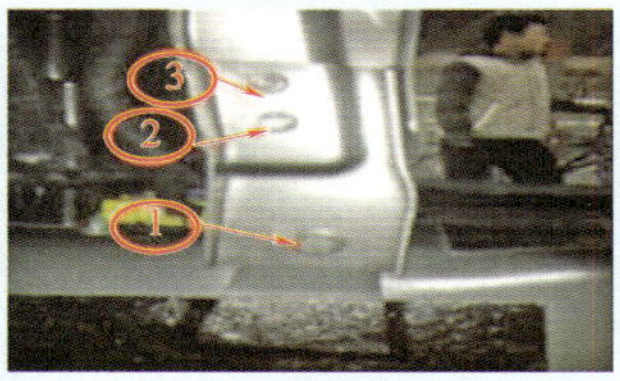	确保支架的安装方向正确

（续）

序号	操作步骤	操作方法	操作图示	注意事项
3	安装顶篷镶嵌螺母	取两颗顶篷镶嵌螺母对准顶篷上方对应的正方形钣金孔，按照①~②的顺序用橡胶锤装入	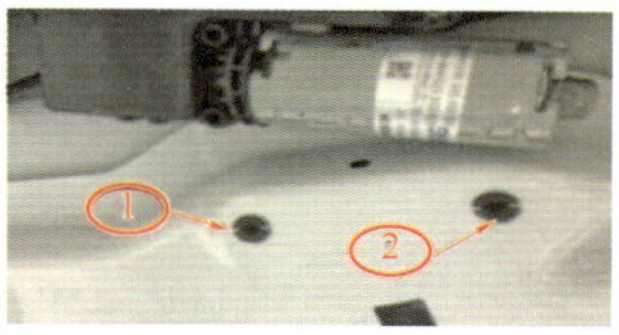	螺母与钣金件应完全密封，否则影响顶篷紧固
4	紧固仪表支架下螺栓（小）	用电枪将仪表支架下螺栓（小）按照①~②的顺序紧固到规定力矩	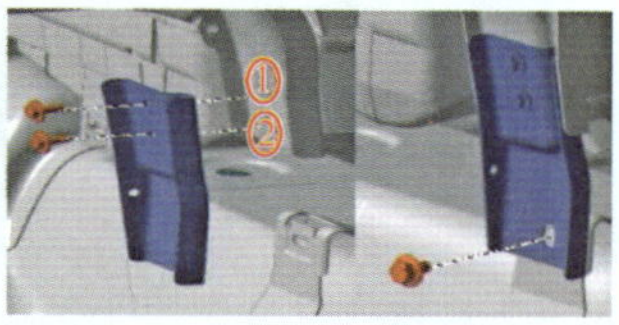	紧固时，电枪要保持垂直，避免损坏螺纹
5	紧固仪表支架下螺栓（大）	用电枪将仪表支架下螺栓（大）紧固到规定力矩	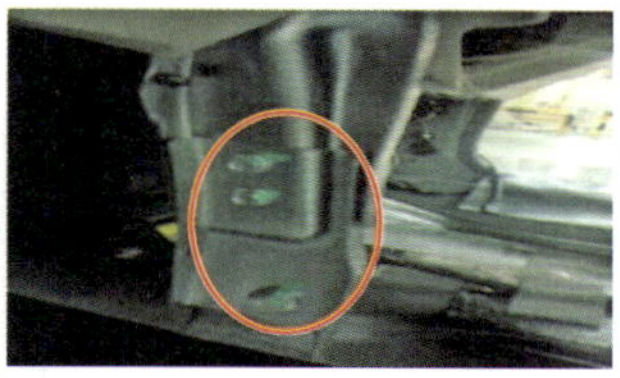	紧固时，电枪要保持垂直，避免损坏螺纹

3. 门接触开关、刮水器电动机、支架、进油管、ABS 线束卡扣、牌照灯、尾灯、行李舱隔声垫装配

序号	操作步骤	操作方法	操作图示	注意事项
MA15 1	查看装配单	查看装配单 C5 位置，根据 PR 号取零件	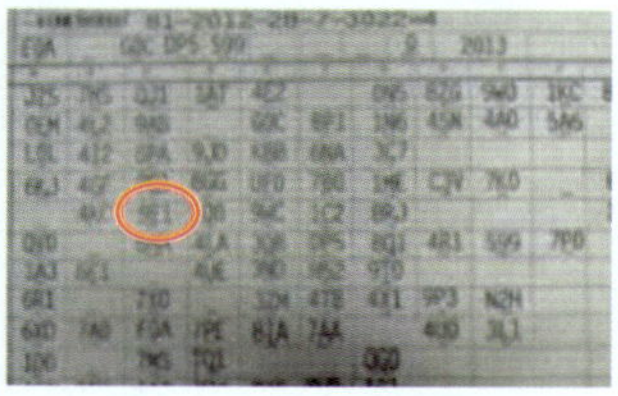	9E1：门接触开关 9E0：堵塞
2	安装门接触开关或堵塞	观察门接触开关或堵塞的平口方向，对准钣金孔按入	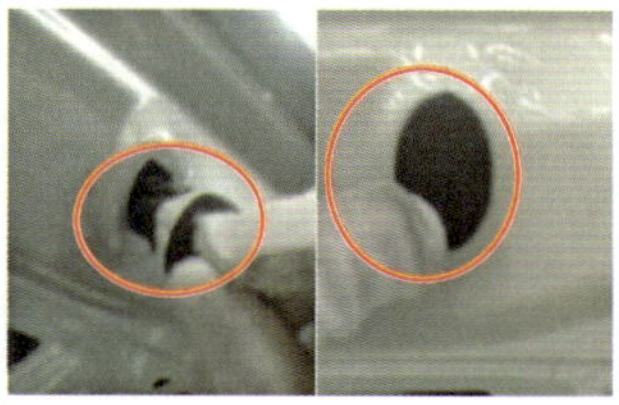	检查门，接触开关端子胶套无脱落，堵塞无破损
3	安装后盖铰链线束	用手将后盖铰链线束卡扣按照①~④的顺序固定到铰链上钣金工艺孔内		确保后盖铰链线束从铰链下方绕到铰链左侧位置
4	安装后盖线束胶堵	双手将后盖线束胶堵安装在后盖左下方钣金工艺孔上	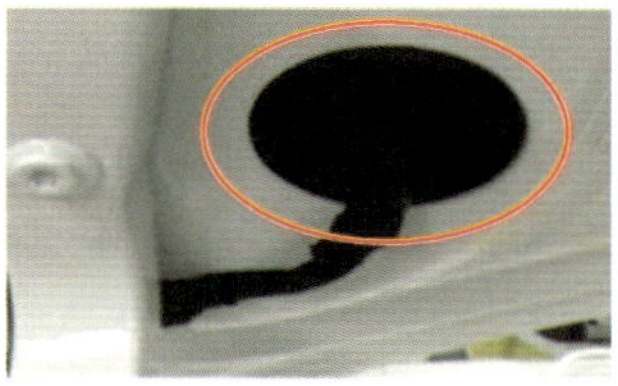	确保后盖胶堵边缘与钣金件无压边，并与钣金件紧密贴合
5	穿左侧尾灯线束	将尾灯线束穿出搭在钣金孔上		注意钣金件边缘的飞边，防止划伤手腕

（续）

序号	操作步骤	操作方法	操作图示	注意事项
6	穿牌照灯线束	将牌照灯线束穿出、外露	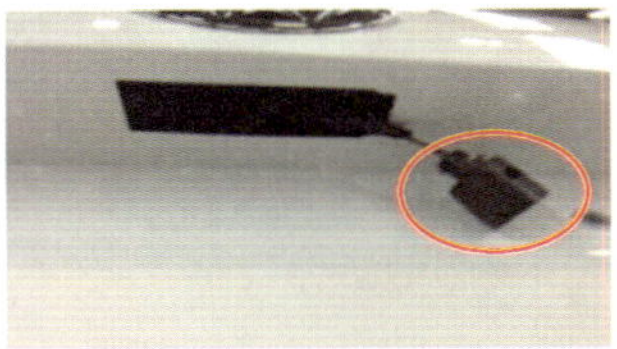	注意钣金件边缘的飞边，防止划伤手腕
7	连接中控行李舱锁	将中控行李舱锁线束插头插入中控行李舱锁孔内，轻拽中控行李舱锁线束插头，应无脱落	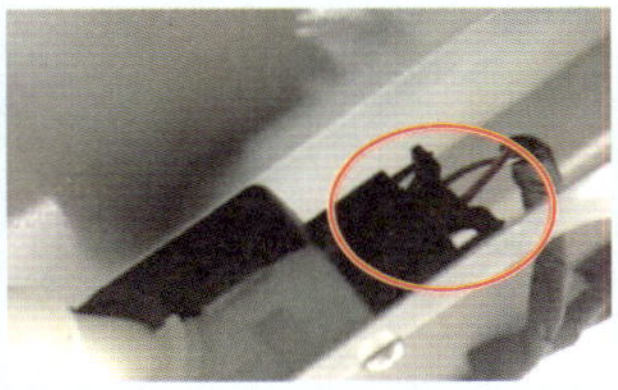	插头连接好后，用手推拉检查，确认是否连接到位
8	穿右侧尾灯线束	将尾灯线束穿出并搭在钣金孔上	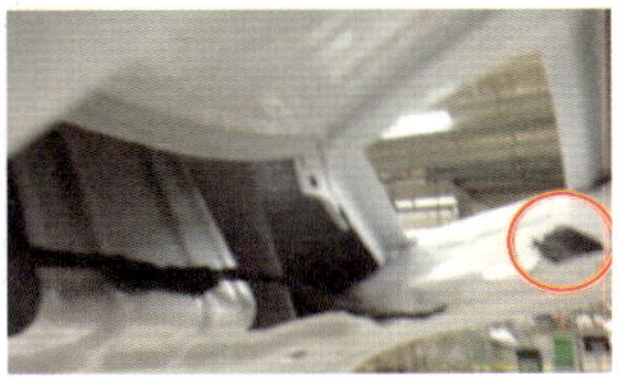	注意钣金件边缘的飞边，防止划伤手腕
MA16 1	扫描KNR号	取扫描枪对准前盖FIS单下方的条码扫描	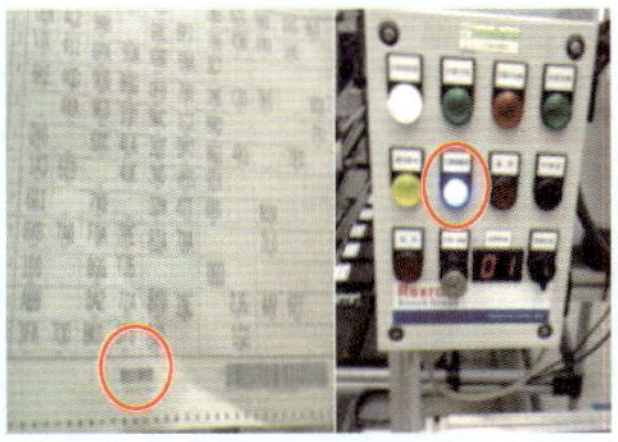	扫描枪响起"嘀"声并且EC扳手上的指示灯已亮，表示扫描合格
2	安装刮水器电动机总成	将刮水器电动机上的2颗螺栓垂直对准钣金孔，将刮水器电动机总成线束插头插入刮水器电动机插座，用电枪紧固2颗螺栓	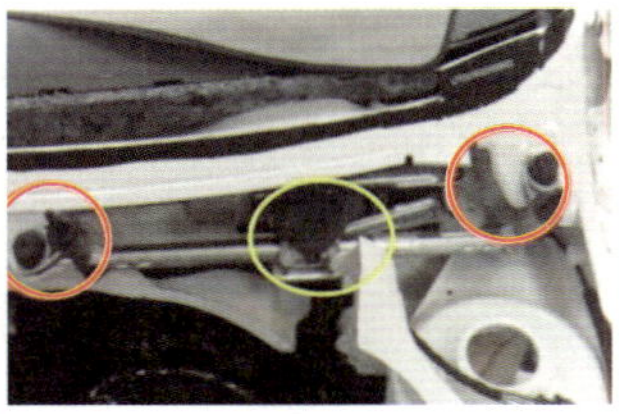	插头连接好后，用手推拉检查，确认是否连接到位
3	拆卸左纵梁搭铁线螺母	用电枪将螺母卸下	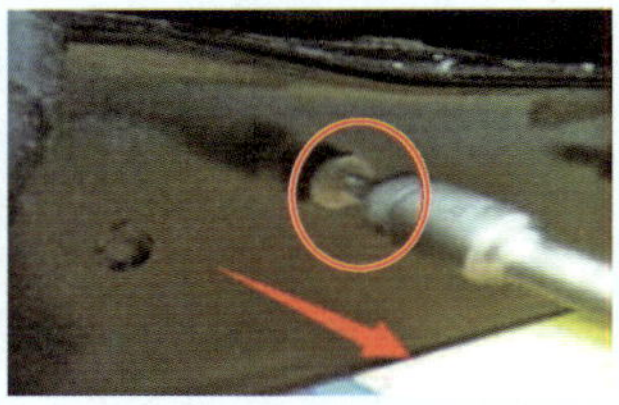	拆卸后的螺母不要弄丢
4	安装左纵梁搭铁线螺母	安装力矩保护，并将搭铁线卡入力矩保护内，最后用手将螺母预紧，再用电枪将螺母紧固	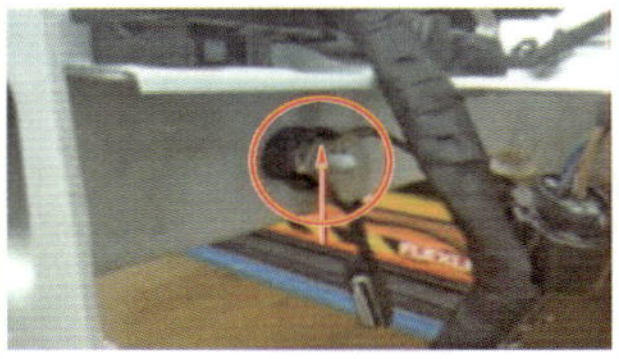	两根搭铁线的方向应位于左纵梁轴线右侧，避免后续装配干涉
5	摆放左纵梁线束	先将部分线束放入钣金孔内，再将电极板压住线束		线束要放置到位，否则后续底盘结合时有压线的风险

(续)

序号	操作步骤	操作方法	操作图示	注意事项
MA17 1	安装支架	将支架半圆形头面朝上，用左手卡入仪表下方的焊柱中	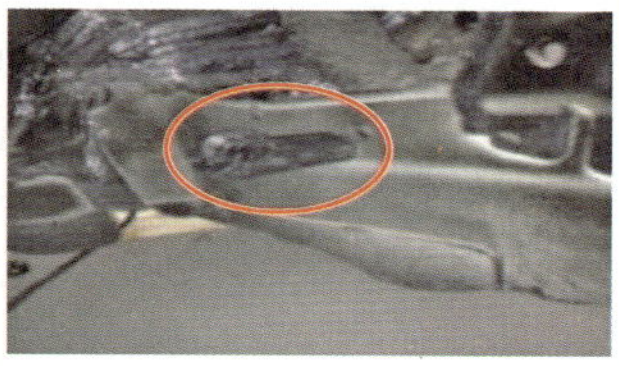	管夹应与钣金件贴合，否则容易松动
2	安装进油管	将仪表下方进油管头端口和进油管的防尘帽卸下，然后将进油管垂直卡入其端口，将进油管末端卡入进油管管夹内	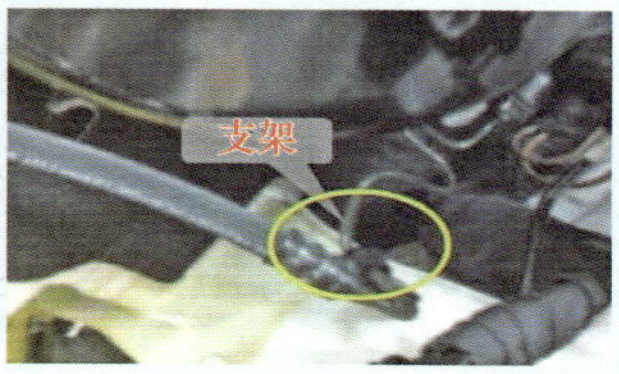	听见"咔"的声响说明装配准确，管夹方向朝上
3	剪断助力液壶封口	用剪刀将助力液壶封口从第一节凹槽处剪断	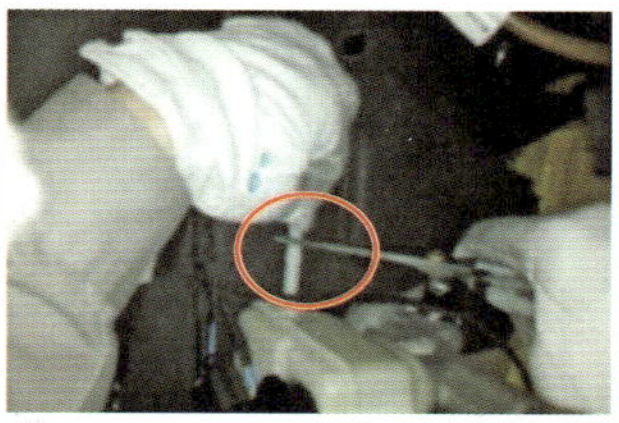	沿着壶封口的凹槽剪断
4	安装回流管	摘下仪表前挡板回流管接头上的防尘帽，将回流管连接到接头上、助力液壶口上	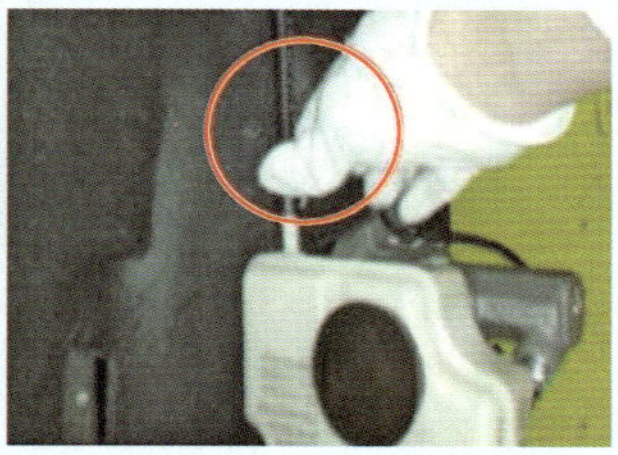	向外轻拉油管应无松动
5	分装制动管夹	分装制动管夹到ABS支架上的焊柱上		安装管夹前，必须检查管夹且应完好，若损坏则换新的，否则包不住油管
6	紧固ABS支架	用3颗螺母预紧支架，再用电枪按照①~③的顺序紧固螺母	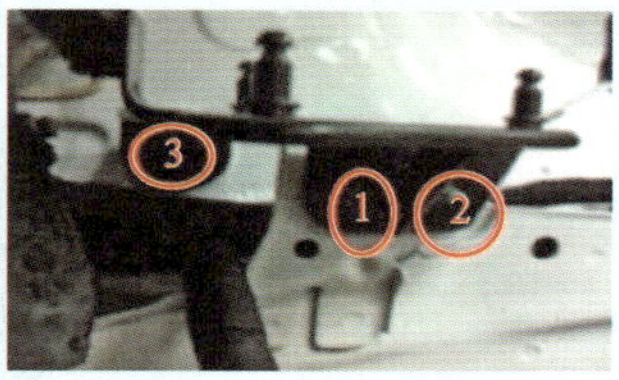	紧固螺母时，电枪要保持垂直，避免损坏螺纹
7	安装ABS线束卡扣	先将ABS线束捋顺，再将卡扣卡入紧固后的ABS支架上		确保卡扣卡紧到位
MA18 1	核对铭牌	查看FIS单，核对铭牌及17位数字与FIS单17位车身数字一致，查看PR号	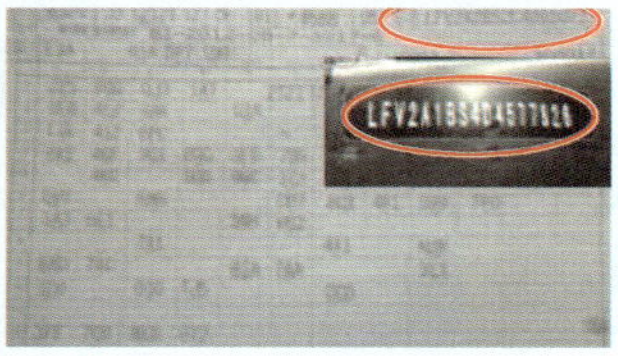	铭牌与VIN字母、数字必须一一对应

（续）

序号	操作步骤	操作方法	操作图示	注意事项
2	粘贴铭牌到车身	以钣金左边及右边下边线为基准面，先定位铭牌左端，再定位铭牌右端，轻抹铭牌使铭牌粘贴至钣金件上		粘贴前，必须确认铭牌框钣金处底漆已涂抹
3	分装ABS/ESP装置	双手将ABS/ESP（车身电子稳定系统）装置放在分装台卡具上（螺孔方向朝上），把支架安装在控制器上	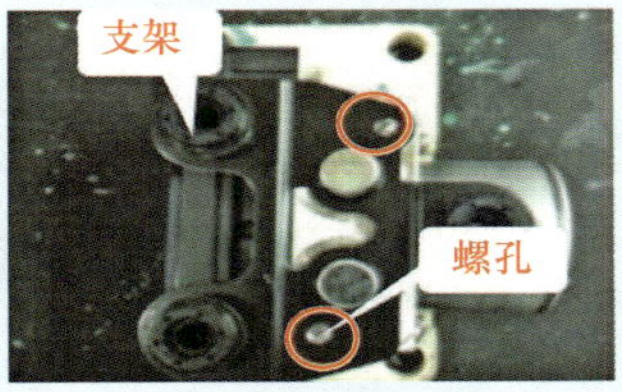	ABS/ESP装置件无破损，密封胶条无脱落
4	安装ABS/ESP装置	预紧两个螺栓到ABS/ESP上的螺孔内，再用电枪紧固螺栓		电枪紧固螺栓时，保持垂直，避免损坏螺纹
5	安装ABS/ESP装置到车身	将分装好的ABS/ESP装置安装到车身ABS支架上，支架工艺孔与车身ABS支架焊柱对接		用手轻晃ABS/ESP装置，确认胶套全部套在支架焊柱上
MA19 1	查看PR号	查看装配单C5位置	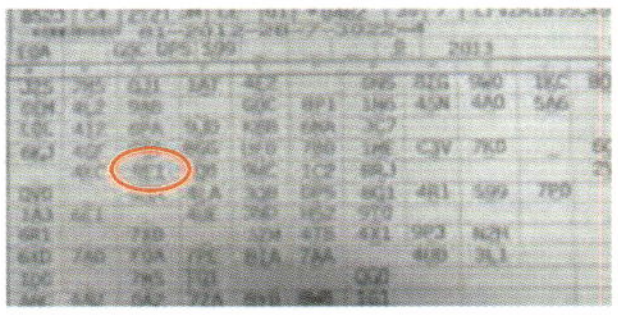	9E1：有行李舱灯 9E0：无行李舱灯
2	安装牌照灯	连接牌照灯插头，然后将牌照灯按照①~②的顺序卡入钣金孔中	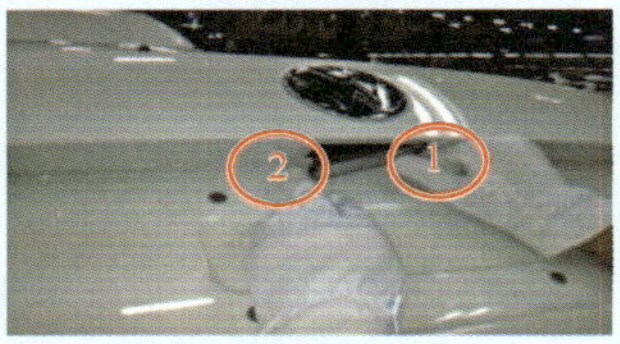	听见"咔"的声响，说明装配到位
3	安装行李舱灯	连接行李舱灯插头，然后将行李舱照明灯按照①~②的顺序卡入钣金孔	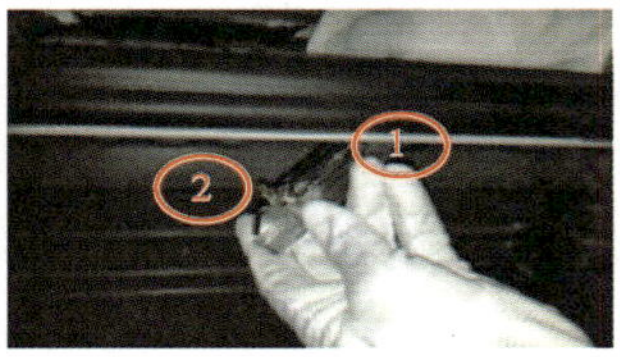	听见"咔"的声响，说明装配到位
4	拆卸搭铁线螺母	用电枪将螺母卸下		注意不要弄丢搭铁线螺母
5	安装搭铁线	将搭铁线卡入力矩保护内，并预紧螺母，再用电枪紧固螺母		注意搭铁线的安装方向不要错了。有铜丝的一面朝上

项目四　汽车内饰一装配

（续）

序号	操作步骤	操作方法	操作图示	注意事项
6	安装左行李舱隔音垫	将左隔音垫塞在行李舱左侧轮罩内	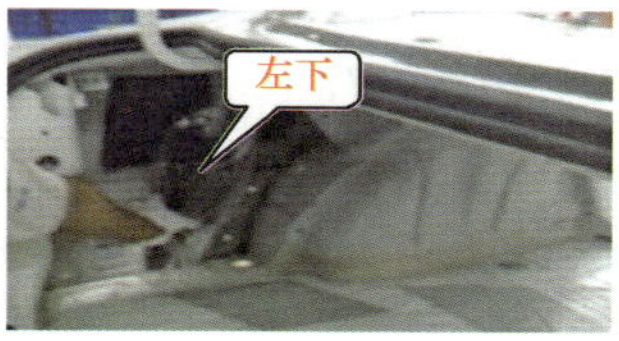 左下	隔音垫竖起塞入轮罩空隙处，否则容易弹出
7	安装右上行李舱隔音垫	将右上隔音垫塞在上行李舱轮罩内	 右上	隔音垫按上头小、下头大的方法塞紧，否则容易弹出
8	安装右下行李舱隔音垫	将右下隔音垫塞在下行李舱轮罩内	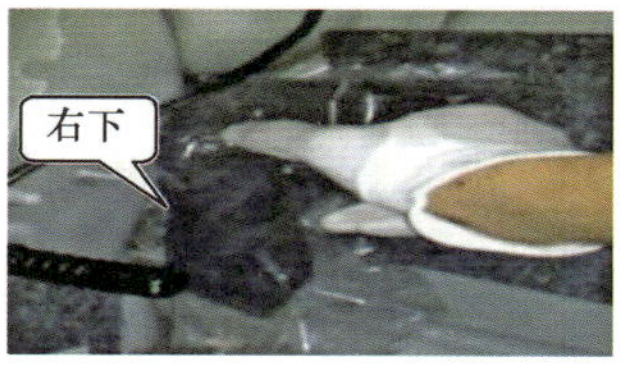 右下	隔音垫竖直塞入轮罩空隙处，否则容易弹出

4. 蓄电池搭铁线、制动油管、顶篷、拉手、室内灯、水室、发动机舱隔音垫装配

序号	操作步骤	操作方法	操作图示	注意事项
MA201	安装预紧锁钩	用前盖锁钩对准前盖对应的钣金孔进行预紧，用两颗螺栓按1—2—1的顺序进行预紧	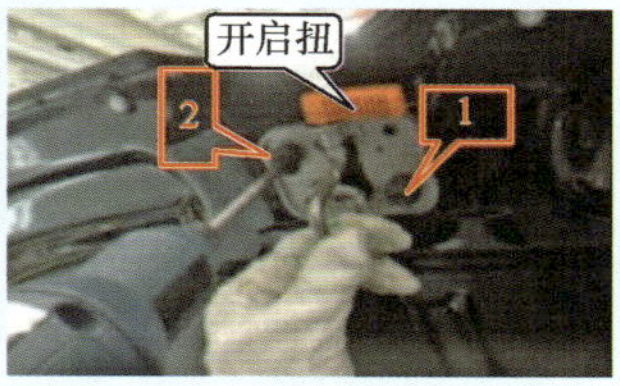 开启扭 2 1	预紧钉时，一定要垂直对准钣金孔后再打钉
2	拆卸蓄电池搭铁线螺母	用电枪把发动机舱蓄电池搭铁线螺母拆下		注意不要将搭铁螺母弄丢
3	安装力矩保护	调整力矩保护位置，将力矩保护固定在焊柱上的八角底座上	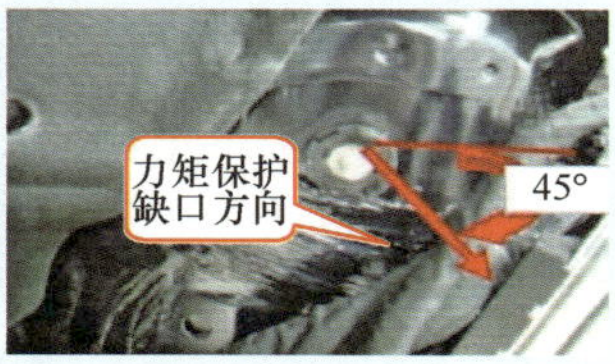 力矩保护缺口方向 45°	保证力矩保护右侧缺口与水平方向成45°左右
4	安装蓄电池搭铁线总成，预紧蓄电池搭铁线螺母	蓄电池搭铁线安装在焊柱和力矩保护上，位置与车身水平方向向下成四点钟方向，并用手预紧螺母	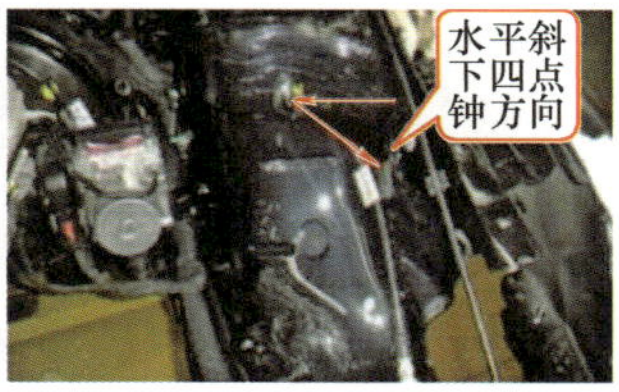 水平斜下四点钟方向	搭铁指向大概在四点钟方向，方向错误会导致连接不上蓄电池
5	拆卸发动机搭铁线螺母	用电枪拆卸发动机搭铁线螺母	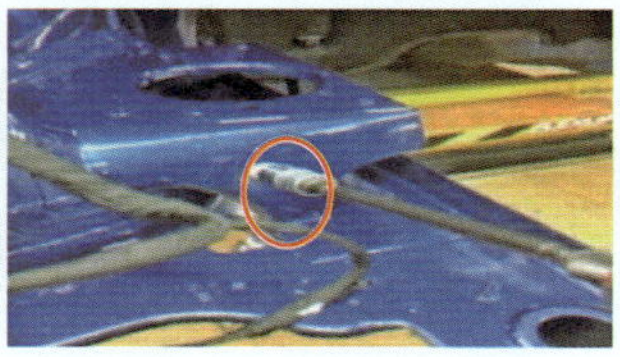	套筒完全套入螺母，防止拆卸打滑螺母

（续）

序号	操作步骤	操作方法	操作图示	注意事项
6	安装力矩保护	调整力矩保护位置，将力矩保护固定在焊柱上的八角底座上	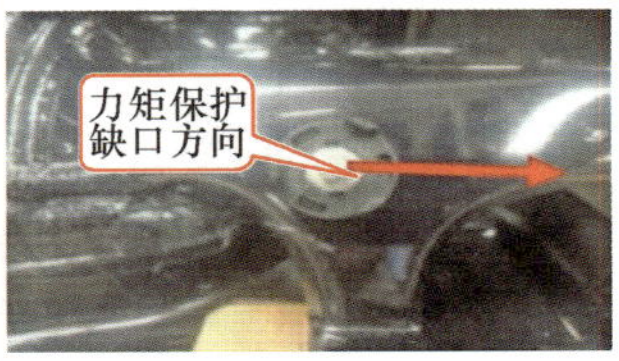	保证力矩保护右侧缺口在水平方向左右
7	安装搭铁线总成并预紧发动机搭铁线螺母	把发动机搭铁线安装在焊柱和力矩保护上，位置与车身水平，并用手预紧螺母	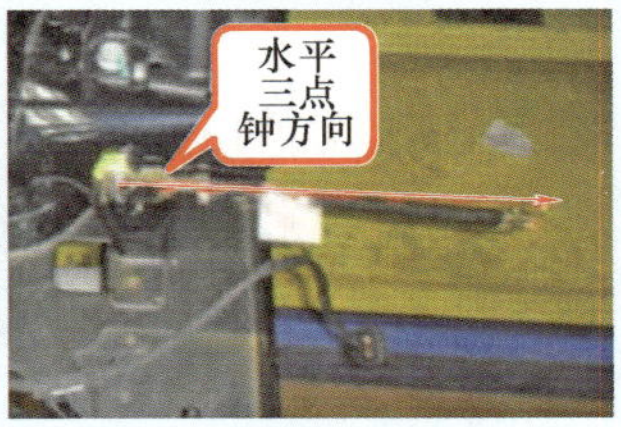	注意发动机搭铁线水平方向错误会导致后续连接不上发动机
8	紧固蓄电池搭铁线总成和发动机搭铁线总成	用EC扳手垂直对蓄电池搭铁线螺母和发动机搭铁线螺母进行紧固	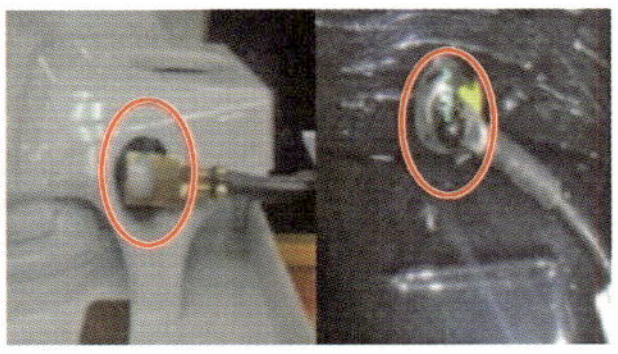	注意套筒完全套入螺母，防止紧固打滑导致螺母损坏
MA21 1	将制动油管卡入制动管夹	将油管723从左侧纵梁下部穿过，并卡入支架上的制动管夹最左侧的卡槽内		确保卡紧到位，无松动
2	安装制动油管723到ABS/ESP泵孔内	垂直对准ABS/ESP泵螺孔，用手预紧制动管723的螺母到ABS/ESP装置上	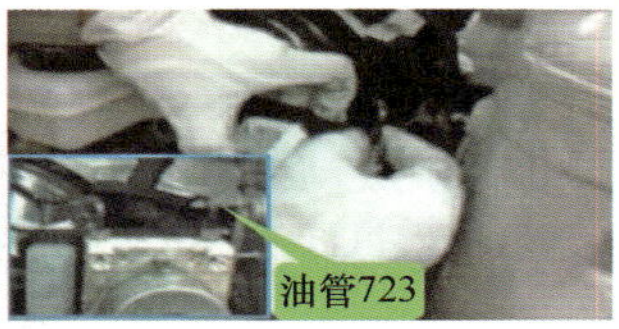	不能直接使用定值力矩拧紧，会造成螺纹损坏
3	安装制动油管724到ABS/ESP泵孔内	垂直对准ABS/ESP泵螺孔，用手预紧制动管724的螺母到ABS/ESP装置上	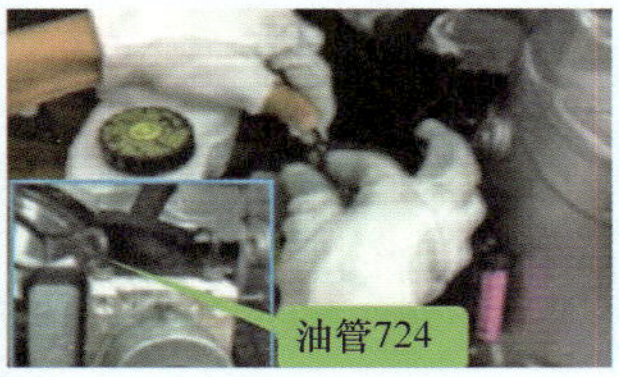	不能直接使用定值力矩拧紧，会造成螺纹损坏
4	将制动油管724后部卡入车身发动机舱的3个卡扣	将油管按照工艺形状并按照①~③的顺序卡入制动管夹的卡槽内		确保制动油管安全卡紧，没有和其他管线零件发生干涉
5	紧固制动油管723、724	使用棘轮定值扳手紧固制动油管723、724	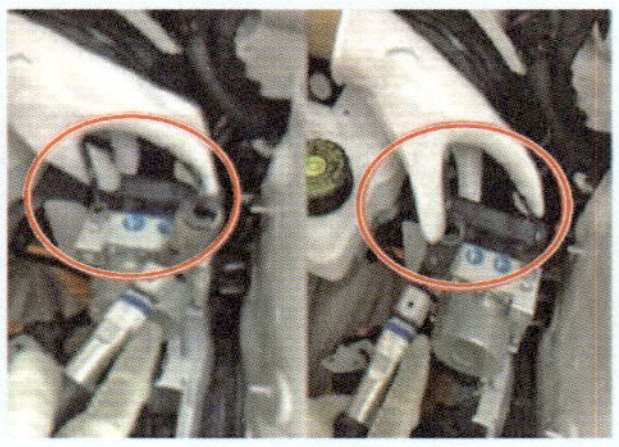	听到"咔"声音后不要继续拧紧，否则会导致后续紧固制动油管螺纹损坏

（续）

序号	操作步骤	操作方法	操作图示	注意事项
6	安装制动油管 740/739 到 ABS/ESP 泵孔内	左手把住制动油管 740/739 的一端，使制动油管 740/739 的螺母垂直对准 ABS/ESP 的螺孔后再预紧	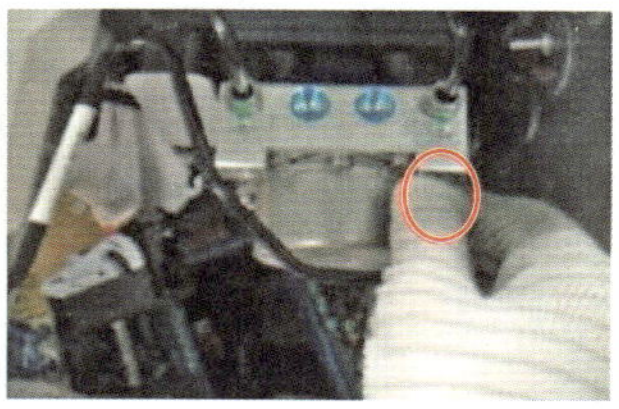	1AC：制动油管 740 1AT：制动油管 739 垂直带入，直到手拧不动为止
7	安装制动油管 740/739 到真空助力器	使制动油管的螺母垂直对准真空助力器上的螺孔，用左手带紧制动油管的螺母到真空助力器上	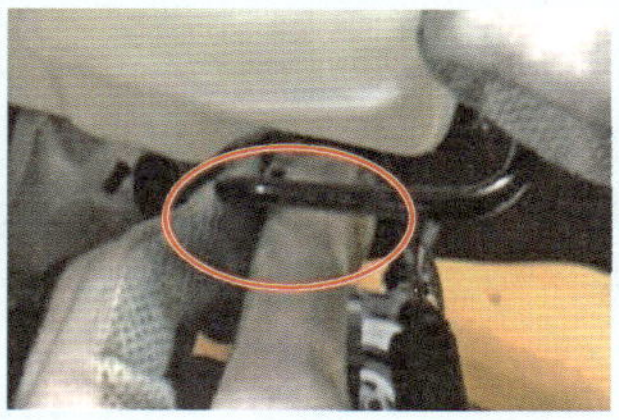	1AC：制动油管 740 1AT：制动油管 739 垂直带入，直到手拧不动为止
8	安装护套	先将护套下部插入车身工艺孔，再将上部卡扣卡入车身钣金槽	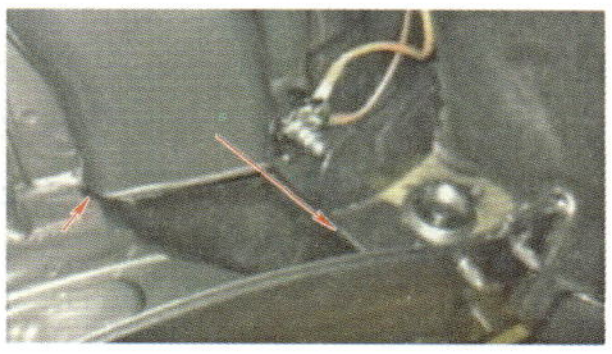	护套下部全部插入车身工艺孔
MA22 1	安装制动管路总成 739/740	手动按照①~②的顺序带紧制动管路总成	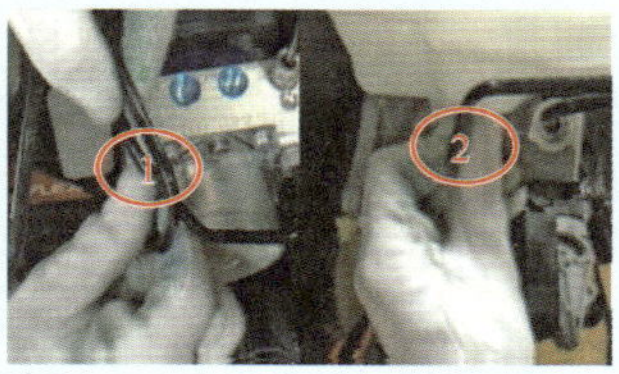	制动油管垂直带入，直到手拧不动为止
2	紧固油管	用定值力矩按照①~④的顺序紧固制动油管，听到"咔"的一声停止拧紧	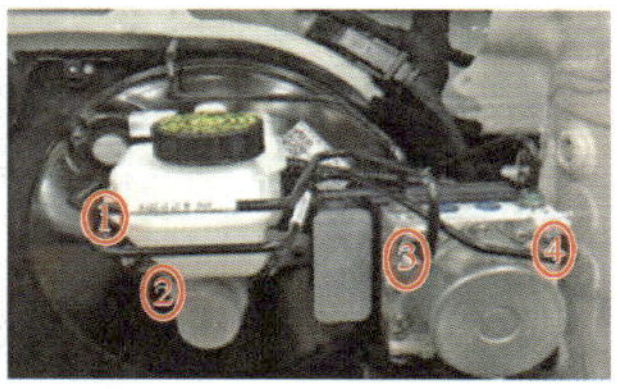	听到"咔"的声音后不要继续拧紧，否则会导致制动油管螺纹损坏
3	连接 ABS 线束插头	将线束1插头平行插入 ABS 线束插座内，掰下线束插头锁死，按照②—③—④的顺序将其他线束插上	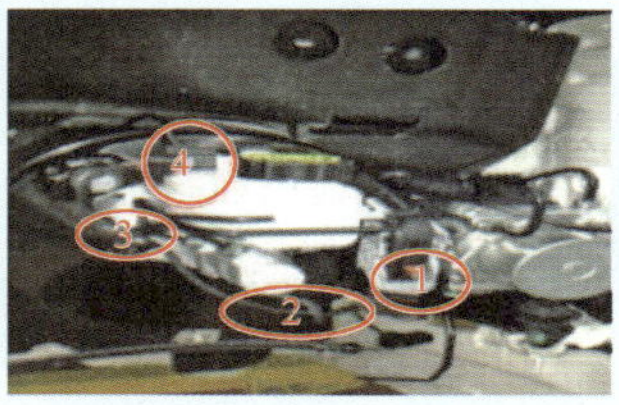	ABS 线束从主线束内侧穿过，避免后续与冷却水管干涉
4	放置计算机板插头	将计算机板插头从刮水器电动机下方拿出，放置于 ABS/ESP 泵与钣金件之间	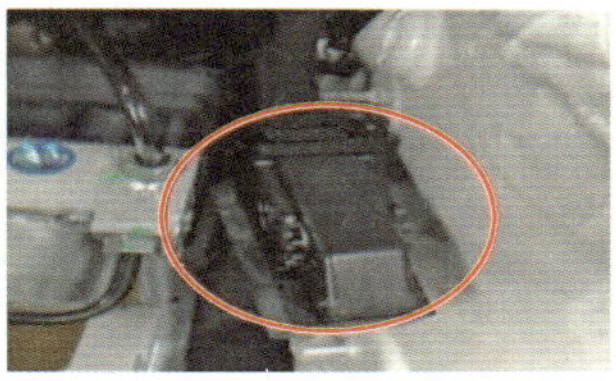	若插头未取出，会导致后续与计算机板无法连接
5	安装固定夹	按照①~②的顺序卡入钣金件内	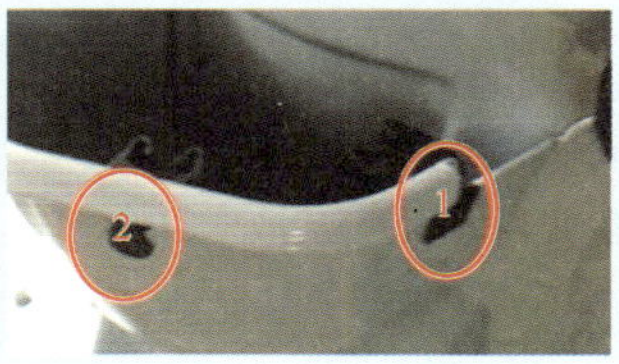	听到"咔"的声音为安装合格

（续）

序号	操作步骤	操作方法	操作图示	注意事项
6	放下发动机舱盖	左手将发动机舱盖支撑着，右手取支撑杆，然后把支撑杆放在发动机舱左纵梁上，将发动机舱盖轻轻放下		放降速度不要太快，避免碰伤车漆
MA23 1	查看装配单	行走至车身前端查看装配单，查看左上顶端装配单颜色代码和A12.F3位置	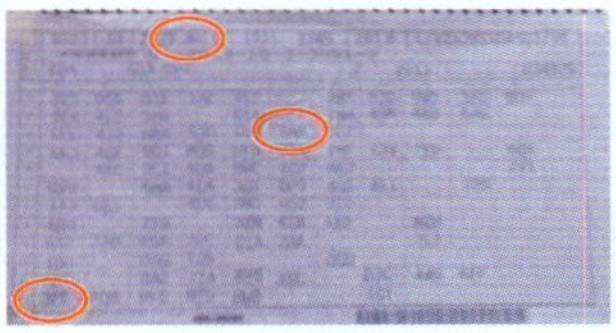	颜色代码 JX：米色内饰，JM：灰色内饰，WR：黑色内饰
2	安装成型顶篷总成	双手调整成形顶篷总成左右方向移动，将卡扣对准钣金孔，用手掌将卡扣按进钣金孔①、②		成形顶篷总成输送过程中不要被车身钣金刮碰，避免划伤和折痕
3	安装拉手总成	将拉手总成两端同时插入钣金孔内，将销子按照①～②的顺序卡入，完成左、右后拉手安装	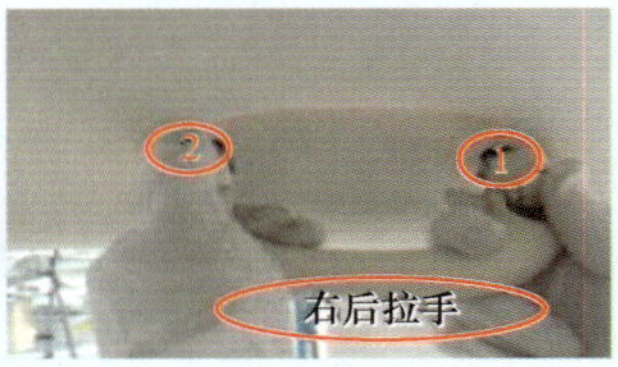	拉手总成与成形顶篷总成无间隙，不漏毛边
4	支撑发动机舱盖	双手将发动机舱盖轻轻抬起，然后左手撑着发动机舱盖，右手取支撑杆，将支撑杆卡入钣金孔，将发动机舱盖支撑好		确保支撑杆安装到位，避免前盖突然落下造成安全事故
MA24 1	查看装配单	行走至车身前端查看装配单上左上顶端内饰颜色代码和A12位置	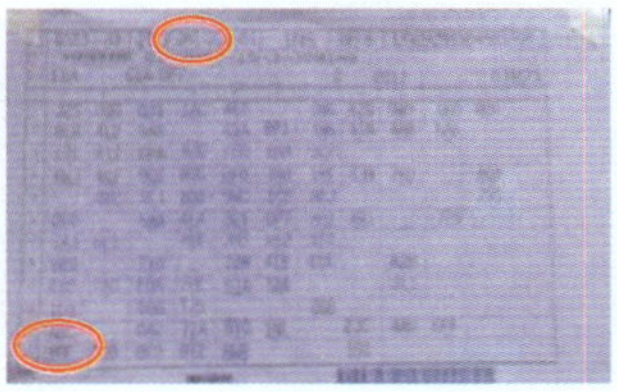	颜色代码 JX：米色内饰 AF/JM/TZ：灰色内饰
2	固定成型顶篷总成中部	双手托住成形顶篷总成天窗框的后沿，向后推动将成形顶篷总成天窗后端挂住，然后双手向前推天窗框的前边，将天窗前端挂住	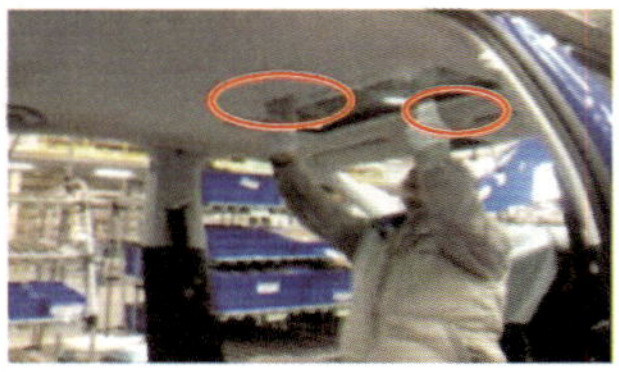	动作幅度不应过大，避免顶篷出现褶皱
3	紧固成型顶篷总成前端	按照①—②—①紧固的顺序将螺钉穿过成形顶篷总成前端塑料件上的工艺孔紧固到嵌装螺母里	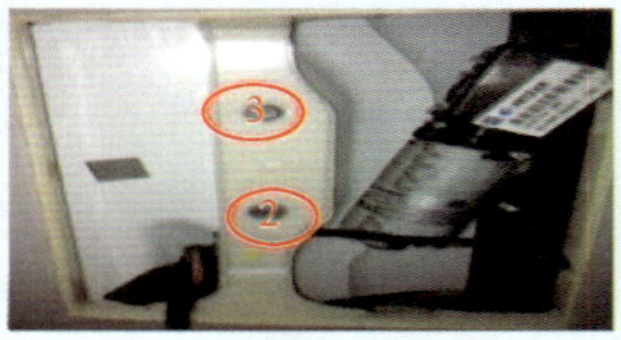	确认前端塑料件未压室内灯线束，压线会导致线束插头无法连接室内灯

项目四　汽车内饰—装配

（续）

序号	操作步骤	操作方法	操作图示	注意事项
4	装配室内灯装置	先连接室内灯装置线束，再将阅读灯4个卡扣按照①～④的顺序摁进顶篷框内	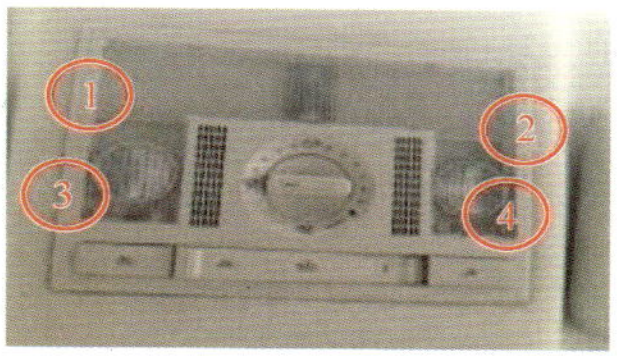	室内灯装置与顶篷无间隙。确认室内灯开关处于关闭状态，防止接通电源后，烧坏室内灯
5	安装高度调节器总成，并将螺栓预紧	将高度调节器总成卡槽对准B柱钣金工艺孔，将其安放在上面。用电枪将螺栓预紧至高度调节器总成安装孔		预紧螺栓注意控制电枪转速，避免转速过快而损坏螺纹
6	安装套管及导向套管	先将导向套管无棱痕的一端塞入套管内，再将有棱痕的一端塞入车身钣金工艺孔内，并确认棱痕露出	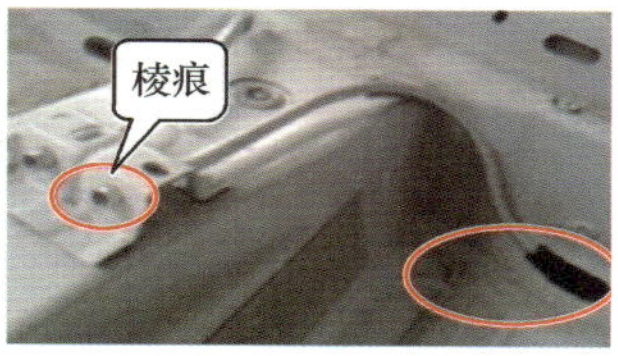	导向套管带棱痕一端插入钣金孔时必须插到棱痕处
7	安装吹脚风道	用手沿箭头方向用力，将吹角风道工艺孔与仪表下方出风口连接	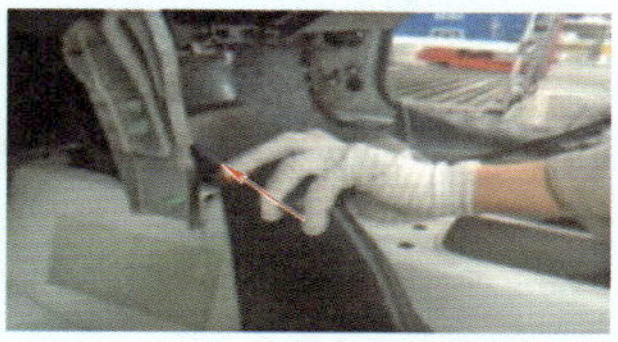	安装风道前注意检查风道内部是否有异物
MA251	安装支架总成	将支架总成的两个钣金孔插入相对应的车身焊柱。用电枪将2颗螺母按照①～②紧固的顺序将支架总成紧固到车身上	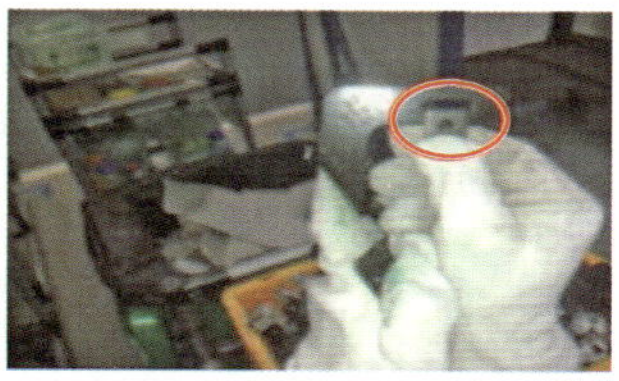 	安装支架时注意朝向，凸出的一面向内装配
2	安装紧固水室	调整水室上工艺孔，使其与钣金孔对正，再用电枪把1颗螺钉按1的顺序预紧，依次②—③—④—⑤—⑥—⑦—⑧将所有的螺钉紧固，最后将1紧固		防止水室挡板划伤真空助力泵和制动油管
3	安装发动机舱盖隔音垫	将发动机舱盖隔音垫下部卡入发动机舱盖钣金孔内，然后按照①～⑬的顺序卡入，再将发动机舱盖隔音垫下部按照⑭～⑮的顺序插入钣金孔	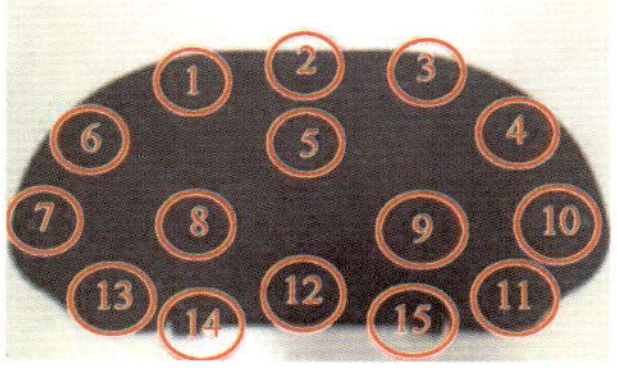	听到"咔"的声音为卡到位。发动机舱盖隔音垫下部应完全插入钣金孔

95

（续）

序号	操作步骤	操作方法	操作图示	注意事项
4	安装支架	将支架放置在右纵梁钣金上，与螺孔对应。按照①—②—①紧固的顺序紧固支架	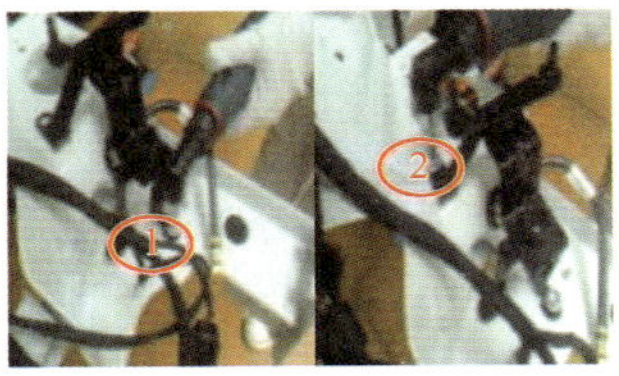	紧固螺栓时，电枪保持垂直，避免螺纹被损坏
5	安装流水槽隔音垫	将流水槽隔音垫卡入水室		确保隔音垫安装到位
6	安装电线扎带	将电线扎带卡入水室钣金焊柱上	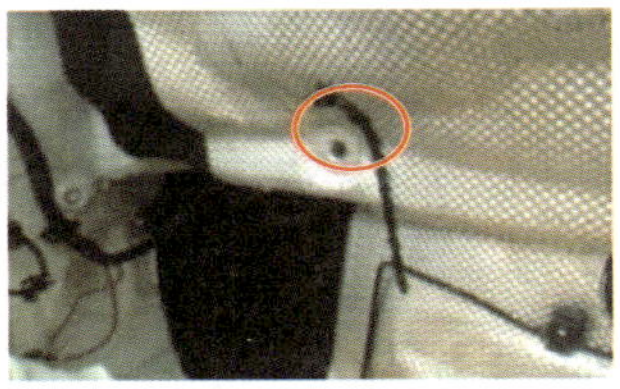	确保电线扎带完全卡入水室钣金焊柱上，否则易脱落。较长线束一端朝下
7	安装线夹	将线夹卡入水室钣金焊柱上	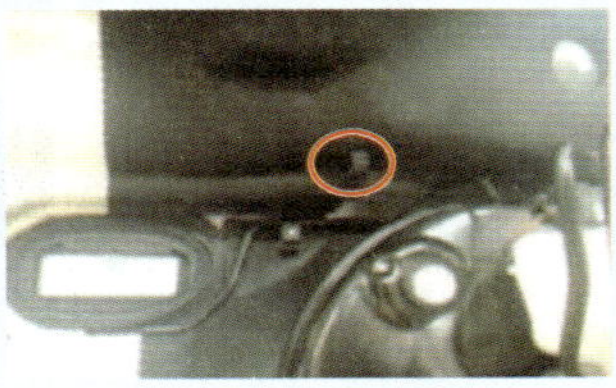	保证线夹开口向上且完全卡入水室钣金焊柱上，否则易脱落

5. 遮阳板总成、B柱安全带、安全带高度调节器、B柱外盖板装配

序号	操作步骤	操作方法	操作图示	注意事项
MA26 1	查看FIS单	查看FIS单C8位置	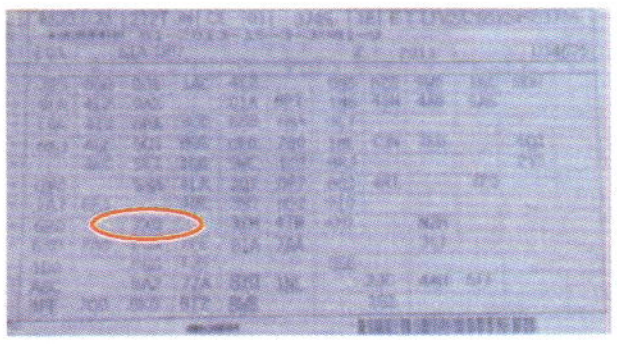	PR号：+7X1 装配倒车雷达控制器 PR号：+7X0 不装倒车雷达控制器
2	安装安全带	站在行李舱处将安全带定位卡子从衣帽架钣金下方卡在钣金孔内，同时把安全带织带从前方钣金孔穿出，用手将安全带螺栓预紧		安全带外壳应无脱落
3	安装织带导向器—自动卷收器	先将安全带织带穿过导向支架，将导向支架右侧卡在钣金内左侧孔对准钣金孔，用手将织带导向器—自动卷收器螺栓预紧		检查卷收器外观应完好
4	紧固行李舱搭铁线	用EC扳手紧固行李舱左侧搭铁线	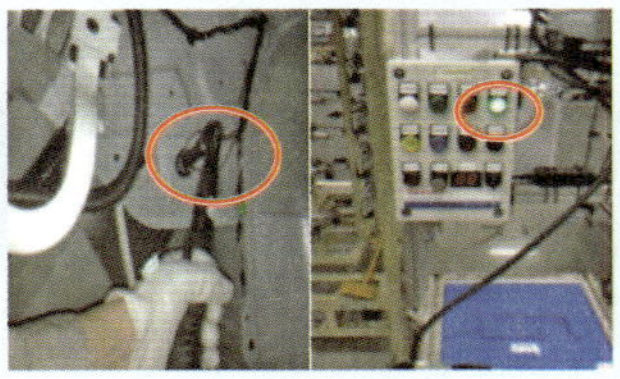	紧固时，电枪保持垂直，避免损坏螺纹

（续）

序号	操作步骤	操作方法	操作图示	注意事项
5	紧固织带导向器—自动卷收器	用EC扳手紧固导向支架	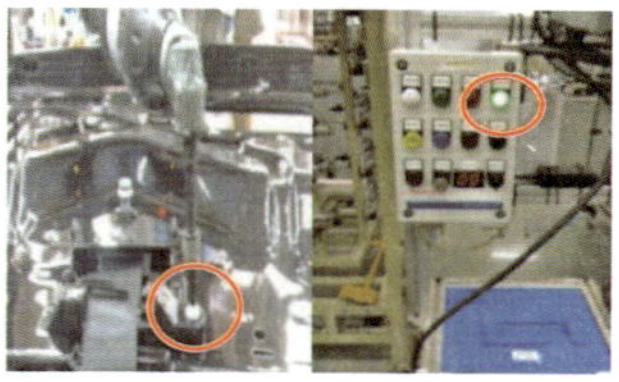	紧固时，电枪保持垂直，避免损坏螺纹
6	分装控制器	将海绵胶条粘贴在控制器两个工艺孔中，将2个铆钉按照①~②的顺序安装到控制器的两个工艺孔中		海绵胶条不能挡住工艺孔，否则无法安装到车身上
7	安装控制器	将铆钉按照1~2的顺序插入车身钣金工艺孔内，目视确认铆钉已插到底。将橘黄色的线束插头对准倒车雷达接口插入	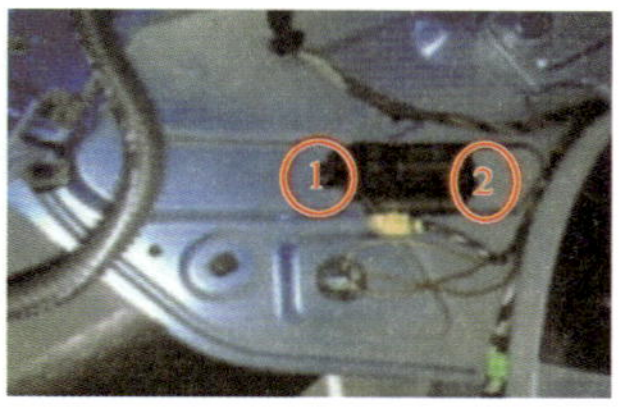	PR号：+7X1装配倒车雷达控制器
MA27（左侧）1	查看装配单	行走至车身前端查看装配单上顶部的颜色代码位置	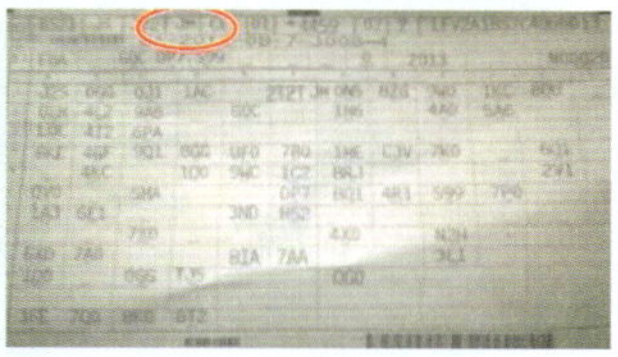	确认配置单信息是否与车型匹配
2	安装遮阳板总成（支座）	先将内支座安装到装饰盖内，内支座挂钩开口与装饰盖锁止卡一侧对应，将内支座安装到车身前侧的钣金孔内，最后把装饰盖推进内支座，将遮阳板左侧的卡扣按进钣金孔内，再把遮阳板挂进内支座上的挂钩里	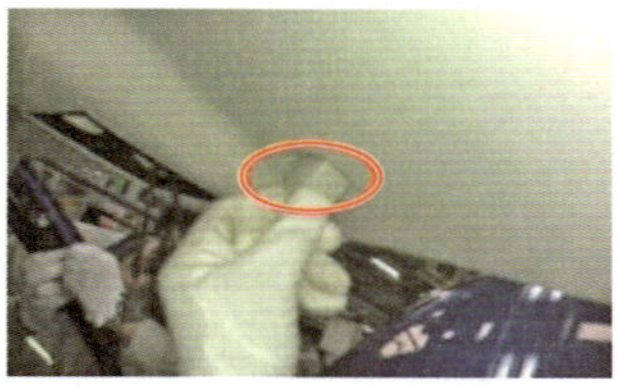 	1) 确认卡扣完全卡紧钣金孔内，无松动，顶篷不露毛边 2) PC3：米色 2F4：灰色 3H8：黑色
3	捋左前门门洞条	用压板捋左前门门洞条	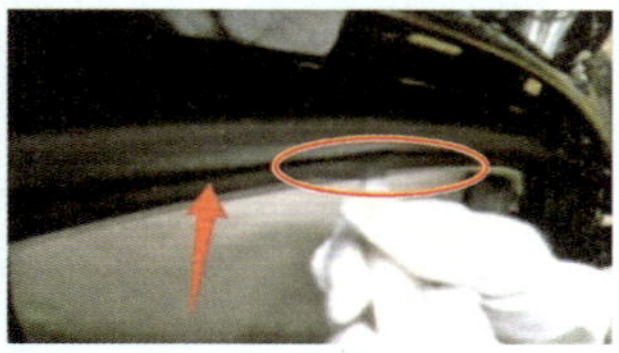	
4	安装左A柱上护板	将A柱尖端插进仪表工艺孔内，按照①~③的顺序将A柱卡子拍进A柱上的钣金孔内，并将A柱向上提，调整A柱上端与顶篷无间隙，捋顺上护板处门洞条，压板调整A柱护板与钣金间隙	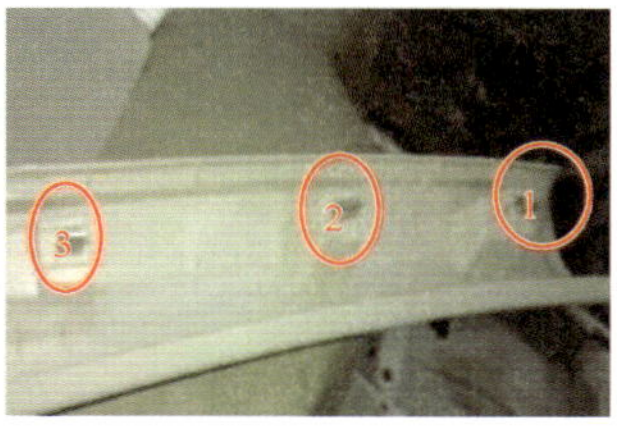	A柱与顶篷应无间隙、无褶皱，A柱护板应高于钣金法兰面，保证两侧A柱护板与仪表平度在（4.5±0.5）mm范围内

（续）

序号	操作步骤	操作方法	操作图示	注意事项
MA28（右侧）1	查看装配单	行走至车身前端查看装配单左上顶部和F8位置	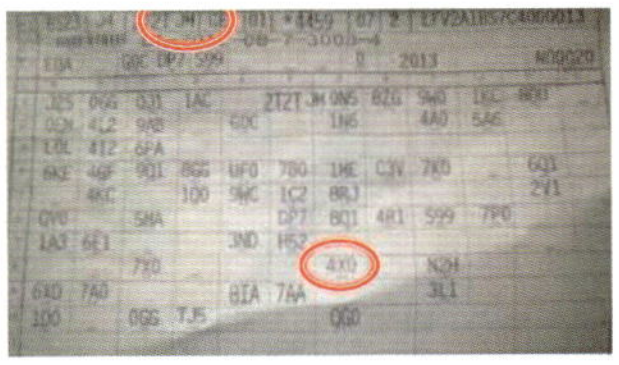	JX：米色内饰 AF/JM/TZ：灰色内饰 WR：黑色内饰
2	安装遮阳板总成（支座）	先将内支座安装到装饰盖内，内支座挂钩开口与装饰盖锁止卡一侧对应，将内支座安装到车身前侧的钣金孔内，最后把装饰盖推进内支座，将遮阳板左侧的卡扣按进钣金孔内，再把遮阳板挂进内支座上的挂钩里	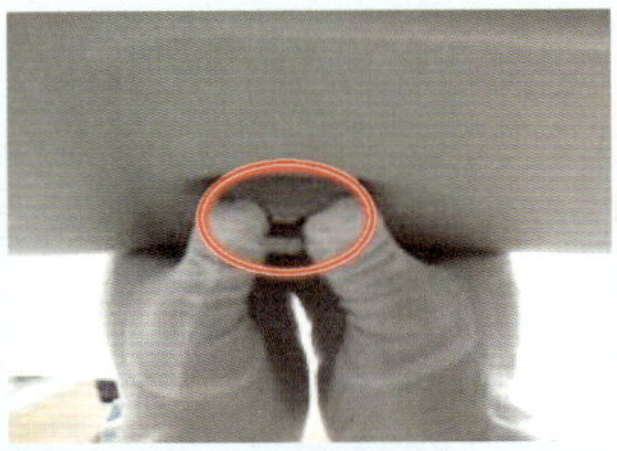 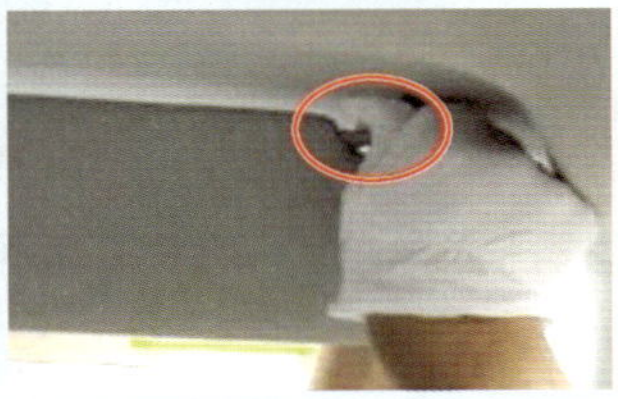	1）确认卡扣完全卡紧钣金孔内，无松动，顶篷不露毛边 2）PC3：米色 2F4：灰色 3H8：黑色
3	挦右前门门洞条	用压板挦右前门门洞条	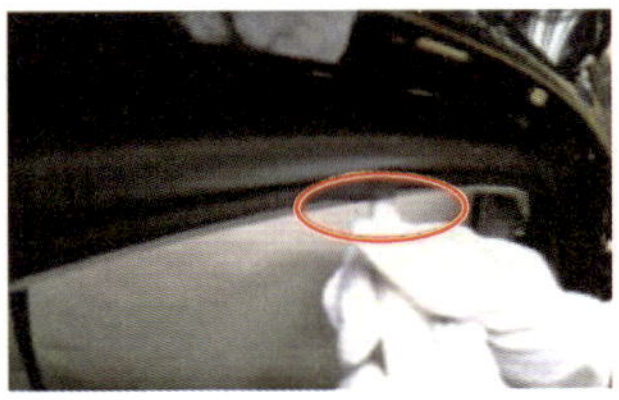	确保门洞胶条全部包住顶篷的边缘
4	安装右A柱上护板	将A柱尖端插进仪表工艺孔内，按照①～③的顺序用手将A柱卡子拍进A柱上的孔内，并将A柱向上提，调整A柱上端与顶篷无间隙，挦顺上护板门洞条，用压板调整A柱护板与钣金间隙	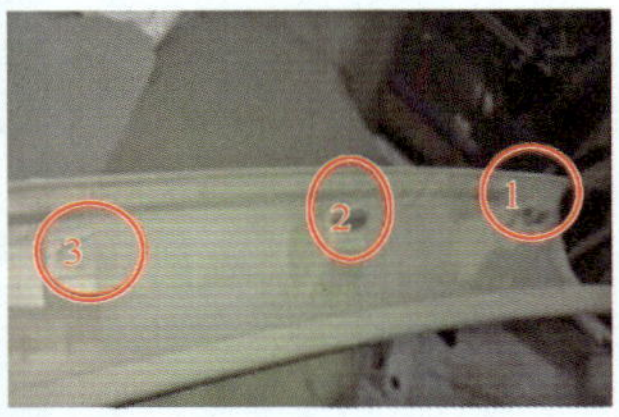	检查A柱护板与顶篷/钣金件的匹配，A柱护板高于钣金法兰面，保证两侧A柱护板与仪表平度在（4.5±0.5）mm范围内
MA29（左侧）1	查看装配单，确认PR号	FIS单位置：E3+E6+D9（B柱安全带）	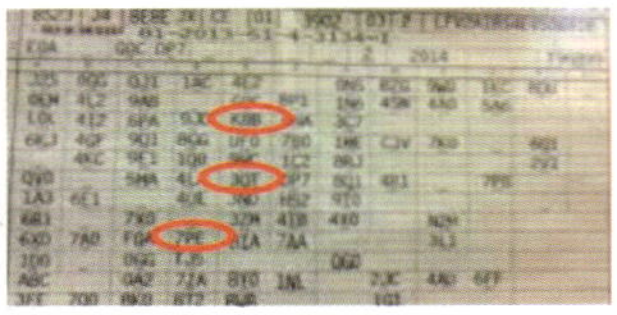	PR号：+K8B+3QB+7PE
2	查看装配单，确认PR号	FIS位置：E3+E8+D9（C柱安全带）	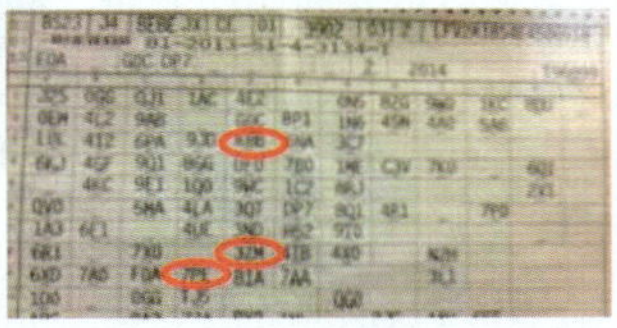	确认装配单信息是否与车型匹配
3	安装左B柱安全带	将安全带对准钣金定位销位置插入，用手预紧螺栓（2~3圈），连接传感器插头		安装前，检查安全带应无破损、变形

（续）

序号	操作步骤	操作方法	操作图示	注意事项
4	连接插头	连接传感器插头	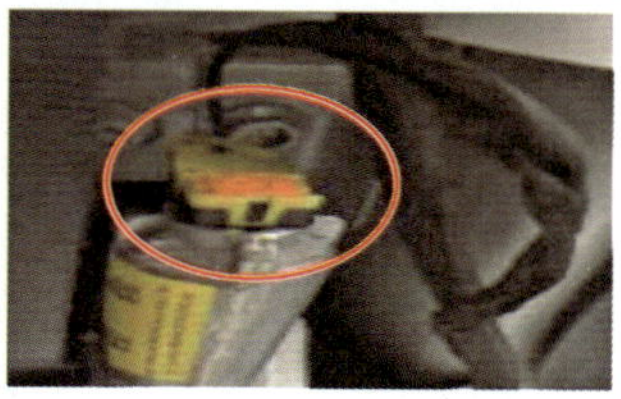	连接插头后，用手来回推拉检查，确认是否连接到位
5	安装安全带预紧到高度调节器	取一个内多齿扁圆头配合螺栓穿过安全带织带孔到高度调节器，用手预紧螺栓（2~3圈）	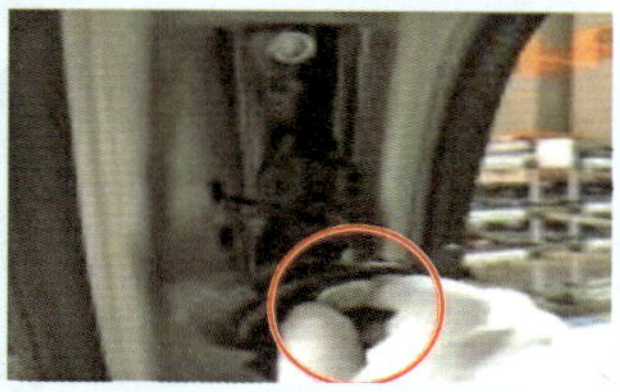	预紧螺栓，注意螺栓的位置不要安装错误
6	安装织带转向架	将织带导向支架开口朝上，然后按照①~②的顺序将织带转向架螺钉通过织带转向架手动安装（2~3圈）到车身钣金孔内	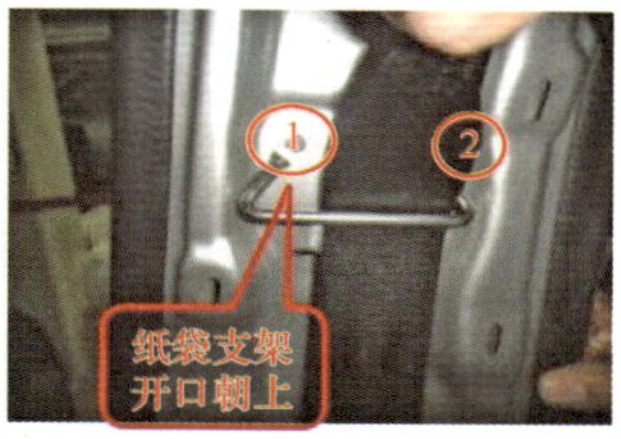	注意转向架的方向要正确
7	安装左后安全带	将C柱安全带从钣金下方插入并卡在钣金上，用螺栓将安全带手动安装（2~3圈）到车身钣金上	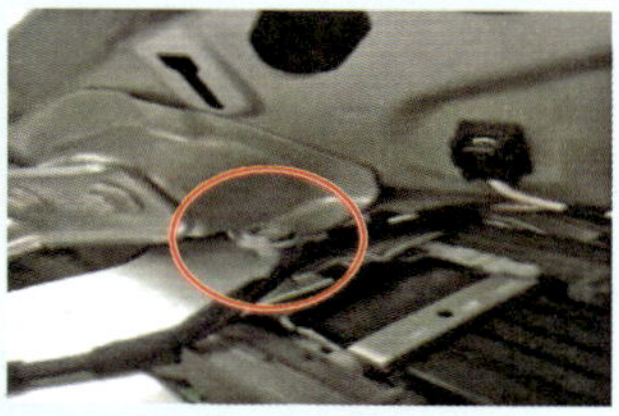	安装前，检查安全带，应无破损、变形
8	紧固织带转向架	使用EC扳手按照①~②的顺序将织带转向架紧固到车身B柱内侧钣金上	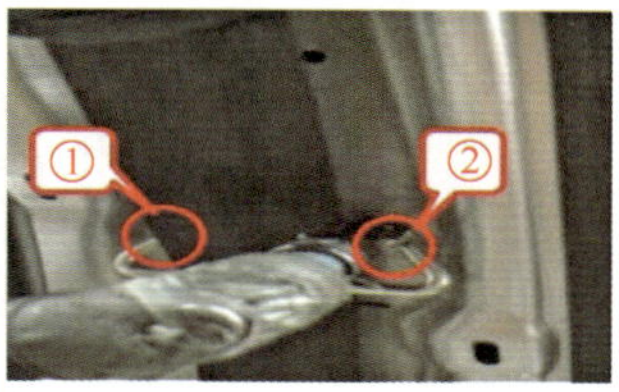	紧固时，电枪保持垂直，避免损坏螺纹
MA30（右侧）1	查看装配单，确认PR号	FIS位置：E3+E6+D9（B柱安全带）	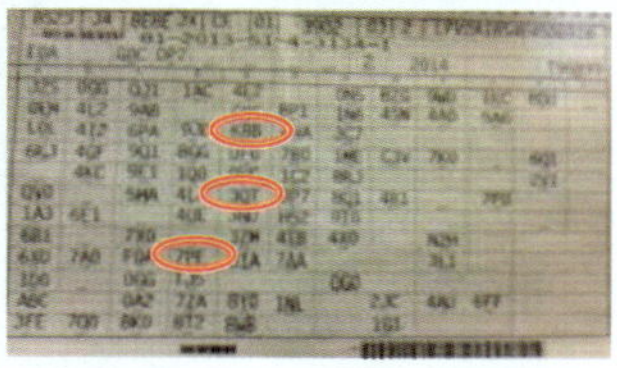	确认装配单信息是否与车型匹配
2	安装右B柱安全带	将安全带对准钣金定位销的位置插入，用手预紧螺栓（2~3圈），连接传感器插头	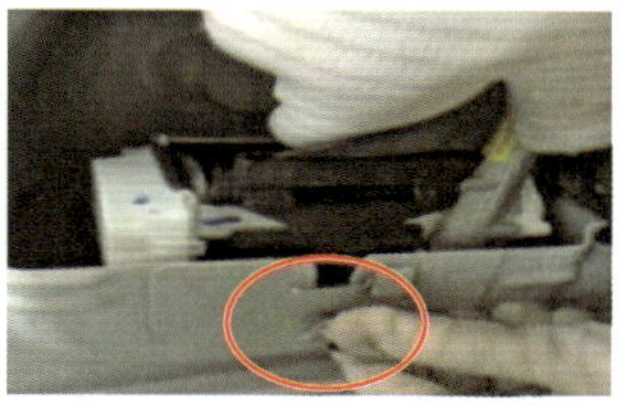	传感器插头橙色锁死机构必须与黄色传感器外壳平行
3	连接插头	连接传感器插头		连接插头后，用手来回推拉检查，确认是否连接到位

序号	操作步骤	操作方法	操作图示	注意事项
4	安装安全带预紧到高度调节器	用一个内多齿扁圆头配合螺栓穿过安全带织带孔到高度调节器，用手预紧螺栓（2~3圈）	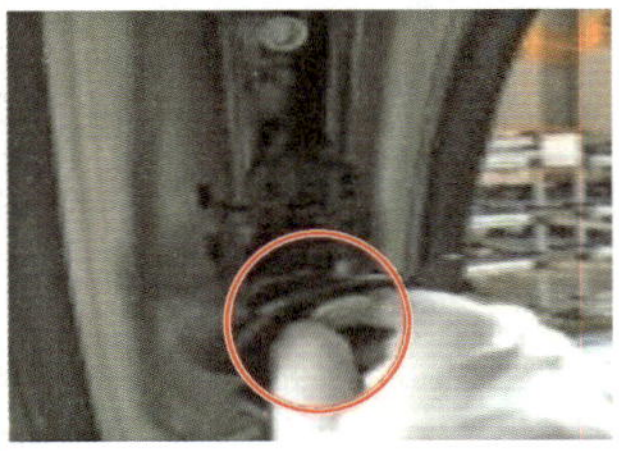	预紧螺栓，注意螺栓的位置不要安装错误
5	安装织带转向架	将织带导向支架开口朝上，然后按照①~②的顺序将织带转向架螺钉通过织带转向架手动安装（2~3圈）到车身钣金孔内	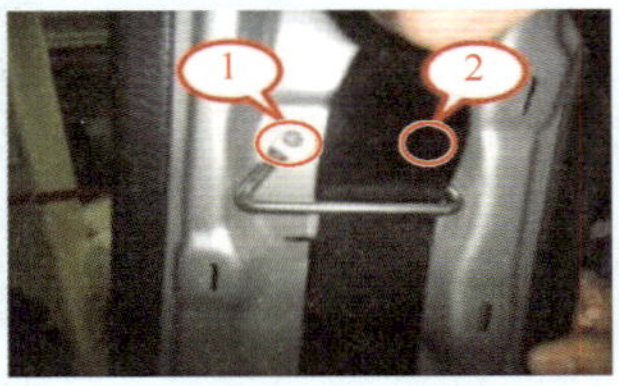	注意转向架的方向要正确
6	安装右后安全带	将C柱安全带从钣金件下方插入并卡在钣金件上，用螺栓将安全带手动安装（2~3圈）到车身钣金上	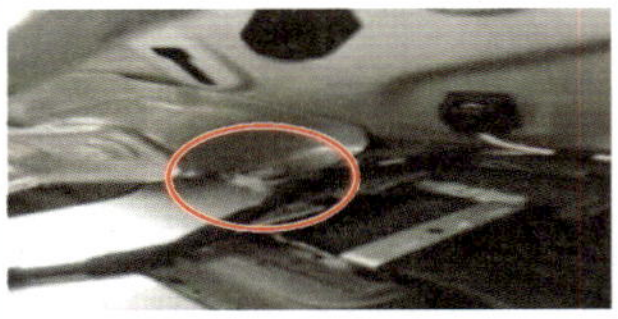	安装前，检查安全带，应无破损、变形
7	紧固织带转向架	使用EC扳手按照①~②的顺序将织带转向架紧固到车身B柱内侧钣金件上	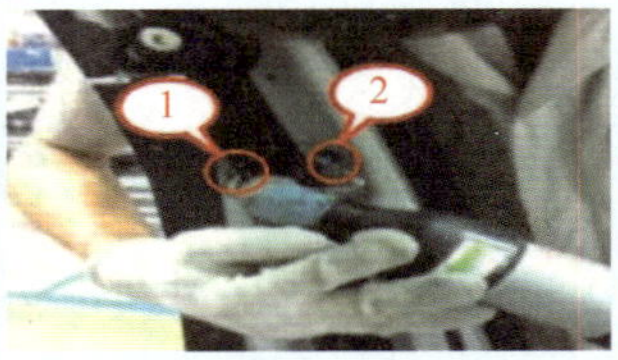	紧固时，电枪保持垂直，避免损坏螺纹
MA31（左侧）1	将左后门门洞条	取压板插入门洞条与顶篷的间隙处，由后向前将顺	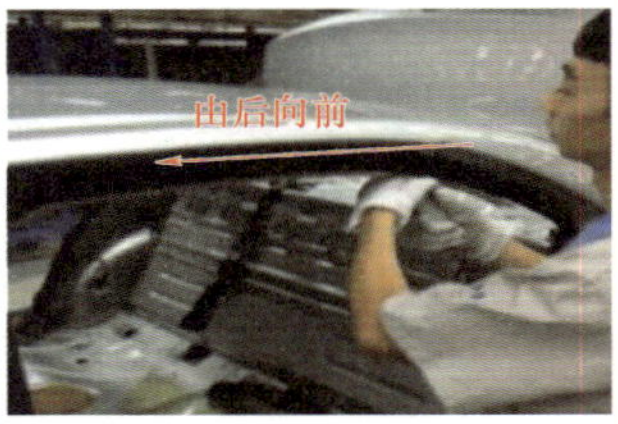	压板表面应光滑、无尖角或者无开口，否则会造成门洞条划伤、破损，应确保顶篷与门洞条无缝隙
2	将右后门门洞条	取压板插入门洞条与顶篷的间隙处，由后向前将顺	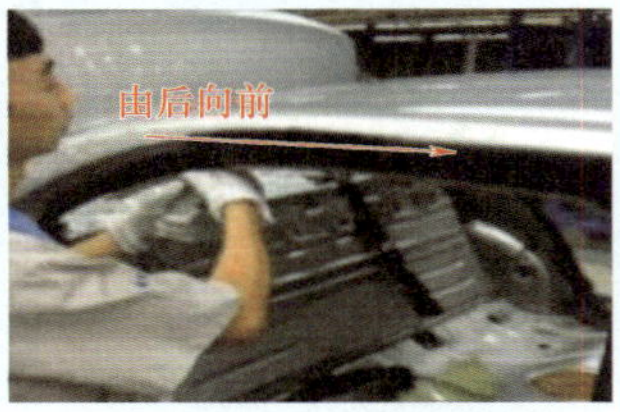	压板表面应光滑、无尖角或者无开口，否则会造成门洞条划伤、破损，应确保顶篷与门洞条无缝隙
3	查看PR号	查看装配单A11（B柱外盖板）FIS单 PR号位置：A11.C9	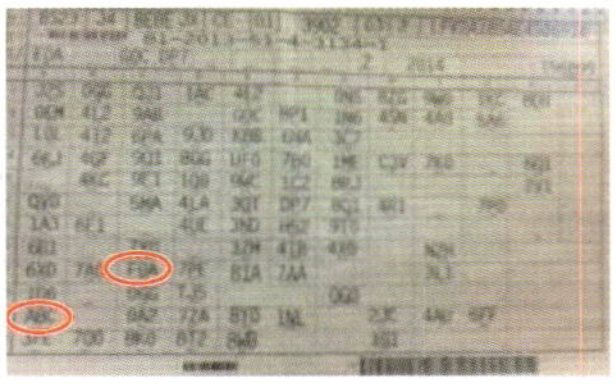	PR号：+A8B/A8CB柱外盖板表面材质为磨砂 PR号：+A8DB柱外盖板表面光亮，有白色保护膜
4	安装左侧B柱外侧膨胀螺母	左手取2个螺母按照①~③的顺序安装到左侧B柱外侧钣金孔内	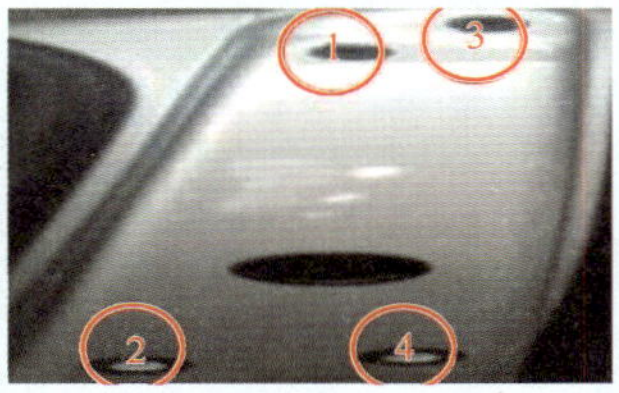	目视确认膨胀螺母与钣金孔无缝隙

项目四 汽车内饰—装配

（续）

序号	操作步骤	操作方法	操作图示	注意事项
5	安装左侧B柱外侧胶堵	右手取2个胶堵按照2~4的顺序安装到左侧B柱外侧钣金孔内	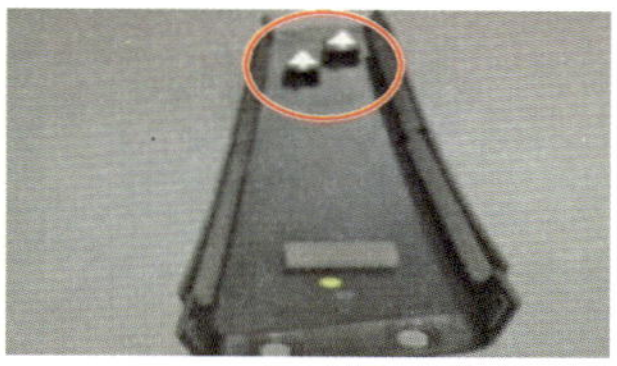	目视确认胶堵与钣金孔无缝隙
6	安装左侧B柱外盖板	将左侧B柱外盖板内侧2个卡子对准卡入B柱钣金上胶堵孔内，将其安装在左侧B柱外侧钣金件上	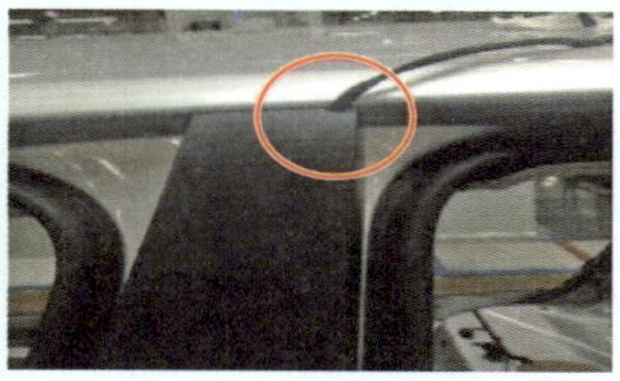	安装盖板前确认盖板外观，应无划伤
7	紧固左侧高度调节器总成到车身	用EC扳手紧固左侧高度调节器总成螺栓		紧固时，电枪保持垂直，避免损坏螺纹
8	紧固左侧B柱安全带预紧到高度调节器上	用EC扳手紧固B柱安全带预紧到高度调节器总成上的螺栓	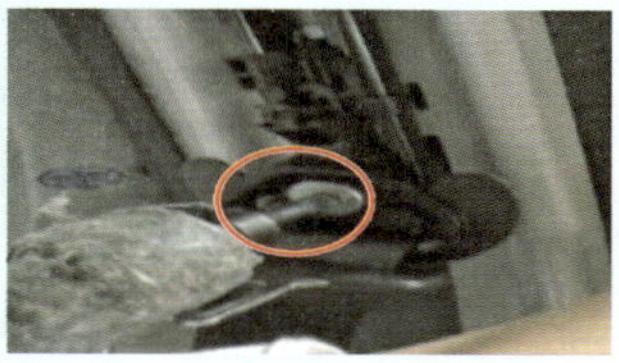	紧固时，电枪保持垂直，避免损坏螺纹
9	紧固左侧安全带预紧到车身左侧B柱钣金上	用EC扳手紧固B柱安全带预紧到车身左侧B柱钣金上的螺栓		紧固时，电枪保持垂直，避免损坏螺纹
10	紧固左侧C柱安全带螺栓	用EC扳手紧固左侧C柱安全带螺栓	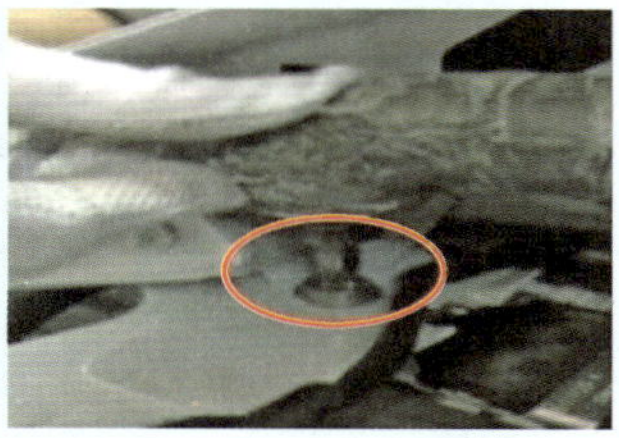	紧固时，电枪保持垂直，避免损坏螺纹
MA32（右侧）1	查看PR号	查看装配单A11（B柱外盖板）FIS单PR号位置：A11	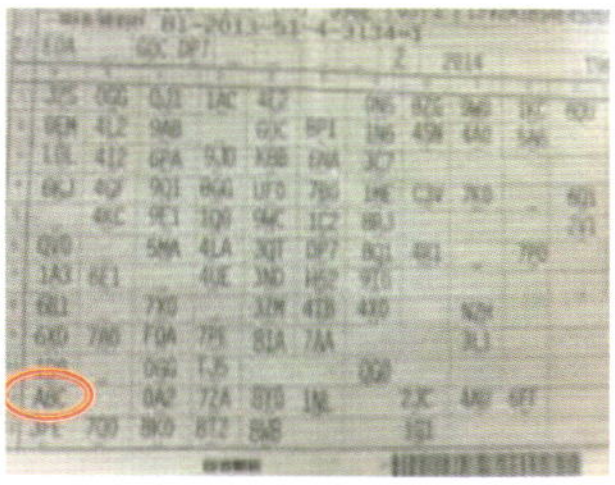	PR号：+A8B/A8C B柱外盖板表面材质为磨砂

101

（续）

序号	操作步骤	操作方法	操作图示	注意事项
2	安装右侧B柱外侧膨胀螺母	左手取2个螺母按照①～③的顺序安装在右侧B柱外侧钣金孔内	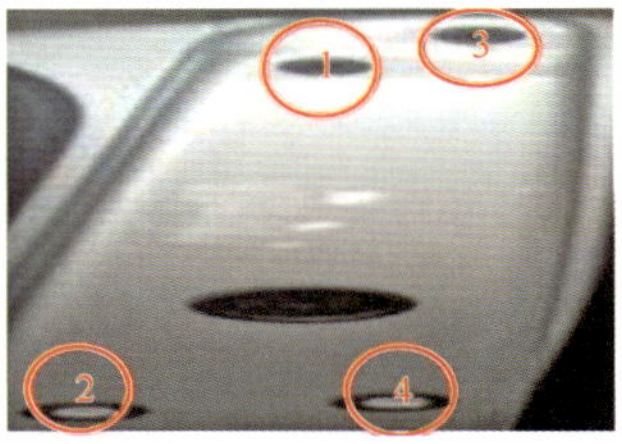	目视确认膨胀螺母与钣金孔无缝隙
3	安装右侧B柱外侧胶堵	右手取2个胶堵按2~4的顺序安装在右侧B柱外侧钣金孔内	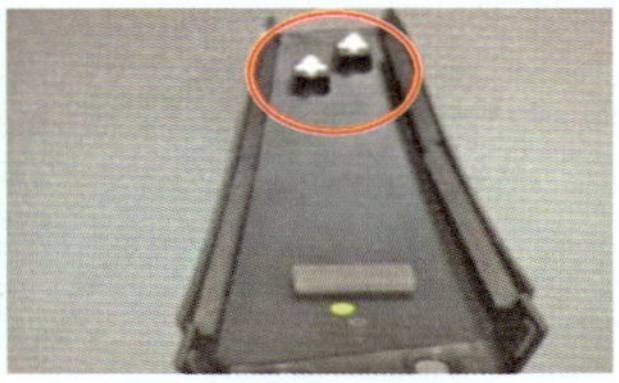	目视确认胶堵与钣金孔无缝隙
4	安装右侧B柱外盖板	将右侧B柱外盖板内侧2个卡子对准卡入B柱钣金上（1~3）胶堵孔内，将其安装在右侧B柱外侧钣金件上		安装盖板前，确认盖板外观，应无划伤
5	紧固右侧高度调节器总成到车身	用EC扳手紧固右侧高度调节器总成螺栓	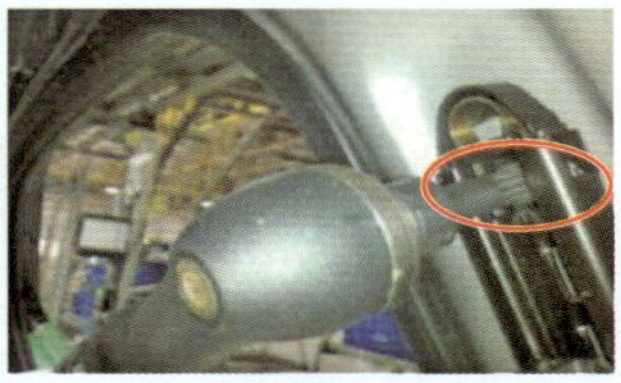	紧固时，电枪保持垂直，避免损坏螺纹
6	紧固右侧B柱安全带预紧到高度调节器上	用EC扳手紧固右侧B柱安全带预紧到高度调节器总成上的螺栓	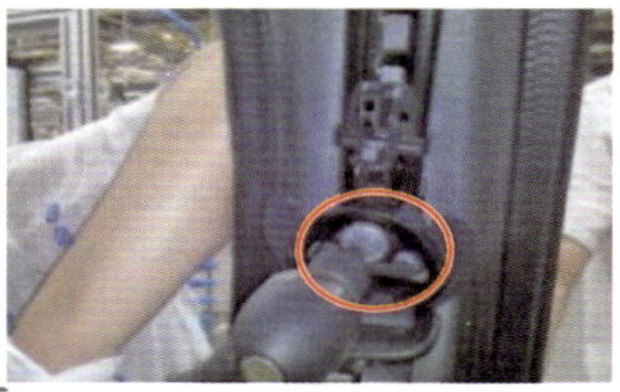	紧固时，电枪保持垂直，避免损坏螺纹
7	紧固右侧安全带预紧到车身右侧B柱钣金上	用EC扳手紧固右侧B柱安全带预紧到车身右侧B柱钣金上的螺栓		紧固时，电枪保持垂直，避免损坏螺纹
8	紧固后中安全带螺栓	用EC扳手紧固后中安全带螺栓	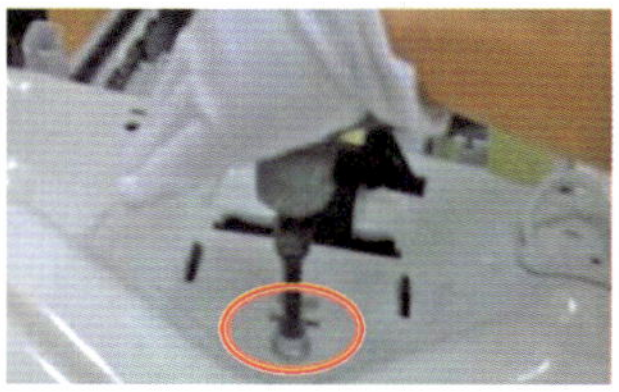	紧固时，电枪保持垂直，避免损坏螺纹
9	紧固右侧C柱安全带螺栓	用EC扳手紧固右侧C柱安全带螺栓	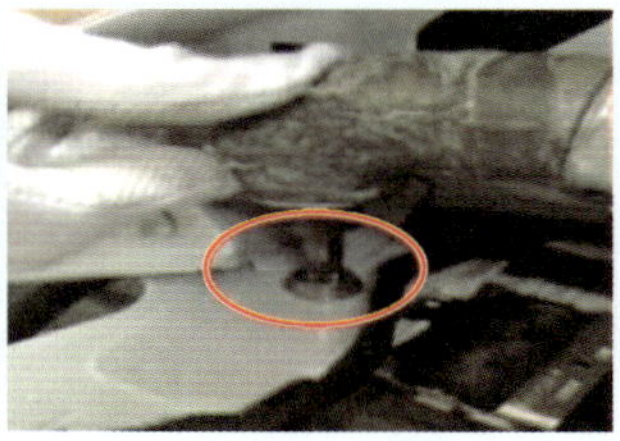	紧固时，电枪保持垂直，避免损坏螺纹

（续）

序号	操作步骤	操作方法	操作图示	注意事项
MA331	安装发动机悬置	安装发动机悬置，用4颗螺栓预紧悬置2~3圈。用电枪按照①~④的顺序依次将螺栓进行紧固	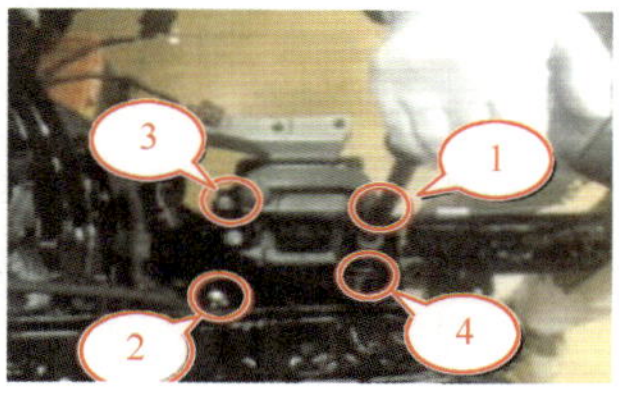	螺栓只能使用一次，拆卸或拧紧损坏后须更换新螺栓
2	紧固右侧B柱外盖板	取2颗螺钉，用电枪按照①—②—①的顺序用三枪紧固法紧固右侧B柱外盖板		保证B柱外盖板上端与车身顶部外沿钣金匹配间隙［标准间隙：(1±0.5)mm］
3	安装变速器支撑总成	用电枪按照1~2的顺序紧固2颗螺栓，紧固螺栓3后进行点漆，按照①~③的顺序点漆确认		当拧紧出现故障时，应采用应急预案，下限力矩值为75N·m，上限力矩值为160N·m
4	紧固左侧B柱外盖板	按照①—②—①的顺序用三枪紧固法紧固左侧B柱外盖板	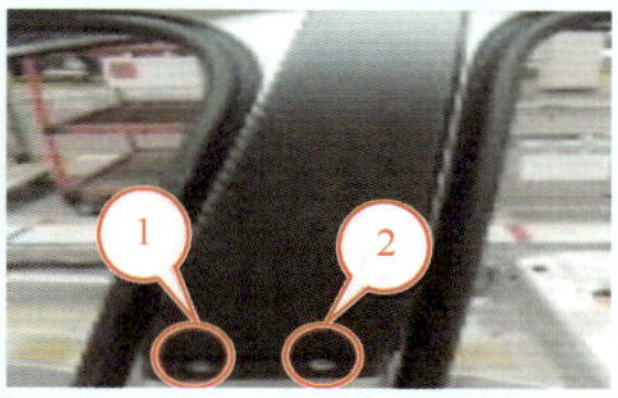	保证B柱外盖板上端与车身顶部外沿钣金匹配间隙［标准间隙：(1±0.5)mm］

6. 空调管、B柱下护板、B柱上护板、组合灯、流水槽隔声垫、氧传感器支架、控制器支架装配

序号	操作步骤	操作方法	操作图示	注意事项
MA341	分装高低压管O形垫圈	摘下高、低压管防尘帽，从冷冻机油器皿中取O形垫圈，将O形垫圈分别分装到高、低压管管头	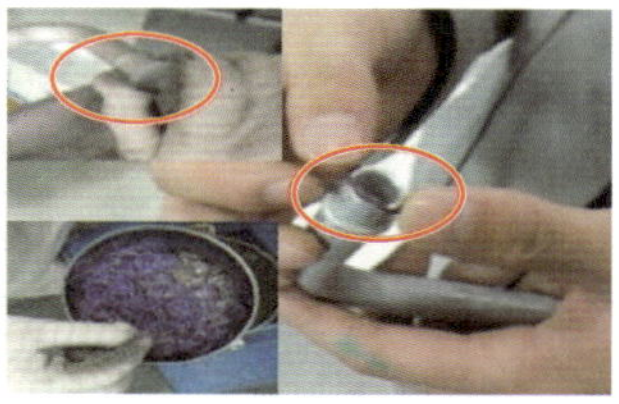	分装前确认密封圈无断裂、无破损的现象。密封圈必须从冷冻机油器皿中取出，否则不允许装车
2	安装高、低压管	先将高压管安放在右前纵梁上，再将低压管安放在右前纵梁上	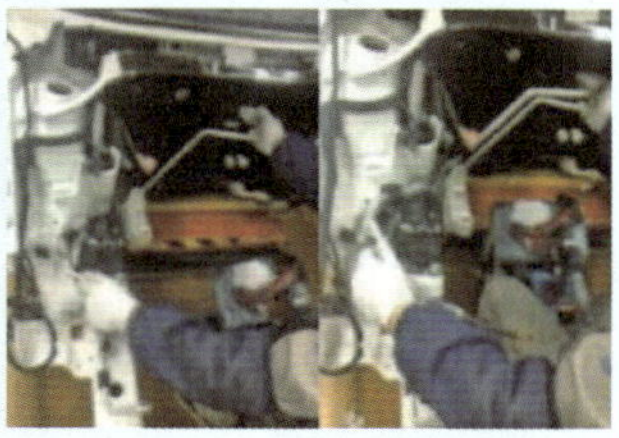	避免管路支架干涉
3	安装高、低压管管夹锁	将低压管管头套入高压管锁套中，并取下仪表空调口的防尘胶贴	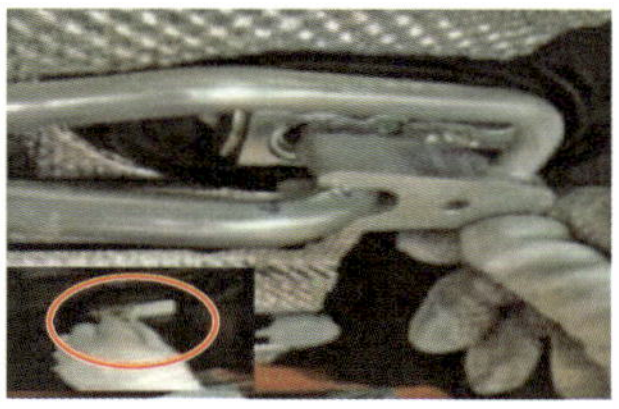	操作时不要太用力扳动制冷管，否则容易造成制冷管变形

103

（续）

序号	操作步骤	操作方法	操作图示	注意事项
4	紧固管夹锁	用1颗螺钉将高、低压管管头安装到发动机舱仪表对应的空调口上，并用电枪紧固	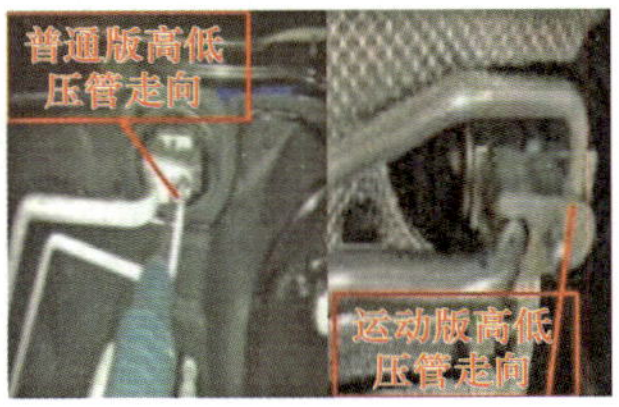	管夹锁与仪表空调端口无间隙。运动版高压管在上面，普通版高压管在下面
5	安装紧固双管夹	将双管夹固定到高、低压管支架上，并用电枪将螺钉紧固	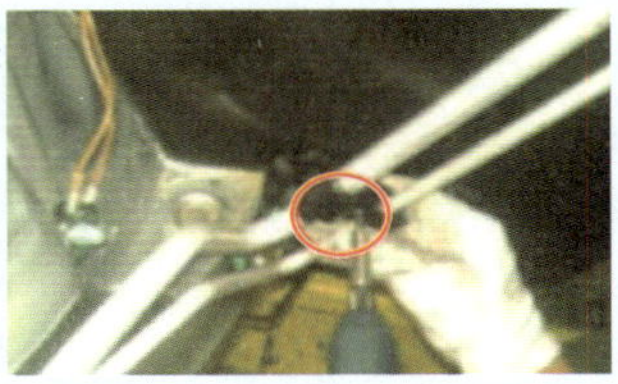	确保卡紧到位
6	安装冷却水管支架	将支架圆头面卡入右侧纵梁下方对应的正方形钣金孔，然后用漆笔杆将其内部锁死机构卡死	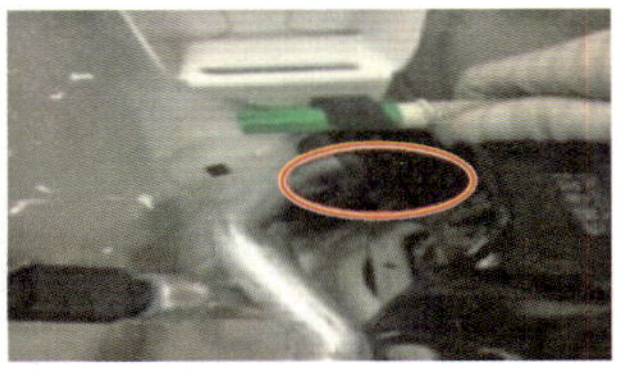	确保卡紧到位
7	连接高压管线束插头	将车身线束插头与高压管插头连接		连接插头听到"咔嚓"声，说明插头连接正确
MA35（左侧）1	查看装配单	目视装配单PR号及内饰颜色代码，FIS单位置：A11+C9	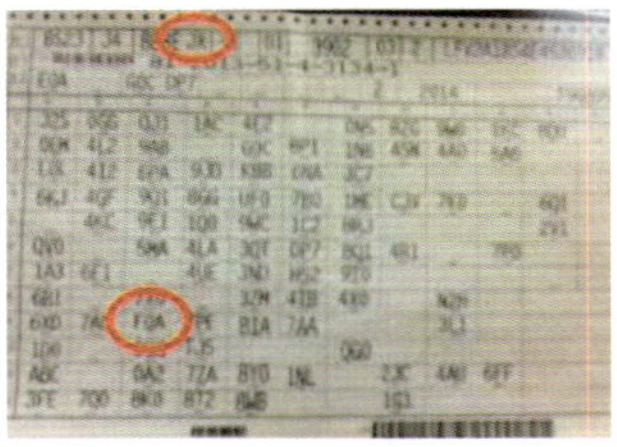	颜色代码： JM、TZ、AF：灰色 JX：米色 WR：黑色
2	安装左侧B柱下护板	将B柱下护板4个卡子与B柱上对应的4个钣金孔对齐，然后将B柱下护板上部的两个卡子按照顺序（①~②）卡进钣金孔内	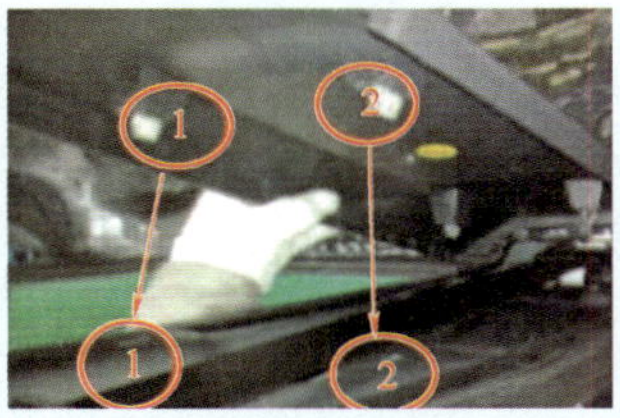	安装前，检查护板外观是否完好
3		将B柱下护板下部的两个卡子按照顺序（③~④）卡进钣金孔内，并将下护板向下轻压	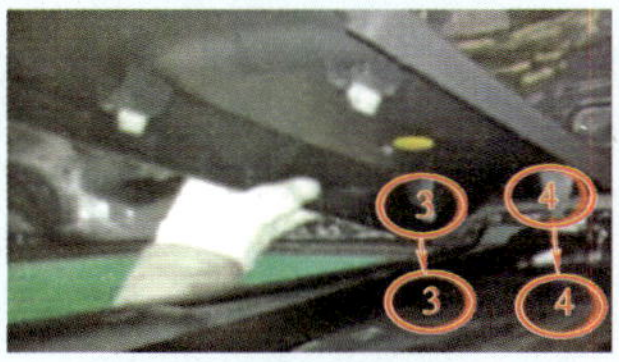	安装前，检查护板外观是否完好
4	安装左侧B柱上护板	掰动高度调节器的调节按钮，把高度调节器调节到最高的位置，把B柱上护板调节器调节到最高处		安装前，检查护板外观是否完好

（续）

序号	操作步骤	操作方法	操作图示	注意事项
5		将安全带末端和锁环穿过B柱上护板调节器孔	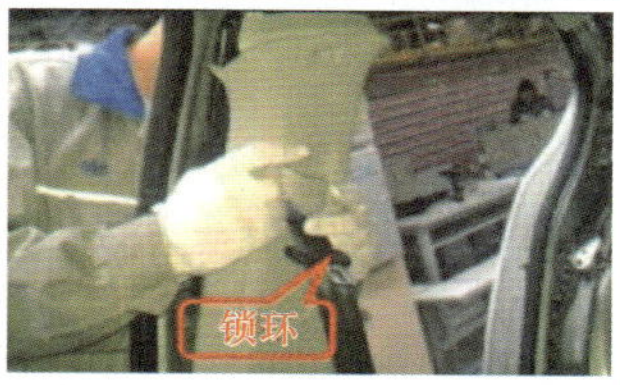	安全带末端和锁环必须穿过护板调节器孔
6	安装左侧B柱上护板	将护板插入顶篷与钣金中间，护板调节器凹槽对准高度调节器调节孔	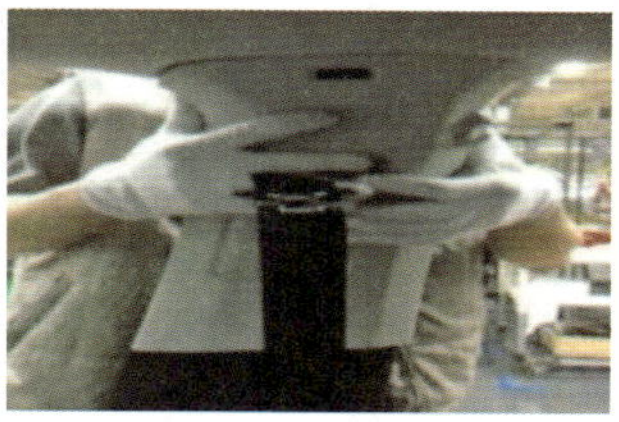	安装前，检查护板外观是否完好
7		先将B柱上护板带铁片卡子一侧卡进钣金孔，再将另外一侧卡进B柱下护板凹槽内	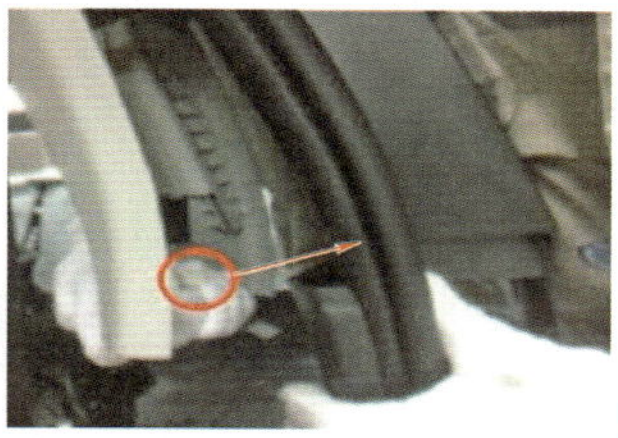	注意安装前，检查护板外观是否完好
8	捋顺B柱上、下护板处门洞条	用压板插入门洞条与B柱上、下护板之间的缝隙，然后分别自下而上（上护板）、自上而下（下护板）地捋顺车门门洞条	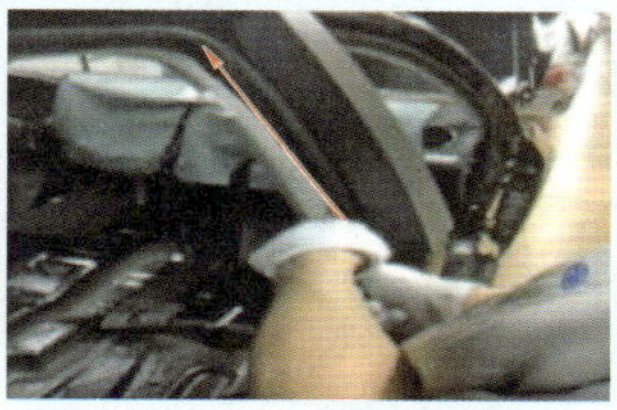	定期检查压板，确保压板无飞边、开口，否则会造成门洞条划伤、破损
MA36（右侧）1	查看装配单	目视装配单PR号及内饰颜色代码FIS单位置：A11+C9	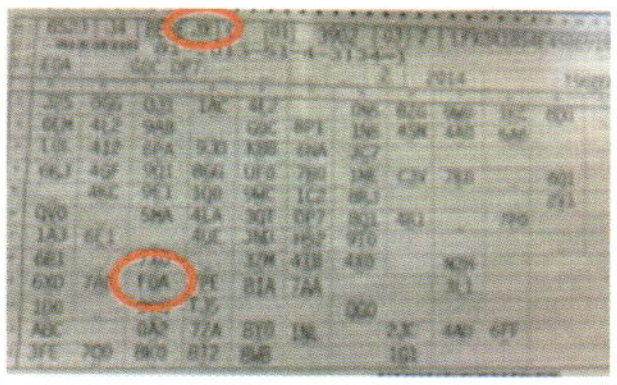	颜色代码： JM、TZ、AF：灰色 JX：米色 WR：黑色
2	安装右侧B柱下护板	将B柱下护板4个卡子与B柱上对应的4个钣金孔对齐，然后将B柱下护板上部的两个卡子按顺序（①~②）卡进钣金孔内	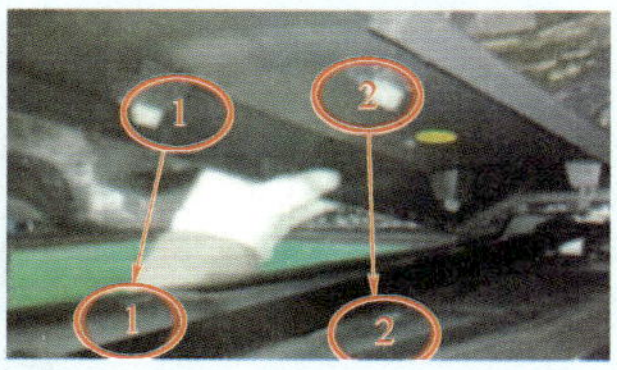	安装前，检查护板外观是否完好
3		再将B柱下护板下部的两个卡子按顺序（③~④）卡进钣金孔内，并将下护板向下轻压	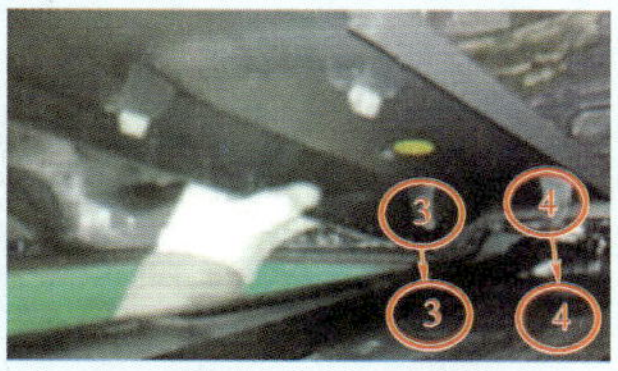	安装前，检查护板外观是否完好
4	安装右侧B柱上护板	掰动高度调节器的调节按钮，把高度调节器调节到最高的位置，把B柱上护板调节器调到最高处		安装前，检查护板外观是否完好

(续)

序号	操作步骤	操作方法	操作图示	注意事项
5		将安全带末端和锁环穿过B柱上护板调节器孔	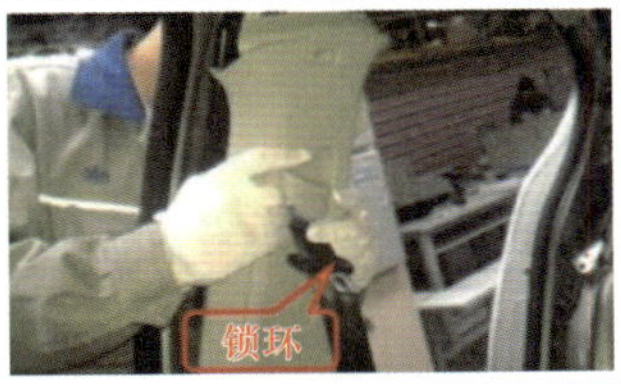	注意安全带末端和锁环必须穿过护板调节器孔
6	安装右侧B柱上护板	将护板插入顶篷与钣金件中间,护板调节器凹槽对准高度调节器调节孔		注意安装前检查护板外观,应完好
7		先将B柱上护板带铁片卡子一侧卡进钣金孔,再将另外一侧卡进B柱下护板凹槽内	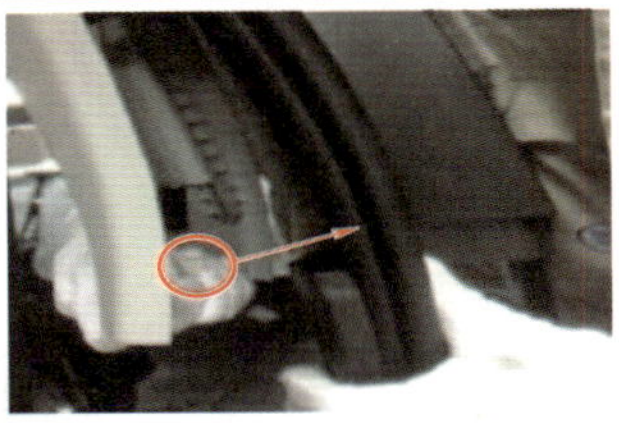	注意安装前检查护板外观,应完好
8	将顺B柱上、下护板处门洞条	用压板插入门洞条与B柱上、下护板之间的缝隙,然后分别自下而上(上护板)、自上而下(下护板)地将顺车门门洞条	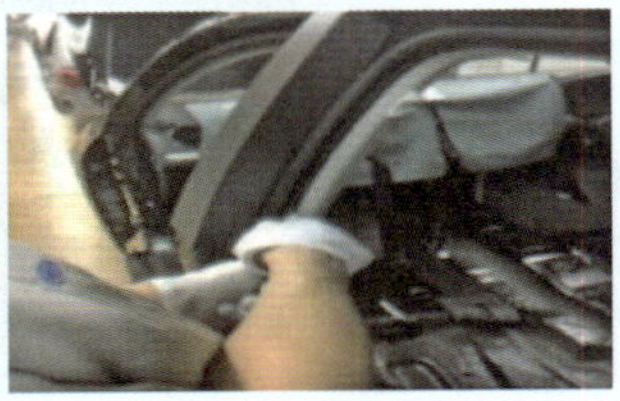	定期检查压板,确保压板无飞边、无开口,否则会造成门洞条划伤、破损
MA37(左后)1	查看FIS单,确认PR号	查看PR号确认装配零件:普通版+8SD 运动版:后尾灯PR号:+8SG 普通版:+8SD 运动版PR号所在位置:H7	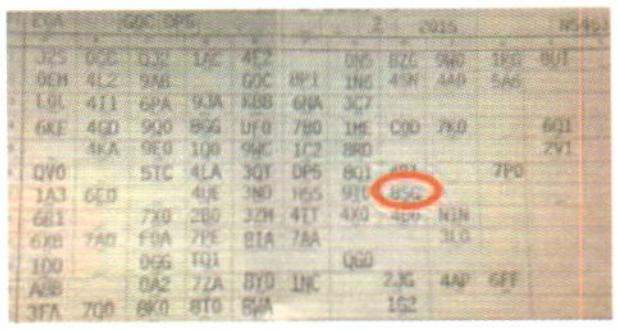	运动版车灯为黑色轮廓,普通版车灯为红色轮廓
2	连接左后组合灯线束插头	用手将后盖向下掰一定的角度,并托住后盖,连接组合灯线束插头	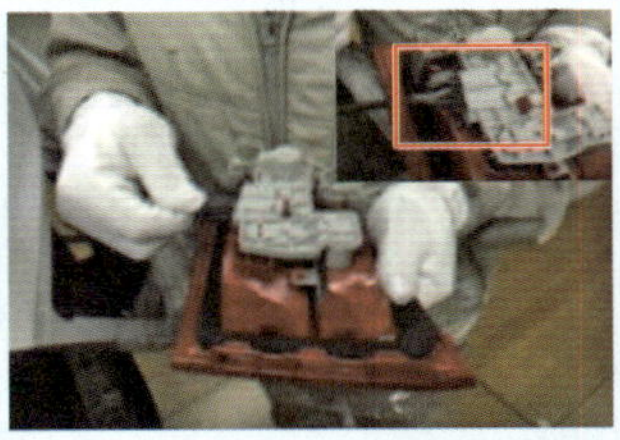	插头连接好后,用手推拉检查,确认是否连接到位
3	安装紧固左后组合灯	用右手托住左后组合灯右端并向上微抬,左手将组合灯左端向钣金边缘上压,使组合灯左端卡子完全卡在后盖钣金边缘上;左手托住尾灯,右手取电枪将后组合灯内侧螺钉松到一定位置并紧固,使组合灯定位销正好卡在内侧钣金平面上	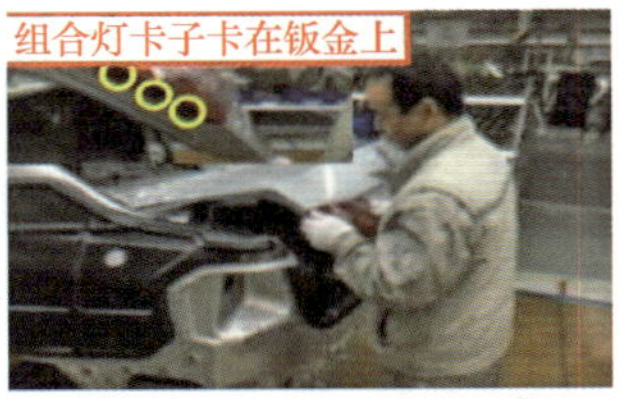 	安装前检查组合灯外观,应完好、无破损、划伤

项目四　汽车内饰—装配

（续）

序号	操作步骤	操作方法	操作图示	注意事项
4	检查后组合灯与钣金间隙	目视检查后组合灯与钣金间隙在公差范围内	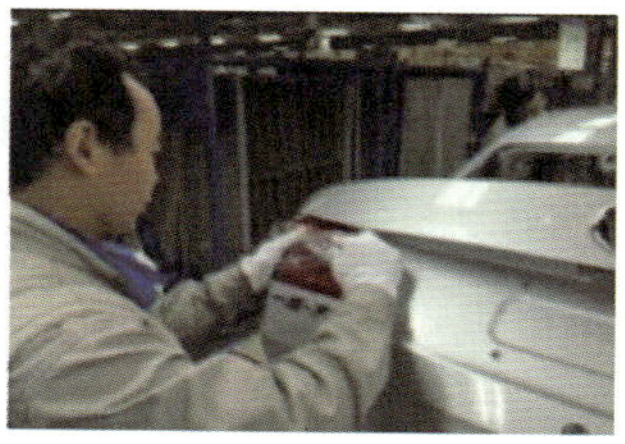	注意在公差范围内［标准：（1.0±0.5）mm］且表面无缺陷
5	安装左外后组合灯	将左外后组合灯上的定位销对准车身尾部相应的工艺孔进行装配，用手将固定卡旋转到组合灯焊柱上使其固定，连接外后组合灯线束插头	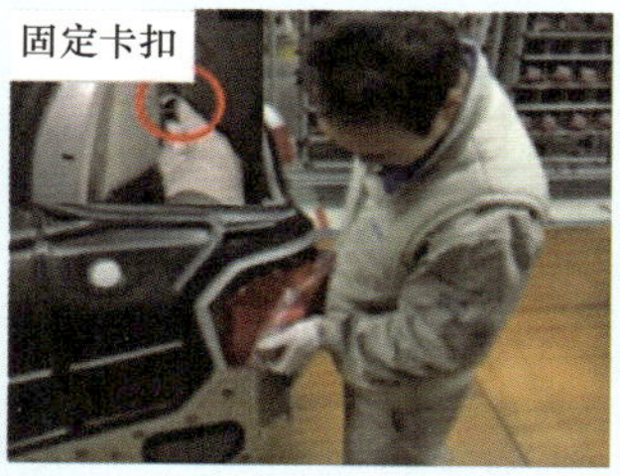 固定卡扣	确保插头连接到位
MA38（右后）1	查看 FIS 单，确认 PR 号	查看 PR 号确认装配零件：普通版 +8SD 运动版：后尾灯 PR 号：+8SG 普通版：+8SD 运动版 PR 号所在位置：H7	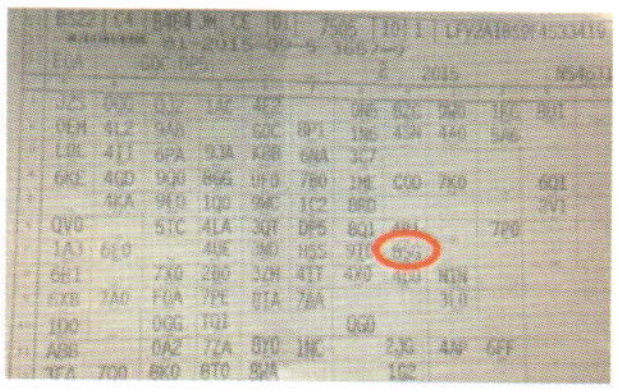	运动版车灯为黑色轮廓，普通版车灯为红色轮廓
2	连接右后组合灯线束插头	用手将后盖向下掰一定的角度并托住后盖，连接组合灯线束插头	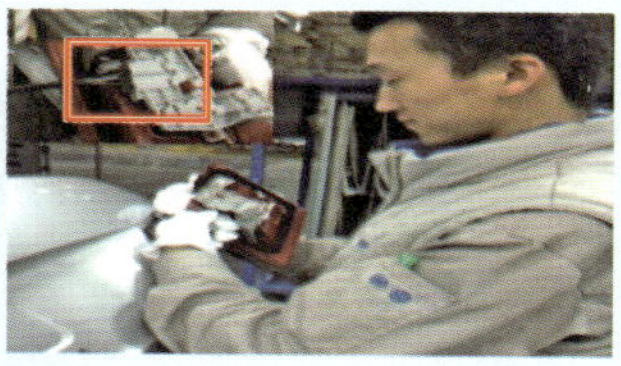	插头连接好后，用手推拉检查，确认是否连接到位
3	安装紧固右后组合灯	用左手托住右后组合灯右端并向上微抬，右手将组合灯右端向钣金边缘上压，使组合灯左端卡子完全卡在后盖钣金边缘上；右手托住尾灯，左手取电枪将后组合灯内侧螺钉松到一定位置并紧固，使组合灯定位销正好卡在内侧钣金平面上	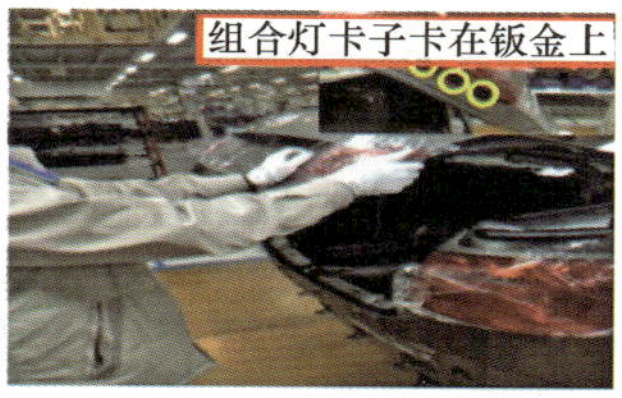 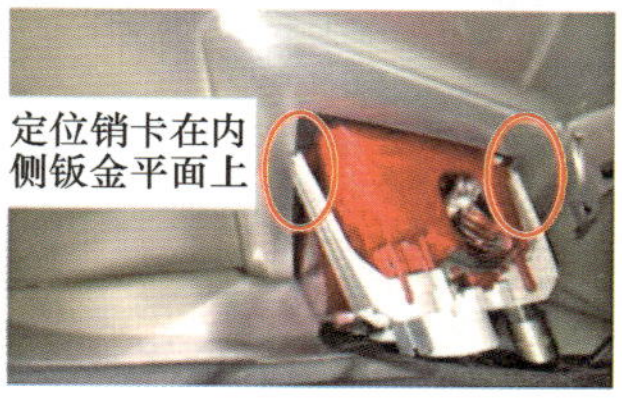 组合灯卡子卡在钣金上 定位销卡在内侧钣金平面上	安装前检查组合灯外观，应完好，无破损、划伤
4	检查后组合灯与钣金间隙	目视检查后组合灯与钣金间隙在公差范围内且表面无缺陷		注意在公差范围内［标准：（1.0±0.5）mm］且表面无缺陷

（续）

序号	操作步骤	操作方法	操作图示	注意事项
5	安装右外后组合灯	将右外后组合灯上的定位销对准车身尾部相应的工艺孔进行装配，将固定卡旋转到组合灯焊柱上使其固定，连接外后组合灯插头	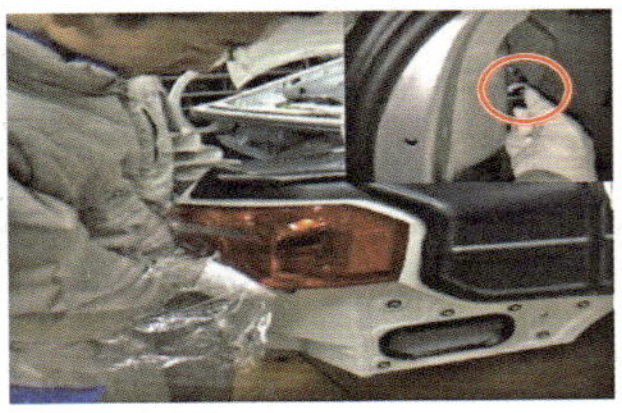	确保插头连接到位
MA39 1	查看装配单	目视装配单内饰颜色代码	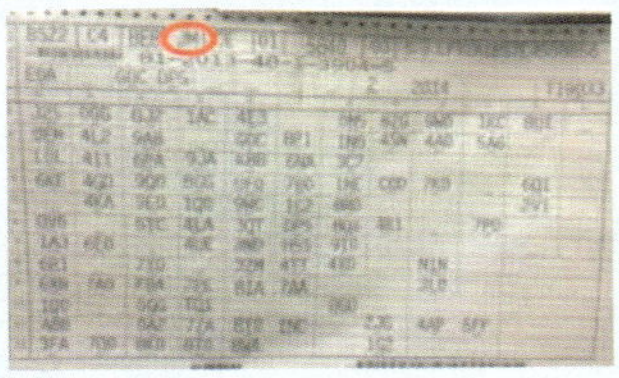	颜色代码： JM、TZ、AF：灰色 JX：米色 WR：黑色
2	紧固左侧B柱上护板螺钉	用电枪紧固左侧B柱上护板螺钉	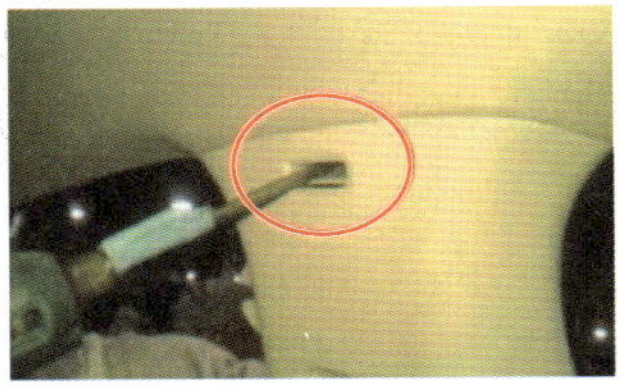	注意不要划伤内护板
3	安装左侧B柱上护板盖板	用手将卡扣大的一边朝上按进B柱上护板	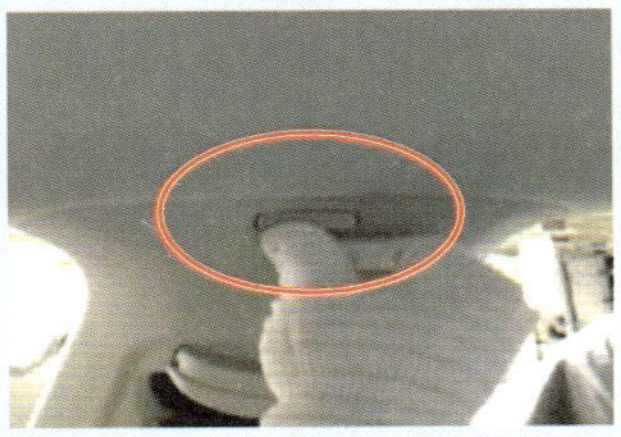	注意安装完后检查无间隙
4	将左侧B柱、C柱安全带下螺栓预紧到相应的螺孔里	取螺栓，对准钣金定位销插入，并用枪头将其预紧	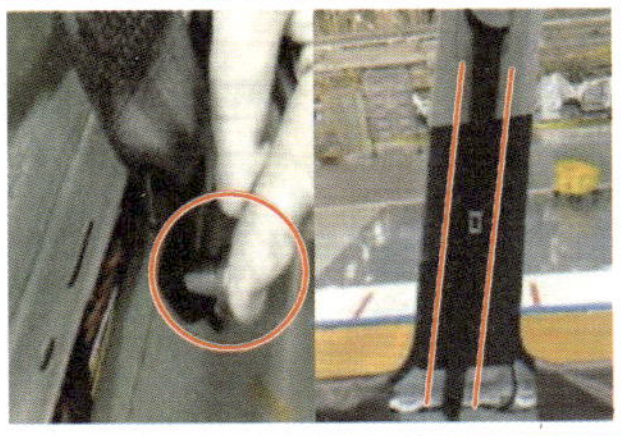	螺栓必须带正，螺栓用手预紧2~3圈，用手预紧螺栓时注意安全带必须捋顺
5	将双锁螺栓预紧到相应的螺孔里	取双锁确定定位开口方向，对准钣金定位点卡入，将螺栓用枪头预紧	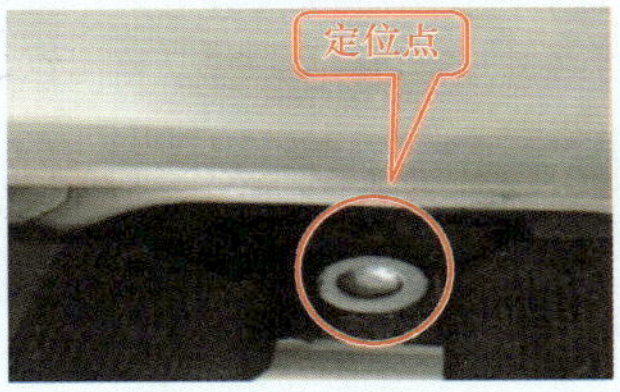	使用电枪直接预紧时，保证螺栓对准安装孔，避免歪斜损坏螺纹
6	紧固右侧B柱上护板螺钉	用电枪紧固右侧B柱上护板螺钉	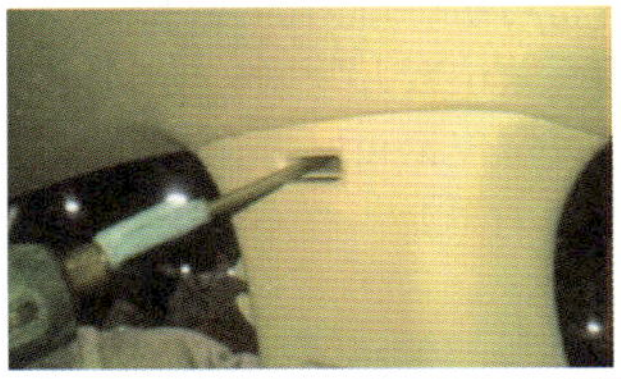	注意不要划伤内护板
7	安装B柱盖板	用手将卡扣大的一边朝上按进B柱上护板	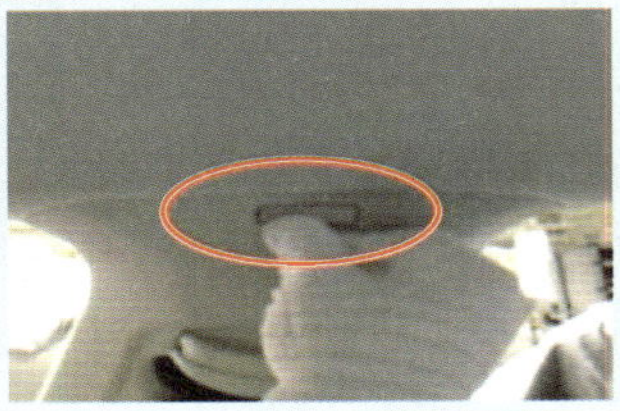	安装完后检查应无间隙

（续）

序号	操作步骤	操作方法	操作图示	注意事项
8	将右侧B柱、C柱安全带下螺栓预紧到相应的螺孔里	用螺栓对准钣金定位销插入并用枪头预紧	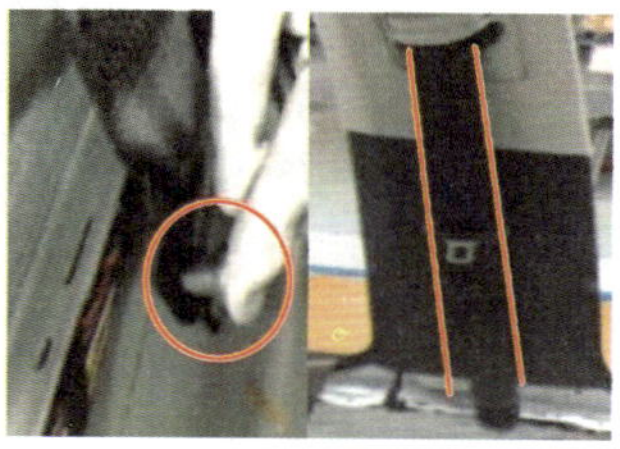	螺栓必须带正，螺栓手带2~3圈，手带螺栓时注意安全带必须捋顺
9	将单锁螺栓预紧到相应的螺孔里	取单锁确定定位开口方向，对准钣金定位点卡入，用枪头预紧螺栓	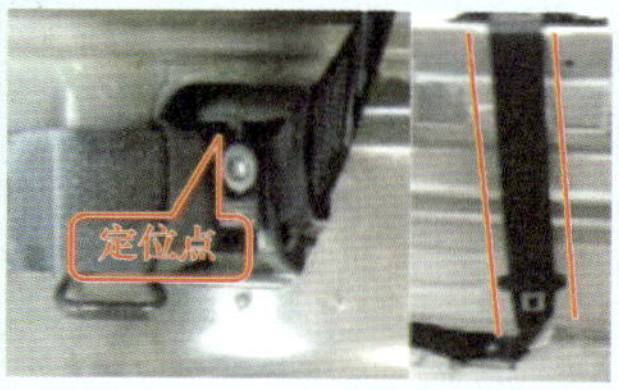	螺栓必须带正，螺栓用手预紧2~3圈，用手预紧螺栓时注意安全带必须捋顺
MA401	安装流水槽隔声垫	取一个流水槽隔声垫，从左至右卡入到水室挡板上，隔声垫上方圆孔必须对准水室挡板相对应的焊柱		确保流水槽隔声垫安装到位
2	安装流水槽隔声垫锁紧垫圈	取3个内多齿锁紧垫圈以顺时针方向按照1~3的顺序旋转卡入到水室挡板对应的3个焊柱上	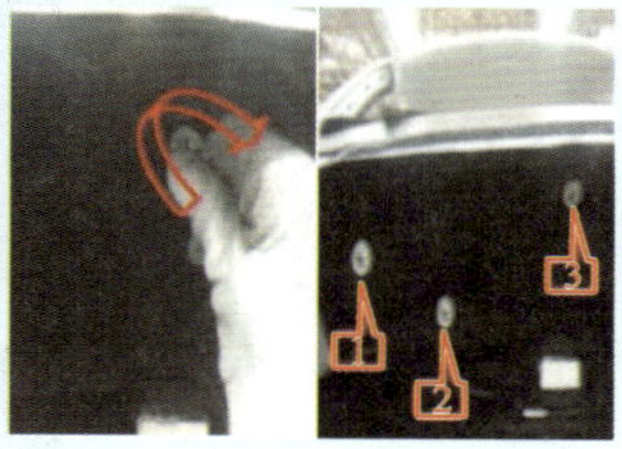	内多齿锁紧垫圈与流水槽隔声垫必须贴死
3	安装氧传感器支架	将线束支架卡入车身钣金上的定位焊柱上，用一颗螺母预紧，再用电枪紧固螺母	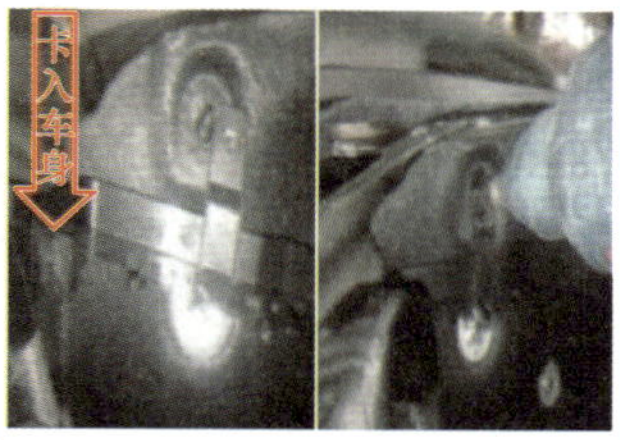	注意氧传感器支架的安装方向
4	安装控制器支架	将控制器支架下方的限位卡卡在水室挡板对应的限位上，并左右晃动确保限位相互卡紧，再将支架上卡扣对准水室定位孔，卡进定位孔内；运动版控制器支架下方限位卡只卡在水室对应左侧限位上，再将支架上卡扣对准水室定位孔，卡进定位孔内	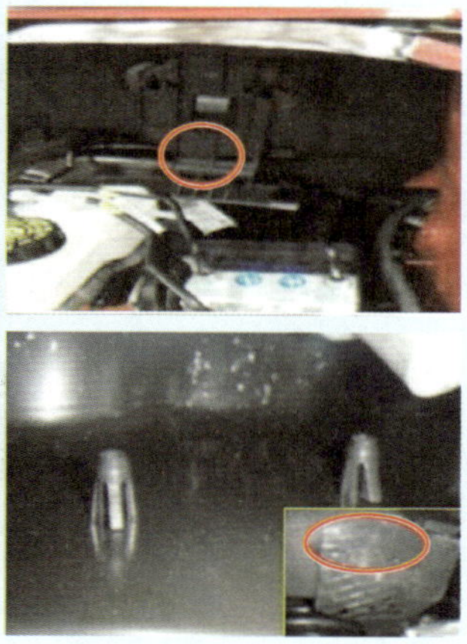	注意支架的型号不要装错

（续）

序号	操作步骤	操作方法	操作图示	注意事项
5	安装单管夹到高压管	安装两个单管夹至高、低压管。用1颗螺母将单管夹紧固到高压管对应的焊柱上	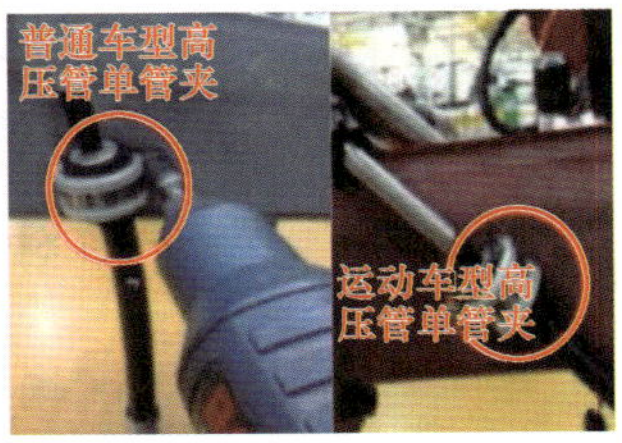	单管夹必须卡在黑色橡胶保护套的中间
6	紧固单管夹到低压管	用1颗螺母将单管夹紧固到低压管对应的焊柱上	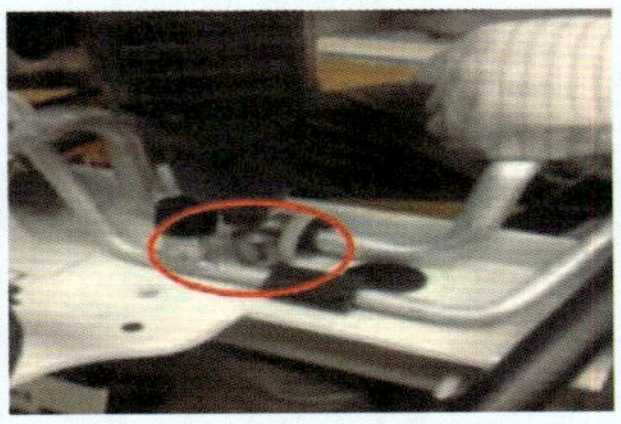	确保高、低压管与其他部件无干涉现象
7	调整高、低压管间隙	确认所标识处高、低压管不干涉，两管之间无管身接触	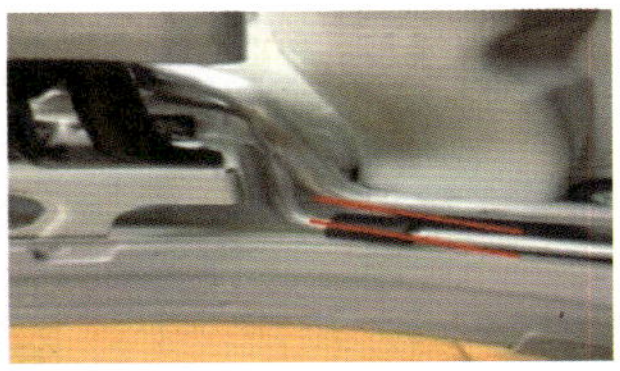	确保高、低压管与其他部件无干涉现象
8	调整高、低压管间隙	确认所标识处与钣金有间隙，无贴死		确保高、低压管与其他部件无干涉现象
9	调整高、低压管间隙	确认所标识处高、低压管管身与发动机悬置无接触点	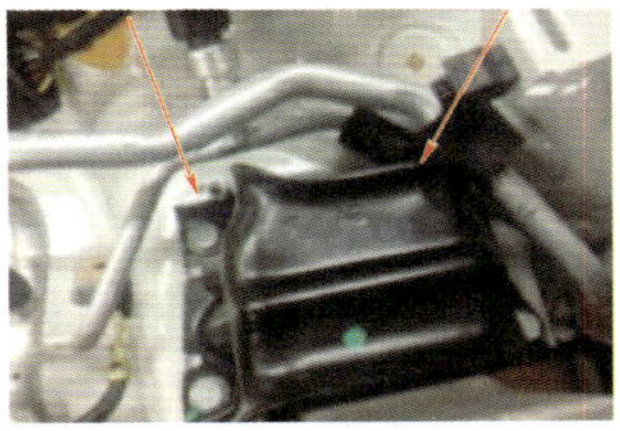	确保高、低压管与其他部件无干涉现象

7. 前、后风窗玻璃涂胶，紧固安全带下螺栓，安装前、后风窗玻璃

MA41前风窗玻璃涂胶1	取前风窗玻璃	用左手扶住风窗玻璃下沿中间，右手把住正上方，将风窗玻璃从料架上取下		装配前确认风窗玻璃上有CCC标识，风窗玻璃内侧无活化剂涂抹痕迹不能使用
2	紧固右后安全带下螺栓	用EC扳手紧固右后安全带下螺栓，安全带锁环凹点与车身凸点对应结合	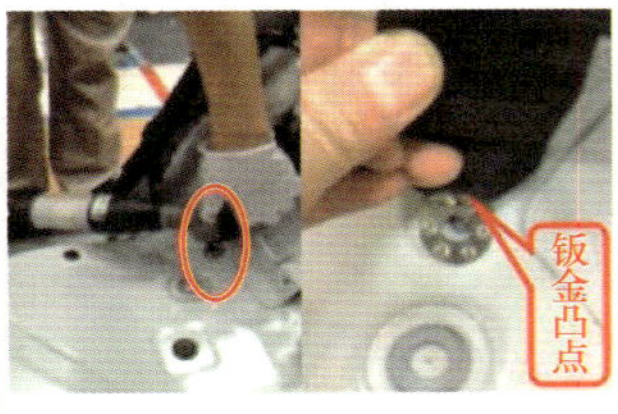	紧固时，电枪保持垂直，避免损坏螺纹

（续）

序号	操作步骤	操作方法	操作图示	注意事项
3	紧固单锁	用EC扳手紧固单锁，注意定位销与焊点的结合	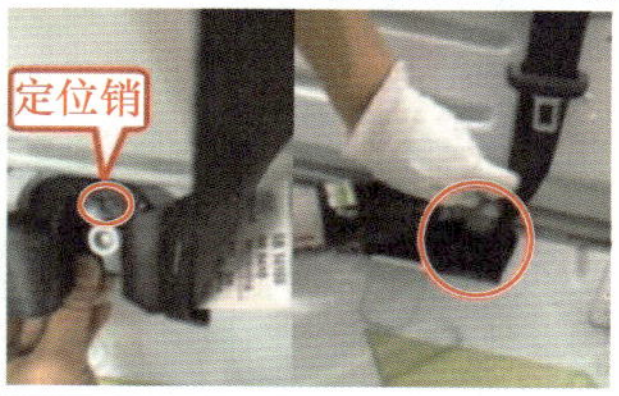	紧固时，电枪保持垂直，避免损坏螺纹
MA42 安装前风窗玻璃 1	取右侧前风窗玻璃	将吸盘水平竖直吸到距前风窗玻璃左侧边缘20cm处与右侧操作者同时踩下踏板开关，从设备上取下风窗玻璃		注意涂胶超过10min的风窗玻璃不能装车
2	检查	查看风窗玻璃上的胶路无断胶、无气泡、无明显的胶路歪斜	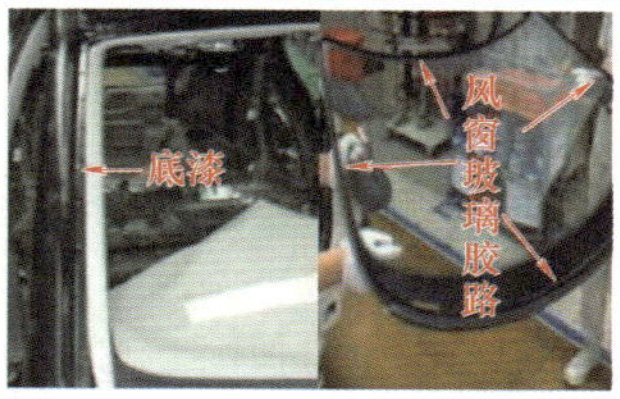	标准风窗玻璃胶路高为（10±1）mm，宽为（6.5±0.5）mm
3	安装右侧前风窗玻璃	将前风窗玻璃粘到车身钣金框上，由上到下安装风窗玻璃	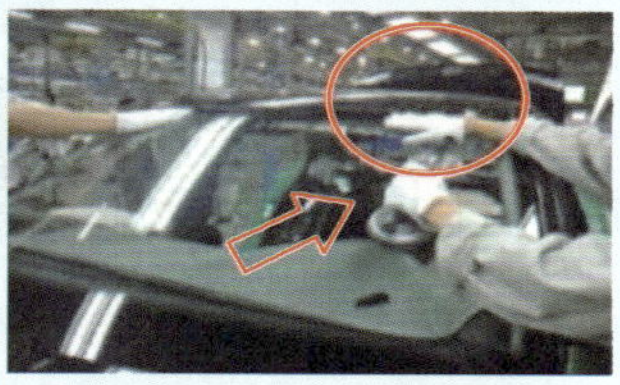	
4	安装右侧前风窗玻璃垫块	左手安装风窗玻璃上沿Z形垫块，同时将支撑垫块放在车身顶盖，向上顶吸盘让风窗玻璃将上沿垫块夹紧，右手轻拍风窗玻璃上边沿，再用左手把住吸盘，右手取顶盖处的支撑垫块，轻拍风窗玻璃下部并安装下沿的支撑垫块	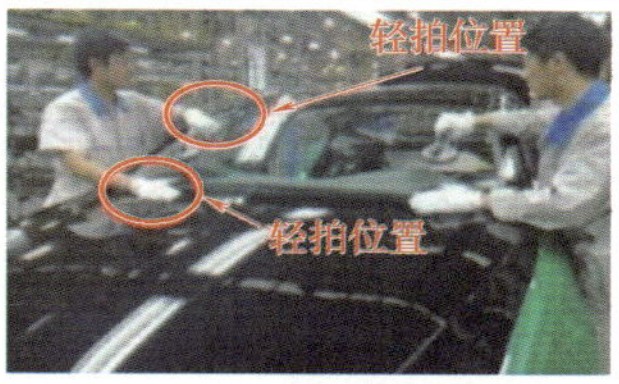 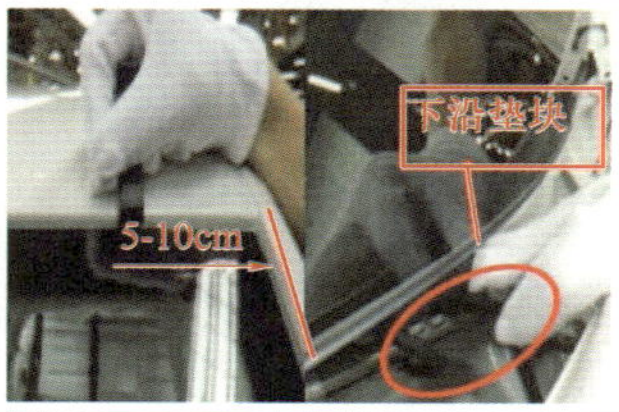	上垫块到侧边沿的距离范围为5~10cm，安装上下垫块时一定拍打风窗玻璃使其粘牢，前风窗玻璃垫块120min才能取下
5	量尺调整	用塞尺测量风窗玻璃与钣金间隙上、下两个点。第一个点：以风窗玻璃上边缘黑色底图边缘线为基准往下约5~10cm处，第二个点：翼子板与A柱钣金接口为基准往上5~10cm处，根据风窗玻璃右侧操作者测量结果，左侧操作者左右窜动吸盘调节两侧间隙	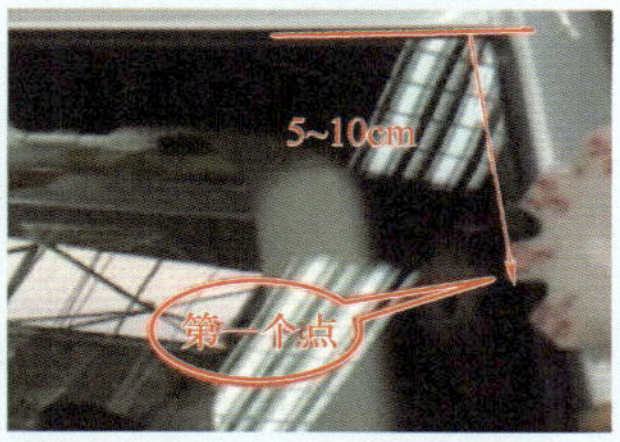 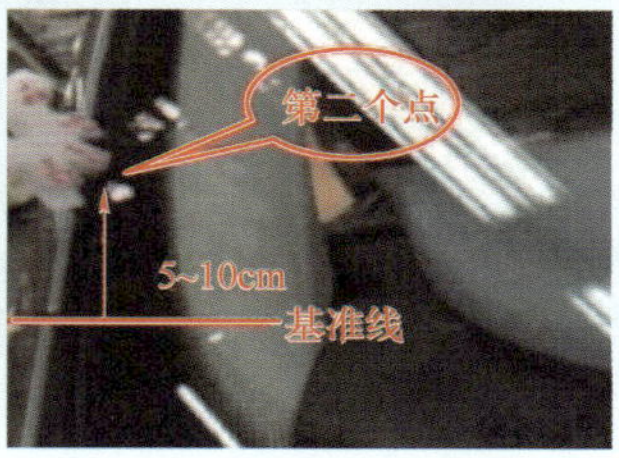	左、右侧操作者测量风窗玻璃间隙时，必须同时进行。两侧间隙为（2.5±1）mm

111

（续）

序号	操作步骤	操作方法	操作图示	注意事项
6	粘风窗玻璃胶带	粘贴断点胶带，胶带距离：与侧围钣金间距为30~40cm	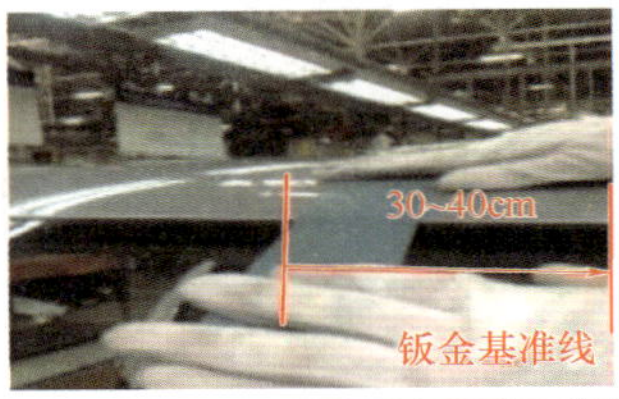	确保粘贴牢固
MA43 后风窗玻璃涂胶 1	取后风窗玻璃	用双手取后风窗玻璃左、右两侧边缘，将风窗玻璃从料架上取下	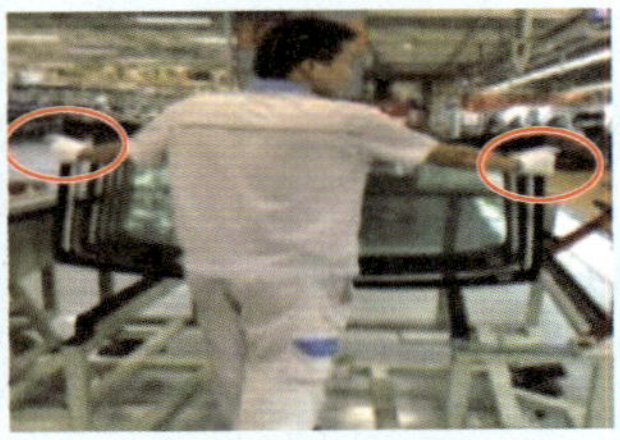	风窗玻璃的活化剂日期必须在有效期内方可装车，风窗玻璃内侧无活化剂涂抹痕迹不能使用
2	安放后风窗玻璃，自动涂胶	检查风窗玻璃无缺陷，将检查好的后风窗玻璃正放到输入站托盘上，退出光栅区并按下复位键		输入站信号灯为红色闪烁时不得进入，输入站完全升起，信号灯为绿色闪烁时方可进入
3	紧固左侧B柱安全带下螺栓	用EC扳手紧固左侧B柱安全带下螺栓，确定安全带末端定位销卡入车身B柱下方钣金焊柱上	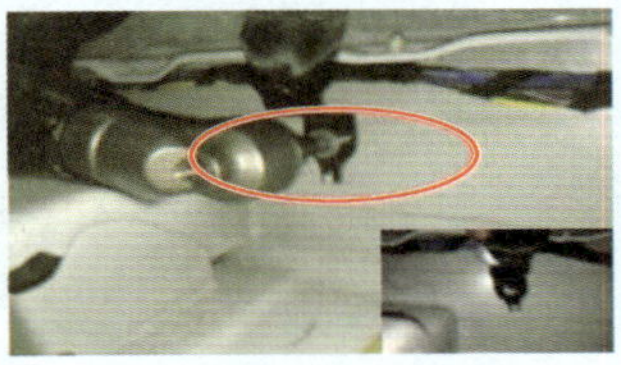	紧固时，电枪保持垂直，避免损坏螺纹
4	紧固左后安全带螺栓	用EC扳手紧固左后安全带螺栓，安全带锁环凹点与车身凸点对应结合	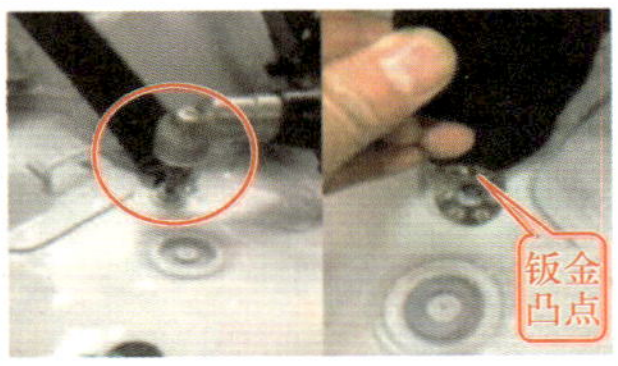	紧固时，电枪保持垂直，避免损坏螺纹
5	紧固双锁	用EC扳手紧固双锁，注意定位销与焊点的结合	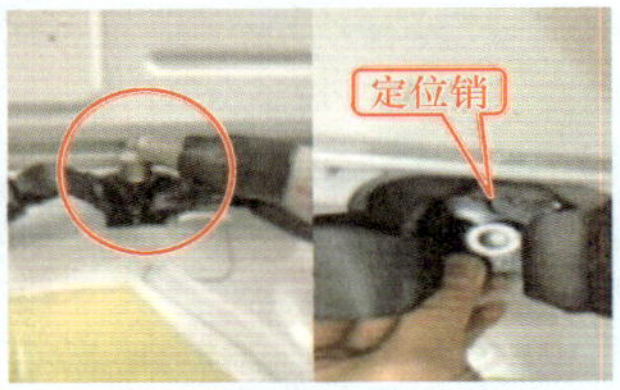	紧固时，电枪保持垂直，避免损坏螺纹
MA44 安装后风窗玻璃 1	取右侧后风窗玻璃	将吸盘水平竖直吸到距后风窗玻璃右侧边缘20cm处，与左侧操作者同时踩下踏板开关，从设备上取下风窗玻璃	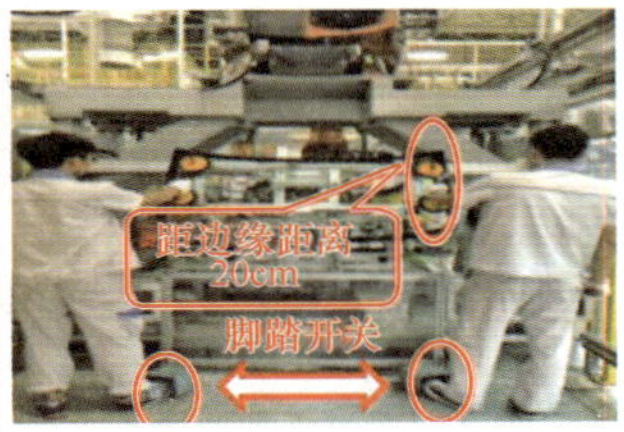	涂胶超过10min的风窗玻璃不能装车
2	检查右侧后风窗玻璃胶路	查看风窗玻璃上的胶路无断胶、无气泡、无明显的胶路歪斜	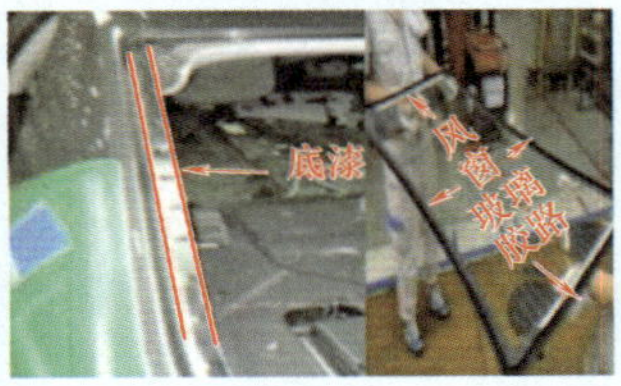	标准风窗玻璃胶路高为(10±1)mm，宽为(6.5±0.5)mm

项目四　汽车内饰—装配

（续）

序号	操作步骤	操作方法	操作图示	注意事项
3	安装右侧后风窗玻璃	右手压住后盖至45°~60°角，同时将风窗玻璃从后盖上面绕过，把风窗玻璃下沿送入后盖与钣金的夹角内，将风窗玻璃上沿对准钣金框边缘将其粘到车身钣金	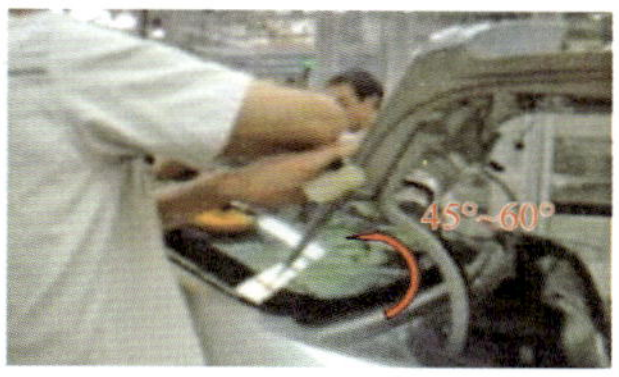	注意后盖边角容易划伤风窗玻璃或造成后盖两个尖角磕伤
4	安装右侧后风窗玻璃垫块	安装风窗玻璃上沿红色Z形垫块，同时将支撑垫块放在车身顶盖，向上顶吸盘让风窗玻璃将上沿垫块夹紧，右手轻拍风窗玻璃上边沿，再用左手把住吸盘，右手取顶盖处的支撑垫块，安装下沿的支撑垫块并轻拍风窗玻璃下部	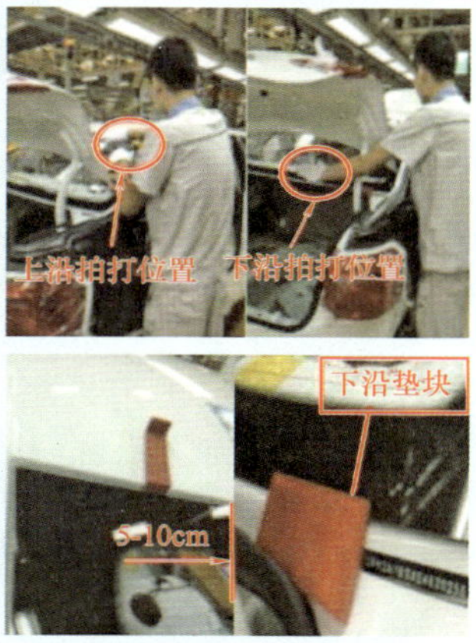	Z形块到侧边沿的距离范围为5~10cm，安装上、下垫块时一定拍打风窗玻璃使其粘牢。60min后才能取下
5	粘风窗玻璃胶带	粘贴断点胶带，胶带距离：与侧围钣金间距为10~20cm		确保粘贴牢固
MA45 1	调整制冷剂管间隙	用手轻掰制冷剂管间隙	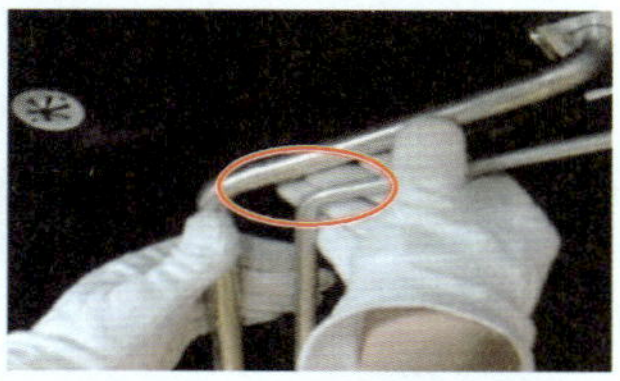	制冷剂管之间无干涉，制冷剂管与钣金无干涉
2	调整前风窗玻璃与钣金间隙	按箭头方向左右调整风窗玻璃与钣金间隙	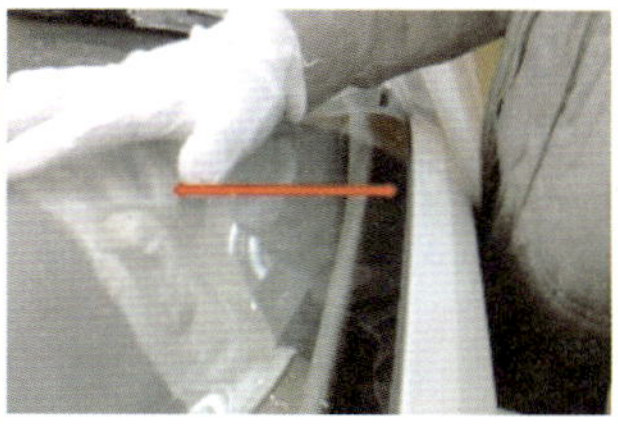	保证前风窗玻璃与钣金间隙为（2.5±1）mm
3	下压前风窗玻璃，确保与顶盖平度	按箭头方向下压风窗玻璃	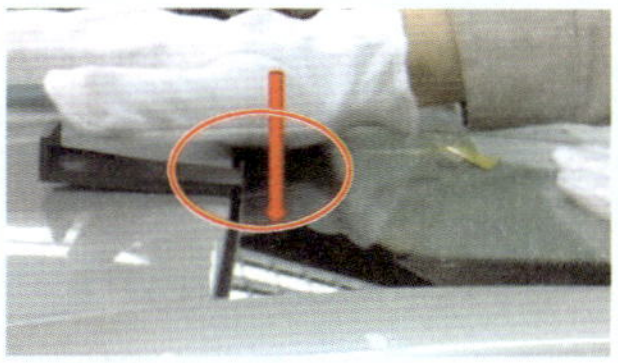	保证前风窗玻璃与顶盖平度为（-2±0.5）mm
4	调整B柱上护板与顶篷间隙	按箭头方向向上提护板	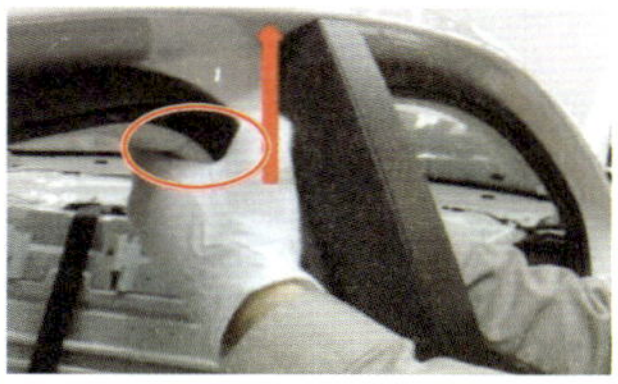	确保上护板与顶篷无间隙

(续)

序号	操作步骤	操作方法	操作图示	注意事项
5	调整后风窗玻璃与钣金间隙	按箭头方向左右调整风窗玻璃与钣金间隙	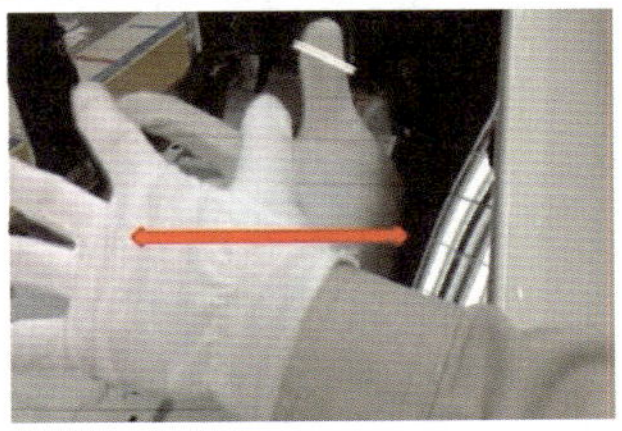	确保后风窗玻璃与钣金间隙为（2.5±1）mm
6	粘贴灰胶带，下压风窗玻璃，保证后风窗玻璃与顶盖平度	粘贴灰胶带，下压Z形块	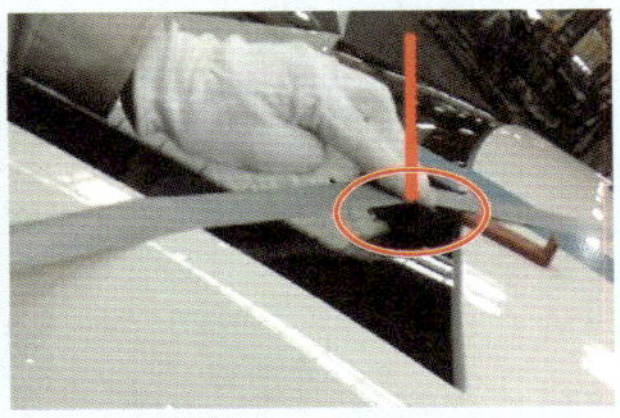	确保后风窗玻璃与顶盖平度为（-2.7±0.8）mm
7	粘贴灰胶带，保证后风窗玻璃垫块与钣金无间隙	下压后风窗玻璃下沿粘贴胶带		保证后风窗玻璃下沿垫块与钣金无间隙

【检测评价】

教师依据表4-3对学生进行该任务的考核测评（内饰一装配内容较多，考核工作只选取了重要零部件的装配来进行）。

表4-3 考核评价表

序号	步骤	评分细则	分值	得分
1	安装真空助力泵总成	操作步骤正确，能正确回答操作注意事项	8	
2	安装制动踏板	操作步骤正确，能正确回答操作注意事项	8	
3	制动踏板与顶杆接合	操作步骤正确，能正确回答操作注意事项	6	
4	安装行李舱锁	操作步骤正确，能正确回答操作注意事项	6	
5	安装线束	操作步骤正确，能正确回答操作注意事项	10	
6	安装ABS/ESP装置	操作步骤正确，能正确回答操作注意事项	10	
7	安装制动油管	操作步骤正确，能正确回答操作注意事项	10	
8	安装拉手总成	操作步骤正确，能正确回答操作注意事项	10	
9	安装高度调节器总成	操作步骤正确，能正确回答操作注意事项	8	
10	安装安全带	操作步骤正确，能正确回答操作注意事项	10	
11	安装控制器	操作步骤正确，能正确回答操作注意事项	6	
12	安装左A柱上护板	操作步骤正确，能正确回答操作注意事项	8	
	总分		100	

注：每项分值都是扣完为止。

【课后测评】

填写真空助力器各零部件的名称至空白处。

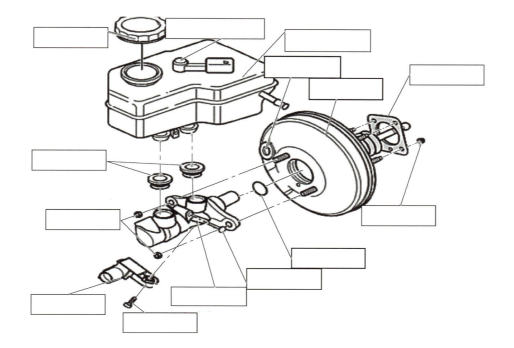

项目五　动力总成及底盘装配

【项目描述】

在总装车间，底盘区域包含动力总成分装线、副车架分装线、前悬分装线、后桥分装线和底盘主线。在此区域将已经分装好的动力总成和副车架在底盘托盘上合装，再将前悬安装至动力总成和副车架上，分别将后桥、排气管、燃油箱等吊装至底盘托架，完成底盘总成，通过托盘工装将底盘总成与车身合装，然后送入二次内饰区域。

任务一　动力总成及底盘装配工作安全与作业准备

【任务目标】

知识目标：	技能目标：	素养目标：
1）了解动力总成及底盘装配线的安全风险。 2）了解动力总成及底盘线工具、设备的使用方法。	1）具有判断动力总成及底盘线安全风险点的能力。 2）具有操作动力总成及底盘线工具、设备的能力。	1）提高安全素质和安全意识。 2）养成安全生产的习惯，自觉规范安全行为。

【任务描述】

动力总成及底盘装配线的零部件基本都属于体积大且质量大的金属件，较易发生的安全事故多为砸伤、压伤、撞伤。操作中稍有不慎就可能发生重大安全事故，所以需要对本区域的几个重大安全风险点进行安全学习。底盘区域使用的设备、工具属于大型设备，正确操作是规避安全事故发生的重要保障。

【知识储备】

吊装发动机、变速器和副车架如图5-1~图5-3所示，底盘附件装配如图5-4所示。

项目五 动力总成及底盘装配

图 5-1 吊装发动机

图 5-2 吊装变速器

图 5-3 吊装副车架

图 5-4 底盘附件装配

安全注意事项如下：

1）吊装作业：在进行吊装发动机、变速器等总成作业时，未经吊具操作培训的人员，严禁进行吊装作业。操作时，一定要确保吊具的挂钩或者夹具锁紧到位。在起吊过程中，应多观察起吊路线是否有撞击的风险。禁止零部件吊在半空中时人员离开。如果操作人员必须短时间离开，则须先将零件放低至与地面距离刚好接触的状态。

2）车身底部作业：在车身底部装配油管、隔热板、紧固底盘总成时，由于高度的限制，在车身底部作业时，很容易撞到头部，所以在车身底部进行操作时必须戴上安全帽。

 【任务实施】

一、固定式拧紧设备的使用

固定式拧紧设备紧固的力矩一般较大，会有很大的反力作用，所以加装反力臂装置，确保安全，见表 5-1。

表 5-1 固定式拧紧设备的使用

操 作 方 法	操 作 图 示	注 意 事 项
左手握住电枪尾部，右手握住电枪前端。在确认套筒和螺栓完全贴合后，起动开关，完成紧固任务		开始拧紧作业前，一定要确保套筒完全啮合，否则极易损坏螺栓

117

二、吊具设备的使用

吊具设备的使用见表 5-2。

表 5-2 吊具设备的使用

序号	操 作 方 法	操 作 图 示	注 意 事 项
1	将吊具的挂钩挂在发动机的两个吊耳位置		吊装作业人员必须通过吊具设备操作考核后才能进行操作，没有通过考核的人员不能进行操作。每天上岗前，应仔细检查吊具的吊钩和铁链是否完好
2	操作吊具升高，吊起发动机。将发动机移动至工装位置，下放发动机至工装上。取下挂钩，完成吊装作业		在升降时，先慢慢将吊具的链子稍微绷紧，在确认链扣之间没有干涉的情况下，才可将吊具继续升高

【检测评价】

教师依据表 5-3 对学生进行该任务的考核测评。

表 5-3 考核评价表

序号	步 骤	评 分 细 则	分值	得分
1	动力总成及底盘装配线安全事故易发点确认	能描述出动力总成及底盘装配线安全事故易发工位的位置和原因	25	
2	固定式拧紧设备的使用	展示固定式拧紧设备操作的正确姿势，能说出操作注意事项	25	
3	弯头电枪的使用	展示弯头电枪拿握正确姿势，能说出操作注意事项	25	
4	吊具设备的使用	能说出吊具设备的使用方法和注意事项	25	
		总分	100	

注：每项分值都是扣完为止。

【课后测评】

判断题

1）吊装作业时，不能零部件吊在半空中时人员离开。　　　　　　　　　　　　　　（　　）
2）正确的电枪操作姿势，能避免长期使用导致的腰肌劳损问题发生。　　　　　　（　　）
3）在车身底部作业时，可以不用戴安全帽。　　　　　　　　　　　　　　　　　（　　）
4）吊装发动机、变速器等特殊岗位，任何人都可以上岗操作。　　　　　　　　　（　　）
5）固定式拧紧设备的拧紧力矩较大，需要加装反力臂装置。　　　　　　　　　　（　　）

任务二　动力总成及底盘装调工艺

【任务目标】

知识目标：
1）了解动力总成及底盘装配线的零部件，了解零部件布局。
2）了解动力总成及底盘装配线劳保用品的穿戴要求。
3）掌握动力总成及底盘装配线的工艺流程。
4）掌握动力总成及底盘装配线的操作方法和操作注意事项。

技能目标：
1）具有认识起动机、交流电机、副车架、后桥、前悬及相关零件的能力。
2）具有正确描述动力总成及底盘装配工艺流程的能力。
3）具有正确描述动力总成及底盘装调操作注意事项的能力。

素养目标：
1）养成安全生产的习惯，自觉规范安全行为。
2）树立质量意识，严格按照标准作业。
3）培养工匠精神，制造合格产品。

【任务描述】

底盘区域装配内容主要包括动力总成分装（变速器、发动机线束、起动机、交流电机、空调压缩机、带轮、传动带等发动机附件装配），副车架总成、前悬总成、后桥总成、底盘附件（油管、制动拉索、换档拉线、燃油箱总成、排气管等附件）的合装工作。

【知识储备】

一、动力总成及底盘装配零件装配图解

1. 发动机附件装配图

起动机、交流电机、空调压缩机装配图解如图5-5和图5-6所示。

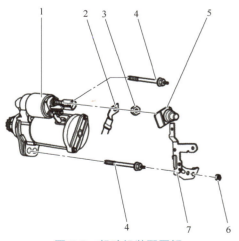

图 5-5　起动机装配图解
1—起动机　2—连接起动机的蓄电池正极线
3—正极线螺母　4—起动机紧固螺栓　5—护罩
6—支架螺母　7—支架

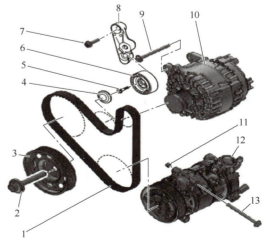

图 5-6　交流电机、空调压缩机装配图解
1—传动带　2—带轮螺栓　3—带轮　4—张紧器盖罩
5—张紧器螺栓　6—张紧器　7—支座螺栓　8—张紧器支座
9—交流电机螺栓　10—交流电机　11—定位销
12—空调压缩机　13—压缩机螺栓

2. 副车架零配件装配图

稳定杆、转向机装配图解如图 5-7 和图 5-8 所示。

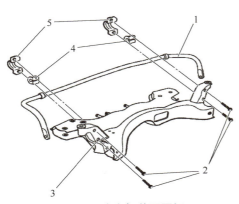

图 5-7 稳定杆装配图解

1—稳定杆 2—螺栓 3—副车架 4 橡胶衬套 5—卡箍

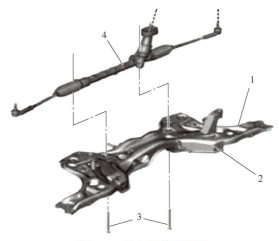

图 5-8 转向机装配图解

1—摆臂 2—副车架 3—螺栓 4—转向机

3. 前悬零配件装配图

前悬装配图解如图 5-9 所示。

4. 前悬、副车架合装零配件装配图

前悬、副车架合装图解如图 5-10 所示。

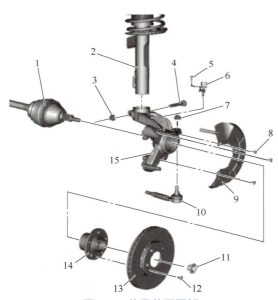

图 5-9 前悬装配图解

1—传动轴 2—减振器 3、7、11—螺母 4、8、12—螺栓 5—内六角螺栓 6—ABS 传感器 9—盖板 10—转向横拉杆 13—制动盘 14—轴承轮毂 15—轴承支座

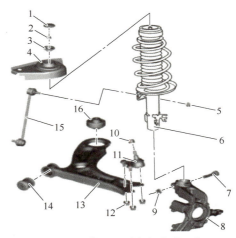

图 5-10 前悬、副车架合装图解

1—盖板 2、5、9、12—螺母 3—挡块 4—减振器支座 6—减振器 7、10—螺栓 8—车辆轴承支座 11—转向节主销 13—控制臂 14—前橡胶支座 15—连接杆 16—后橡胶支座

5. 后桥零配件装配图

后桥装配图解如图 5-11 所示。

6. 后桥减振器零配件装配图

后桥减振器装配图解如图 5-12 所示。

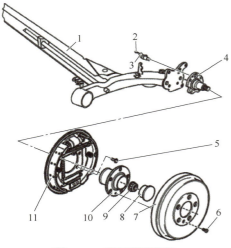

图 5-11 后桥装配图解

1—后桥承重梁　2、5、6—螺栓　3—ABS 传感器
4—轮毂轴　7—制动鼓　8—防尘罩　9—螺母
10—轴承轮毂　11—制动蹄总成

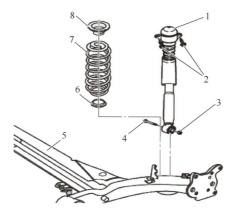

图 5-12 后桥减振器装配图解

1—减振器　2、4—螺栓　3—螺母　5—后桥承重梁
6—下弹簧垫圈　7—螺旋弹簧　8—上弹簧垫圈

7. 燃油箱总成零配件装配图

燃油箱总成装配图解如图 5-13 所示。

8. 排气管零配件装配图

排气管装配图解如图 5-14 所示。

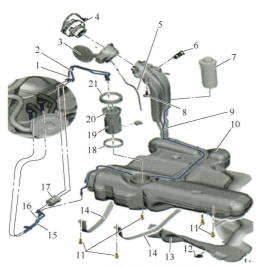

图 5-13 燃油箱总成装配图解

1—回油管路　2、15—进油管路　3—燃油箱盖　4—密封盖
5—软管　6—通气阀　7—活性炭罐　8、11—螺栓　9—通
风和燃油蒸气管　10—燃油箱　12—加紧弹片　13—隔热板
14—固定带　16—燃油蒸气管　17—燃油滤清器　18—密封环
19—燃油存量显示器　20—燃油供给单元　21—螺母

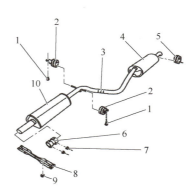

图 5-14 排气管装配图解

1—螺栓　2、5—固定环　3—切割位置
4—后消声器　6—夹紧箍　7、9—螺母
8—护板　10—前消声器

二、动力总成及底盘装配线工艺流程

动力总成及底盘装配工艺流程图如图 5-15 所示。

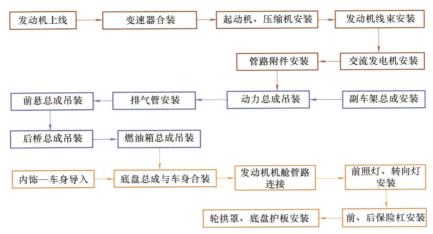

图 5-15　动力总成及底盘装配工艺流程图

【任务实施】

一、动力总成及底盘装配线劳保用品穿戴要求

动力总成及底盘装配线劳保用品穿戴要求如图 2-10 所示。

二、动力总成及底盘装配工艺

序号	操作步骤	操作方法	操作图示	注意事项
\multicolumn{5}{l}{1. 发动机变速器合装，交流电机、压缩机、通气管、变速器支架、张紧器、传动带装配}
1	MA011 发动机分装 核对 PR 号，确认车型	查看配置单上发动机的型号，选取相应发动机		检查发动机是否与车型相符
2	移动吊具到发动机上方	操作吊具，将发动机吊装至分装夹具上		注意吊钩卡扣是否固定好，小心吊钩碰坏发动机上的零件
3	查看 FIS 单确认车型	查看配置单上变速器型号，选取相应变速器		检查变速器是否与车型相符
4	合装变速器	起吊变速器，将变速器移至托盘。将变速器与发动机对中，水平向前用力推以及左右调整将其结合，并用 8 颗螺栓紧固		1）注意吊钩卡扣是否固定好 2）合装前，检查变速器内是否有异物

（续）

序号	操作步骤	操作方法	操作图示	注意事项
MA021	安装交流电机	将交流电机安装至发动机，用2颗螺栓预紧交流电机，再用电枪将螺栓紧固	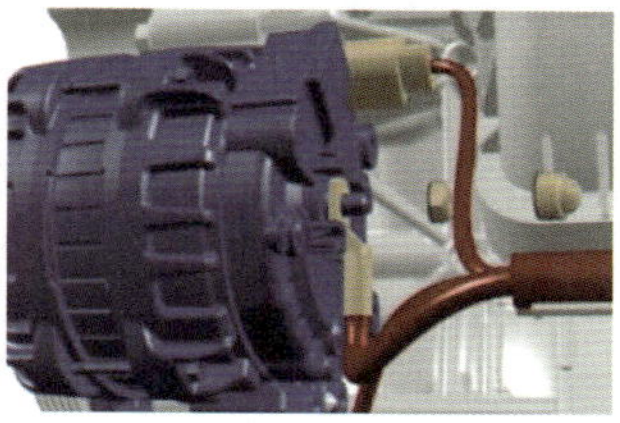	安装前，检查电机型号是否正确
MA031	查看FIS单确认车型	查看配置单上空调压缩机的型号，选取相应压缩机		检查压缩机是否与车型相符
2	安装定位轴套及压缩机	取两个定位轴套，将其分别装在发动机工艺孔内。将3颗螺栓安装在压缩机上，左手托住压缩机，右手取电枪，按照顺序预紧螺栓		检查零件表面是否损坏，尤其是插头端子
3	紧固压缩机	用电枪按照A、B、C的顺序紧固压缩机，连接压缩机插头	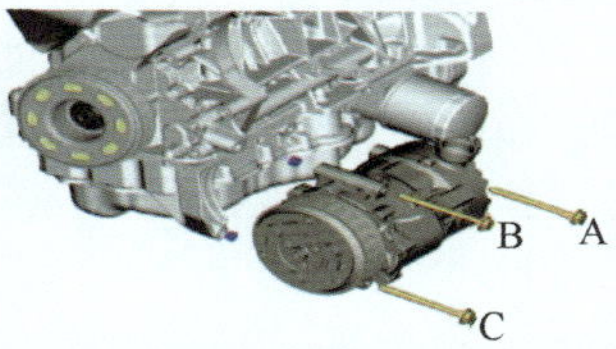	安装前，检查是否有轴套
MA041	安装通气管	拔掉防尘帽，用手指垂直向下按压通气管接头处	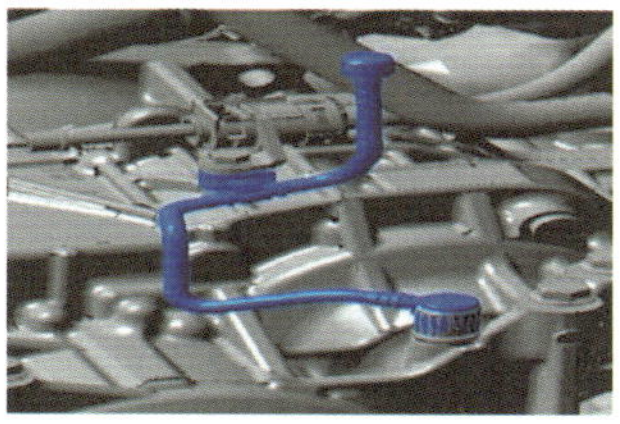	通气管安装到位时会有"咔"的一声
2	预紧及紧固支架（左）	将3颗螺栓、1颗双头螺栓预紧到支架上，并预紧到变速器工艺孔内，以A、B、C、D的顺序进行预紧及紧固	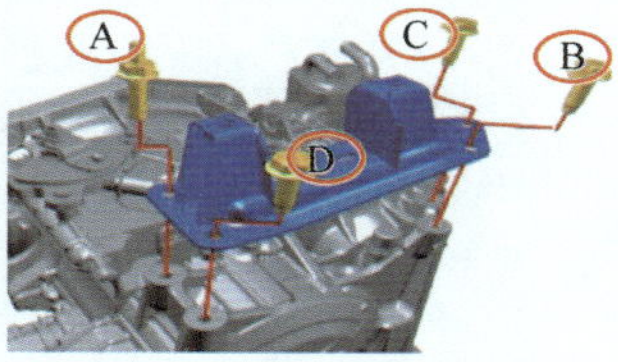	注意螺栓的安装位置不要装错
MA051	预紧传动带张紧器	用2颗螺栓预紧张紧器至发动机上	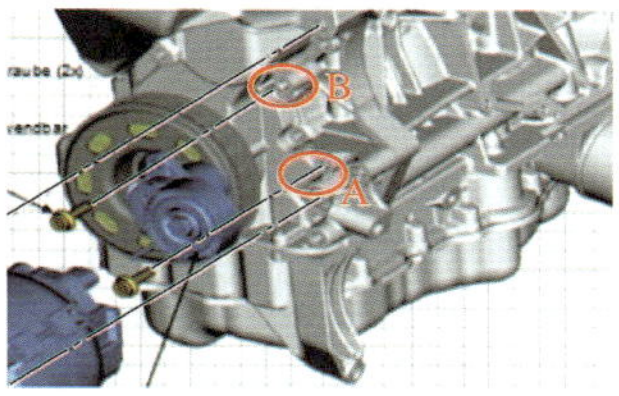	张紧器只是预紧，不紧固
2	安装多楔传动带	使用传动带安装工具，根据发动机走向将多楔传动带装在发动机上	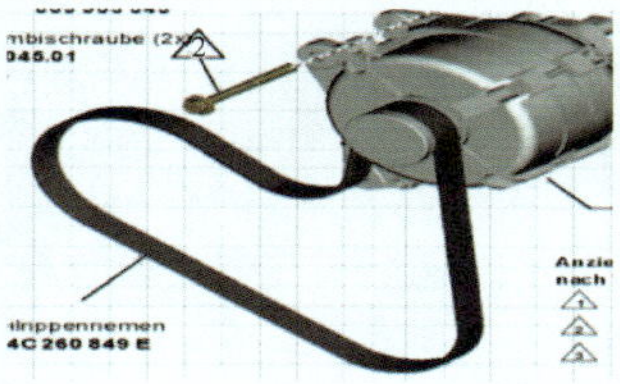	注意传动带不要出槽

（续）

序号	操作步骤	操作方法	操作图示	注意事项
3	紧固带轮及安装堵盖	用EC扳手紧固带轮螺栓，堵盖安装到传动带张紧器上，再用手轻微旋转堵盖，检查是否安装到位	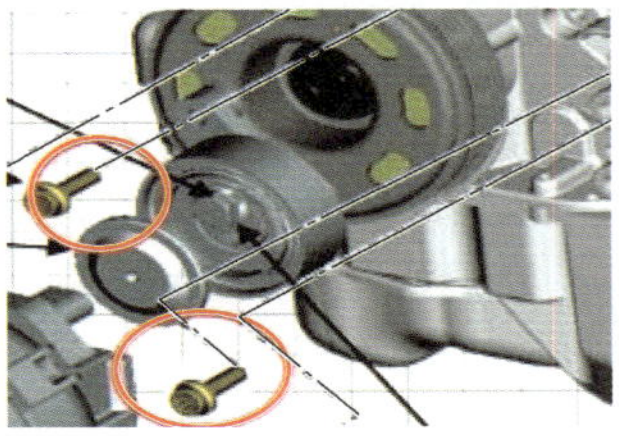	注意不要漏紧螺栓

2. 防护盖、电机线束、起动机、进气喷射器、真空管、冷凝器、冷却水管装配

序号	操作步骤	操作方法	操作图示	注意事项
MA061	安装防护盖	取1个防护盖安装至起动机	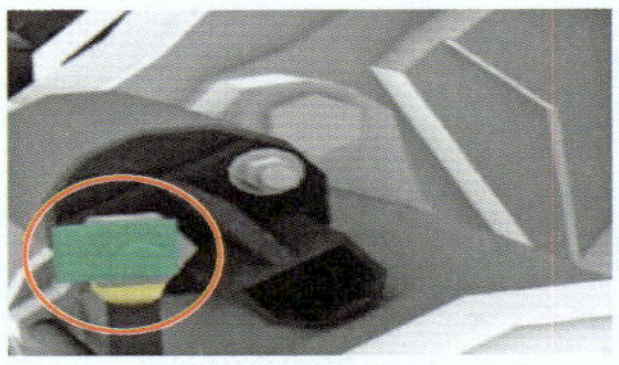	确保卡紧到位
2	安装电机线束	安装线束，连接交流电机插头，用1颗螺母紧固正极线，再用防尘盖盖住螺母		确保插头连接到位，用手推拉检查确认
3	安装起动机	将起动机安装至发动机相应位置，用1颗双头螺栓、1颗法兰螺栓预紧，再用电枪紧固	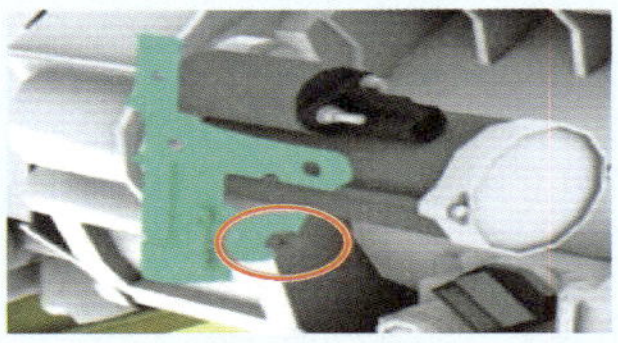	检查起动机插头及接线柱是否损坏
4	安装进气喷射器和真空管	取1根进气喷射管安装至发动机，取1根真空管安装至发动机		听见"咔"的声音后，用手来回推拉，确认管口连接到位
5	安装冷凝器	用4颗螺栓预紧冷凝器至变速器上，用电枪紧固螺栓		螺栓须先预紧再紧固
6	安装冷却水管	将2个管箍安装至水管两头，在管口涂抹润滑脂，连接水管至发动机。用管箍松开工具松开管箍	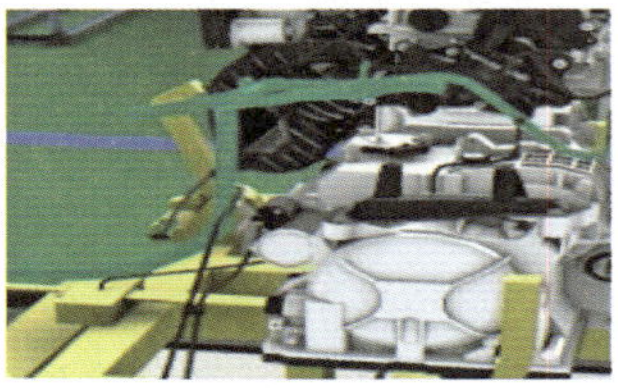	管箍紧固在水管白线规定范围内
MA071	安装冷却水管1	将2个管箍安装至水管两头，在管口涂抹润滑脂，连接水管至发动机。用管箍松开工具松开管箍		管箍紧固在水管白线规定范围内

(续)

序号	操作步骤	操作方法	操作图示	注意事项
2	安装冷却水管2	将2个管箍安装至水管两头，在管口涂抹润滑脂，连接水管至发动机。用管箍松开工具松开管箍	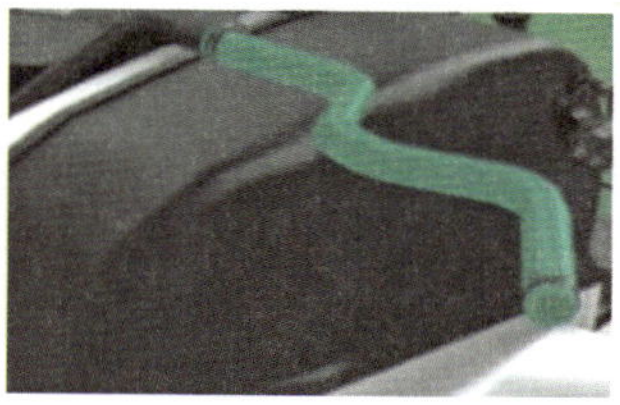	管箍紧固在水管白线规定范围内
3	安装冷却水管3	将2个管箍安装至水管两头，在管口涂抹润滑脂，连接水管至发动机。用管箍松开工具松开管箍	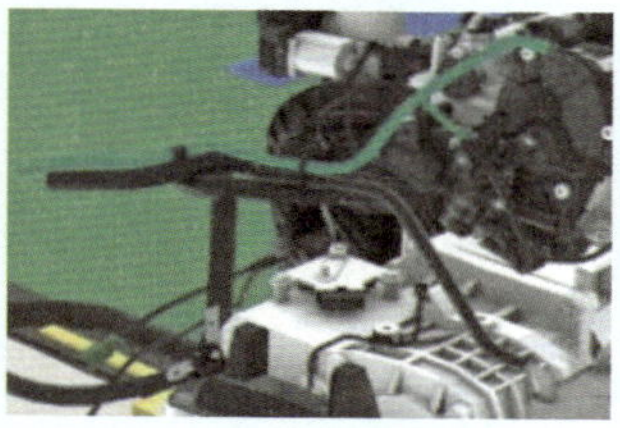	管箍紧固在水管白线规定范围内
4 完成发动机分装	安装冷却水管4	将2个管箍安装至水管两头，在管口涂抹润滑脂，连接水管至发动机。用管箍松开工具松开管箍		管箍紧固在水管白线规定范围内

3. 副车架分装，发动机总成和副车架合装，密封垫、前段排气管、支架、氧传感器装配

序号	操作步骤	操作方法	操作图示	注意事项
MA081 副车架分装	安装副车架和左、右摆臂	将左、右摆臂安装至副车架，分别用2颗螺栓和1颗螺母预紧摆臂，用电枪紧固螺栓、螺母	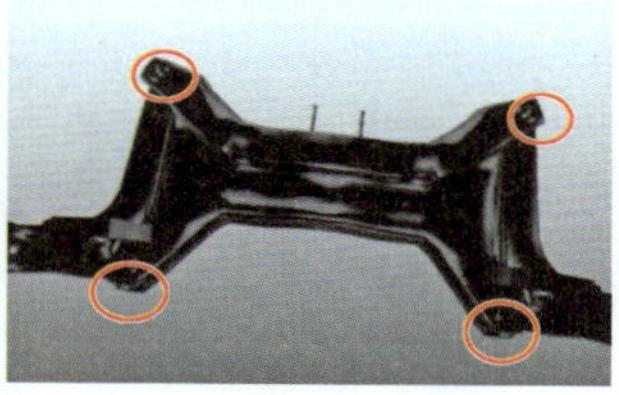	注意螺栓位置不要用错
2	安装稳定杆	将稳定杆安装至副车架，用2个固定扣、4颗螺栓预紧，用电枪紧固螺栓	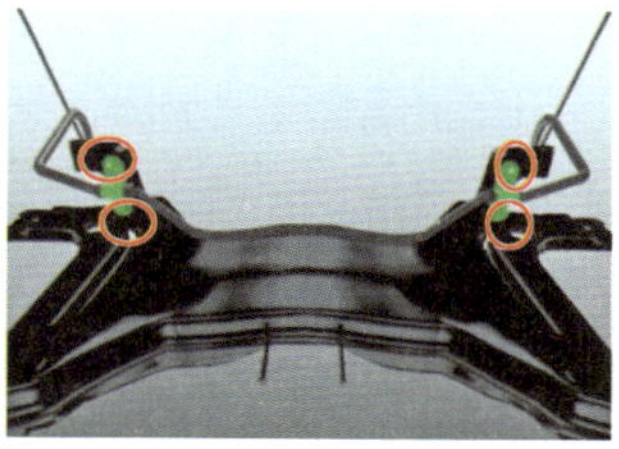	螺栓须先预紧再紧固，避免损坏螺栓
3 完成副车架分装	安装转向机	将转向机安装至副车架，用2颗螺栓预紧，用电枪紧固螺栓	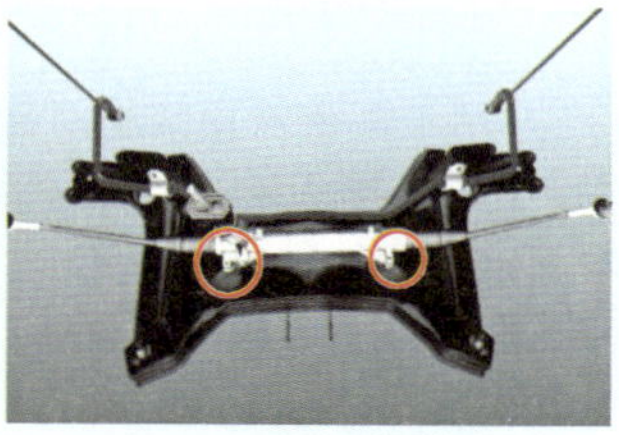	安装前，检查转向机有无漏油的现象
MA091	吊装副车架至合装台架	将副车架总成吊装至底盘合装台架上	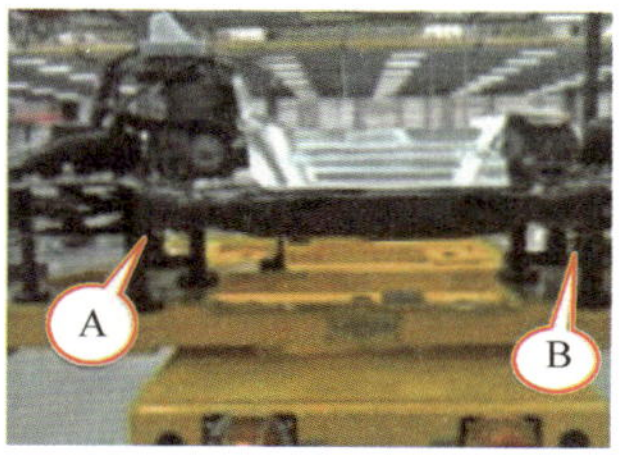	运行带有副车架的吊具到小车后方，把副车架缓缓地落在小车上的托盘支点上，把支点嵌入副车架对应的Ⓐ、Ⓑ两个孔位内

（续）

序号	操作步骤	操作方法	操作图示	注意事项
2	吊装发动机总成至底盘合装台架	将发动机总成吊装至底盘合装台架上		吊装过程中，注意不要撞坏发动机
3	安装密封垫	将密封垫安装至发动机排气口		不要漏装密封垫
4	安装前段排气管	用4颗螺母预紧排气管至发动机上，用电枪紧固螺母		安装前，检查密封垫是否安装
5	安装排气管支架	分别用1颗螺栓、1颗螺母预紧左、右支架至发动机，用电枪紧固支架		注意支架的方向不要装反
6	安装前、后氧传感器	将传感器预紧至排气管上，用拧紧工具紧固		注意前、后氧传感器的位置不要装反

4. 制动盘、制动钳、驱动轴装配，前悬总成、制动鼓装配

序号	操作步骤	操作方法	操作图示	注意事项
MA10 1 前悬分装	安装制动盘	用1颗螺栓预紧制动盘至减振器总成，用电枪紧固制动盘	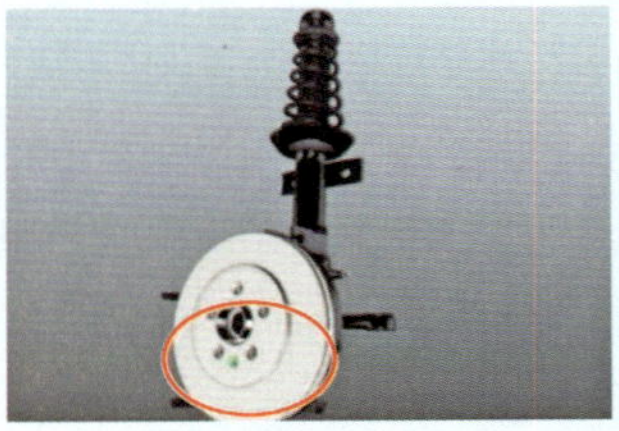	安装前，检查制动盘表面有无碰伤、锈蚀
2 完成前悬分装	安装制动钳	用2颗螺栓预紧制动钳至制动盘上，再用电枪紧固制动钳，用2个堵盖密封柱螺栓头	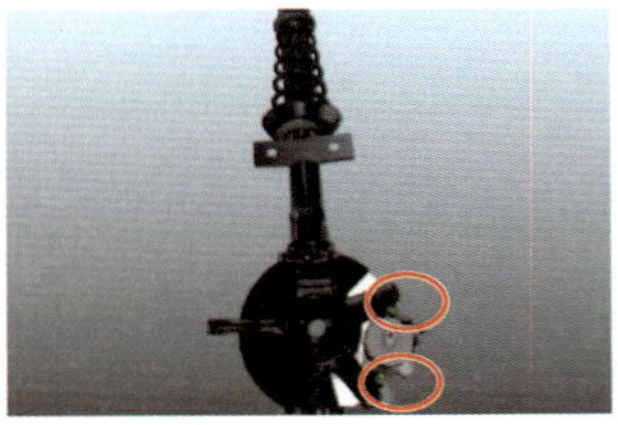	安装制动钳时，注意不要将制动盘碰伤

（续）

序号	操作步骤	操作方法	操作图示	注意事项
3	安装左侧驱动轴	涂抹润滑脂至驱动轴头部，将驱动轴对准花键槽，用手将驱动轴推进花键内		安装完成后，用手推拉驱动轴检查确认
4	安装右侧驱动轴	涂抹润滑脂至驱动轴头部，将驱动轴对准花键槽，用手将驱动轴推进花键内		安装完成，用手推拉驱动轴检查确认
MA11 1	查看FIS单	查看前悬与车身的型号是否一致		不要将代码识别错误，拿错前悬
2	安装左前悬	用吊具将前悬吊至合装台架，将半轴花键套入前悬制动盘的花键孔内，用3颗螺母预紧，并紧固螺母		注意半轴花键一定要与制动盘花键孔紧密结合，防止其脱落，制动垫片要求紧固3圈以上
3	装带中轴大螺栓、球头螺母、稳定杆螺母	将中轴大螺栓、球头螺母、稳定杆螺母预紧在发动机上（带3~5圈）		确保螺母预装正确且没有装歪
4	用电枪预紧稳定杆螺母	用电枪以8N·m的力对稳定杆螺母进行预紧	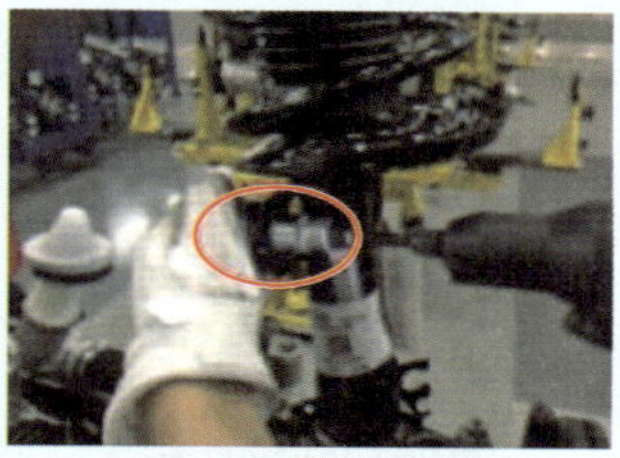	用电枪预紧前，要确定稳定杆螺母没有装歪
5	紧固中轴大螺栓、球头螺母、稳定杆螺母	用电枪紧固之前，预紧所有的螺栓、螺母		不要漏紧
MA12 1	查看FIS单	查看前悬与车身的型号是否一致	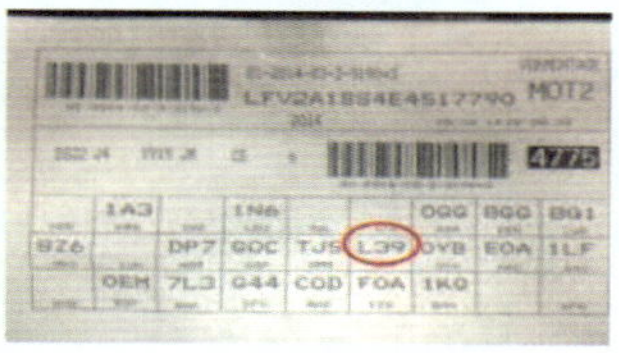	不要将代码识别错误，拿错前悬

（续）

序号	操作步骤	操作方法	操作图示	注意事项
2	安装右前悬	用吊具将前悬吊至合装台架，将半轴花键套入前悬制动盘的花键孔内，用3颗螺母预紧，并紧固螺母	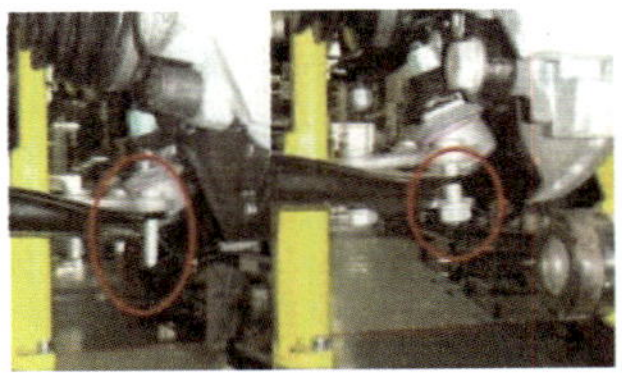	注意半轴花键一定要与制动盘花键孔紧密结合，防止其脱落，制动垫片要求紧固3圈以上
3	装带中轴大螺栓、球头螺母、稳定杆螺母	将中轴大螺栓、球头螺母、稳定杆螺母预紧在发动机上（预紧3~5圈）		确保螺母预装正确且没有装歪
4	用电枪预紧稳定杆螺母	用电枪对稳定杆螺母进行预紧		用电枪预紧前要确定稳定杆螺母没有带歪
5	紧固中轴大螺栓、球头螺母、稳定杆螺母	用电枪紧固之前，预紧所有的螺栓、螺母		不要漏紧
MA131	紧固左稳定杆螺母	用手预紧螺母，连接稳定杆和前悬，用电枪将螺母紧固		必须拧紧到位，不要漏紧
2	安装左制动管	将制动软管连接至制动钳，并用电枪紧固。将中段凸台装配在转盘支架上，用橡胶锤将管夹砸紧		不允许弯折、拉扯制动软管的中段凸台。枪头必须与螺母紧密结合
MA141	紧固右稳定杆螺母	用手预紧螺母，连接稳定杆和前悬，用电枪将螺母紧固		必须拧紧到位，不要漏紧

项目五　动力总成及底盘装配

（续）

序号	操作步骤	操作方法	操作图示	注意事项
2	安装右制动软管	将制动软管连接至制动钳，并用电枪紧固。将中段凸台装配在转盘支架上，用橡胶锤将管夹砸紧		不允许弯折、拉扯制动软管的中段凸台。枪头必须与螺母紧密结合

5. 后桥总成、制动拉索、后减振器、减振弹簧、后消声器装配

序号	操作步骤	操作方法	操作图示	注意事项
MA15 1	安装后桥总成	用吊具吊起后桥横梁，移动后轴吊具到托盘上方，降低吊具把后轴落在托盘支点上		后轴要保证落入托盘支点
2	安装制动拉索	把后轴拉索卡在托盘定位卡槽内，并拔起夹紧机构		保证拉索不出现弯折
3	安装左后减振器	查看FIS单，核对PR号，将左减振器安装至后桥，用1颗螺栓、1颗螺母预紧，再用电枪紧固		注意螺栓和螺母的位置，不要装反
4	安装左侧减振弹簧	取弹簧垫片和减振弹簧，先将垫片放到后桥上，然后拨起弹簧支点，将弹簧安装好（弹簧下部开口处向右）		弹簧方向一定不要装反（开口端处对应后桥弹簧底座左后工艺孔边缘）
5	安装右后减振器	查看FIS单，核对PR号，取左减振器，安装至后桥，用1颗螺栓、1颗螺母预紧，再用电枪紧固		注意螺栓和螺母的位置，不要装反
6	安装右侧减振弹簧	取弹簧垫片和减振弹簧，先将垫片放到后桥上，然后拨起弹簧支点，将弹簧安装好（弹簧下部开口处向右）		弹簧的方向一定不要装反（开口端处对应后桥弹簧底座左后工艺孔边缘）

（续）

序号	操作步骤	操作方法	操作图示	注意事项
7	安装后消声器	将后消声器摆放到托盘上，先将消声器尾部摆放到支点上，再调整消声器中部位置	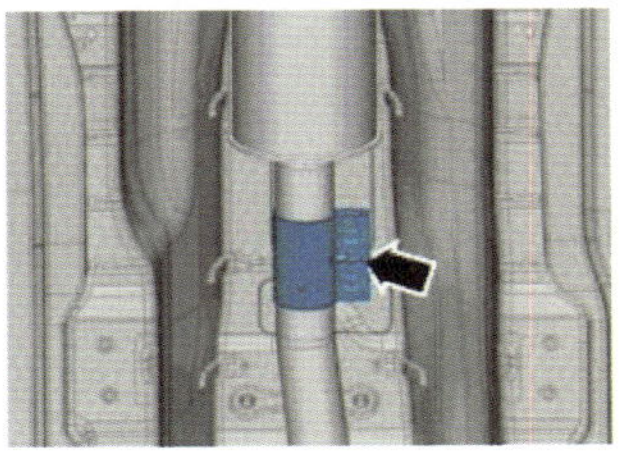	后消声器各个支点一定要落到托盘支点里

6. 燃油箱吊带、燃油箱、隔热板、换档座装配

序号	操作步骤	操作方法	操作图示	注意事项
MA161	安装及紧固管夹套	取管夹套，将管夹套安装到前、后消声器连接处，将管夹套自带的螺母预紧，用电枪紧固	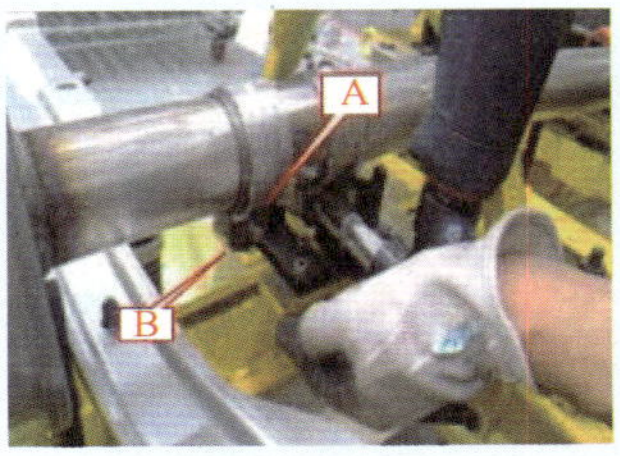	方向一定是垂直向下的
2	安装燃油箱吊带	取两根不同的燃油箱吊带，预先放置在底盘合装台架上	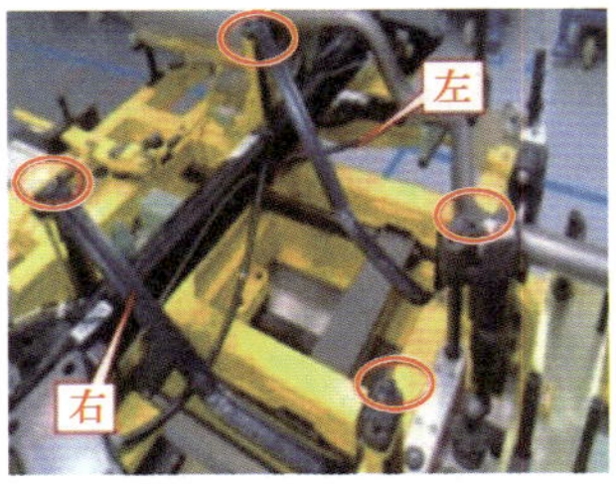	燃油箱吊带位置不能放反，两头螺孔必须放在托盘指定支点里，并且燃油箱螺栓要从中间穿过
3	放置燃油箱	移动吊具，将燃油箱落在托盘上，并把燃油箱放在支点指定位置。要求的孔必须把螺栓包住	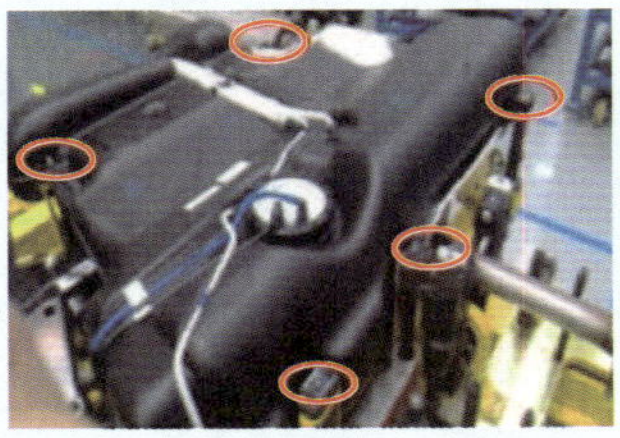	安装前，检查燃油箱外观有无破损
4	隔热板-通道安装	将隔热板-通道安装到托盘指定位置，每个小孔必须安装到对应的支点上，中部必须放在变速杆支点的中间	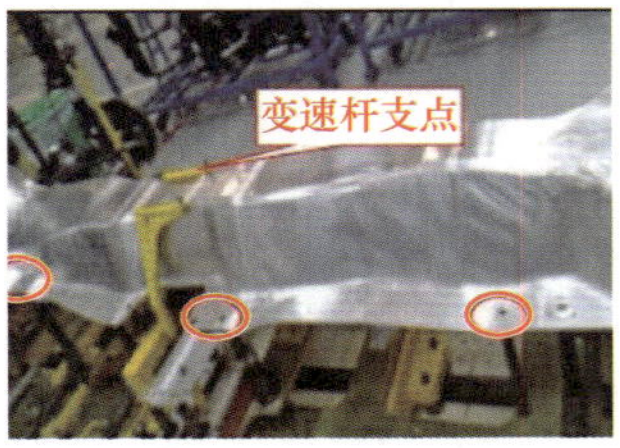	隔热板一定要完全放到托盘支点内（托盘支点是左、右对称的）
MA171	连接换档座和摇臂	用右手拿着换档座，左手把着摇臂弹簧卡子，先对准一个，等上一个连接在一起后，再对准另一个，直到两个都和摇臂连接在一起		连接过程要注意按照1~2的顺序
2	预紧变速杆螺栓	用专用的预紧螺栓工具将3颗螺栓预紧	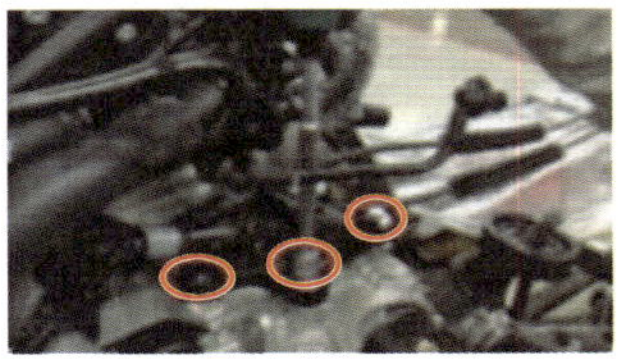	螺栓先预紧，再紧固

(续)

序号	操作步骤	操作方法	操作图示	注意事项
3	换档座摆放	左手抓住拉丝,右手抓住换档座变速杆,把它放于隔热板上两个定位处,装配定位销	 定位销	禁止取零件时有拖地现象,应轻拿轻放
4	紧固变速杆螺栓	用EC扳手依次紧固螺栓1、2、3		紧固时,EC电枪绿灯亮为拧紧合格
5	松开弹簧	按照A、B的顺序依次逆时针旋转松开两个摇臂弹簧	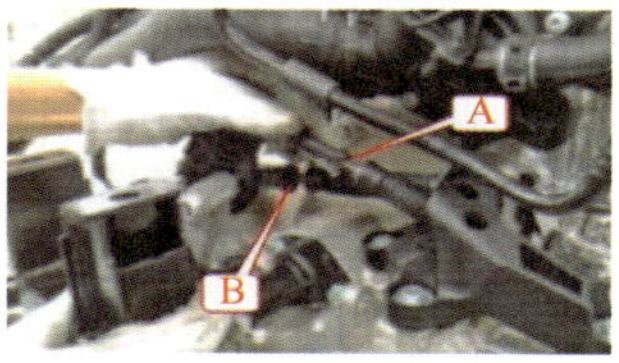	弹簧松开后,检查是否完全卡住
6	松开锁档杆拨片	把锁档杆拨片按照箭头方向松开90°,拔下定位销		检查锁档杆拨片是否旋转为垂直方向

以上:发动机总成、副车架、前悬、后桥、排气管、燃油箱等部件在底盘合装台架上合装完毕。等待车身上的底盘附件分装完毕后,车身就可以和所有底盘部件完成合装

1. 隔音垫、回油管、制动管支架、制动油管、隔热板、制动器锁总成装配

MA01 1 车身底盘附件装配	安装隔声垫	按照燃油管回油管总成(按照行车方向)白管在外侧、黑管在内侧的原则,依次固定在隔声垫的1、3两处	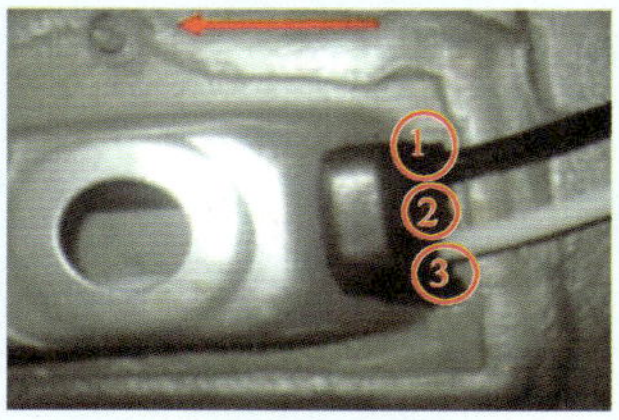	不要将白管或者黑管放到2处
2	使用燃油管辅具固定燃油回油管总成	将回油管总成上的2个白色固定卡的工艺孔与车身底部焊柱对齐,将燃油辅具垫在白色固定卡上,最后使用橡胶锤敲击燃油辅具	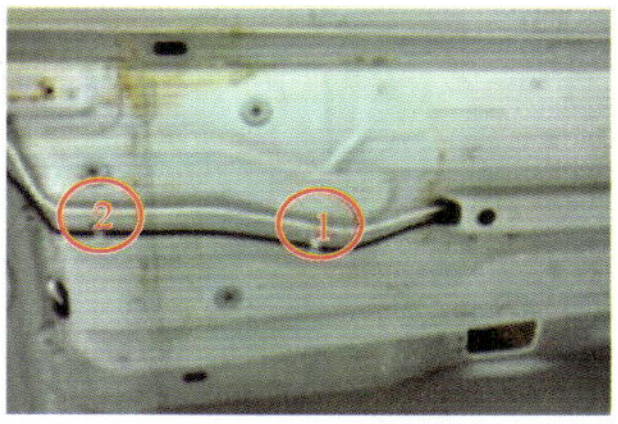	固定燃油回油管总成时,检查防尘帽有无缺失,如缺失不可装车
3	安装支架-制动管夹	将制动管夹两个固定开口卡槽的一侧朝下,将另一侧零件工艺孔与车身钣金上的焊柱对齐,最后用橡胶锤敲击与车身钣金相贴合	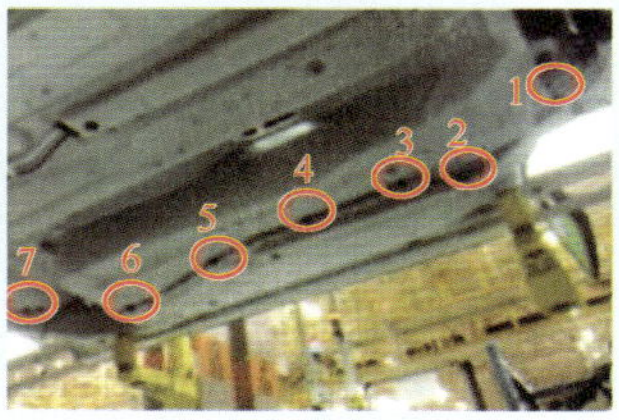	确保卡夹卡进到位,不要漏装

（续）

序号	操作步骤	操作方法	操作图示	注意事项
4	安装支架制动管夹，固定左前制动油管	将制动管夹有两个固定开口槽的一侧朝外，将另一侧零件工艺孔与车身钣金上的焊柱对齐，最后使用橡胶锤敲击，将制动油管固定于制动管夹下方固定槽内	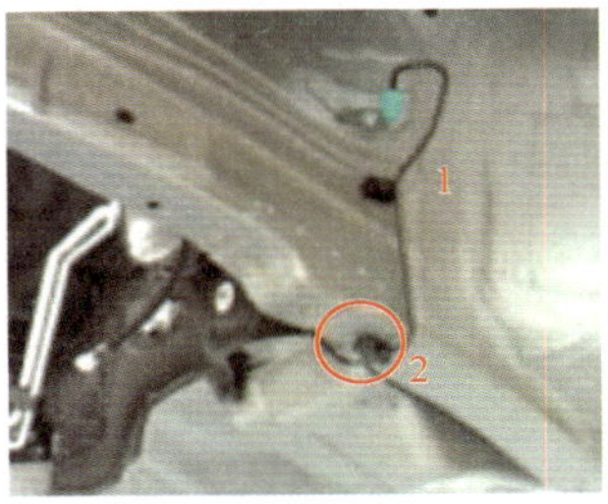	注意检查油管零件号，不要拿错零件。固定前制动油管时，注意检查防尘帽是否脱落
5	安装支架制动管夹，固定右前制动油管	将制动管夹有两个固定开口槽的一侧朝外，将另一侧零件工艺孔与车身钣金上的焊柱对齐，最后使用橡胶锤敲击，直至制动管夹与车身钣金相贴合，将制动油管固定于制动管夹下方的固定槽内	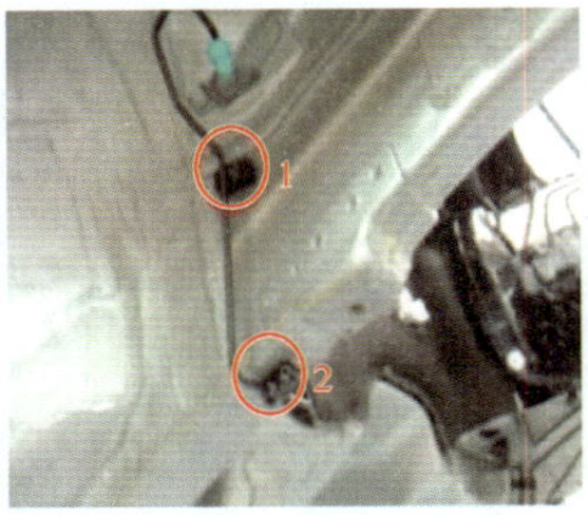	1）注意检查油管零件号，不要拿错零件 2）固定前制动油管时，注意检查防尘帽是否脱落
MA021	安装右前轮膨胀螺母	按照图示1~9的顺序依次将膨胀螺母按入车身钣金工艺孔内，装配完成后进行自检装配内容	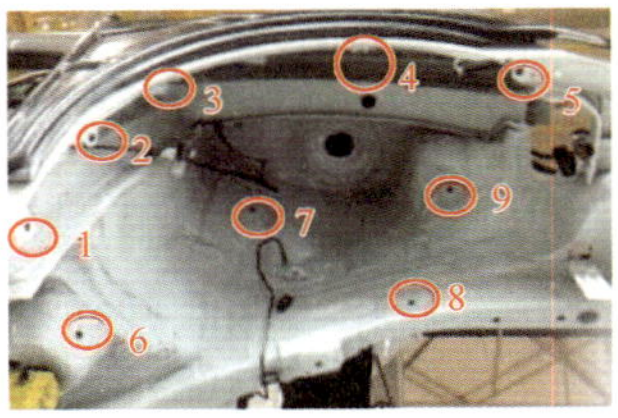	不可使用小锤以及其他工具敲击翼子板，避免使翼子板变形
2	安装右后轮膨胀螺母、密封盖总成	先将2个膨胀螺母按照顺序用手按入车身钣金孔内，再将密封盖总成按入车身钣金孔中，装配完成后进行自检装配内容	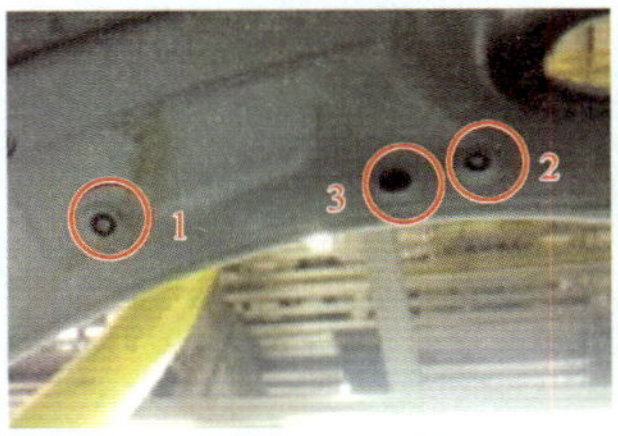	注意检查密封盖总成是否与车身钣金孔完全贴合
3	安装右后轮膨胀螺母	按照图示1~6的顺序依次将膨胀螺母按到车身钣金工艺孔内，装配完成后进行自检装配内容	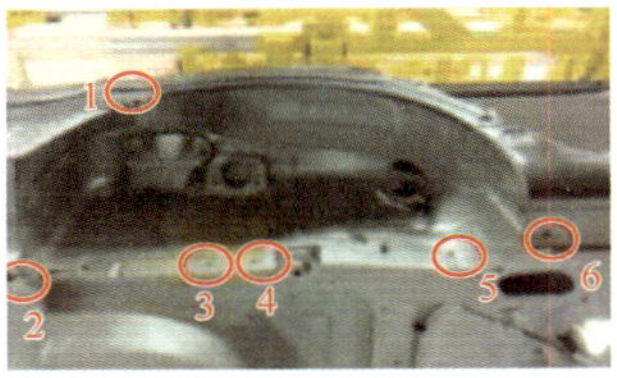	确保卡紧到位，不要漏装
4	安装左后轮膨胀螺母、密封盖总成	先将2个膨胀螺母按照顺序用手按到车身钣金孔内，再将密封盖总成按到车身钣金孔中，装配完成后进行自检装配内容		注意检查密封盖总成是否与车身钣金孔完全贴合
5	安装左后轮膨胀螺母	按照图示1~6的顺序依次将膨胀螺母按到车身钣金工艺孔内，装配完成后进行自检装配内容	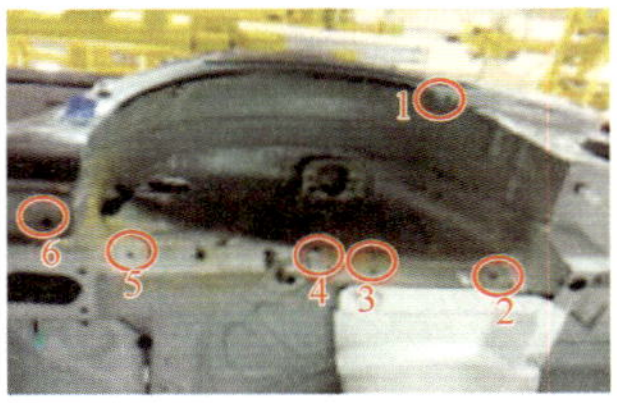	确保卡紧到位，不要漏装

项目五　动力总成及底盘装配

（续）

序号	操作步骤	操作方法	操作图示	注意事项
6	安装左前轮膨胀螺母	按照1~9的顺序依次将膨胀螺母按到车身钣金工艺孔内，装配完成后进行自检装配内容	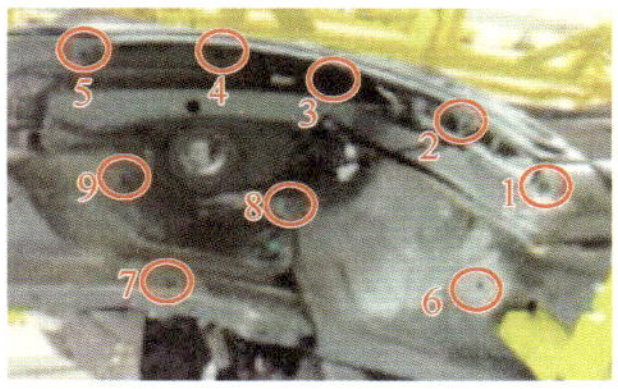	不可使用小锤以及其他工具敲击翼子板，避免使翼子板变形
MA031	安装固定制动管路	依次调整制动管路上的间隔垫片，使其开口方向朝下，装配完成后进行自检装配内容	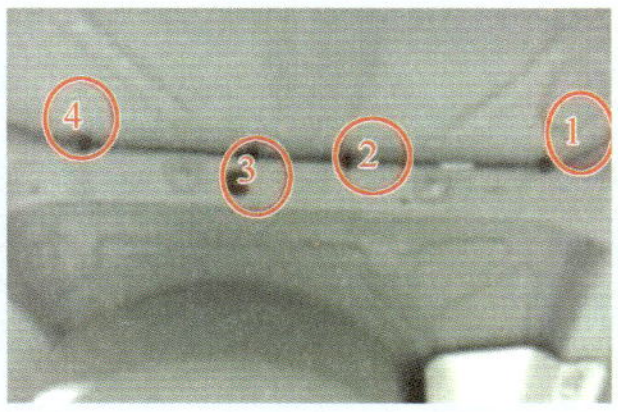	检查制动管路防尘帽情况，在制动管路未连接之前不可摘防尘帽
2	安装隔热板—后消声器	将隔热板—后消声器向上举起，宽的一端朝车身前方，对准其他4个固定孔，使用专用工具垂直对准固定孔与焊柱	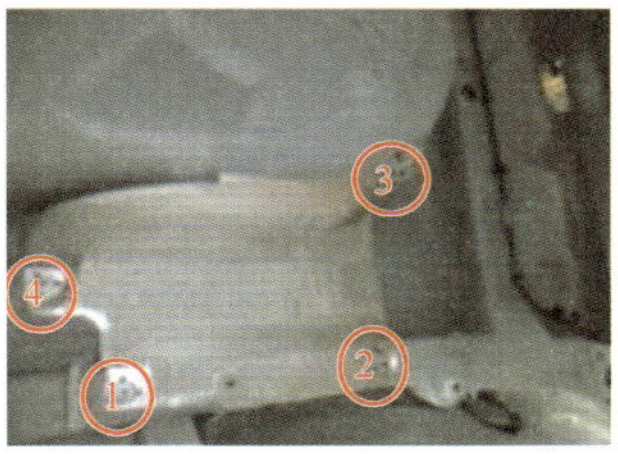	宽的一端朝向车身前方，一定要先对准左侧的固定孔
3	固定制动管路	将长的制动管路从ABS泵上的制动管路下方穿过放在ABS泵上，然后将制动管路前端卡在ABS泵上管夹的卡槽内，再以同样的方法将较短的一根制动管路卡在管夹的左侧卡槽内	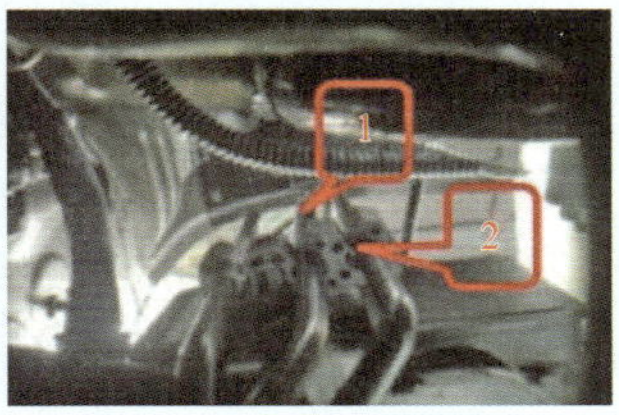	检查制动管路防尘帽的情况，在制动管路未连接之前不可摘除防尘帽
4	固定进油管	先将进油管固定支架调整至开口朝下，再将进油管推进开口	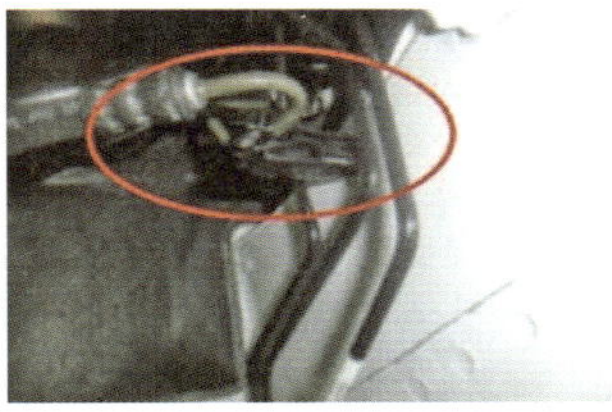	禁止野蛮操作，防止进油管变形
5	固定制动管路	将2根制动管路按照1~7的顺序依次卡到7个支架—制动管夹的卡槽内，装配完成后进行自检装配内容		卡入卡槽后，调整制动管路之间和制动管路与钣金之间的间隙，避免出现干涉
6	安装密封盖总成	找到车身底部工艺孔，安装密封盖总成	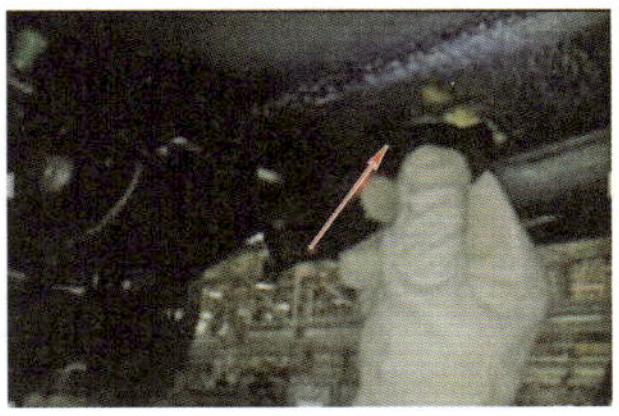	注意不可用力过大，导致密封盖总成进入车身而无法取出

（续）

序号	操作步骤	操作方法	操作图示	注意事项
7	安装套管	找到车身钣金工艺孔用力将套管按下去，直至与钣金件完全贴合		确保安装到位，无翘边现象
8	安装支架—制动器索	手握支架—制动器索一端，另一端装入套管工艺孔		注意支架—制动器索的安装方向
9	安装左侧制动器索总成	1）将制动器索总成固定在后桥的固定卡处 2）将制动器拉索穿入制动器索导管中，将制动器索总成白色区域固定在支架—制动器索上	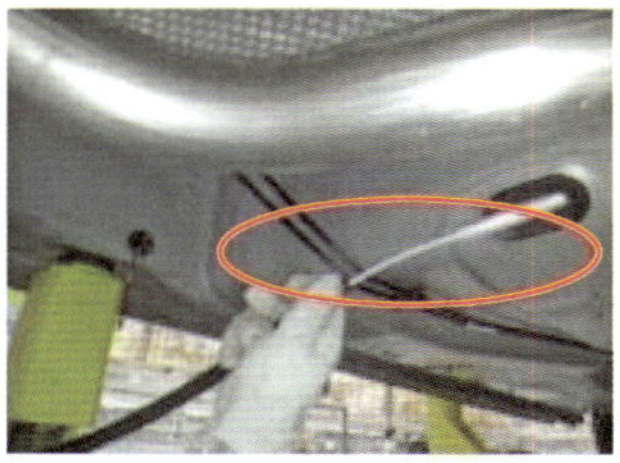	注意不可用力过大，使后桥上的固定卡损坏
10	紧固制动油管	摘除防尘帽后，先将制动管路螺母与后桥制动管路开口对齐，用手预紧3~5圈，再用呆扳手紧固	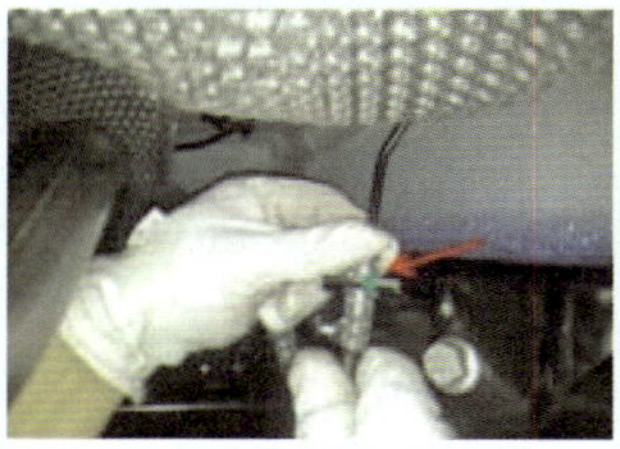	制动管路在螺纹连接前必须有防护盖，防护盖只能在即将对管路进行螺纹连接时取下

2. 密封盖、套管、驻车制动支架、冷却水管支架装配，ABS 线束连接

序号	操作步骤	操作方法	操作图示	注意事项
MA04 1	安装密封盖总成	找到车身底部工艺孔，安装密封盖总成	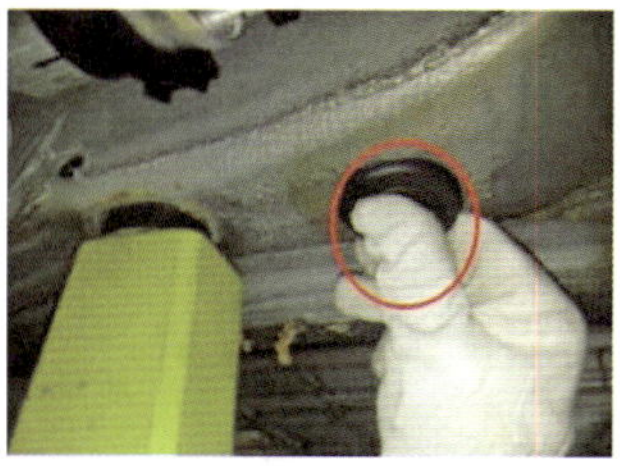	注意不可用力过大，导致密封盖总成进入车身而无法取出
2	安装套管	找到车身钣金工艺孔，用力将套管按下去，直至与钣金件完全贴合	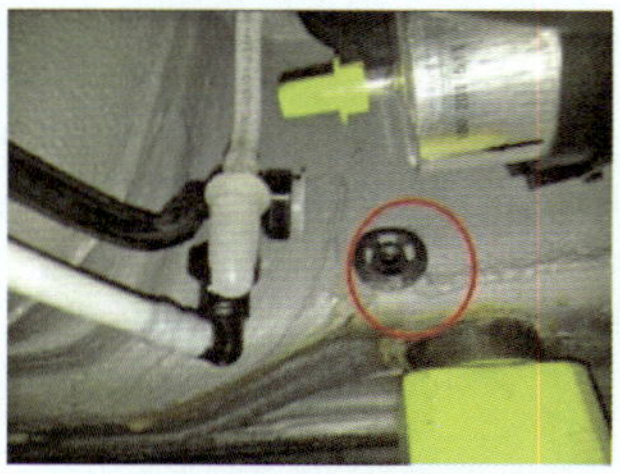	确保卡紧到位，无翘边现象
3	安装支架—制动器索	手握支架—制动器索一端，另一端装入套管工艺孔	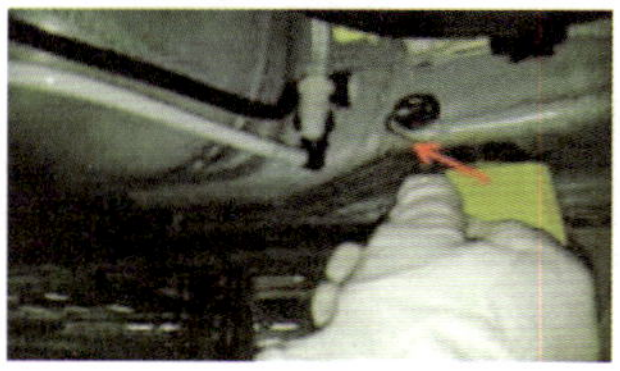	注意支架—制动器索的安装方向

项目五　动力总成及底盘装配

（续）

序号	操作步骤	操作方法	操作图示	注意事项
4	连接燃油管	摘除燃油回油管总成上的防尘帽，燃油管的黑管与燃油箱滤清器连接，白管与燃油箱自带的油管连接	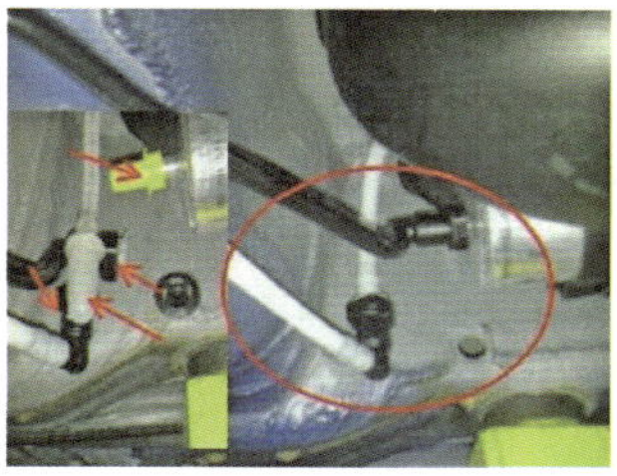	所有燃油流经的零件在安装前和安装期间必须进行防污保护
5	安装右侧制动器索总成	将制动器索总成固定在后桥的固定卡处，将制动器拉索穿入制动器索总成导管中，将制动器索总成白色区域固定在支架—制动器索上		注意安装位置不要装错
6	紧固制动油管	摘除防尘帽后，用手将制动管路对齐，用手预紧3~5圈，再用呆扳手紧固	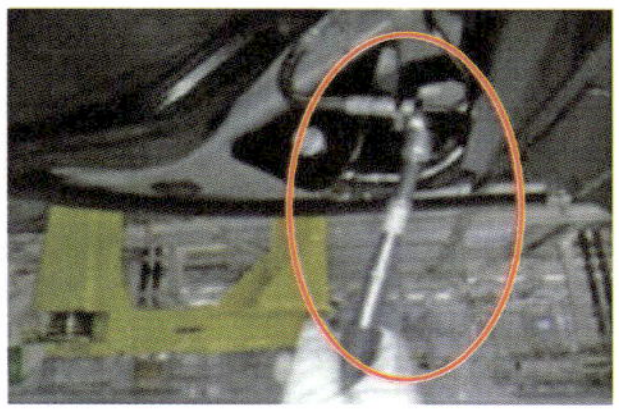	制动管路在螺纹连接前必须有防护盖，前、后部制动软管在安装时不得存在拧劲
7	安装冷却水管支架	用辅具将冷却水管支架敲击至后桥支架中，直至冷却水管支架与后桥支架平齐	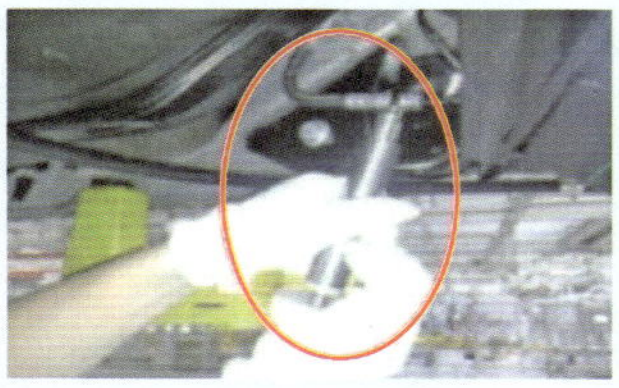	注意冷却水管支架方向不要装反
MA051左侧	安装支架	将支架工艺孔与车身焊柱对齐，用力拧，直至与车身钣金贴齐，并保证支架有开口的一侧朝向车头方向	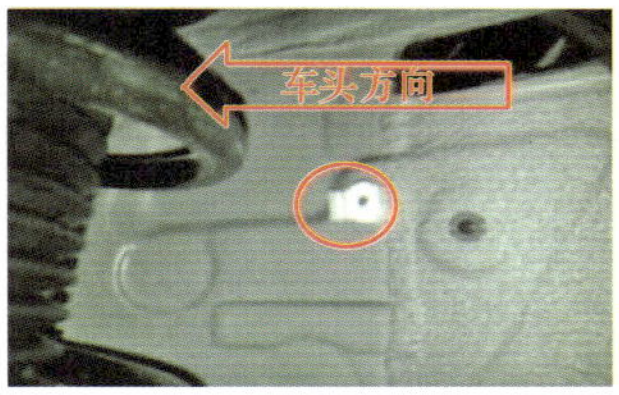	确保安装到位，无松动
2	固定ABS线束	将ABS线束卡在支架的卡槽内	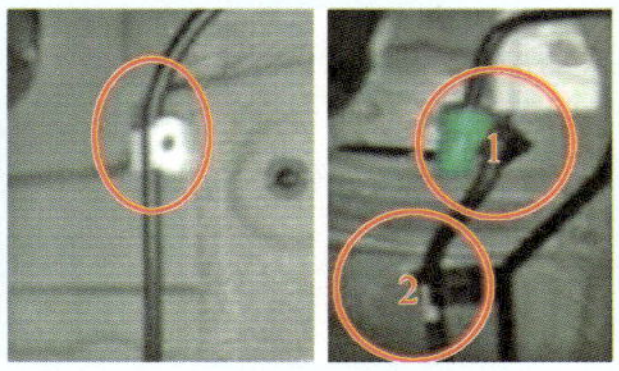	ABS传感器线束标记位于支架与制动管夹之间
3	连接ABS插头	将ABS插头连接至制动盘后方的插座上，装配完成后反向拉伸进行检查，防止插头虚插	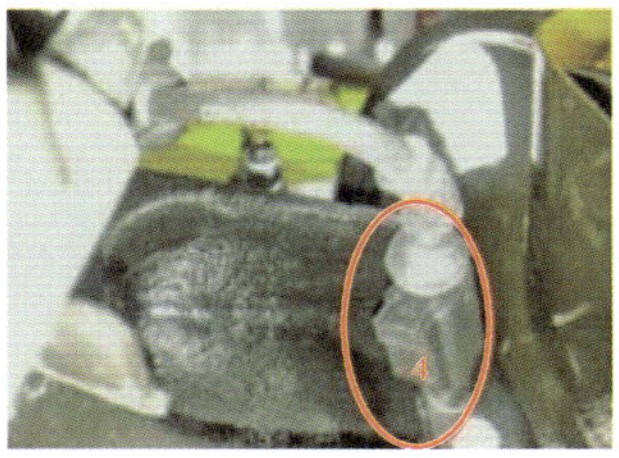	确保连接到位，用手来回推拉检查确认

（续）

序号	操作步骤	操作方法	操作图示	注意事项
4	安装支撑弹簧、制动管路螺母	将支撑弹簧安装在制动管路螺母上，然后将制动软管穿过钣金工艺孔，预紧油管，再用呆扳手紧固	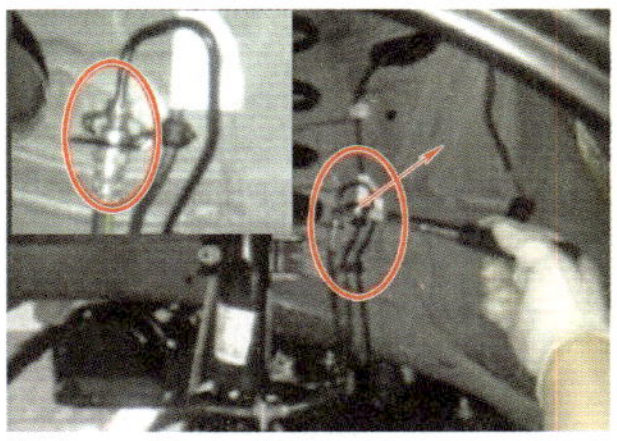	制动管路防护盖只能在即将对管路进行螺纹连接时取下
MA06 1 右侧	安装支架	将支架工艺孔与车身焊柱对齐，用力拧，直至与车身钣金贴齐，并保证支架有开口的一侧朝向车头方向	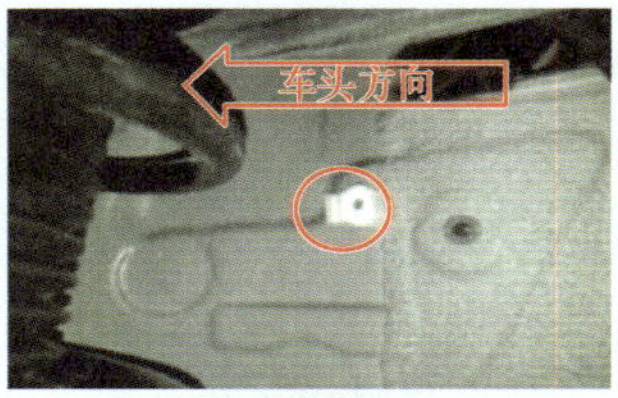	确保安装到位，无松动
2	固定 ABS 线束	将 ABS 线束卡在支架的卡槽内	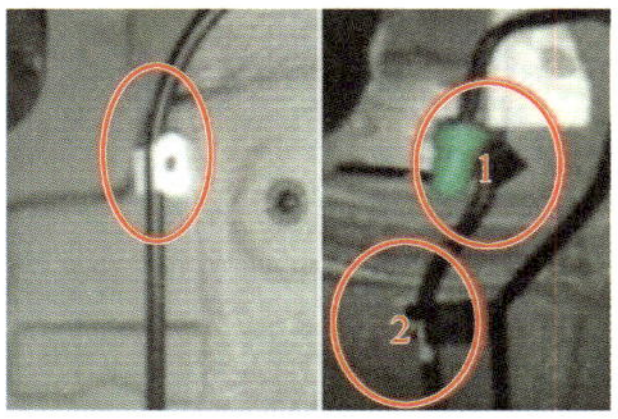	ABS 传感器线束标记位于支架与制动管夹之间
3	连接 ABS 插头	将 ABS 插头连接至制动盘后方的插座上，装配完成后反向拉伸进行检查，防止插头虚插	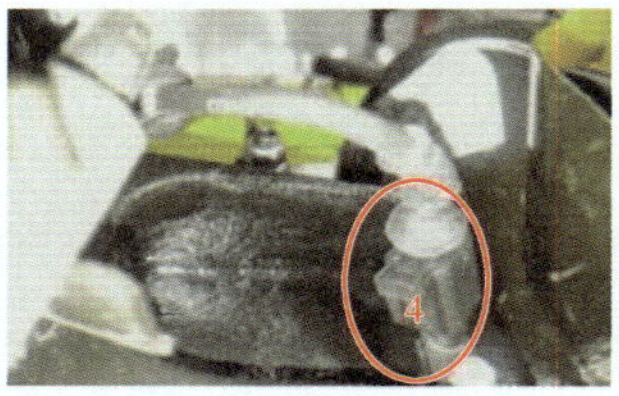	确保连接到位，用手来回推拉检查确认
4	安装支撑弹簧、制动管路螺母	将支撑弹簧安装在制动管路螺母上，然后将制动软管穿过钣金工艺孔，预紧油管，再用呆扳手紧固	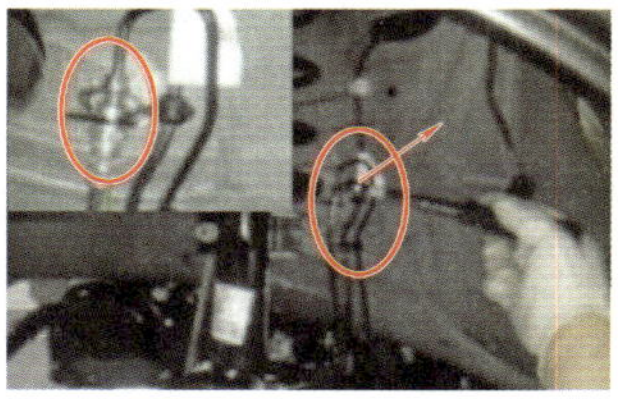	制动管路防护盖只能在即将对管路进行螺纹连接时取下

完成车身底盘附件的装配，将车身和底盘进行合装

3. 紧固副车架螺栓、后桥螺栓、减振器螺栓、油箱螺栓、炭罐螺栓

序号	操作步骤	操作方法	操作图示	注意事项
MA01 1	拧紧副车架支架六角头法兰面螺栓	用 EC 扳手紧固托盘上左、右副车架支架支点。将螺钉放到 EC 扳手的套筒上，将套筒对准左侧副车架支架螺栓孔，启动 EC 扳手进行拧紧		注意拧紧时，要将螺栓与螺栓孔垂直对正，以免损坏螺栓
2	拧紧中部消声器六角头法兰面螺栓	用左侧 EC 扳手对托盘中部消声器六角头法兰面螺栓支点进行紧固	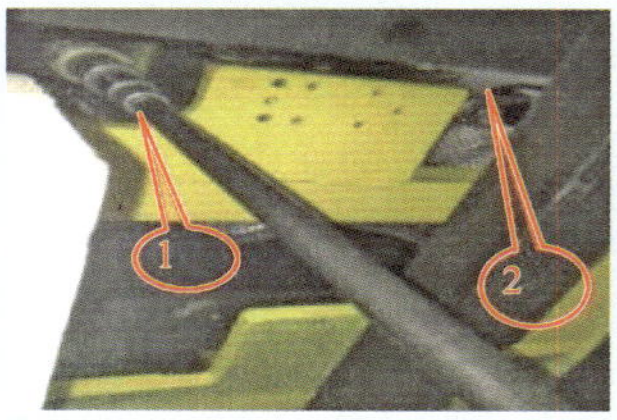	注意拧紧时，要将螺栓与螺栓孔垂直对正，以免损坏螺栓

项目五　动力总成及底盘装配

（续）

序号	操作步骤	操作方法	操作图示	注意事项
3	预紧轴座左侧螺栓（4个）	取4个轴座螺栓，用手预紧螺栓至左侧车底	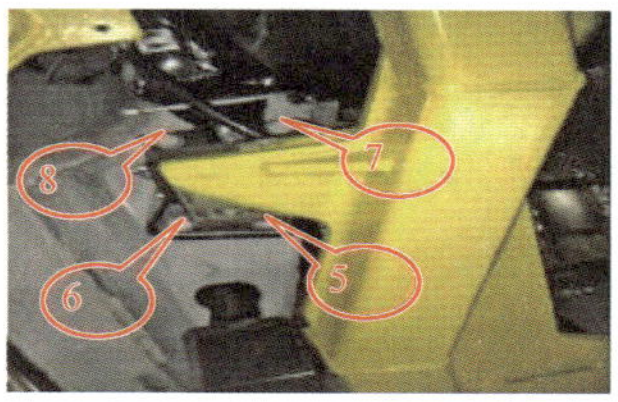	预紧前，查看轴座与车身螺孔是否对正，有无焊渣
4	安装车身工艺孔胶堵（8个）	在左侧料斗取8个密封盖，到左侧车底4个工艺孔处，依次将工艺孔装配上。将右侧4个密封盖依次将工艺孔装配上	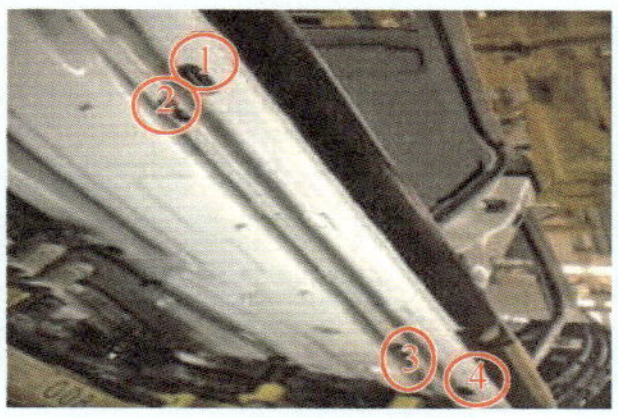	检查胶堵是否完全装配到位，注意不要用力过大将胶堵推进孔内或没把胶堵展平有褶皱
5	预紧轴座右侧螺栓（4个）	取4个轴座螺栓，用手预紧螺栓至右侧车底	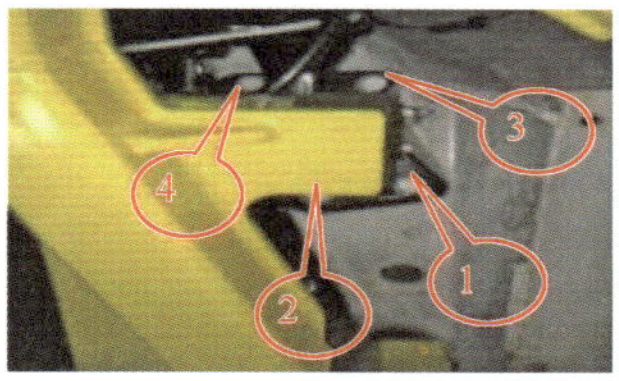	预紧前，查看轴座与车身螺孔是否对正，有无焊渣
MA021	预紧左、右前悬螺母	让悬架支点穿过限动杯形环，并把大螺母顺时针带在支点上	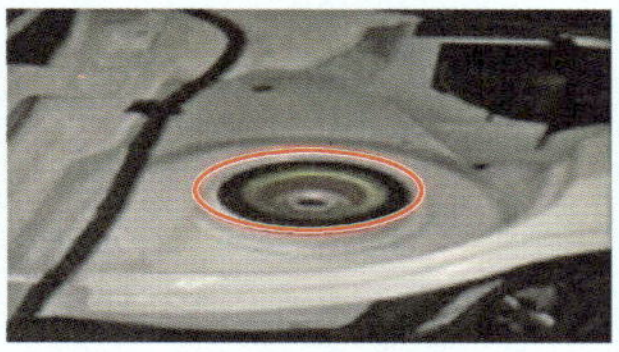	预紧螺母时，必须预紧3圈以上
2	紧固左、右前悬螺母	用EC扳手紧固前悬大螺母，用2个前悬盖罩分别盖在左、右前悬螺母上		螺母须先预紧再紧固
3	安装发动机悬置螺栓	操作者走到车前先观察悬置工艺孔是否对正。如不正，则将螺丝刀插入悬置工艺孔中，左右摇摆，使孔对正，右手将螺钉1、2、3分别预紧，再用电枪紧固	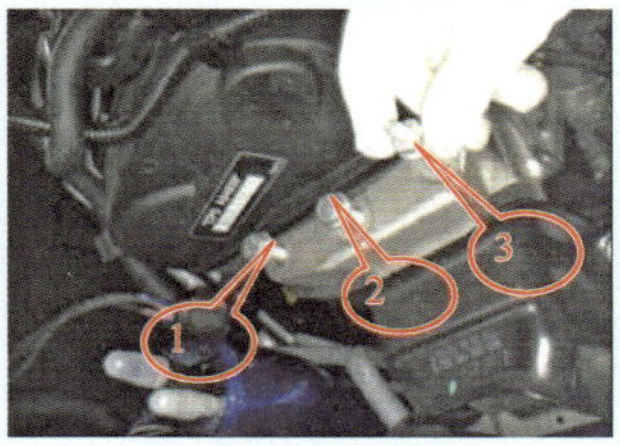	预紧钉前查看悬置与车身螺孔是否对正，有无焊渣。因为螺孔偏差，螺钉必须要预紧3圈以上，不要带歪
4	安装变速器悬置螺栓	先观察悬置工艺孔是否对正。如不正，则将螺丝刀插入悬置工艺孔中，左右摇摆，使孔对正，右手将螺钉4、5分别带入，再用电枪紧固	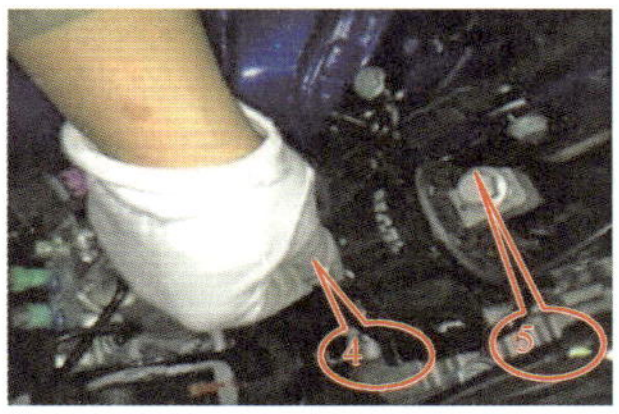	预紧钉前查看悬置与车身螺孔是否对正，有无焊渣

（续）

序号	操作步骤	操作方法	操作图示	注意事项
MA03 1	预紧左、右后减振器	分别用2颗螺栓预紧左、右后减振器	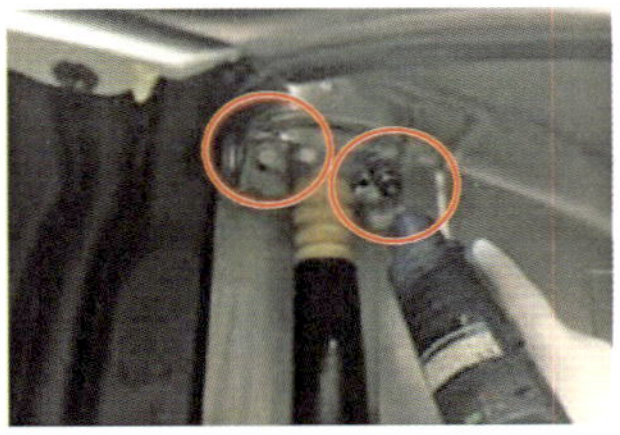	预紧钉必须3圈以上，不能预紧歪，否则会出现乱扣的现象，不合格螺栓禁止使用
2	安装消声器挂环	将挂环套在车身上的支点上，并让支点完全穿过挂环		检查支点是否完全穿过挂环
3	固定隔热板—通道	将隔热板—中通道前部装配到焊柱上		安装前，检查焊柱上有无焊渣
4	紧固左、右后减振器	取电枪将螺栓紧固	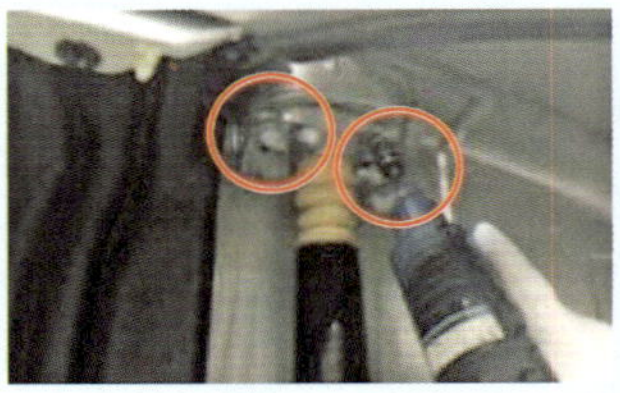	预紧钉必须3圈以上，否则会出现乱扣的现象，不合格螺栓禁止使用
MA04 1	紧固燃油箱口	用电枪依次紧固1、2号螺栓，放回EC扳手，查看显示屏是否合格，确认点漆，放行车辆		电枪要拿稳，小心碰到车身侧围。点漆时，要保证零件与螺栓为一条直线
2	紧固燃油箱、吊带螺栓	用5颗螺栓预紧燃油箱，再用电枪紧固燃油箱吊带的5颗螺栓	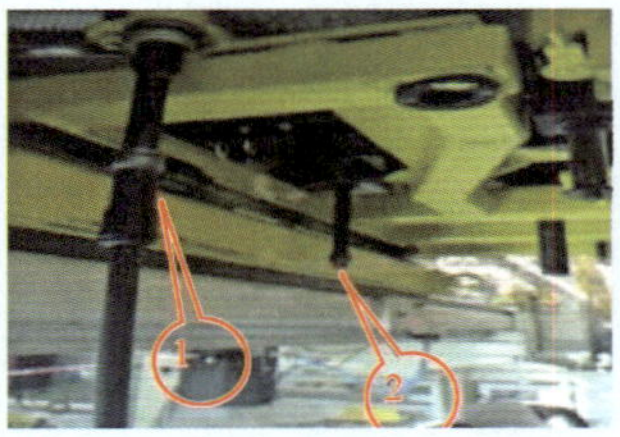	紧固前，确保套筒和螺栓贴合完整，避免损坏螺栓
3	装配炭罐油管	操作者行走1m到发动机舱，将炭罐油管装配到发动机上	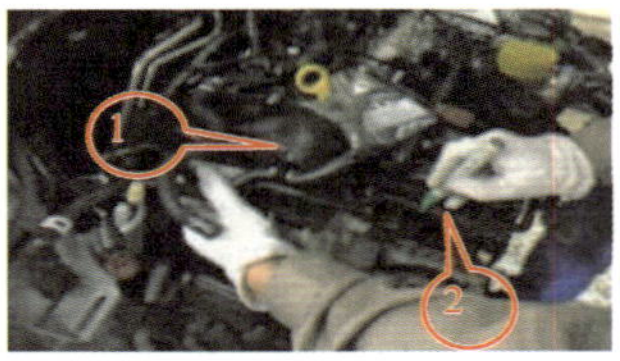	装配完成后，检查炭罐油管下部是否弹开

完成车身和底盘总成的合装，后面为底盘工位其他附件的装配工作

项目五　动力总成及底盘装配

（续）

4. 喇叭、控制器、前保险杠支架、制冷剂管装配，连接机舱线束管路

序号	操作步骤	操作方法	操作图示	注意事项
MA011	安装带支架的喇叭总成	将带支架的喇叭总成卡在车身纵梁下方卡槽处，用电枪紧固壳体连接螺栓		螺栓须先预紧再紧固
2	紧固控制器	将冷风控制器卡在螺柱上，使用电枪将六角法兰面螺母对准焊柱1后进行紧固	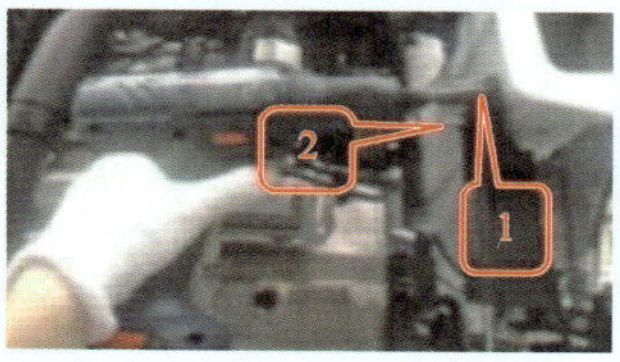	螺母须先预紧再紧固
3	连接控制器、喇叭插头	将控制器插头打开后与控制器接口对齐，用力往上推，并用力将插头锁死，然后连接喇叭插头	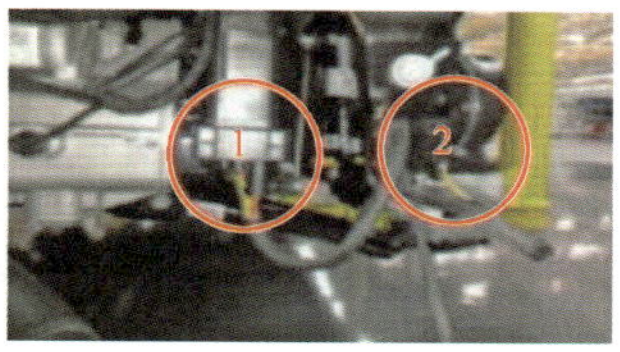	喇叭插头线束走向不能与喇叭螺钉干涉，搭铁线不能与喇叭干涉
4	安装前保险杠两侧导向支架	将前保险杠侧导向支架固定在翼子板上，让焊柱穿过前保险杠侧导向支架上的工艺孔，固定在翼子板凸缘上	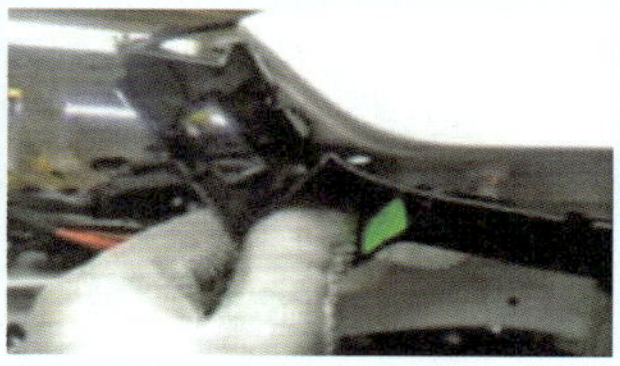	将保险杠导向支架与翼子板对齐，将翼子板Z轴的筋装在导向支架上
5	紧固六角螺母	用电枪将螺母按照1—2—1的顺序把支架紧固，先将螺母带上几扣，将其推到挡块位置，再拧紧螺母	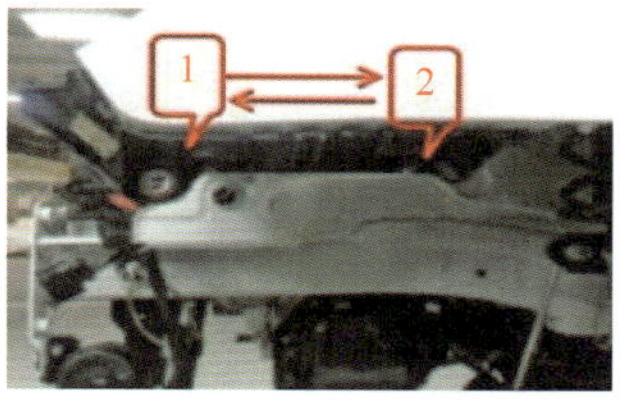	螺母须先预紧再紧固
6	固定左、右后轮ABS线束	依次将ABS线束固定在车身钣金卡处	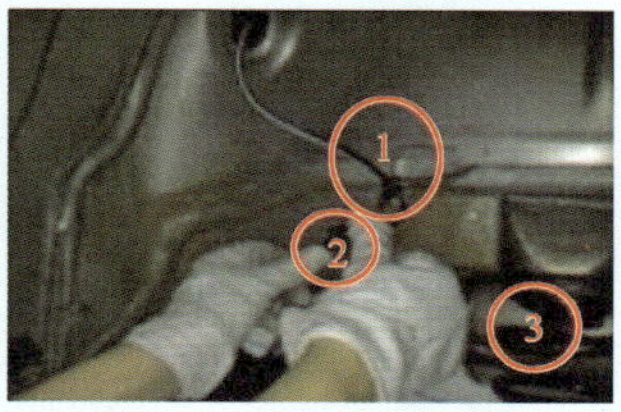	不要让ABS线束拧劲，白线尽可能处于一条直线上
7	连接ABS线束插头	将ABS线束插头连接至车轮制动盘后的插口处，连接完成后，反向拉伸检查并确认插头无虚插	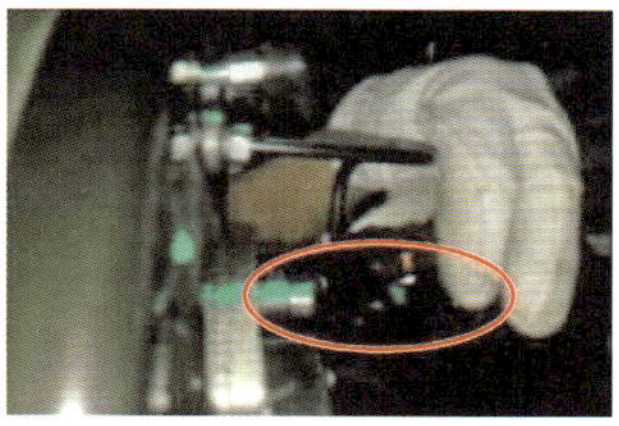	插头不要虚插

(续)

序号	操作步骤	操作方法	操作图示	注意事项
MA021	安装制冷剂管总成	取下制冷剂管和低压管上的防尘帽，按照①②的顺序安装制冷剂管与低压管。安装时，先将制冷剂管上的定位孔与压缩机对正，再将制冷剂管压入压缩机中		1）制冷剂管与压缩机应完全结合，防止密封圈损坏 2）制冷剂管总成密封圈与定位销不可缺少或损坏
2	紧固制冷剂管总成	用从空气压缩机上面卸下的螺栓将制冷剂管总成按照1~2的顺序预紧，再用力矩进行紧固，并点漆确认	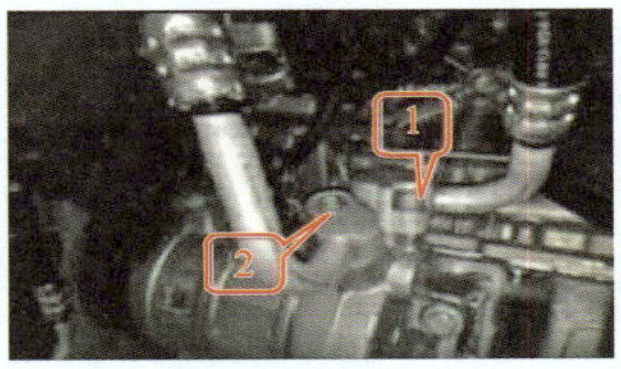	螺栓须先预紧再紧固，避免螺栓损坏
3	固定后轮ABS线束	依次从上至下将ABS线束固定在车身钣金卡扣处	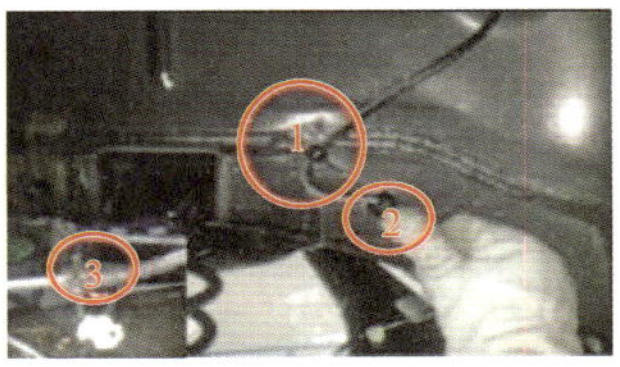	不要让ABS线束拧劲，白线尽可能处于一条直线上
4	连接ABS线束插头	将ABS线束插头连接至车轮制动盘后的插口处。连接完成后，反向拉伸检查并确认插头无虚插	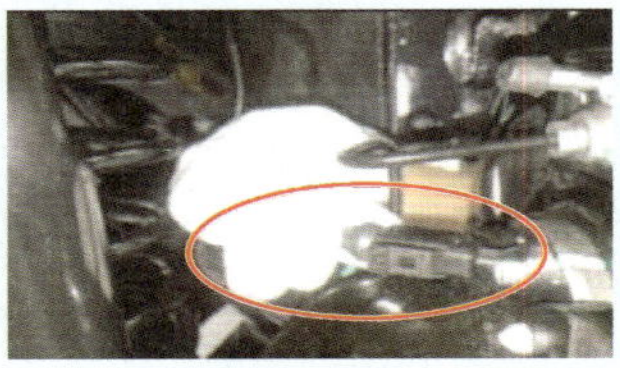	用手推拉插头检查确认
5	紧固左侧底盘护板总成螺栓	用9个螺栓紧固底盘护板	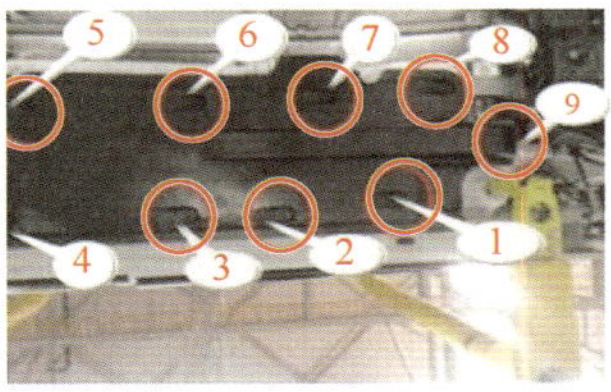	底盘护板总成左侧边缘要平整地放在凸出的钣金件内侧
6	紧固右侧底盘护板总成螺栓	用9个螺栓紧固底盘护板	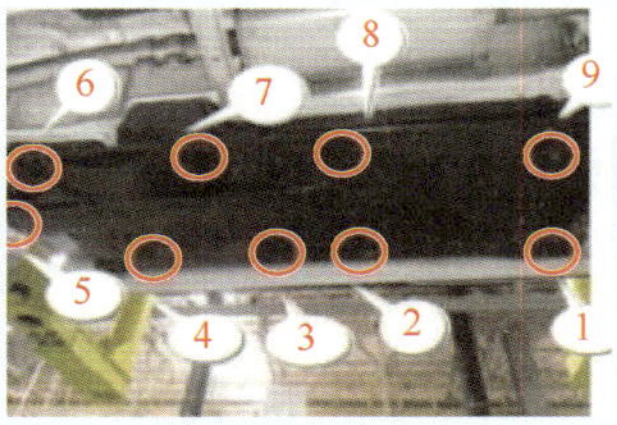	底盘护板总成右侧边缘要平整地放在凸出的钣金件内侧
MA031	装配盖板	将盖板安装在焊柱上		安装在紧固六角螺母的焊柱上

项目五　动力总成及底盘装配

（续）

序号	操作步骤	操作方法	操作图示	注意事项
2	整理发动机舱线束	依次将卡扣固定在纵梁钣金孔和焊柱上，并连接发动机对接插头	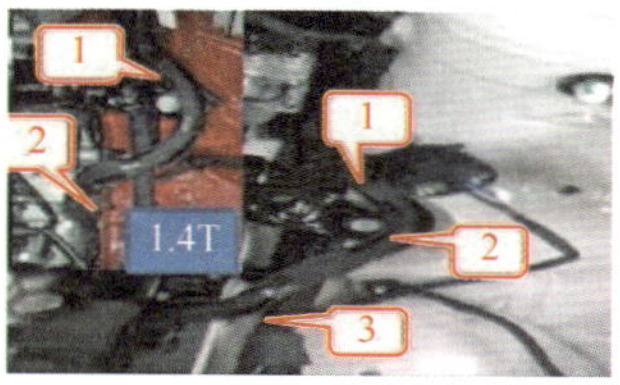	发动机线束不能与换档机构干涉
3	连接变速器上方插头及固定变速器上方插头线束	连接变速器上方插头，并将固定卡卡在悬置一处钣金处		插头连接好后，用手推拉检查，确认连接是否到位
4	连接发动机舱线束插头	依次连接变速器下方插头，连接发电机绿色插头后并检查发电机插头与固定卡座固定状态，确定无松动的现象	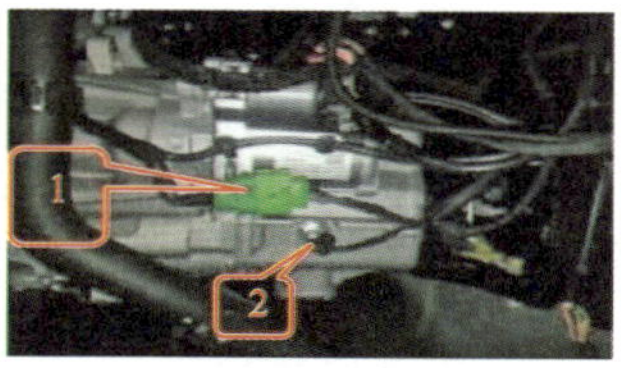	插头连接好后，用手推拉检查，确认连接是否到位
5	连接发动机舱线束插头	依次连接变速器下方插头	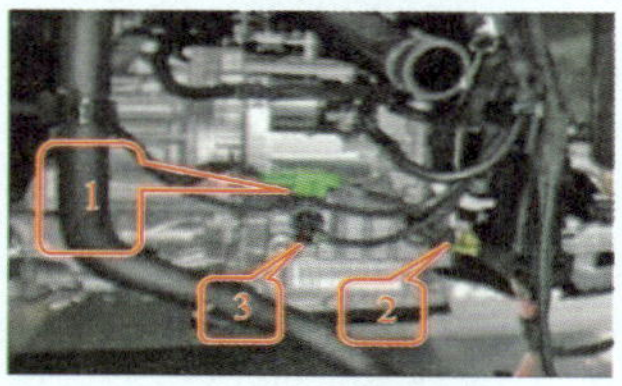	插头连接好后，用手推拉检查，确认连接是否到位
6	连接发动机舱线束插头	依次连接变速器下方插头		插头连接好后，用手推拉检查，确认连接是否到位
7	固定正极线线束、风扇插头线束	依次将正极线线束固定卡扣开口对准车身焊柱，并用力按下，将风扇线束固定白色扎钉对准冷风控制器工艺孔，并用力按下		插头连接好后，用手推拉检查，确认连接是否到位
8	固定正极线线束、风扇插头线束	依次将正极线线束固定卡扣开口对准车身焊柱，并用力按下，将风扇线束固定白色扎钉对准冷风控制器工艺孔，并用力按下		插头连接好后，用手推拉检查，确认连接是否到位
9	连接进油管	将回油管与变速器上方回油管接口连接。连接后，注意反向拉下检查回油管有无虚插，并确认弹簧卡在固定位置，无翘起现象	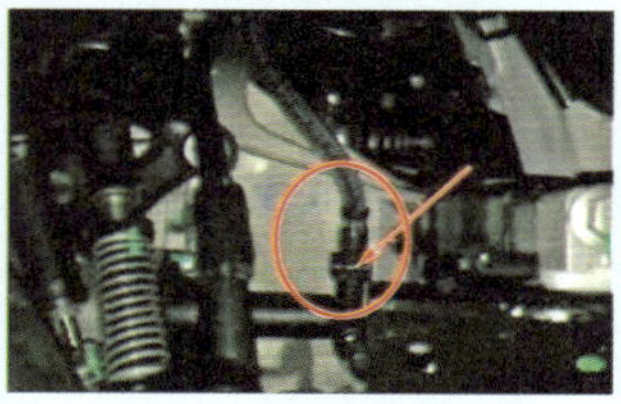	安装前，注意检查油管外观是否完好

（续）

序号	操作步骤	操作方法	操作图示	注意事项
10	紧固预装线束	使用电枪紧固六角螺母	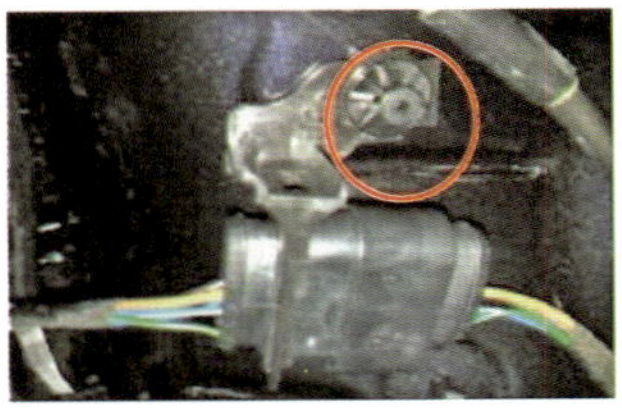	紧固时，及时调整好线束的位置

5. 连接燃油箱插头，燃油箱口盖、平衡罐、计算机板、水室盖装配，连接线束插头

序号	操作步骤	操作方法	操作图示	注意事项
MA041	连接燃油箱插头	将插头用力按下，并将红色插头锁锁死	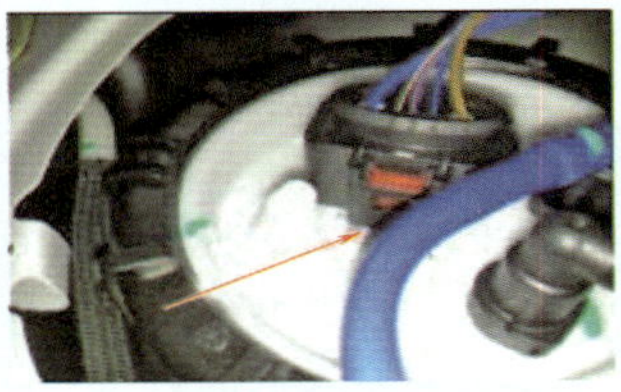	确保插头连接到位，无虚插现象
2	用电枪依次紧固3个十字槽平圆头自攻螺钉	用电枪依次紧固3个十字槽平圆头自攻螺钉	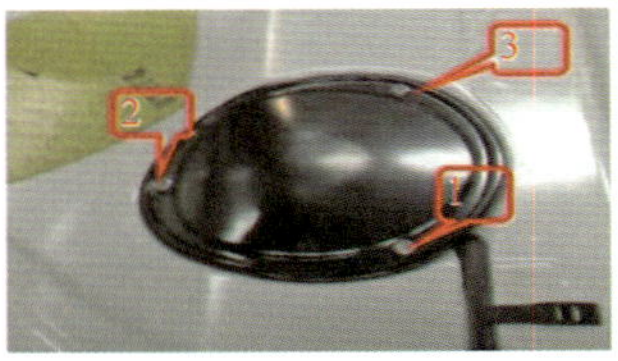	确保堵盖边缘与钣金件贴合完整，无翘边
3	分装控制器—燃油泵、堵盖	先将插头处固定，再将堵盖双面胶上的保护箔撕开，最后将控制器固定到堵盖上	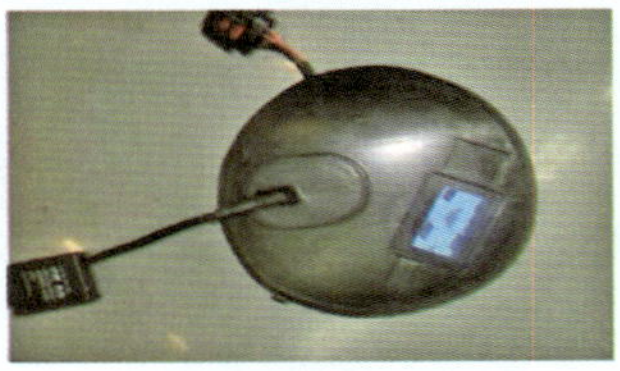	在安装控制器之前，撕掉双面胶的保护膜
4	连接插头，安装堵盖	将线束从控制器线束下方穿过，连接插头。先将堵盖1处卡入，再将2处卡入，最后将3处卡入	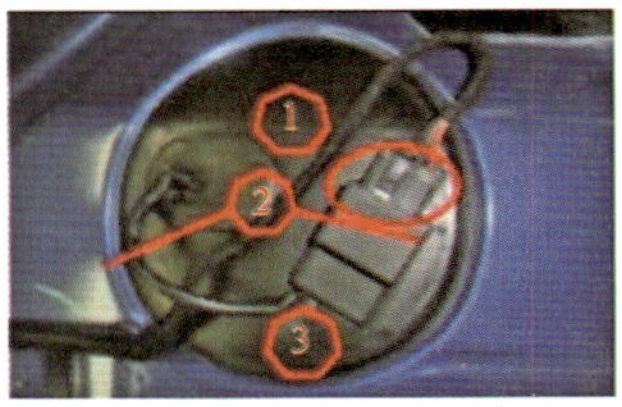	连接好插头后，来回推拉检查确认是否连接到位
5	粘贴燃油特性标识及轮胎气压铭牌	先将辅具固定，然后将燃油特性标识紧贴辅具后进行粘贴。将轮胎气压铭牌紧贴辅具进行粘贴	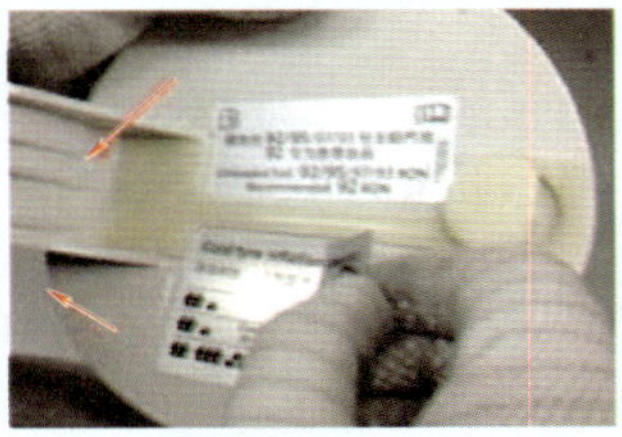	在粘贴时，保证二者均不能有气泡、褶皱等缺陷
6	安装油箱口盖	将软管穿过燃油箱口盖工艺孔，并拉至软管末端与燃油箱口盖底部平齐	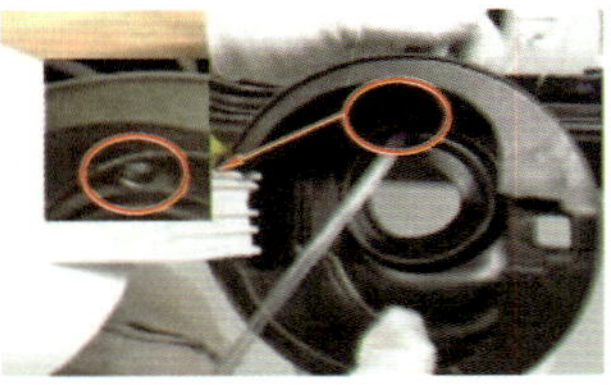	在最终位置，软管凸缘必须明显下沉

（续）

序号	操作步骤	操作方法	操作图示	注意事项
MA05 1	安装燃油箱口盖	将软管放至车身加注口内	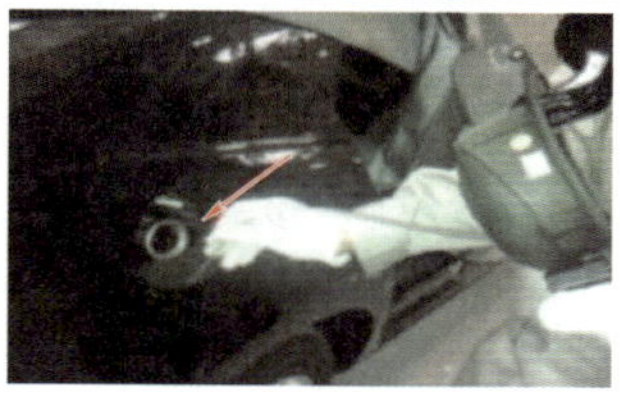	确保燃油箱口盖与钣金件贴合完整
2	安装燃油箱口盖	将燃油箱口盖右端放入加注端口，然后将燃油箱口盖表面棱与车身钣金棱对齐	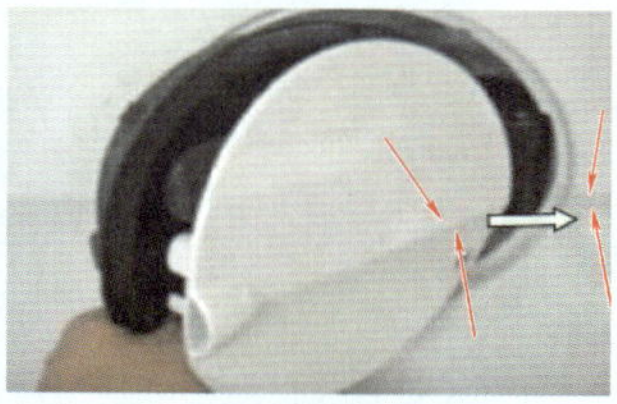	注意不要划伤车漆
3	安装燃油箱口盖	将燃油箱口盖与车身加注燃油箱口对齐后用力按下，然后调整燃油箱盖黑色软橡胶，使加油口完全露出	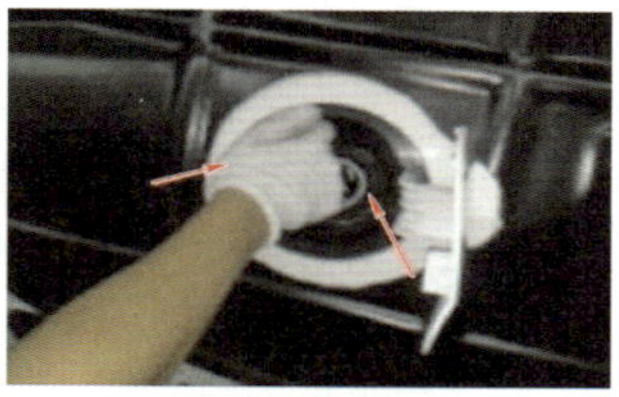	注意不要划伤车漆
4	安装燃油箱盖锁总成	将燃油箱盖锁对准燃油箱口后进行旋转，将燃油箱盖及锁总成上的固定卡固定于燃油箱盖上，并按下直至固定卡与口盖完全贴平	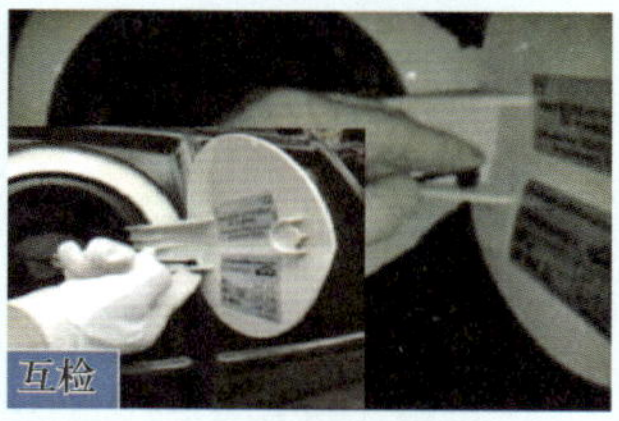	确保燃油箱盖锁安装到位
5	安装辅助开启开关	将辅助开启开关一端有棱的对准口盖工艺孔，并按下	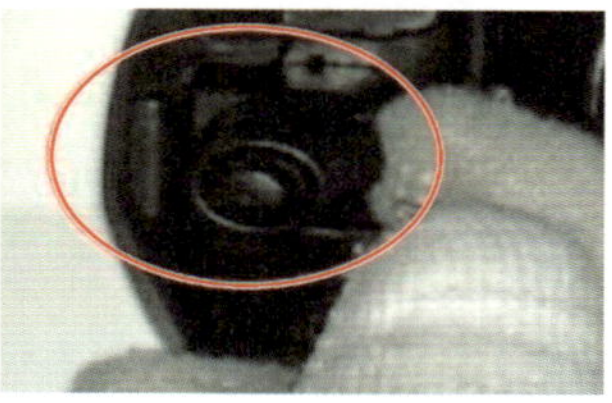	确保辅助开启开关安装到位
MA06 1	分装平衡罐总成	将密封盖总成分装到平衡罐总成上	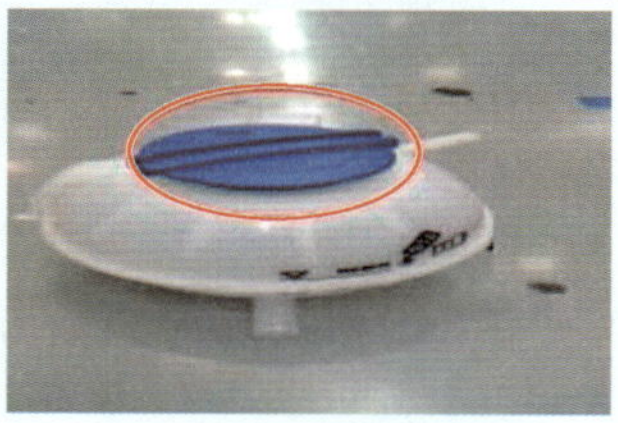	确保安装到位
2	将平衡罐下方水管固定到支架上	整理水管，将平衡罐下方水管固定到支架上	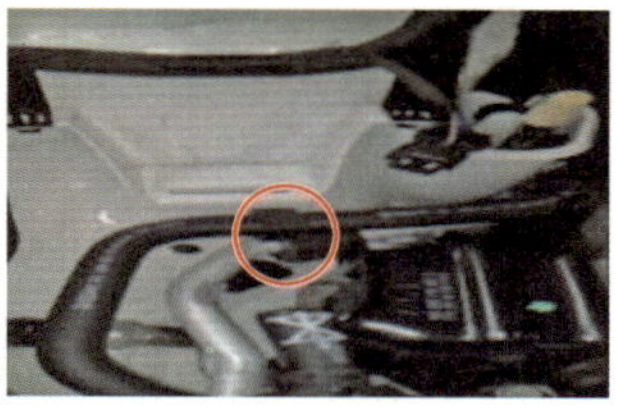	确保水管固定卡固定到位，无松动现象
3	固定及连接黑、白燃油管	整理燃油管，确保白色管路在黑色管路上方，按照①—②顺序依次固定管路，最后按照顺序连接燃油管		在装配连接管路时才去除保护盖

（续）

序号	操作步骤	操作方法	操作图示	注意事项
4	安装平衡罐总成	连接线束插头，用2颗螺栓紧固平衡罐总成至发动机舱，用2个管箍连接平衡罐上两根水管		连接线束插头时，听到"咔"声表示已连接
MA071	连接真空管与真空泵	在真空泵泵口喷洒异丙醇，然后将真空管与真空泵泵口连接		在安装真空管前去除栓塞，连接前必须喷异丙醇，可以起到清洁和润滑的作用
2	紧固油管	用手预紧2号油管，然后用定值力矩紧固2号油管；用手预紧3号油管，然后用定值力矩紧固3号油管；最后调整油管，保证油管不干涉	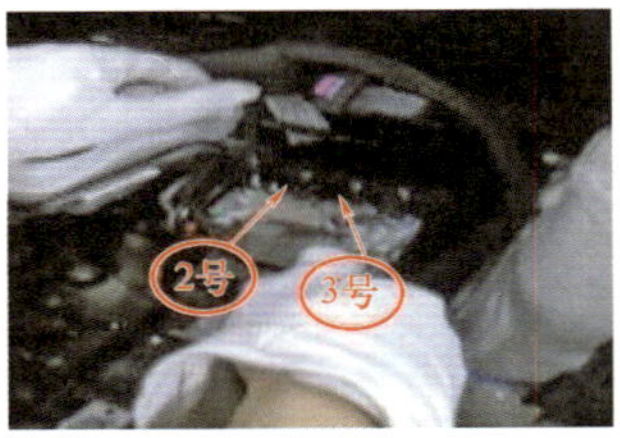	使用定值力矩，避免划伤油管
3	连接计算机板线束插头	查看计算机板零件号是否正确。按照①—②顺序对齐线束插头连接，然后扳动锁紧开关	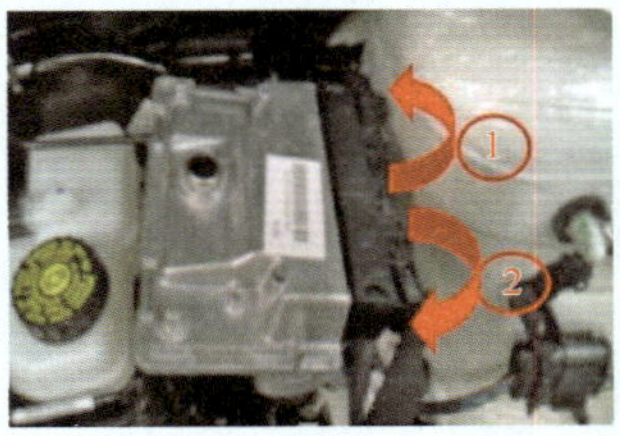	保证扳动锁紧开关至最大限度关闭
4	安装计算机板	按照①—②顺序对准计算机板支架下方卡槽往下按，再对准计算机板支架上方卡槽往上推		用手左右晃动计算机板，以保证计算机板固定
5	安装右侧水室盖	将水室盖板R角处放入钣金件与风窗玻璃之间，再将盖板卡槽卡住钣金件，调整水室盖板R角，使其与钣金面贴合，最后用手拍入风窗玻璃卡槽	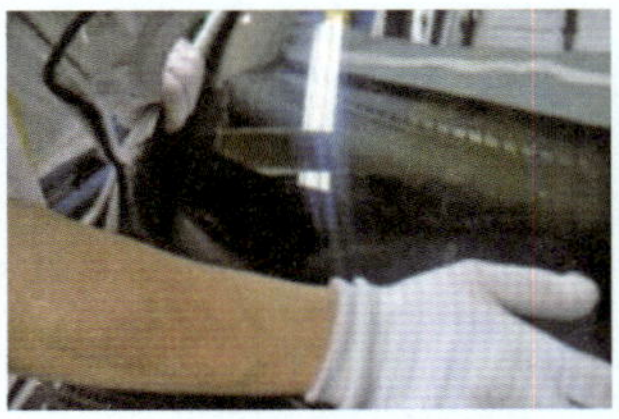	检查水室盖来件，应无划伤、磕伤等缺陷，注意不要划伤右侧翼子板
6	安装左侧水室盖	将水室盖板穿过刮水器电动机柱，将盖板R角处放入钣金件与风窗玻璃之间，用盖板卡槽卡住钣金件，再调整盖板，最后用手拍入风窗玻璃卡槽	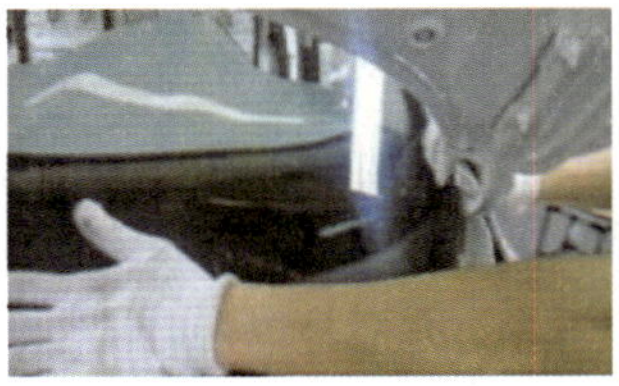	检查水室盖来件，应无划伤、磕伤等缺陷，注意不要划伤左侧翼子板

（续）

序号	操作步骤	操作方法	操作图示	注意事项
6. 蓄电池托架、变速器控制器支架、控制器、蓄电池、护套、蓄电池压板、储液罐装配				
MA08 1	安装及紧固蓄电池托架	将蓄电池托架安装到发动机舱左侧焊柱上，用1颗螺栓、2颗螺母预紧，再用电枪按照①—②—③顺序依次紧固蓄电池托架螺栓、螺母		螺栓、螺母须先预紧再紧固
2	安装及紧固变速器控制器支架	将变速器控制器支架右侧固定在托架上，左侧用1颗螺栓预紧，再用电枪紧固螺栓		螺栓须先预紧再紧固，避免损坏螺栓
3	安装控制器	将控制器安装到变速器控制器支架上，左、右对称地卡到卡槽内，保证其稳固，连接控制器插头		安装前，注意查看零件号，不要装错零件
4	连接及紧固悬置搭铁线	将悬置搭铁线与车身焊柱连接，用手预紧螺母（2~3圈），用EC扳手紧固螺母		搭铁线靠右与正面成30°角，注意搭铁线有铜丝的一面朝上
5	连接发动机舱两根空调水管	用异丙醇喷洒两根空调水管管口，然后两根空调水管连接至空调装置，用管箍松开工具松开管箍	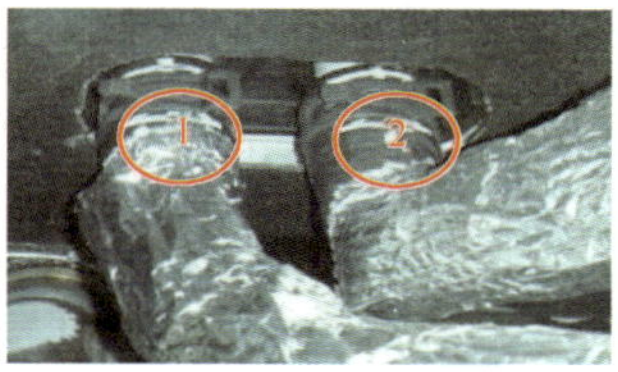	空调水管的管箍要在水管两条白线内
MA09 1	查看FIS单	行走到车前查看FIS单，确认蓄电池型号	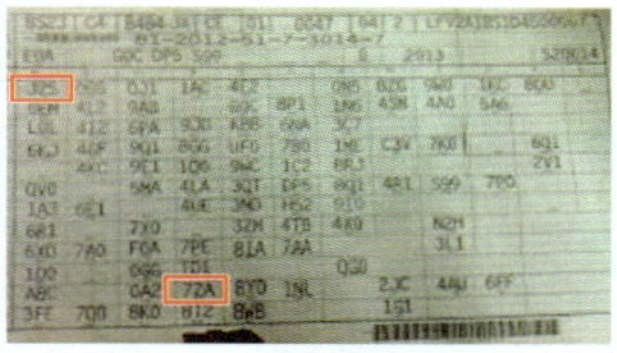	不要将蓄电池零件号看错
2	安装蓄电池	操作设备慢慢将蓄电池移动到蓄电池托架上方，调整蓄电池方向，使蓄电池落在托架上的正确位置	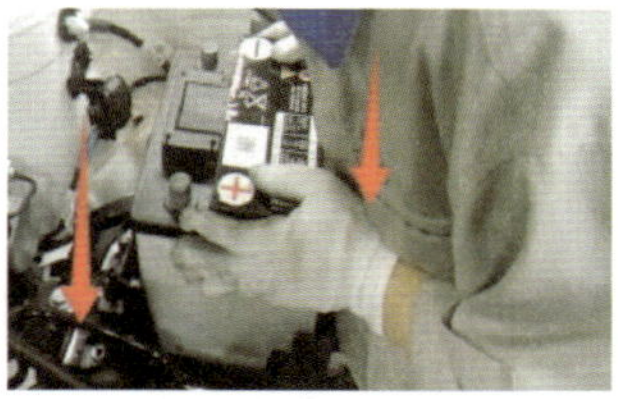	不要让蓄电池碰到车身钣金
3	装配蓄电池护套	将蓄电池护套打开，包裹于蓄电池外侧	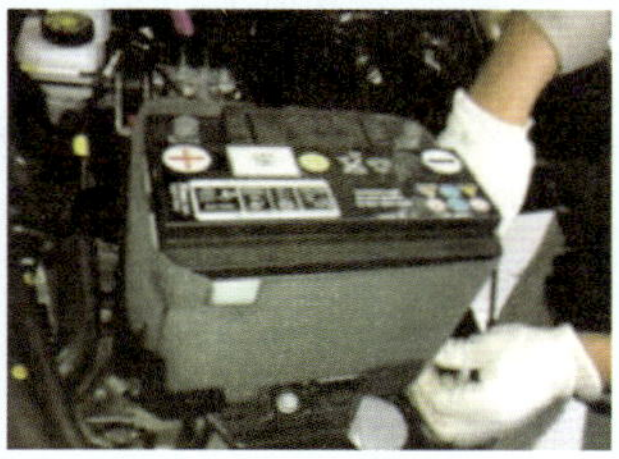	蓄电池护套应在蓄电池托架卡子内侧，蓄电池护套表面不可弄脏、褶皱

（续）

序号	操作步骤	操作方法	操作图示	注意事项
4	安装蓄电池压板	左手手指压住蓄电池压板，用电枪将1颗蓄电池压板螺栓垂直于蓄电池压板紧固	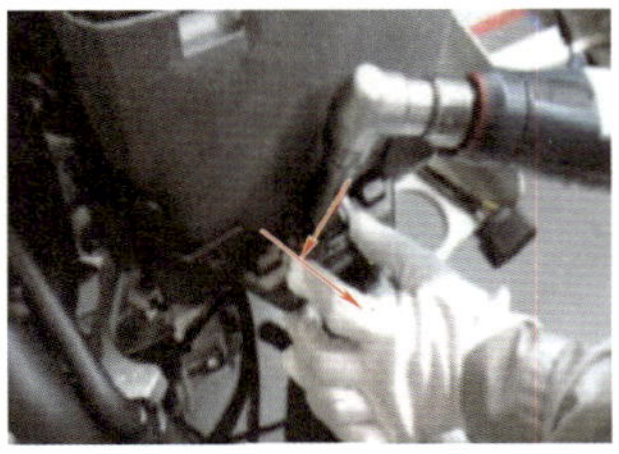	蓄电池压板螺栓必须垂直于蓄电池压板
5	安装储液罐总成	将储液罐总成对准车身右纵梁焊柱和工艺孔安装		安装前，检查储液罐总成来件质量：储液罐总成有滤网，盖子无变形
6	整理线束，固定储液罐总成	整理储液罐线束、前照灯线束、雾灯线束，以保证线束不绕线，将固定卡子固定到车身上	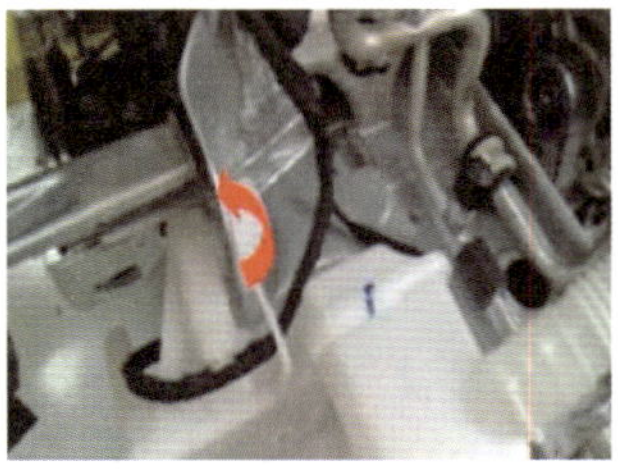	整理线束的目的是避免后期操作误将线束压坏

7. 储液罐、前端总成装配，连接转向柱，安装前照灯、发动机舱盖撑杆，调整前照灯间隙

序号	操作步骤	操作方法	操作图示	注意事项
MA101	连接储液罐线束插头、酒精泵插头，固定波纹管	先连接储液罐线束插头，再连接酒精泵插头，最后固定波纹管	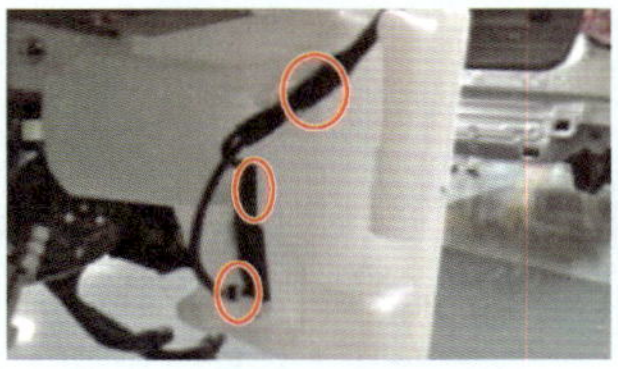	插头连接到位后，用手来回推拉检查确认
2	紧固储液罐总成	取电枪按照①—②顺序依次紧固储液罐总成2个螺母	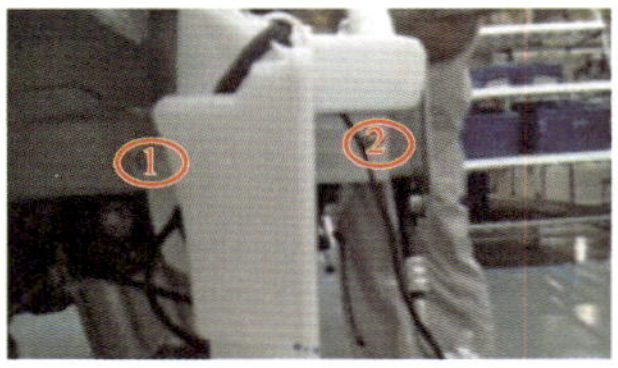	螺母须先预紧再紧固，避免打滑螺纹
3	连接氧传感器插头，固定氧传感器	安装1个线卡基座，连接后排氧传感器插头，再固定后排氧传感器（黑色）；然后连接前排氧传感器插头，再固定前排氧传感器（灰色）	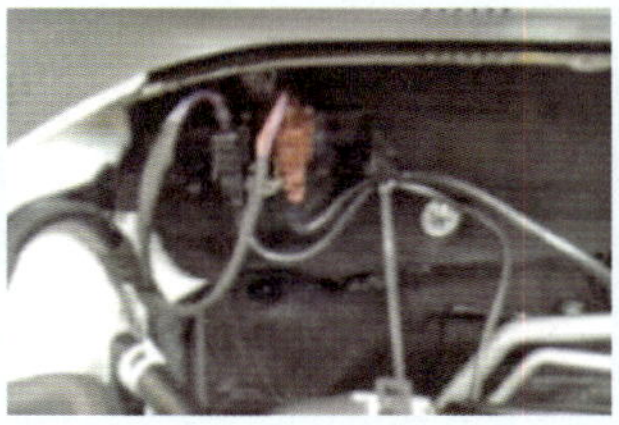	前排氧传感器为黑色，后排氧传感器为灰色，捆绑扎带时扎带要扎在线束白线上
4	整理正极线束	安装1个线卡基座、1个支架。将线束卡在蓄电池托架卡槽处，正极线端子完全套住极柱	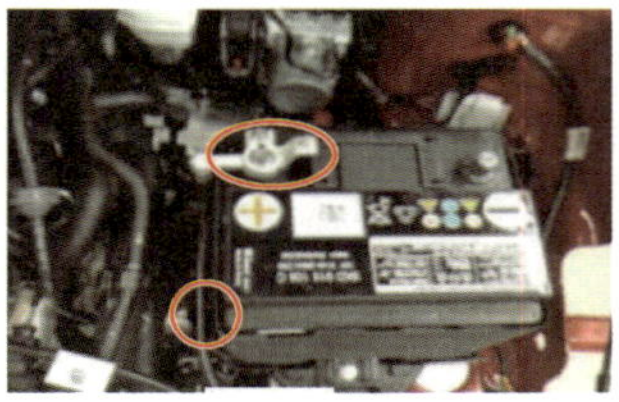	在装配过程中，不允许用橡胶锤进行敲击，因为会损坏蓄电池极柱，造成漏液

（续）

序号	操作步骤	操作方法	操作图示	注意事项
5	整理线束	将线束卡在蓄电池支架卡槽内	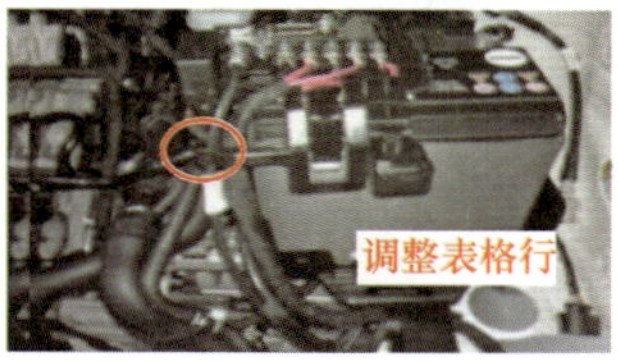	确保线束卡子卡紧到位，无松动
6	整理线束捆绑扎带	将线卡基座安装到蓄电池托架上，整理蓄电池极线板线束，捆绑扎带	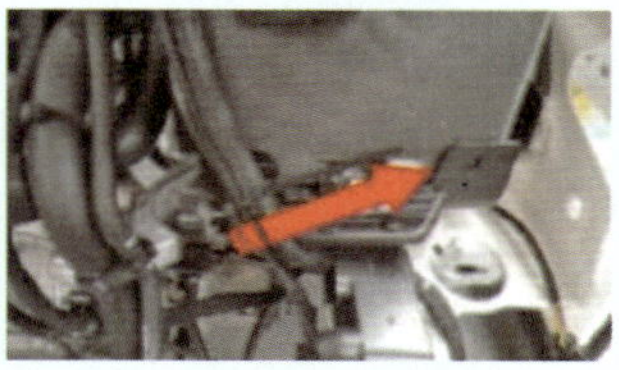	扎带收紧后，要及时剪掉多余部分
7	紧固螺母	用3颗螺母预紧蓄电池极板线束、正极线、搭铁线，然后用电枪进行紧固并点漆		螺母须先预紧再紧固，避免损坏螺纹
8	安装蓄电池极板盖	将极板盖与线板一段卡槽对应，然后分别找到相应的位置，依次用力按压装配	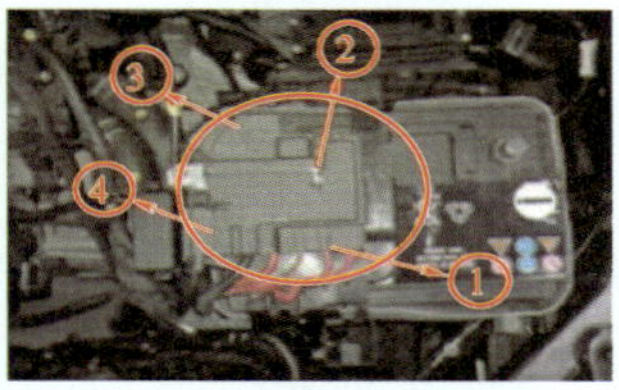	确保蓄电池极板盖安装到位，无翘起、松动现象
MA11 1	查看装配指令单	查看PR号、PR号所在位置	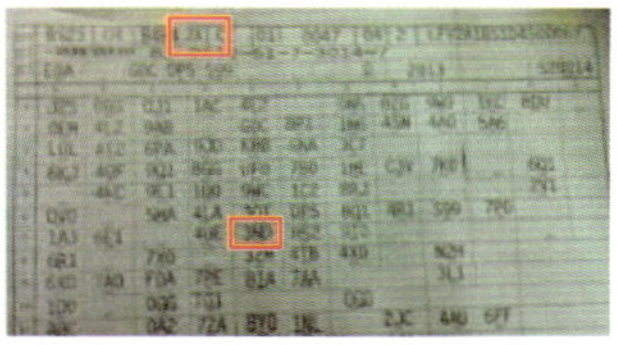	不要弄错零件号，造成装配错误
2	安装支架	采用对角打钉的方法安装支架，顺序为①~⑥	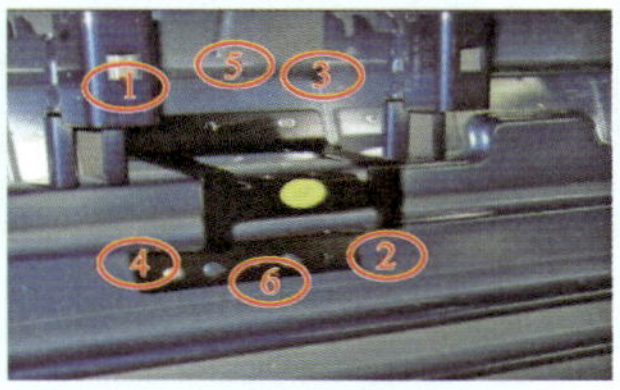	拉铆前，要确保拉铆钉与孔位钣金间无间隙，按顺序进行紧固
3	安装支架-中间扶手	采用对角打钉的方法安装支架-中间扶手，顺序为①~⑧	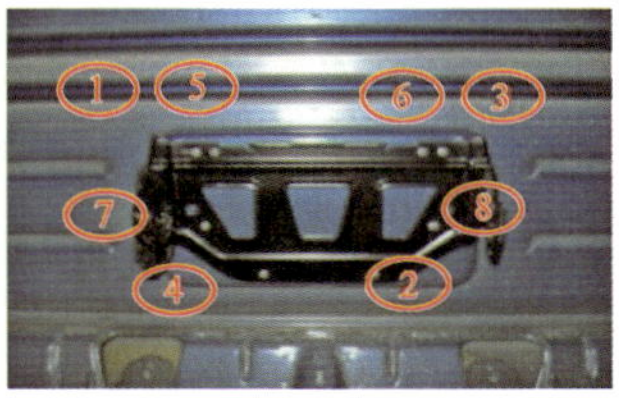	拉铆前，要确保拉铆钉与孔位钣金间无间隙
4	安装前端总成左侧	用吊具将前端总成和车身合装，再用手预紧3颗螺栓，取EC扳手交叉紧固螺栓，顺序为①~③	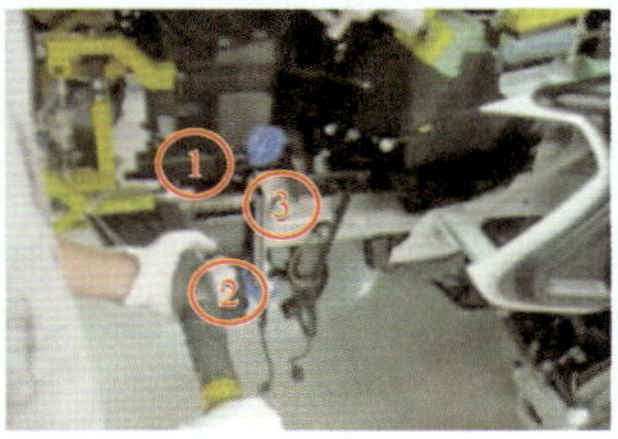	螺栓必须先用手预紧，避免打滑螺纹

（续）

序号	操作步骤	操作方法	操作图示	注意事项
5	安装前端总成右侧	用手预紧3颗螺栓，取EC扳手交叉紧固螺栓，顺序为①~③	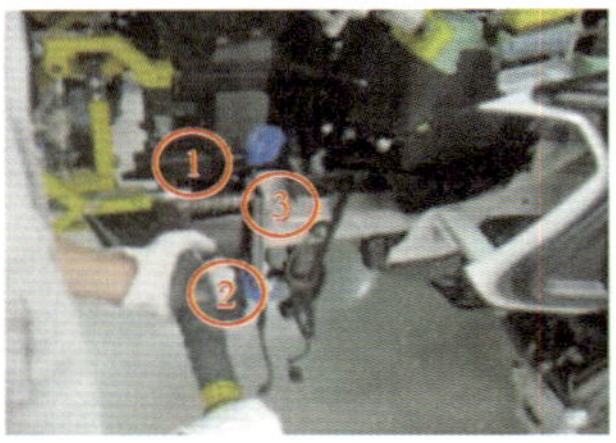	螺栓必须先用手预紧，避免打滑螺纹
MA12 1	打开点火开关	用右手轻轻拧点火开关到点火位置	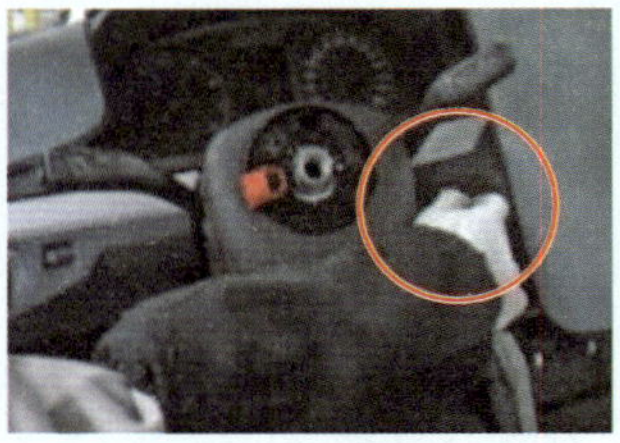	不要来回拧点火开关，确定钥匙在车上
2	预紧螺栓	将壳体连接螺栓插入螺孔内，按顺时针旋转	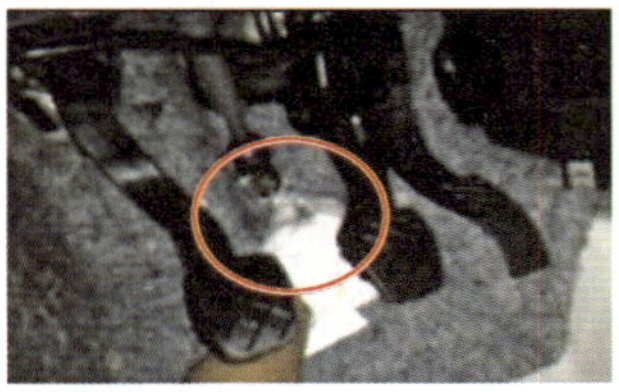	按顺时针方向预紧2~3圈
3	连接转向柱与横拉杆	用手把转向柱上的螺孔与转向机连接杆上的缺口对齐，向下按转向柱，使转向机连接杆进入转向柱，完成连接	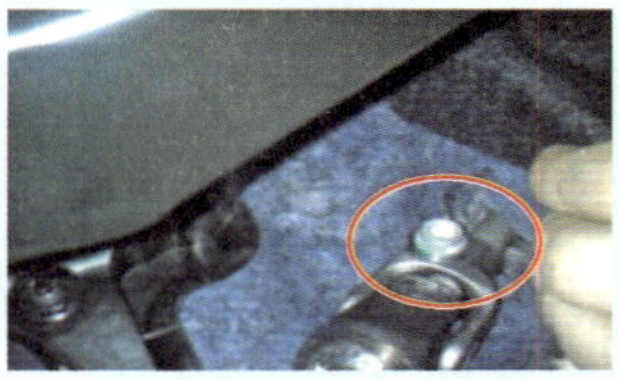	转向机连接杆缺口必须与转向柱螺孔对齐
4	紧固螺栓及自检	取EC扳手对转向柱连接点进行紧固，完成以上操作后检查本道工序，点漆确认	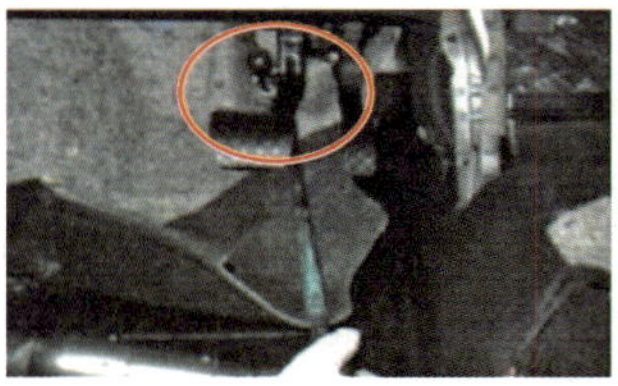	紧固完成后，设备应显示合格
5	安装泡沫件	将泡沫件左、右两侧对准车身孔位插入，然后挤压泡沫件胶条位置		取下粘条上的保护膜；将坐垫泡沫总成插入白车身，并且沿着带有黏胶的位置挤压
MA13 1 左侧	紧固左侧前照灯支架	先预紧①再紧固②之后紧固③再紧固①，总顺序为①—②—③—①		紧固前照灯支架时，防止划伤支架

（续）

序号	操作步骤	操作方法	操作图示	注意事项
2	安装拉丝固定座	将拉丝连接起来并固定到行李舱锁支架固定座中，盖上装饰盖	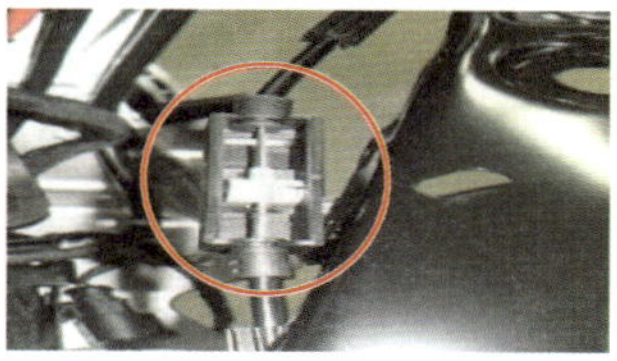	开口向外
3	查看前照灯PR号	查看前照灯PR号、PR号所在位置，取相应前照灯	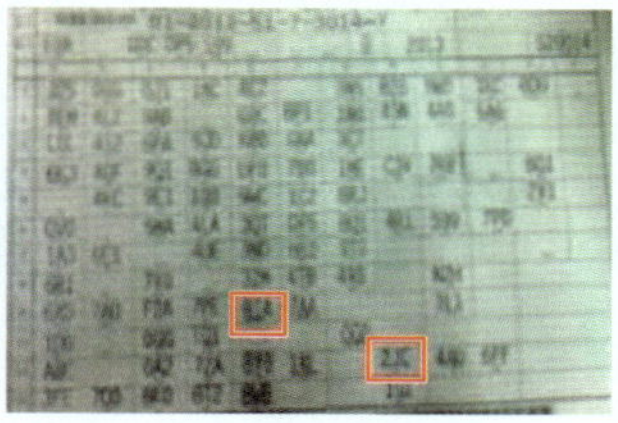	不要查看错误，造成零件装配错误
4	连接前照灯插头	连接前照灯插头	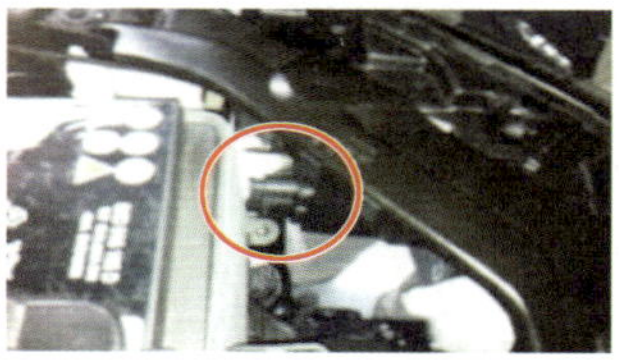	取前照灯时，必须检查有3C标识，否则不予装车。确认插头连接到位
5	预紧前照灯	将前照灯上方安放到后行李舱锁支架下面，先将行李舱锁上方的钉①按入前照灯的螺母内，预紧螺钉②，最后预紧螺钉③	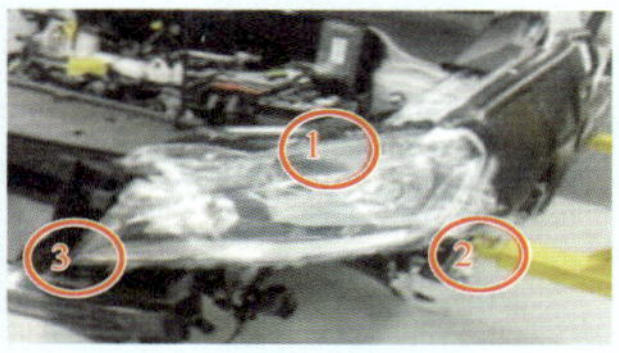	按顺序紧固前照灯，电枪要垂直螺母的切面
MA141右侧	紧固右侧前照灯支架	先预紧①再紧固②，之后紧固③再紧固①，总顺序为①—②—③—①	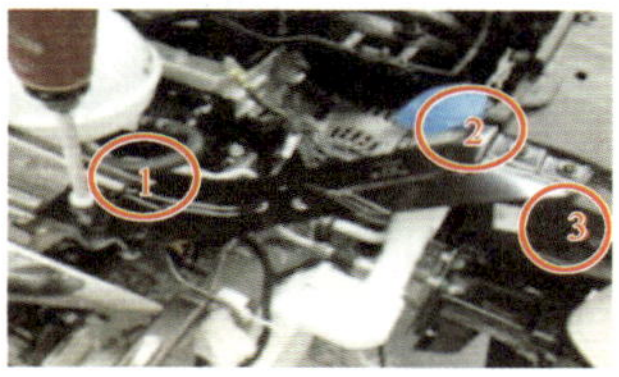	紧固前照灯支架时，防止划伤支架
2	固定酒精加注口	将酒精加注口固定在前端固定卡上		将酒精罐固定槽卡到前端固定卡上
3	查看前照灯PR号	查看前照灯PR号、PR号所在位置，取相应前照灯	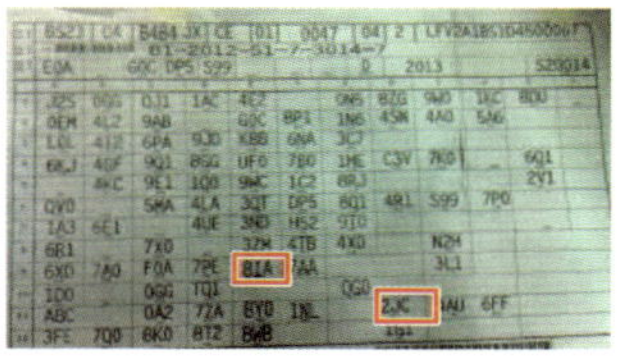	不要查看错误，造成零件装配错误
4	连接前照灯插头	连接前照灯插头	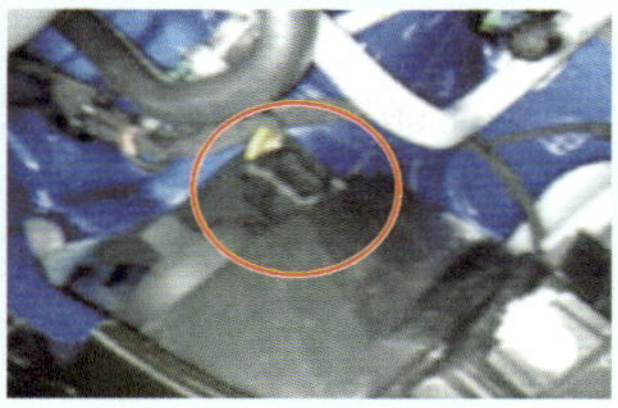	取前照灯时，必须检查有3C标识，否则不予装车。确认插头连接到位

（续）

序号	操作步骤	操作方法	操作图示	注意事项
5	预紧前照灯	将前照灯上方安放到行李舱锁支架下面，将行李舱锁上方的钉①按入前照灯的螺母内，预紧下方螺钉②，最后预紧螺钉③	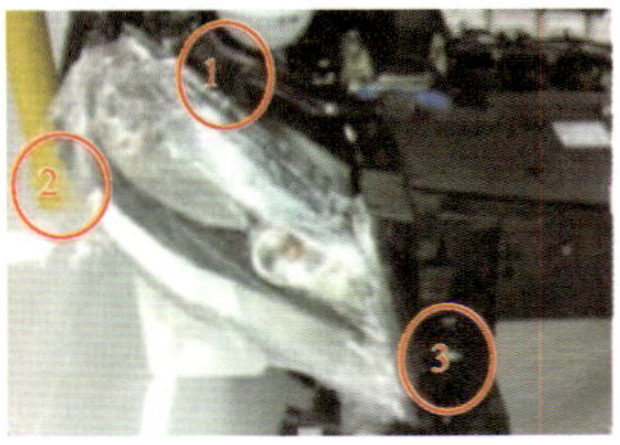	按顺序紧固前照灯，电枪要垂直螺母的切面
MA15 1	安装发动机舱盖撑杆	把发动机舱盖撑杆的一端插在前端孔里，以旋转的方法将撑杆旋入前端孔，直到完全卡在里面为止，然后用发动机舱盖撑杆撑起发动机舱盖		将撑杆插入前端框架的装配孔中
2	安装辅具	将左、右辅具卡在前照灯与钣金件间隙处		安装时，不要磕伤翼子板
3	调整左前照灯与翼子板底部间隙平度	右手扶住前照灯与翼子板下沿，左手扶住前照灯与翼子板下沿，保证前照灯与翼子板底部间隙平度，操作者紧固前照灯螺钉	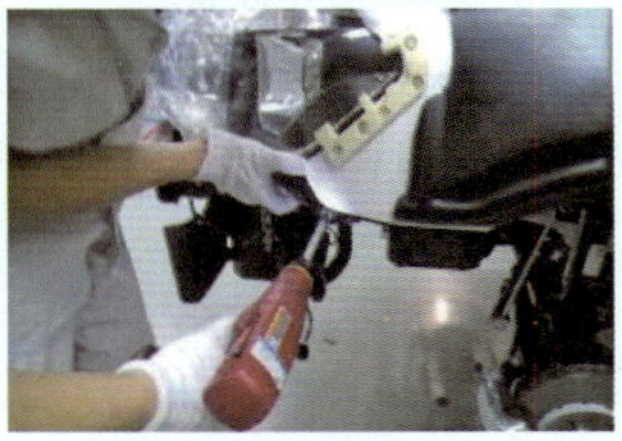	前照灯与翼子板底部间隙为（2.0±0.5）mm
4	调整右前照灯与翼子板上部间隙平度	扶住前照灯与翼子板下沿，保证前照灯前侧螺钉所调整前照灯的间隙与平度，辅助操作者紧固前照灯螺钉	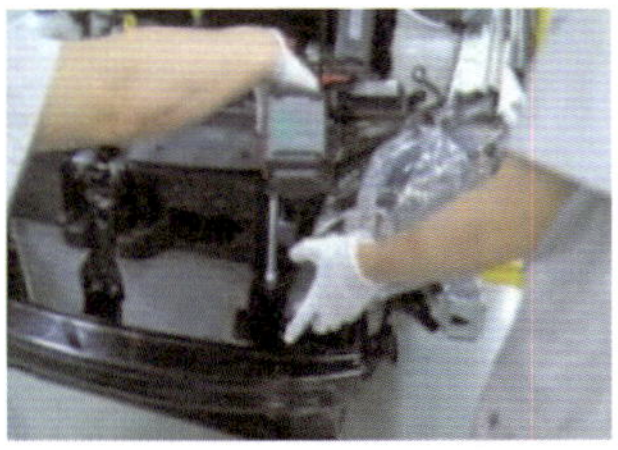	1）前照灯与翼子板上部间隙为（2.0±0.5）mm 2）平度为（0.5±0.5）mm、（0.2±0.5）mm
5	调整前照灯R角处间隙平度	扶住前照灯与翼子板下沿，保证行李舱锁支架上方螺钉所调整前照灯R角处间隙平度，辅助操作者紧固螺钉	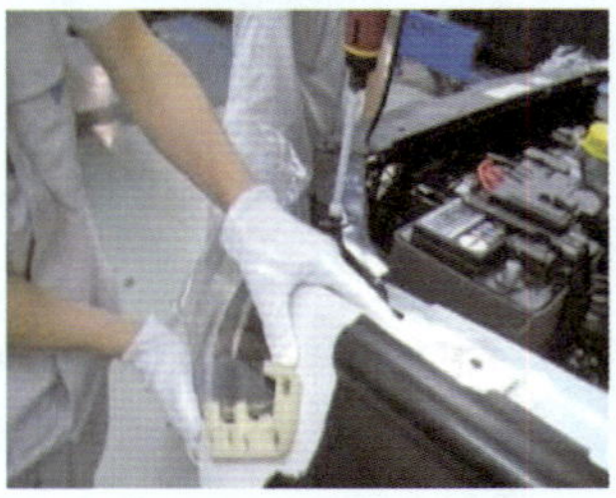	1）前照灯与翼子板R角处间隙为（2.0±0.5）mm 2）平度为（0.5±0.5）mm、（0.2±0.5）mm

8. 活性炭罐、隔音垫、转向灯、地毯、后保险杠支架、前保险杠、后保险杠安装

序号	操作步骤	操作方法	操作图示	注意事项
MA16 1	粘贴前端铭牌	将辅具固定在前端上，将空调装置的右上角与辅具贴紧粘在前端上，将组合警示标签左上角与辅具贴紧粘在前端上	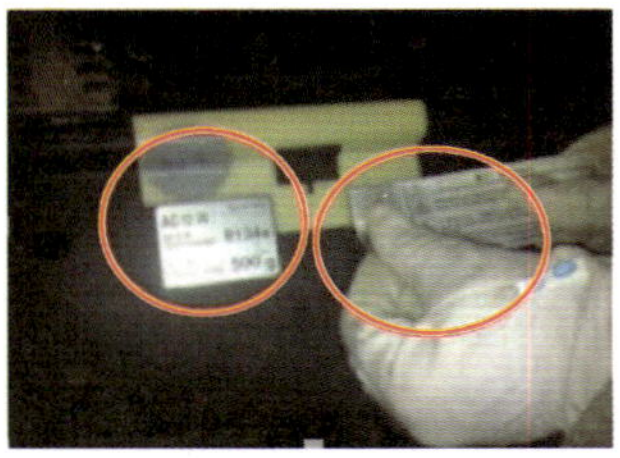	空调装置右上角和组合警示标签的左上角要与辅具定位贴紧，不要有气泡

项目五　动力总成及底盘装配

（续）

序号	操作步骤	操作方法	操作图示	注意事项
2	连接内部温度传感器	将内部温度传感器插头插接到前端上		检查插头无损坏，要连接牢固
3	连接外部温度传感器	将外部温度传感器线束卡在车上，然后将外部温度传感器插头插在传感器上	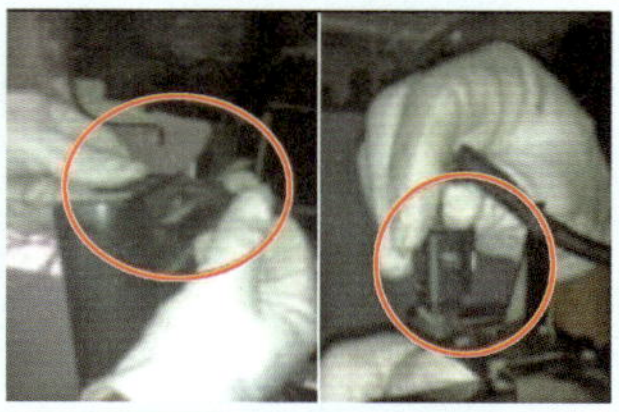	传感器插头要连接到位，连接后向反方向拉伸，检查是否连接牢固
4	连接上水管	用水管夹子夹住水管卡子，用手将水管安装到位，调整好水管卡子位置		软管定位标记和弹簧带夹锁标记都必须在12点位置
MA17 1	紧固空调高、低压管	取下空调管的堵盖，涂抹适量润滑脂至空调管口，将空调管连接至冷凝器。用2颗螺栓预紧，再用电枪紧固		先紧固空调低压管，再紧固空调高压管
2	安装活性炭罐总成	先将活性炭罐上部装到钣金件内侧，再将下部向内推入，使其卡在卡槽内。连接活性炭罐下方的油管	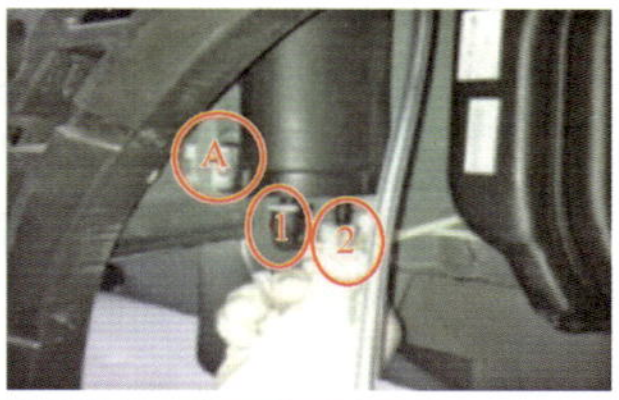	装配时，上部先挂入支架中，向下推入，下部卡入，左、右两侧需同步，对称安装
3	安装、紧固固定条	将固定条按照①—②—③—④的顺序紧固	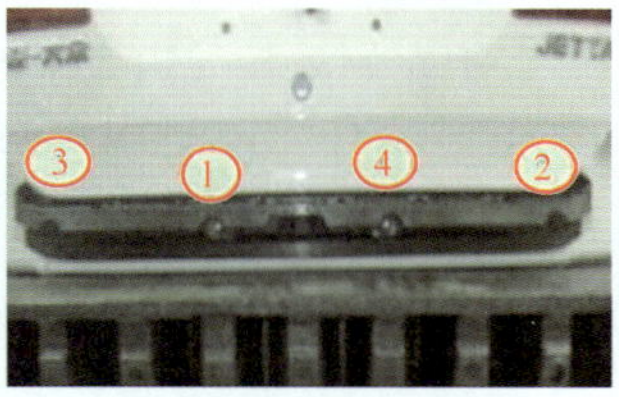	首先，将固定条通过圆孔1固定，随后，通过长孔2调整定位并且拧紧
4	安装左、右侧隔音垫—翼子板	将隔音垫—翼子板安装至翼子板与车身内侧	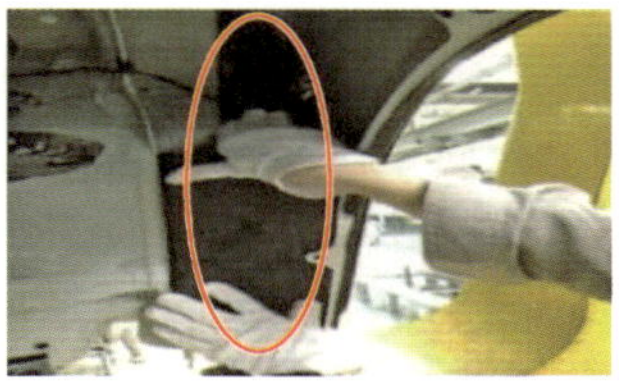	一定要与钣金完全贴合，且从外侧看应看不到有间隙
5	安装左、右侧转向灯	将转向灯线束从翼子板上钣金孔穿出，连接插头，将转向灯卡到翼子板上。最后，将转向灯线束固定在轮罩内的钣金上	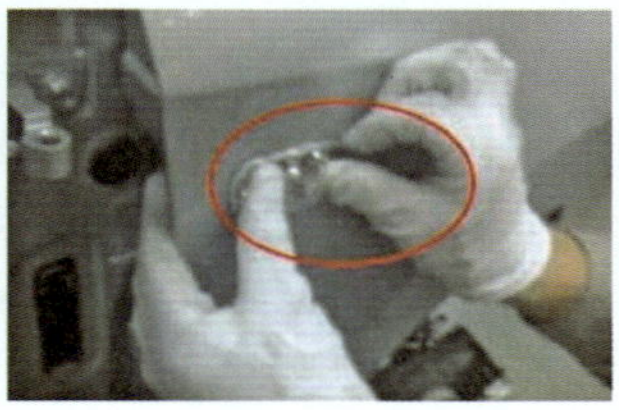	转向灯与钣金无间隙，未夹异物

（续）

序号	操作步骤	操作方法	操作图示	注意事项
MA18 1	安装地毯隔音垫	与右侧操作者配合，将地毯隔音垫按车内地板形状平整地铺到车内地板上，拽出吹脚风道口		地毯隔音垫要塞进中通道仪表内，不要遮挡簧片螺母
2	安装地毯及地毯卡紧螺母	平铺地毯至加速踏板及制动踏板的下方，取地毯卡紧螺母对准车身焊柱按下，将地毯开口处安装到螺柱上		地毯要塞进中通道仪表内，不要遮挡簧片螺母
3	安装隔音垫—翼子板	对准翼子板中间，先将隔音垫一边卡在翼子板里，然后将另一端卡在翼子板下端		一定要与钣金完全贴合，要与工艺孔相切
4	安装前盖缓冲	将4个前盖缓冲器按顺时针方向旋转，安装到定位孔中	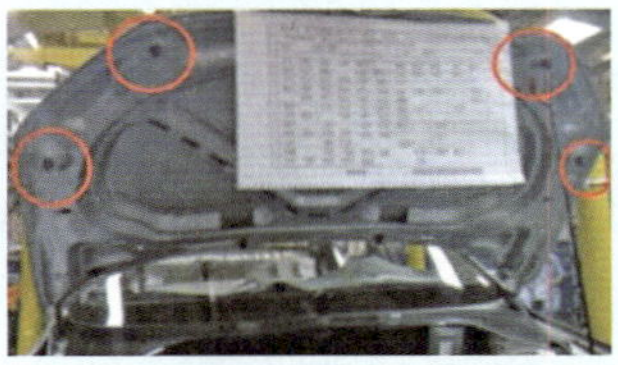	确保缓冲器安装到位，无松动的现象
5	连接下冷却水管	将水管的2个管箍套进水管头，在管口涂抹润滑脂。安装水管至空调接头。用钳子松开两个管箍，紧固水管	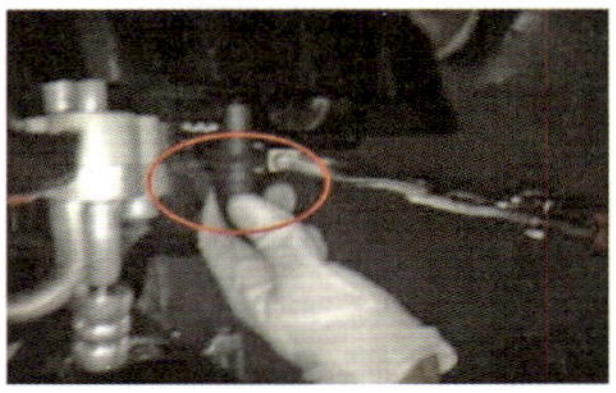	紧固管箍时，确保管箍紧固在水管的两根白线范围内
MA19 1	紧固左侧后杠导向支架	把左侧后杠导向支架6个固定孔与膨胀螺母对齐，用扳手按照顺序紧固螺钉	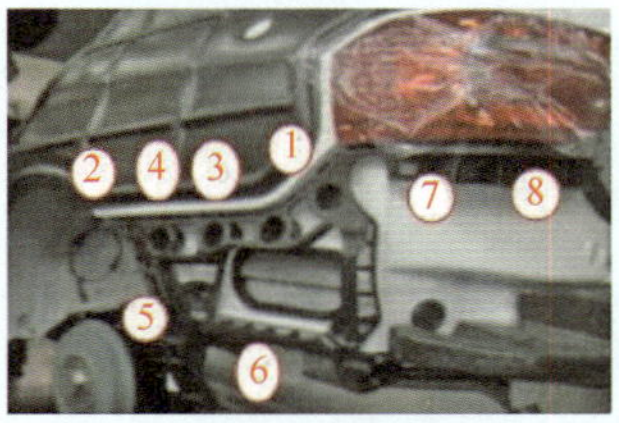	支架与钣金缝隙不要过大，否则影响后杠匹配。按照①~⑥的顺序紧固螺钉
2	紧固右侧后杠导向支架	把右侧后杠导向支架6个固定孔与膨胀螺母对齐，用扳手按照顺序紧固螺钉	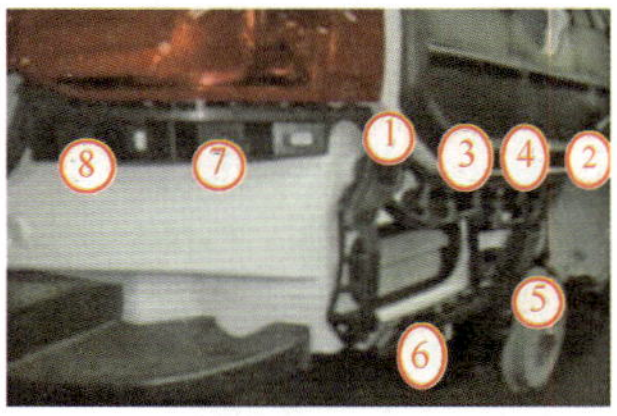	支架与钣金缝隙不要过大，否则影响后杠匹配。按照①~⑥的顺序紧固螺钉
3	检查前保险杠	两人配合取保险杠，检查CCC标识，查看表面质量	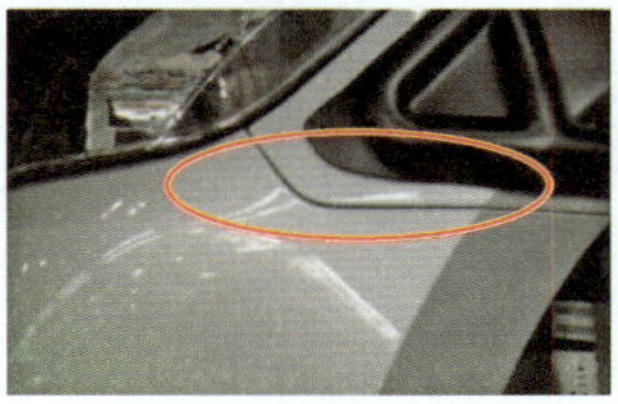	检查CCC标识应完整，前杠表面应无划伤、脏点和露漆等缺陷

（续）

序号	操作步骤	操作方法	操作图示	注意事项
4	安装前保险杠	连接雾灯插头，将保险杠装配到前端框架上，将左侧的导轨和格栅，连同保险杠拍击到导轨中。用2颗螺钉紧固进气格栅		1）前保险杠与翼子板间隙的标准为（0.5±0.5）mm 2）平度标准为（-0.5±0.5）mm
5	安装后保险杠	拍进后保险杠后端，把后保险杠拍进后保险杠导向支架的卡槽里	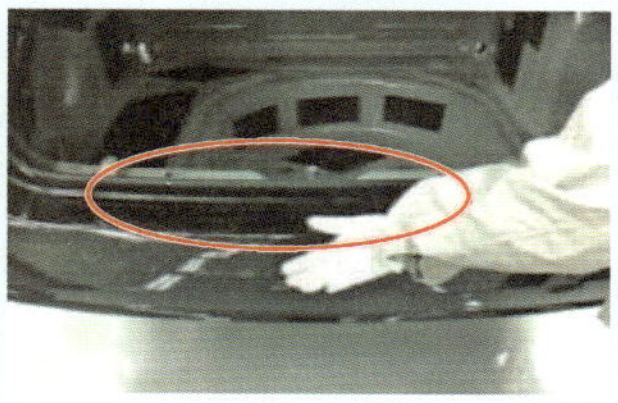	卡进卡槽后，后保险杠表面不能有凹凸的现象
6	安装后保险杠	拍进后保险杠左侧，把后保险杠拍进左侧导向支架的卡槽里	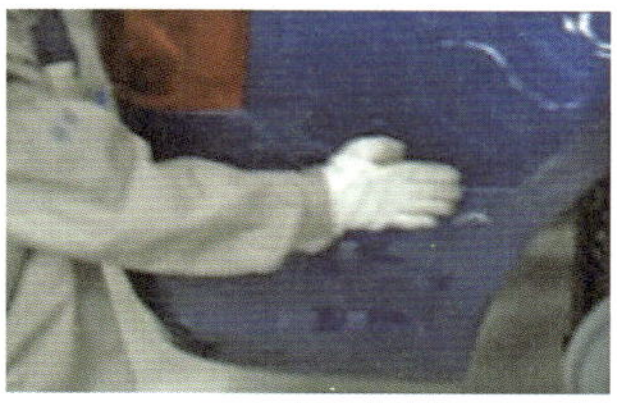	1）后保险杠与侧围间隙的标准为（0.5±0.5）mm 2）平度标准为（-0.5±0.5）mm
MA20 1	紧固前保险杠杠尖钉	调整左、右侧前保险杠与翼子板间隙和平度，紧固左、右前保险杠杠尖钉	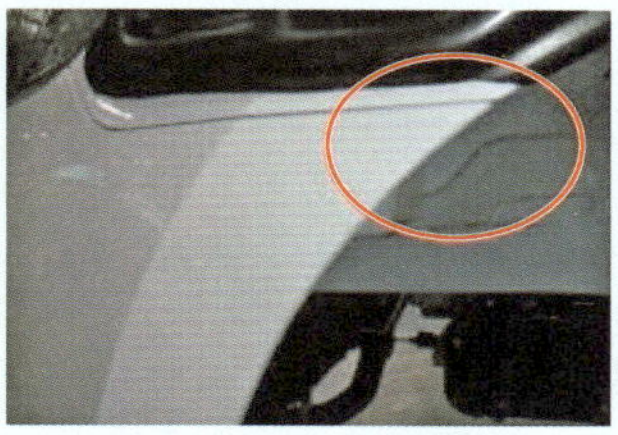	1）前保险杠与翼子板间隙的标准为（0.5±0.5）mm 2）前保险杠与翼子板平度的标准为（-0.5±0.5）mm
2	紧固前端底部	用电枪按顺序紧固前端底部3颗内花型扁圆头自攻螺钉	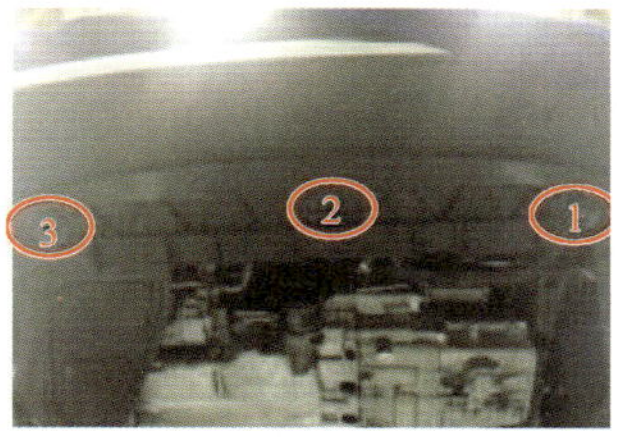	力矩合格后，检查螺钉与零件之间应无缝隙，不要漏打
3	紧固后保险杠杠尖钉	调整左、右侧后保险杠杠尖与侧围平度，紧固后保险杠杠尖螺钉	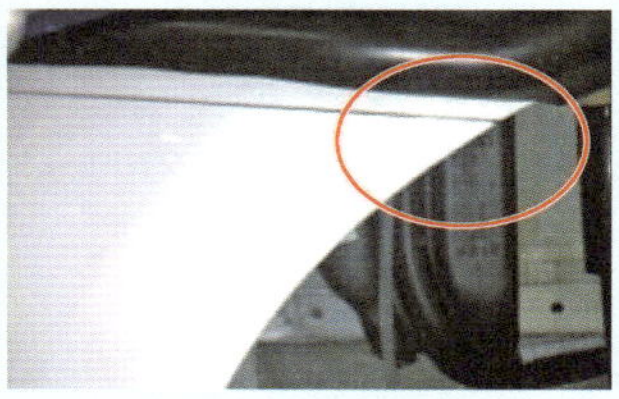	1）后保险杠与侧围间隙的标准为（0.5±0.5）mm 2）平度标准为（-0.5±0.5）mm
4	紧固后保险杠下部	将后保险杠紧固到导向支架上（左右对称）		检查螺钉与零件之间应无缝隙，不要漏打

（续）

序号	操作步骤	操作方法	操作图示	注意事项
\multicolumn{5}{l}{9. 轮罩装配，风扇插头、下部水管连接，底盘护板安装}				
MA21 1	安装前轮罩防护罩（左、右前轮罩同样操作方法）	将前轮罩按与车身相符的方向卡在钣金件上，将前轮罩下方安装到前保险杠下方。用电枪按照②~⑬的顺序紧固轮罩	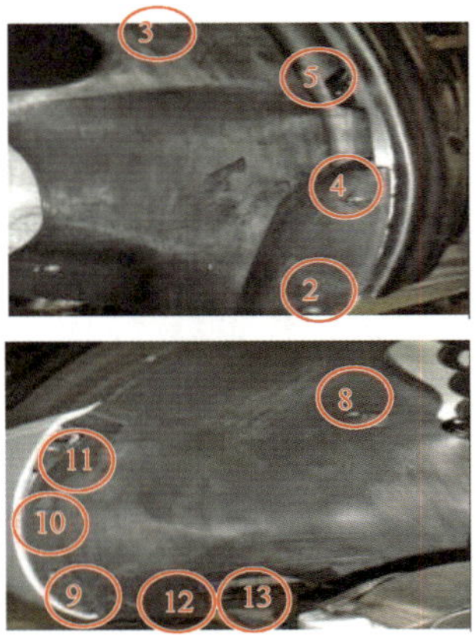	螺钉不要打歪，不要漏钉
2	紧固轮罩防护罩	轮罩向前移，紧固3颗螺钉	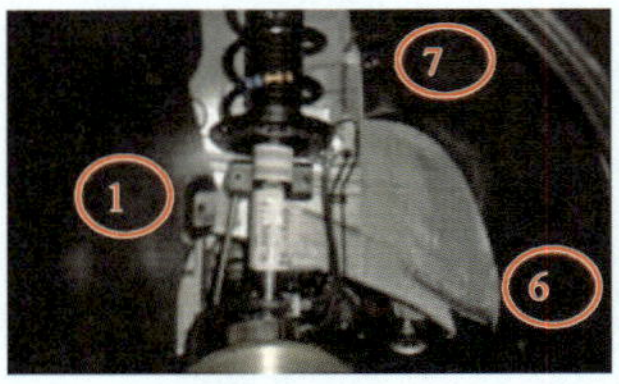	安装前，检查前轮罩外观，应无破损
3	安装后轮罩防护罩（左、右后轮罩同样操作方法）	安装后轮罩防护罩至轮拱位置，按照①~⑩的顺序进行紧固左后轮罩防护罩	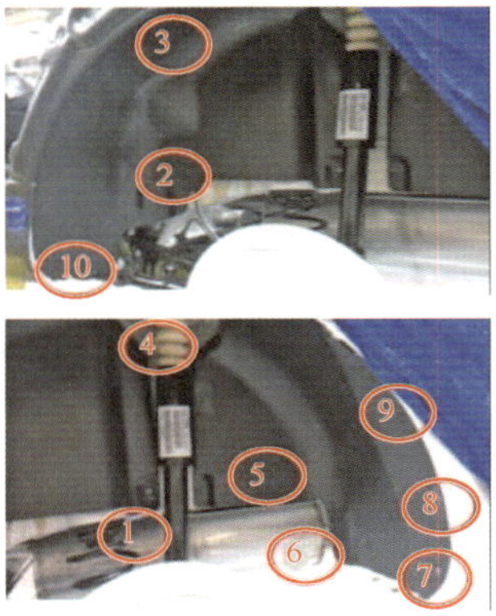	1）要按顺序打，防止漏打 2）安装前，检查前轮罩外观有无破损
MA22 1	连接风扇插头	连接散热器风扇插头，将风扇插头连接到位	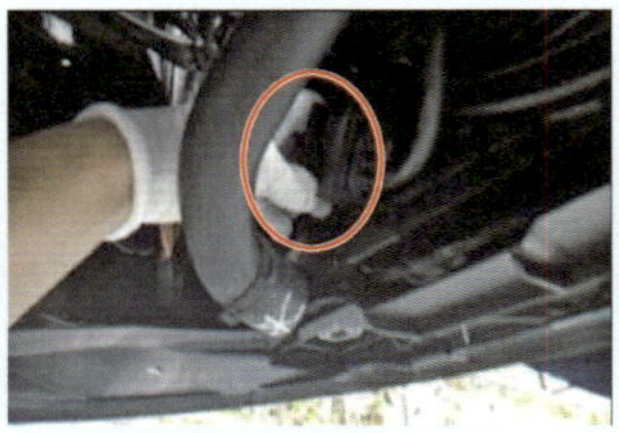	插头不要虚插，连接后要反方向拉伸插头，确保连接牢固
2	连接下部水管	在水管管口喷涂润滑脂，连接水管至散热器接口。使用水管钳将水管连接到位（水管口平面到达限位面且平行）	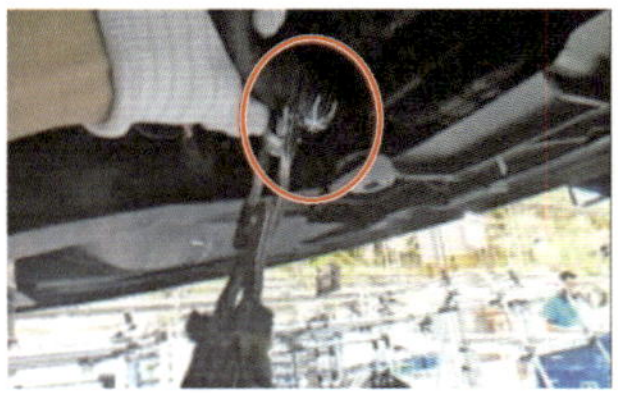	水管不要夹歪，两侧保持水平

154

序号	操作步骤	操作方法	操作图示	注意事项
3	安装底盘护板	将底盘护板前端卡片与前端底部卡对准，稍用力推底盘护板，使其相啮合。用6颗螺钉紧固	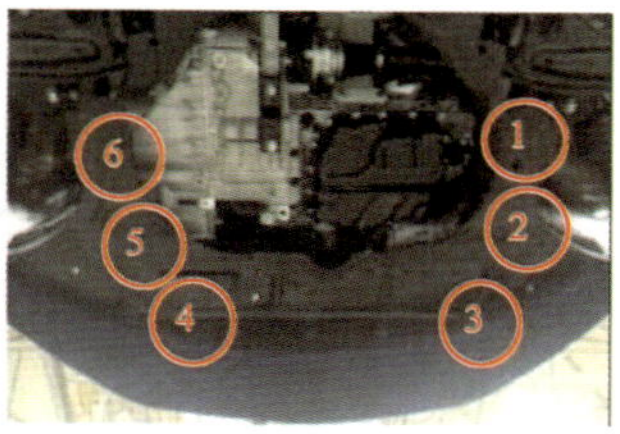	安装时，确保护板各个卡扣卡接到位，无露出现象

【检测评价】

教师依据表5-4对学生进行该任务的考核测评（由于总装工艺对设备与场地的要求较高，学校场地不能满足完整的工艺要求。因此，结合教学的实际情况，该考核选取动力分装作为考核项目）。

表 5-4　考核评价表

序 号	步　骤	评 分 细 则	分值	得分
1	吊装发动机	操作步骤正确，能正确回答操作注意事项	10	
2	合装变速器	操作步骤正确，能正确回答操作注意事项	10	
3	安装交流电机	操作步骤正确，能正确回答操作注意事项	8	
4	安装定位轴套及压缩机	操作步骤正确，能正确回答操作注意事项	8	
5	安装通气管	操作步骤正确，能正确回答操作注意事项	4	
6	安装变速器左支架	操作步骤正确，能正确回答操作注意事项	5	
7	预紧传动带张紧器	操作步骤正确，能正确回答操作注意事项	6	
8	安装多楔传动带	操作步骤正确，能正确回答操作注意事项	6	
9	紧固带轮及安装堵盖	操作步骤正确，能正确回答操作注意事项	8	
10	安装防护盖	操作步骤正确，能正确回答操作注意事项	4	
11	安装电机线束	操作步骤正确，能正确回答操作注意事项	8	
12	安装起动机	操作步骤正确，能正确回答操作注意事项	8	
13	安装进气喷射器和真空管	操作步骤正确，能正确回答操作注意事项	5	
14	安装冷凝器	操作步骤正确，能正确回答操作注意事项	5	
15	安装冷却水管	操作步骤正确，能正确回答操作注意事项	5	
		总分	100	

注：每项分值都是扣完为止。

【课后测评】

填写图 5-16 中前悬、后悬各个零部件的名称。

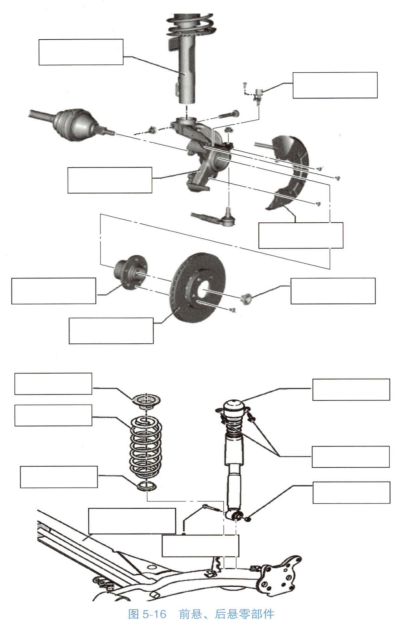

图 5-16 前悬、后悬零部件

项目六　汽车内饰二装配

 【项目描述】

车身在底盘装配完毕后输送至内饰二线进行装配，主要装配内容包括副仪表板总成、前照灯总成装配，以及一系列线束、管路连接工作、油液加注等。

任务一　内饰二线工作安全与作业准备

 【任务目标】

知识目标：	技能目标：	素养目标：
1）了解内饰二装配线的安全风险。 2）了解内饰二装配线工具和设备的使用方法。	1）具有判断内饰二装配线安全风险点的能力。 2）具有操作内饰二装配线工具和设备的能力。	1）提高安全素质和安全意识。 2）养成安全生产的习惯，自觉规范安全行为。

 【任务描述】

在汽车内饰二装配线需要加注冷却液、制动液和制冷剂等液体。这些液体都具有腐蚀性或毒性，所以从事这些岗位的人员必须是经过特殊岗位培训并合格的人员。这些化学制剂的日常管理是非常重要的，当遇到这些化学制剂发生的安全事故时，应该如何正确地处理是需要学习的技能。

 【知识储备】

1. 制动液加注工位

制动液有毒性，且具有一定的腐蚀性，若不小心使其接触到皮肤，应及时用大量流动的清水清洗。加注制动液如图 6-1 所示。

2. 制冷剂加注工位

液态制冷剂具有很强的制冷效果，若皮肤直接接触会造成严重的冻伤。加注制冷剂如图 6-2 所示。

157

图 6-1　加注制动液

图 6-2　加注制冷剂

【任务实施】

加注设备的使用

加注设备主要包括制动液加注设备、制冷剂加注设备、冷却液加注设备、玻璃清洗液加注设备和燃油加注设备。制动液、制冷剂、冷却液、玻璃清洗液的加注如图 6-3~ 图 6-6 所示。

图 6-3　制动液加注

图 6-4　制冷剂加注

图 6-5　冷却液加注

图 6-6　玻璃清洗液加注

注意事项如下：

1）制动液加注：枪头一定要放正端平，夹紧时，制动液罐前方的豁口一定要露出来，否则加注后无法拔下加注头。其加注量为（650±200）mL，含水量为 0.15%~0.2% 时，设备报警，应联系维修处理，含水量超过 0.2% 时，禁止加注。

2）制冷剂加注：枪头一定要放正端平，加注头要插到位，否则加注时漏气，导致加注失败。红色加注头应插在高压管上，蓝色加注头应插在低压管上。其加注量为（500±15）g。

3）冷却液加注：枪头一定要放正，否则抽真空将失败，导致加注失败。其加注量为（7000±2000）mL。

4）玻璃清洗液加注：枪头一定要放正，不要使加注头脱落。其加注量为（1000±100）mL。风窗清洗剂根据季节不同而采用不同的浓度。

【检测评价】

教师依据表 6-1 对学生进行该任务的考核测评。

表 6-1 评价考核表

序号	步　　骤	评 分 细 则	分值	得分
1	内饰二装配线安全事故易发点确认	能描述出内饰二装配线安全事故易发工位的位置和原因	50	
2	加注设备的使用	能描述制动液、制冷剂、冷却液、玻璃清洗剂的加注量	50	
		总分	100	

注：每项分值都是扣完为止。

【课后测评】

判断题

1）制动液有毒性，且具有一定的腐蚀性，若不小心使其接触皮肤，应及时用大量流动的清水清洗。（　　）

2）制动液加注时，含水量为 0.3%~0.5% 时，设备会报警。（　　）

3）制冷剂加注时，红色加注头应插在高压管上，蓝色加注头应插在低压管上。（　　）

4）制冷剂加注：枪头一定要放正端平，加注头要插到位，否则加注时漏气，导致加注失败。（　　）

任务二　内饰二装配工艺

【任务目标】

知识目标：	技能目标：	素养目标：
1）了解内饰二装配线装配的零部件，了解零部件布局。 2）了解内饰二装配线劳保用品穿戴要求。 3）掌握内饰二装配线的工艺流程。 4）掌握内饰二装配线装配工艺操作方法。	1）具有识别内饰板、刮水器及相关零件的能力。 2）具有正确描述内饰二装配工艺流程的能力。 3）具有正确描述内饰二装配操作注意事项的能力。	1）养成安全生产的习惯，自觉规范安全行为。 2）树立质量意识，严格按照标准作业。 3）培养工匠精神，制造合格产品。

【任务描述】

内饰二装配线的作业内容多为一些外观件的装配，因此在装配过程中需着重注意零件的外观质量，以及装配配合间隙的控制。

【知识储备】

一、内饰板装配图解

A 柱饰板、B 柱饰板、C 柱饰板、后窗饰板、行李舱门槛饰板、行李舱侧围饰板装配图解如图 6-7~图 6-12 所示。

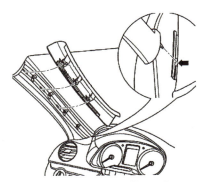

图 6-7　A 柱饰板装配图解

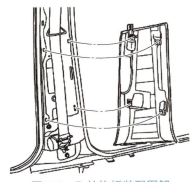

图 6-8　B 柱饰板装配图解

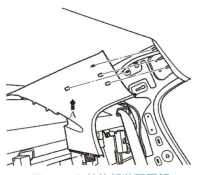

图 6-9　C 柱饰板装配图解

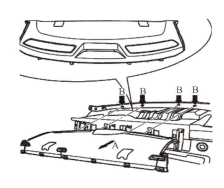

图 6-10　后窗饰板装配图解

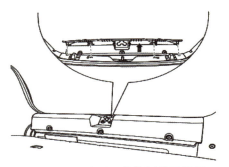

图 6-11　行李舱门槛饰板装配图解

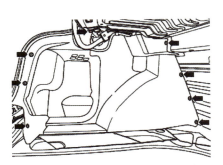

图 6-12　行李舱侧围饰板装配图解

二、刮水器装配图解

刮水器装配图解如图 6-13 所示。

三、内饰二装配线工艺流程

内饰二装配线工艺流程如图6-14所示。

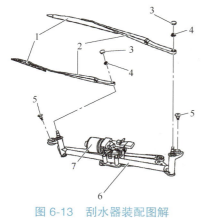

图6-13 刮水器装配图解

1—刮水器刮水片 2—刮水臂 3—盖罩 4—螺母
5—螺栓 6—刮水器连杆 7—刮水器电动机

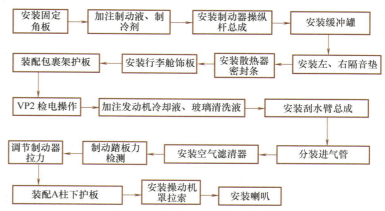

图6-14 内饰二装配线工艺流程

【任务实施】

一、内饰二装调线劳保用品的穿戴要求

内饰二装调线劳保用品的穿戴要求如图2-10所示。

特殊岗位劳保用品要求：加注岗位必须戴上防护眼镜，涂胶作业岗位必须戴上防毒面具。

二、汽车内饰二装配工艺

序号	操作步骤	操作方法	操作图示	注意事项
1. 制动液、制冷剂加注，固定角板、驻车制动器手柄、缓冲罐、隔音垫、密封条、行李舱饰板装配					
内饰二段MA011	安装固定角板	把固定角板对准螺柱放平，用手先将4个螺母预紧2圈到螺柱上		装配时，保证变速杆档位在3档，不可来回扳动变速杆
2	紧固六角组合螺母	将变速杆提起，先预紧螺母①，然后调整固定角板位置，按照②~③的顺序紧固其余螺母，最后紧固螺母①		紧固时，要采用对角紧固法。紧固螺母时不要将隔音垫夹住
3	卡线束卡	将线束卡卡在前固定角板右侧下方的工艺孔中		确保卡子卡紧到位

161

（续）

序号	操作步骤	操作方法	操作图示	注意事项
4	安装簧片螺母	取簧片螺母，将螺母平滑一侧向上，安装簧片螺母	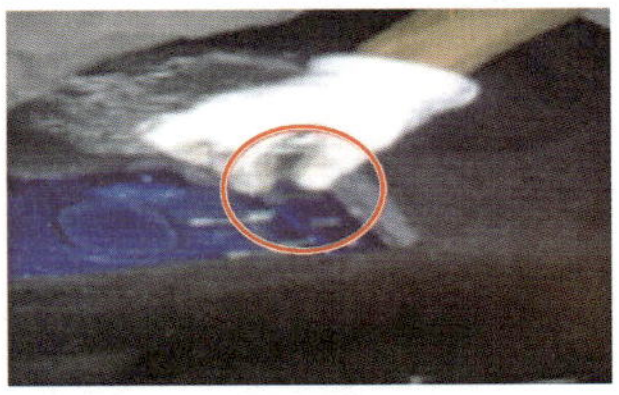	区分簧片螺母上、下面
MA02 1	连接负极搭铁线，拧下制动液盖和空调帽	连接蓄电池负极搭铁线，拧下制动液盖，拧下空调的2个盖罩，放置到发动机舱处		避免制动系统、空调系统进入杂质、水分
2	加注制动液	当加注枪头上绿灯闪起时，取下制动液加注枪头插在制动液储罐口并放正，按下绿色按钮夹紧进行加注	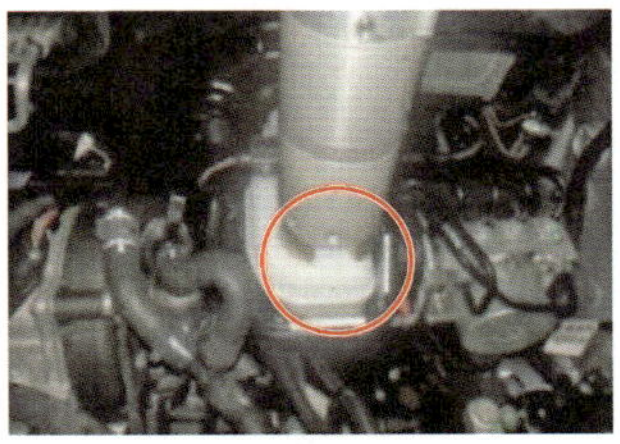	加注量为（650±200）mL，含水量为0.15%~0.2%时，设备报警，含水量超过0.2%时，禁止加注
3	加注空调制冷剂	当加注枪头上绿灯闪起时，取下2个空调加注枪头插在对应的高、低压管上，按下绿色按钮夹紧进行加注		红色加注头插在高压管上，蓝色加注头插在低压管上。加注量为（500±15）g
4	摘取风窗玻璃垫块	摘取车身6个风窗玻璃垫块	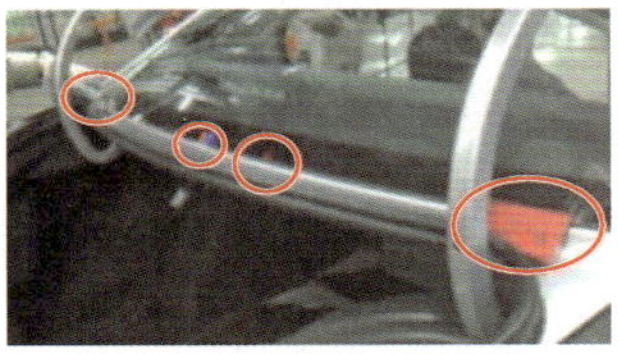	垫块有断在风窗玻璃里的一定要取出
5	拧紧制动液盖和空调帽	拧紧制动液盖，拧紧2个空调帽	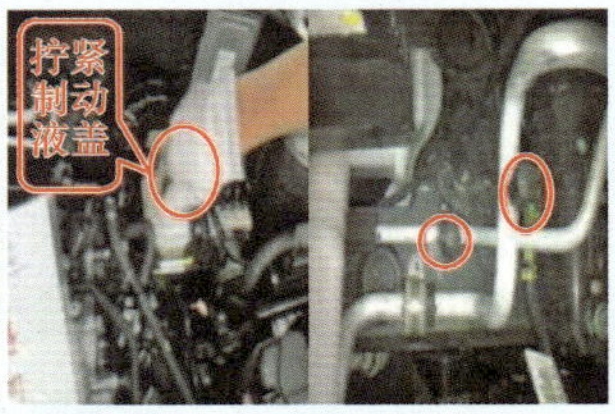	确保拧紧到位
MA03 1	安装门接触开关	取门接触开关和驻车制动器操纵杆总成，将门接触开关安装至驻车制动器操纵杆总成工艺孔上	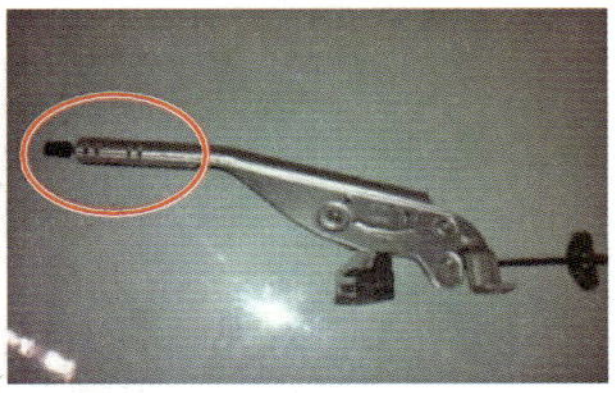	安装前，检查门接触开关是否破损，检查驻车制动器操纵杆总成按钮是否回弹
2	安装驻车制动器操纵杆总成	将驻车制动器操纵杆总成安装在车身焊柱上。用2颗螺母预紧，再用电枪紧固螺母	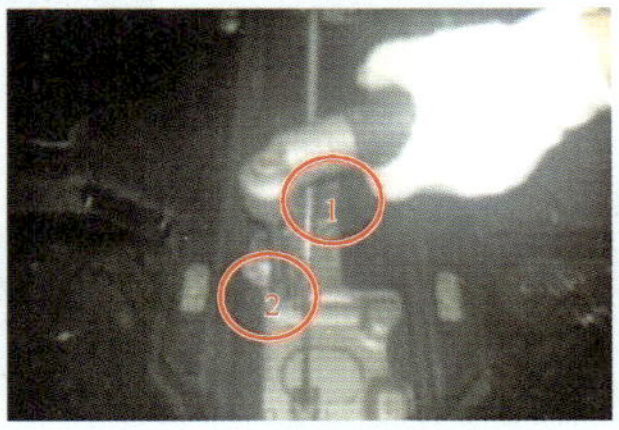	用过一次的螺母不能再次使用

（续）

序号	操作步骤	操作方法	操作图示	注意事项
3	取天线杆	将天线杆放入杂物箱内	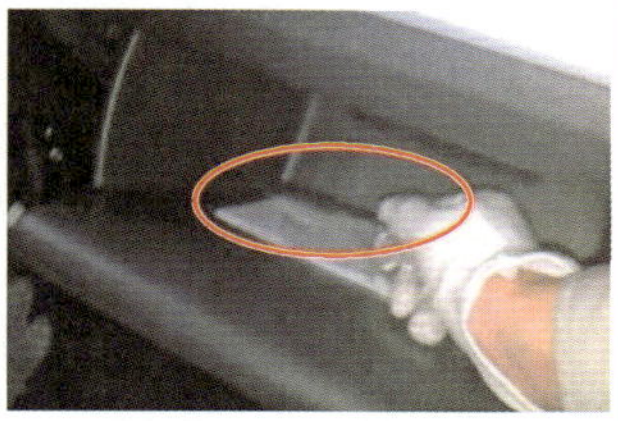	不要忘记放置天线杆
4	安装缓冲罐	用手将缓冲罐压到车身后排座椅钣金工艺孔上，听到"咔"的一声说明完成装配（按①～②顺序）		缓冲罐要卡到钣金工艺孔底部
5	安装右侧卡扣	将卡扣按入C柱上方钣金件夹层处	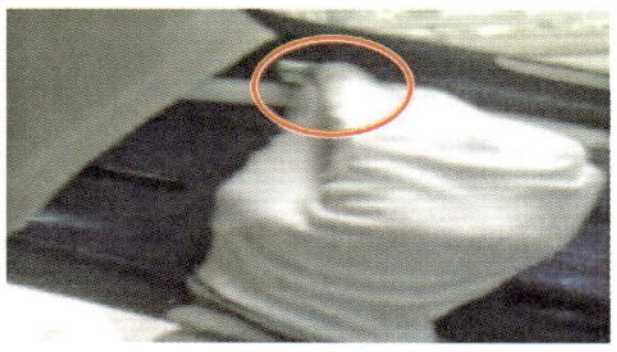	卡扣不能松动
6	连接右侧风窗玻璃加热线	将后风窗玻璃的加热线连接到车身的插头	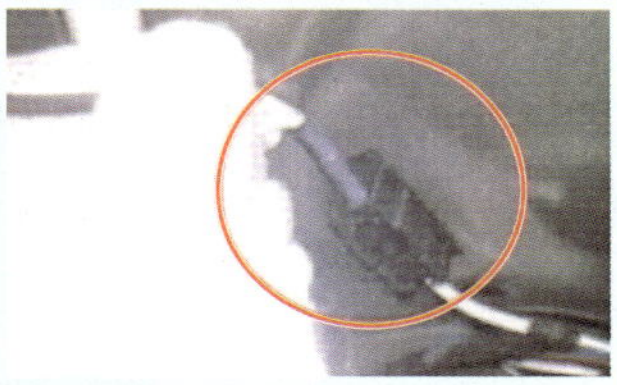	风窗玻璃加热线连接后，用手轻轻拽一下，防止线束虚插
MA04 1	安装左、右隔音垫	将隔音垫定位销插进翼子板工艺孔内，按顺序垂直向下按，听到"咔"的一声说明装配到位	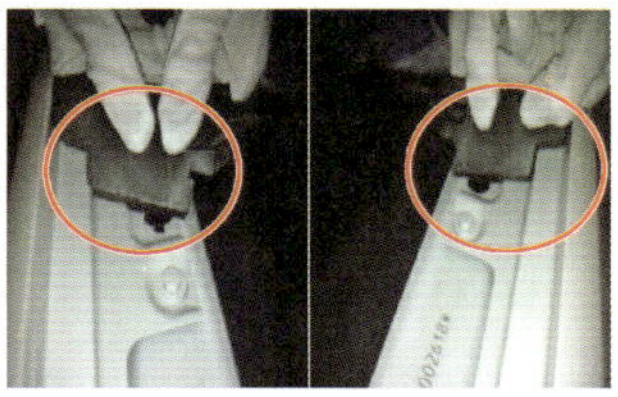	检查隔音垫脱落情况
2	安装散热器密封条	先右再左，最后按中间顺序装配散热器密封条	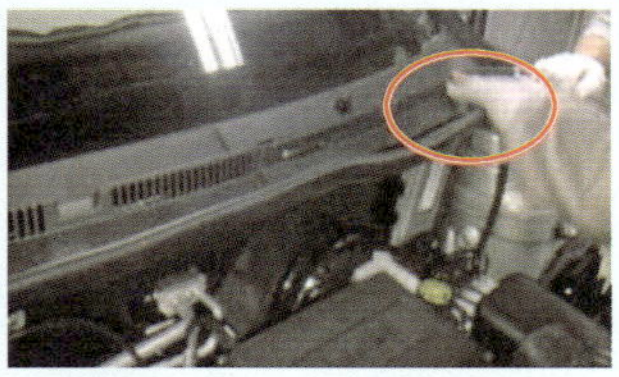	确保密封条卡紧到位
3	安装缓冲罐	用手将缓冲罐压入到车身后排座椅钣金工艺孔上，听到"咔"的一声说明完成装配		缓冲罐要卡到钣金工艺孔底部
4	安装左侧卡扣	将卡扣按入C柱上方钣金件夹层处	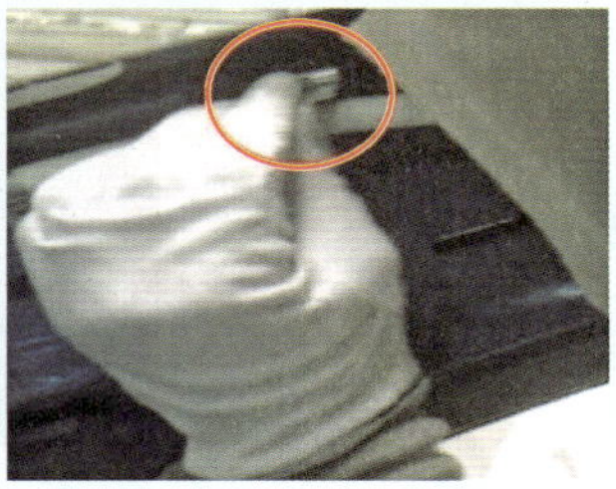	卡扣不能松动

（续）

序号	操作步骤	操作方法	操作图示	注意事项
5	连接左侧风窗玻璃加热线	将后风窗玻璃的加热线连接到车身的插头	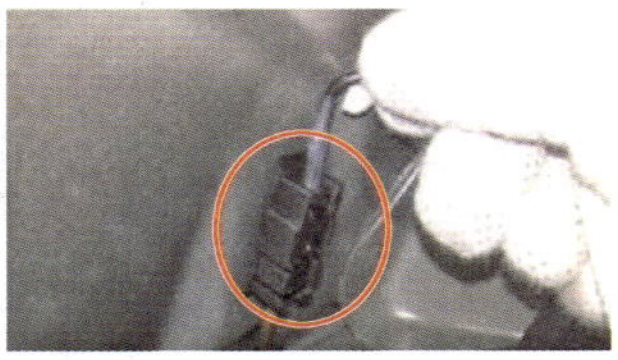	风窗玻璃加热线连接后，用手轻轻拽一下，防止线束虚插
MA051	安装左侧行李舱饰板	用手将左侧行李舱饰板拍打至与钣金贴合	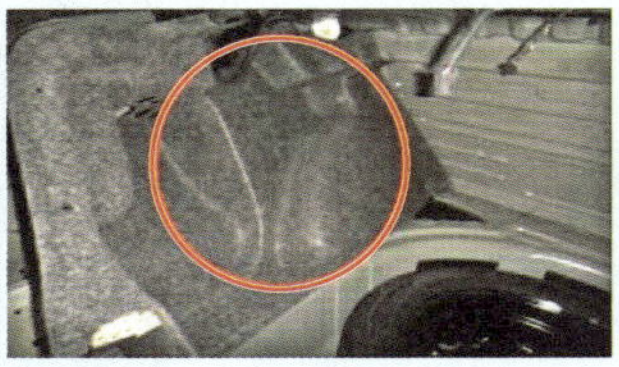	左侧行李舱饰板与钣金不贴合，会导致后期装配困难
2	扒行李舱密封条	从上到下扒行李舱密封条，使其包住行李舱饰板	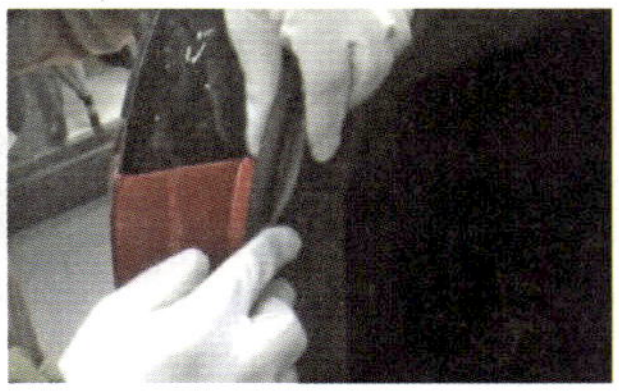	R角处密封条不能鼓包
3	固定左侧行李舱饰板前部	将4个卡扣依次固定在左侧行李舱饰板部4个定位孔内，在装配卡扣时，将卡扣插入左侧护面再对准钣金孔，用力将卡扣按到底	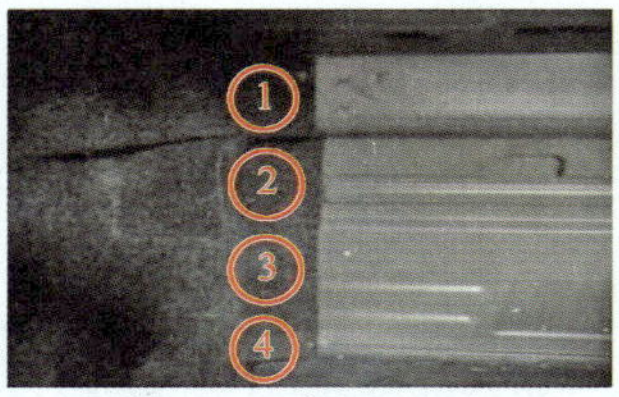	进入行李舱时，防止划伤后杠
4	固定左侧行李舱护面后部	将4个卡扣（⑤~⑧的顺序装配）固定在行李舱左侧护面后部4个定位孔内，用力将卡扣卡到底	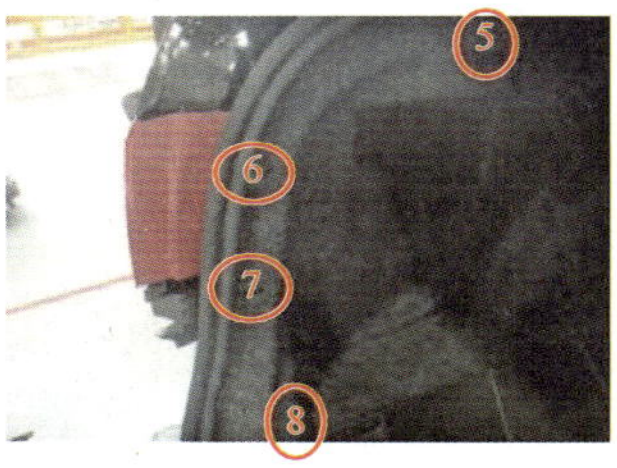	出行李舱时，防止划伤后杠
5	安装右侧行李舱饰板	用手将右侧行李舱侧饰板拍打至与钣金贴合	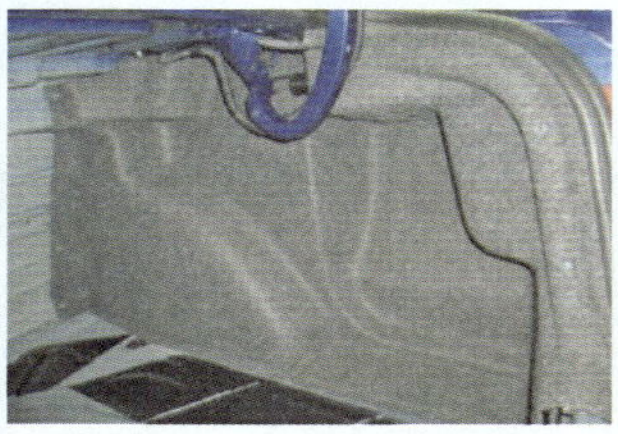	防止右侧行李舱饰板与钣金件不贴合，会导致后期装配困难
6	扒行李舱密封条	从上到下扒行李舱密封条，使其包住右侧行李舱饰板	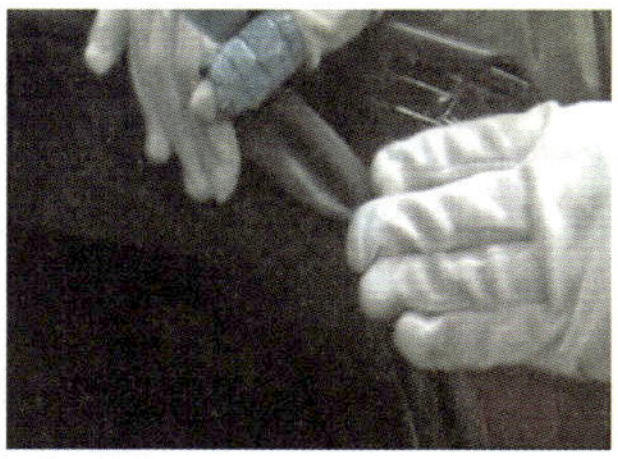	R角处密封条不能鼓包

（续）

序号	操 作 步 骤	操 作 方 法	操 作 图 示	注 意 事 项
7	固定右侧行李舱饰板前部	进入行李舱，将4个卡扣依次固定在右侧行李舱饰板部4个定位孔内，用力将卡扣按到底	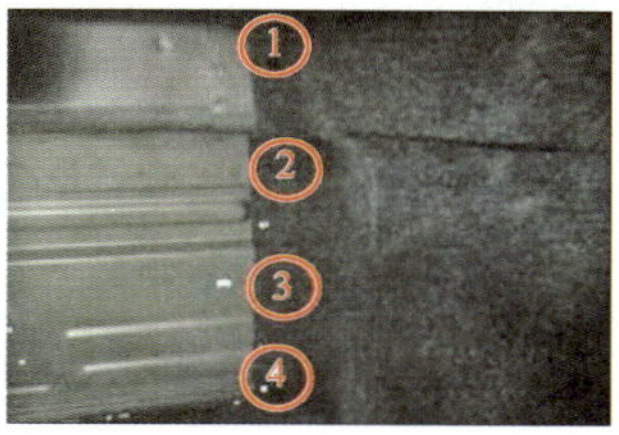	进入行李舱时，防止划伤后杠
8	固定右侧行李舱护面后部	将4个卡扣固定在行李舱右侧护面后部4个定位孔内，用力将卡扣卡到底	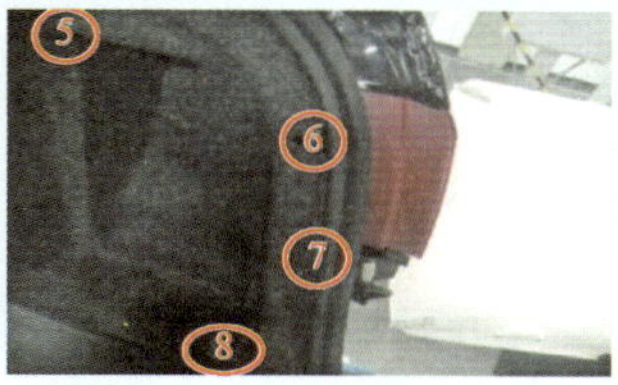	出行李舱时，防止划伤后杠

2. 加注冷却液、刮水臂、进气管、空气滤清器、A柱下护板、喇叭装配

序号	操 作 步 骤	操 作 方 法	操 作 图 示	注 意 事 项
MA061	查看装配单	查看装配单信息	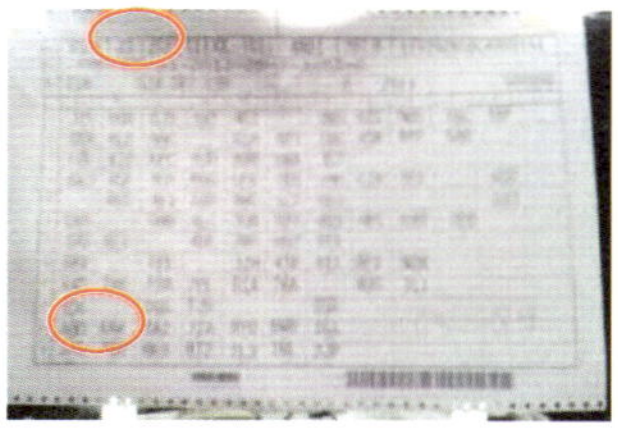	包裹架护板的颜色为黑色，JX+A8B：包裹架护板的颜色为米色
2	放置卡扣	将6个卡扣放置在左侧后座椅的钣金件上		卡扣不要漏装
3	放置包裹架护板	将包裹架护板放到钣金件上	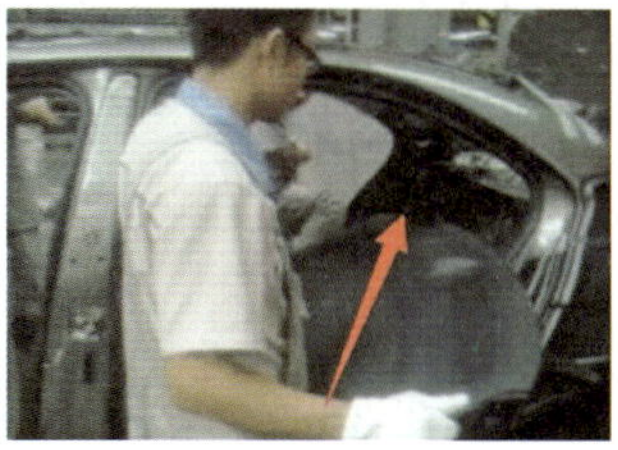	安装前，检查饰板外观是否完好，应无破损
4	穿安全带	将安全带套进包裹架护板工艺孔中		将安全带穿出
5	装配包裹架护板	把包裹架护板饰盖下方的孔扣在钣金的挂钩上，将包裹架护板放平，对准钣金孔的位置后按照顺序拍下，固定在钣金件上		确保护板卡紧到位

（续）

序号	操作步骤	操作方法	操作图示	注意事项
6	装配卡扣	将6个卡扣按照图中所示的顺序卡入与包裹架护板的定位孔对应的钣金孔内		确保饰板卡紧到位
MA07 1	查看FIS单，扫描KNR码	查看C9处PR号，扫描左侧翼子板KNR码	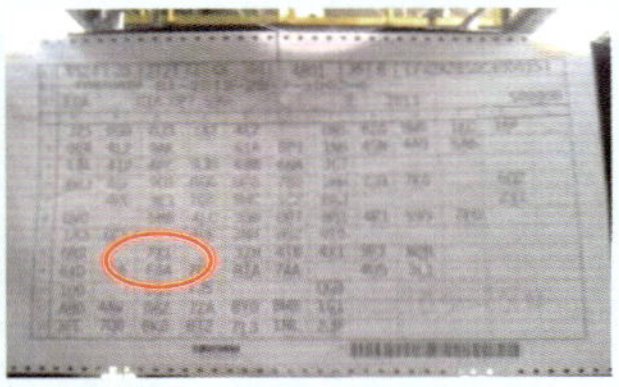	F0A标准车身（2把钥匙）
2	连接OBD插头	将MFT上OBD插头接到仪表左下方OBD接口上	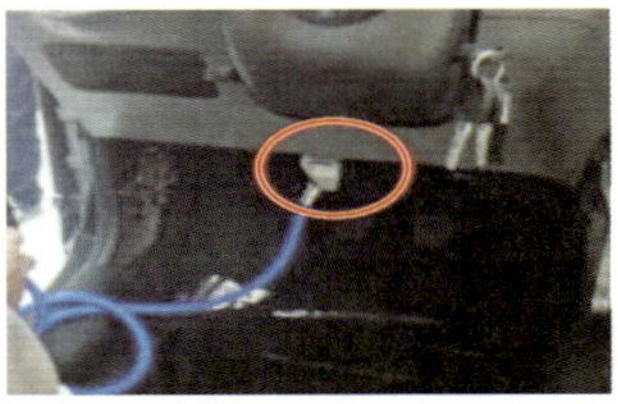	MFT上的OBD接口大头向上插入
3	VP2检电操作	将转向开关、刮水器开关归到零位，打开点火开关，按照屏幕指示进行开、关，当屏幕出现换钥匙界面时，将钥匙拔出换上第二把钥匙，打开点火开关，按照屏幕指示进行操作，仪表显示Pro后，说明VP2为合格，关闭点火开关，拔下OBD插头	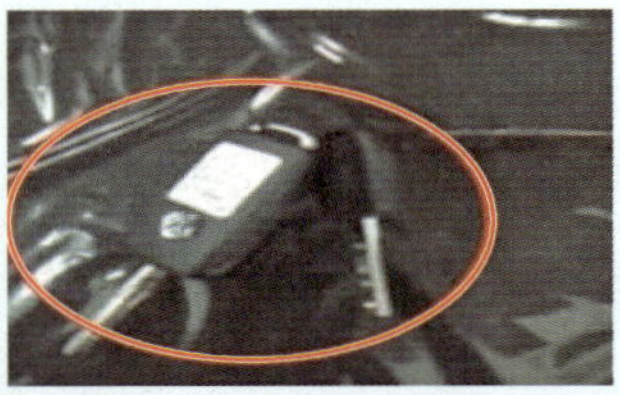 	拔下第一把钥匙后，不要将两把钥匙弄混，再次插入第一把钥匙进行检测，两把钥匙转换时间不得超过30s
MA08 1	打开玻璃清洗液罐、发动机冷却液盖，取出漏网	打开发动机冷却液盖、玻璃清洗液盖，取出漏网，放置到发动机舱流水槽旁，为加注做好准备	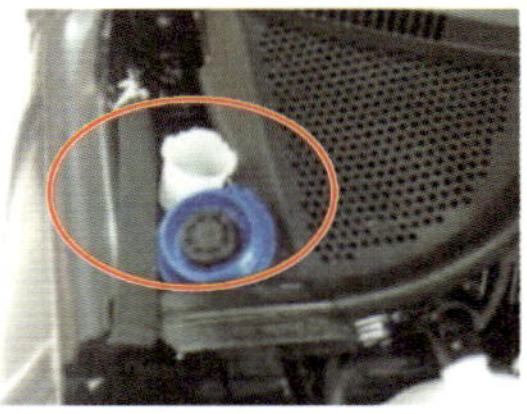	取出的发动机冷却液盖和漏网要放置好，以免掉落发动机舱内不容易取出
2	加注发动机冷却液	当加注枪头上绿灯闪动时，取下发动机冷却液加注枪头，插入发动机冷却液储存罐放正，按下绿色按钮进行加注		加注量为（7000±2000）mL，冰点值为 −40~−35℃，冰点不合格时，禁止加注
3	加注玻璃清洗液	将玻璃清洗液枪头插在玻璃清洗液储存罐上，按下绿色按钮进行加注	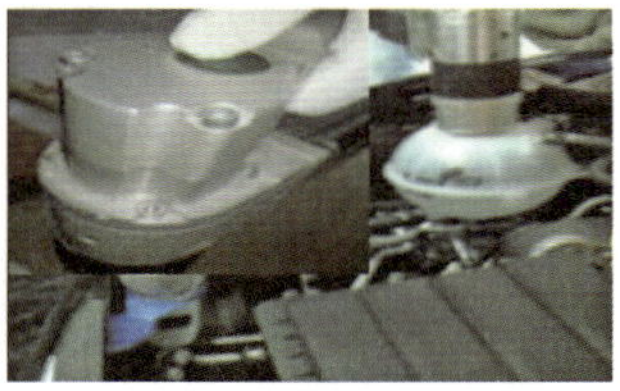	

项目六　汽车内饰二装配

（续）

序号	操作步骤	操作方法	操作图示	注意事项
4	取加注枪头，启动设备回程	当听到加注机"滴"的一声时，会看到加注枪头绿色灯再次闪动，这说明加注成功，这时按住绿色按钮，取下加注枪头	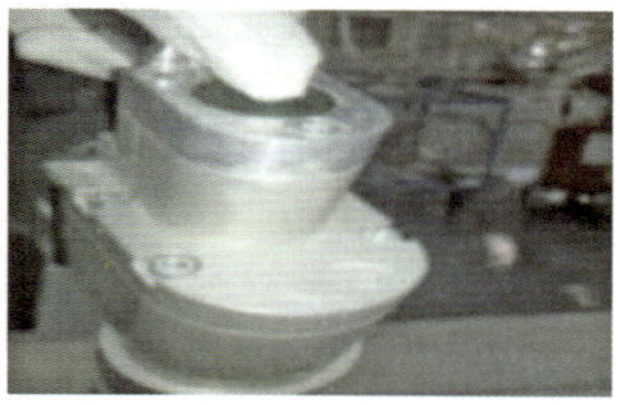	加注不合格时，应记卡并在转向柱上悬挂"液体未加提示卡"
5	关闭储存罐盖	加注完成后，将玻璃清洗液漏网、盖和发动机冷却液盖装上，并检查发动机冷却液液面高度	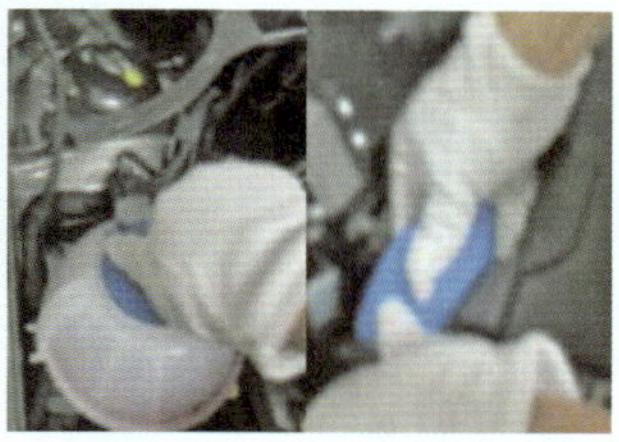	发动机冷却液液面在MAX线上方倒三角形中间以上位置
MA09 1	刮水器电动机复位	打开点火开关，按下刮水臂总成控制按钮，使刮水器电动机复位；复位完，关闭点火开关	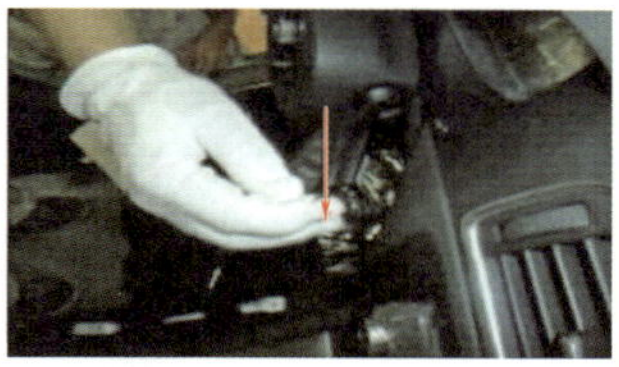	
2	安装刮水臂总成	拿起刮水臂总成，先将右侧刮水臂总成安装在刮水器电动机柱上，将左侧刮水臂总成安装在刮水器电动机柱上，再用手将螺母带上		不要划伤风窗玻璃。用手将六角法兰面螺母带上，防止螺母带歪
3	调整辅具固定刮水臂总成	将刮水臂总成辅具卡槽卡到刮水臂总成上固定，轻轻晃动辅具	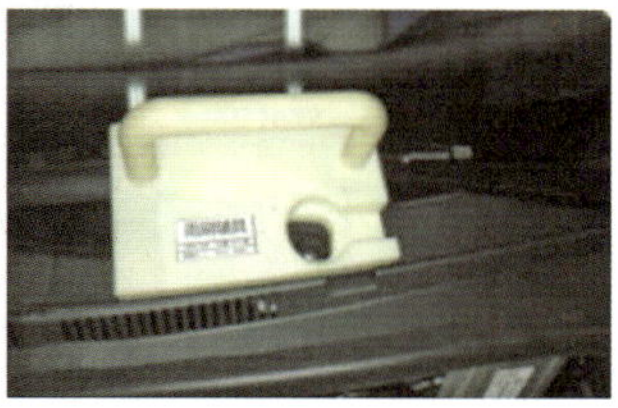	听到声音后，不继续校紧，否则刮水器电动机螺柱易折断
4	紧固刮水臂总成	用2颗螺母预紧刮水臂。用定值扳手紧固刮水臂总成，听到"咔"的声音后停止校紧（按照①—②的顺序校紧）	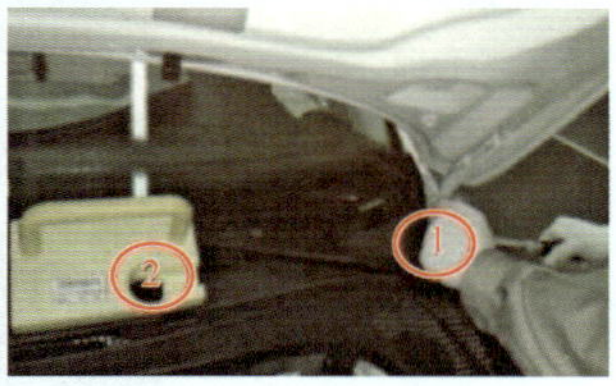	
5	安装锁紧盖	用橡胶锤分别将2个锁紧盖敲进刮水臂螺母上	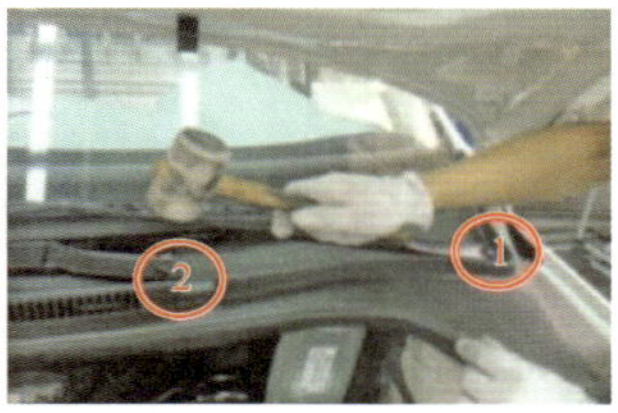	用力不要过大，不要敲坏锁紧盖

167

（续）

序号	操作步骤	操作方法	操作图示	注意事项
6	拔下蓄电池负极线	打开点火开关，重新复位刮水器，复位后关闭点火开关。轻晃蓄电池负极线，拔下	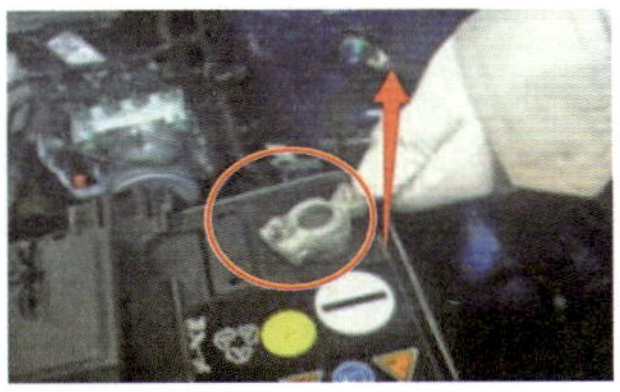	先关闭点火开关，再拔下负极端
MA101	查看 PR 号	查看装配单 E2.D10 位置	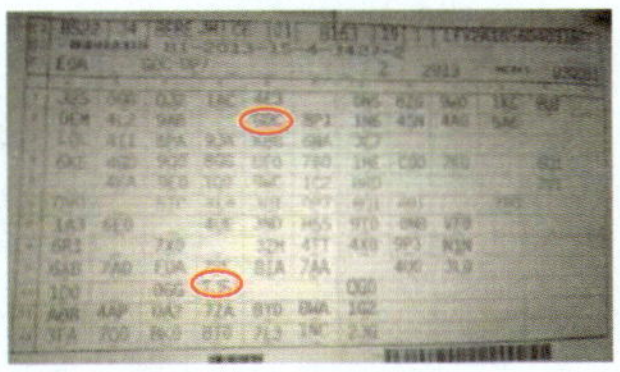	
2	分装进气管	将进气管和空气滤清器放置分装台上，将进气管分装到空气滤清器定位卡中，听到"咔"的声音说明装配完成	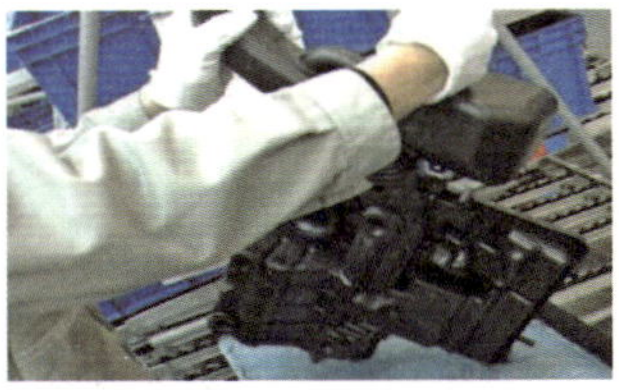	定位卡要卡在卡槽内，装配完成后，进气管不能松动
3	紧固内花形平圆头螺钉	用直柄电枪紧固空气滤清器与进气管		枪要垂直打，不要划伤空气滤清器，力矩为 $(2.5 \pm 0.2)\,\text{N·m}$
4	摘掉防尘帽	将真空管防尘帽和发动机通风口防尘帽摘掉		防止将防尘帽掉入发动机舱，点火线圈线束向下压，防止线束与空气滤清器干涉
5	安装空气滤清器	将空气滤清器放置到发动机舱处，把空气滤清器固定在下方的4个定位销和发动机通风口上，先用手将①和②的位置用力向下按，然后按照③和④的位置，完成装配		在安装空气滤清器前，将线束露出发动机边角尖菱，装配完成后，轻轻晃动空气滤清器，空气滤清器不能松动
6	连接真空管	将真空管连接到空气滤清器上	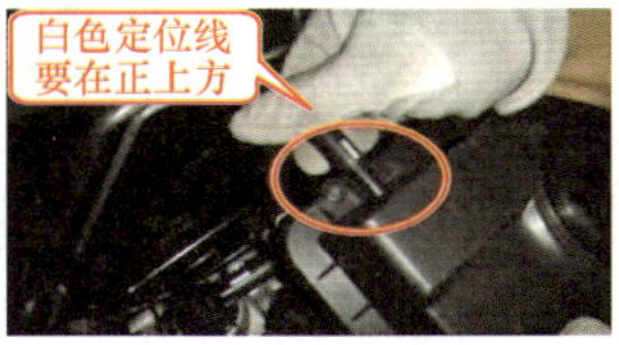 白色定位线要在正上方	真空管的定位白线要在正上方
7	连接助力管	将助力管连接到空气滤清器	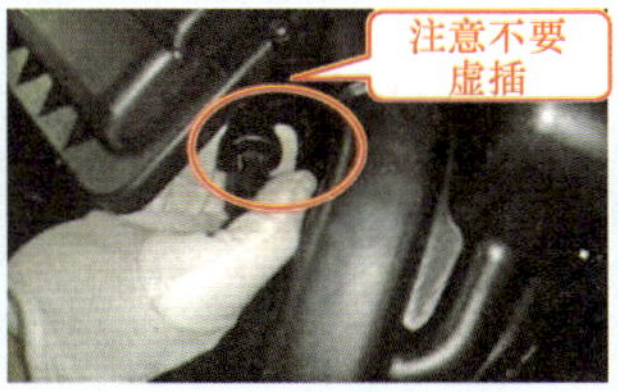 注意不要虚插	连接时，注意空气滤清器接口位置，不要虚插

（续）

序号	操作步骤	操作方法	操作图示	注意事项
MA11 1 调节踏板力	安放支架	握住手柄，然后把踏板力支架的两个定位点插入座椅定位孔	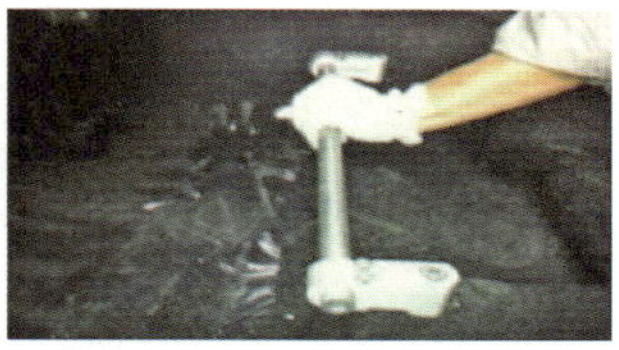	安装支架时，不要划伤车身、内饰表面
2	安放踏板力检测设备	把踏板力检测设备放入支架，对准制动踏板		设备的推杆要对准制动踏板
3	检测踏板力	按踏板力检测设备上的Start键起动，设备自动操作	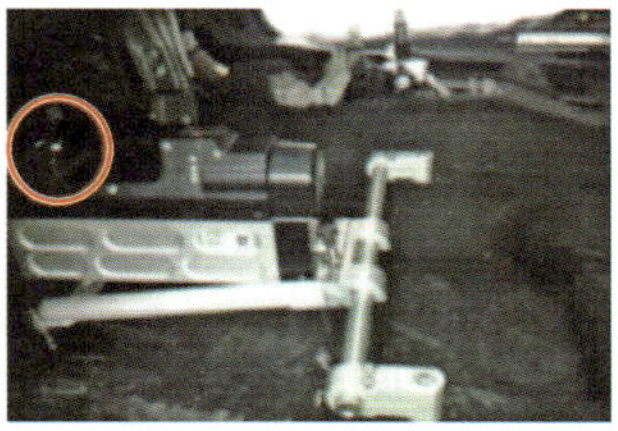	不要离开，时刻注意设备状态［踏板行程为（71±11）mm，检测力矩为（650±20）N·m］
4	查看检测结果	待设备运行完毕后，观察踏板力上方指示灯，左边19号设备、右边20号设备，绿灯为合格，红灯为不合格，设备在工作期间指示灯处于关闭状态		
5	取下踏板力检测设备及支架	取踏板力检测设备及支架，回到线旁存放设备处	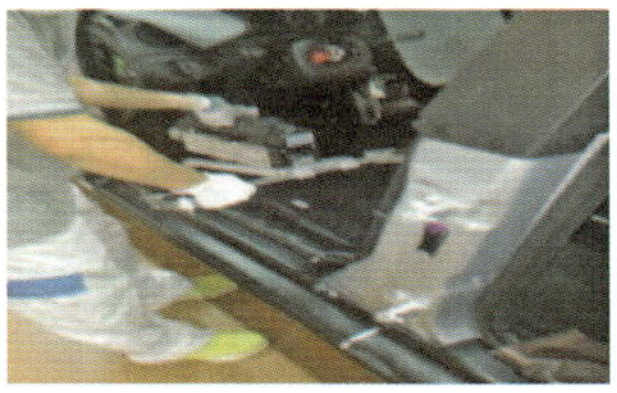	不要撞坏车漆
MA12 1 调节驻车制动器	用风枪调节驻车制动器手柄螺母	用手按住驻车制动器手柄前端按钮，将驻车制动器手柄放至最低点。将风枪头放到驻车制动器调节螺母上，调节驻车制动器后方螺母		
2	将驻车制动器手柄向上拉起并释放4次	将驻车制动器手柄向上拉至最高点停顿2s再放下，共拉起4次	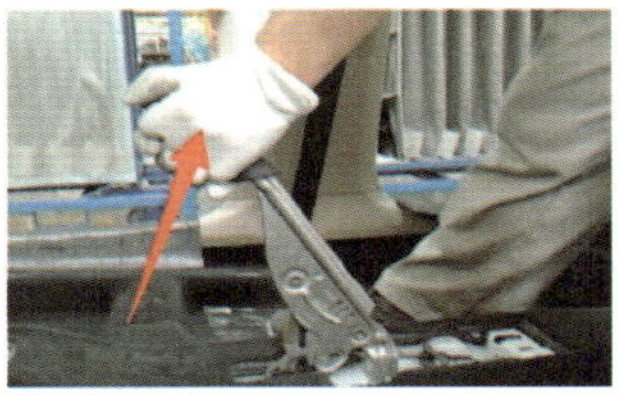	共拉起4次

（续）

序号	操作步骤	操作方法	操作图示	注意事项
3	放下驻车制动器手柄	将驻车制动器手柄放至零齿		
4	调节测力计	按POWER打开测力计，按UNIT调到测力状态，按PEAK使数值到最高点停止，按ZERO清零	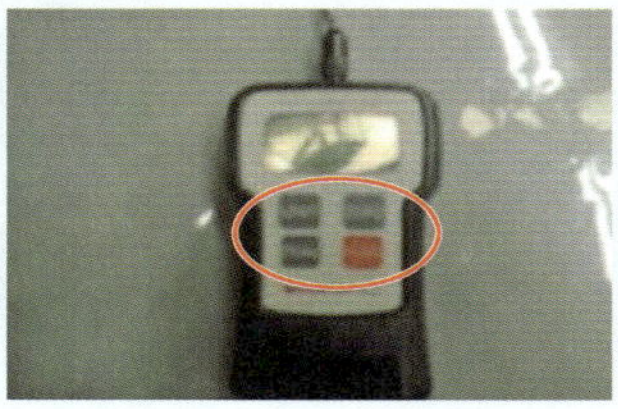	确认测力计在测力状态，数值要归零
5	测力	挂上测力计，垂直手柄向上拉4个档，确认数值符合标准，如果数值小，用棘轮扳手将驻车制动器调节螺母拧紧；如果数值大，将螺母拧松	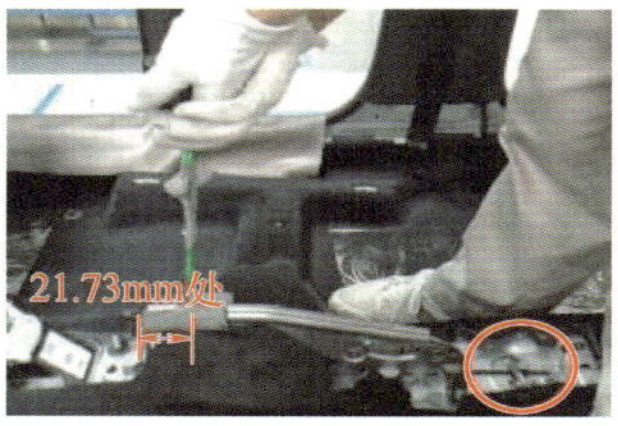	1）拉力范围为（200±20）N·m 2）将检测后力值大小记录在记录表上
6	装配支架	取支架，钣金件长的在左侧，钣金件短的在右侧，对准钣金孔，将支架放在安装位置上	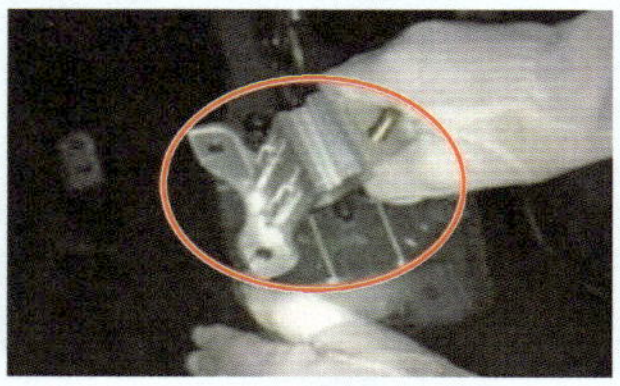	不要压到地毯，注意支架的朝向
7	紧固支架	预紧钉①，然后将钉②、③、④进行紧固，最后复紧钉①	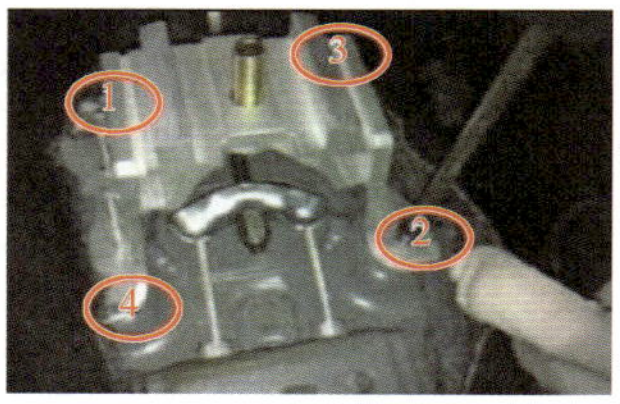	使用对角紧固法进行紧固
MA13 1	查看装配单，检查零件	查看装配单的位置，检查A柱下护板是否划伤，卡扣是否丢失	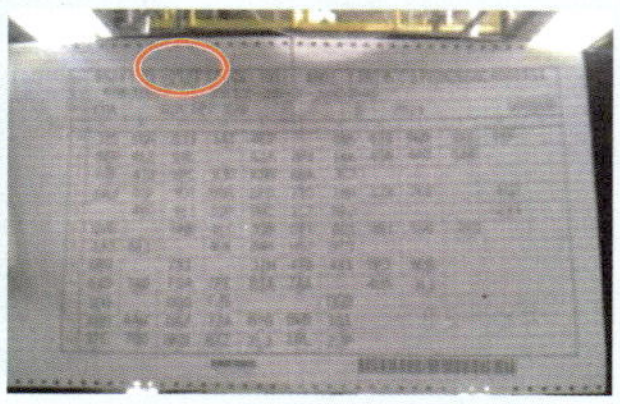	
2	装配右侧A柱下护板	将A柱下护板放入地毯槽里，向里推A柱下护板，使卡扣对准钣金孔，然后用手拍A柱下护板，使卡扣卡入钣金孔内	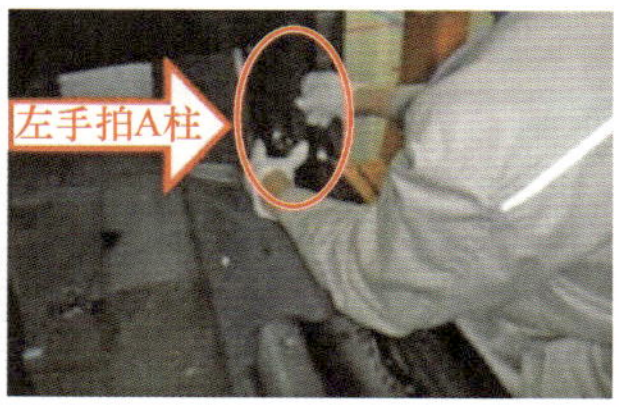	两个卡扣容易变形，卡扣要对准钣金孔

（续）

序号	操作步骤	操作方法	操作图示	注意事项
3	扒门洞条	扒开门洞条，使其包住A柱下护板	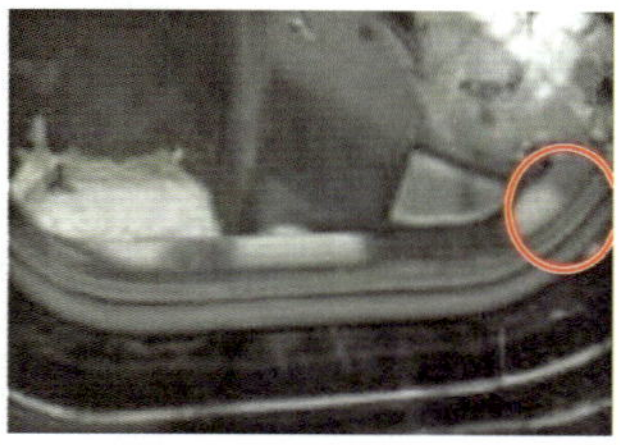	确认胶条完全包住护板边缘
4	装配左侧A柱下护板	将A柱下护板放到地毯卡槽中，定位销卡入钣金孔里，右手用力向外侧敲下护板，定位销卡入钣金，左手将门洞条包住下护板	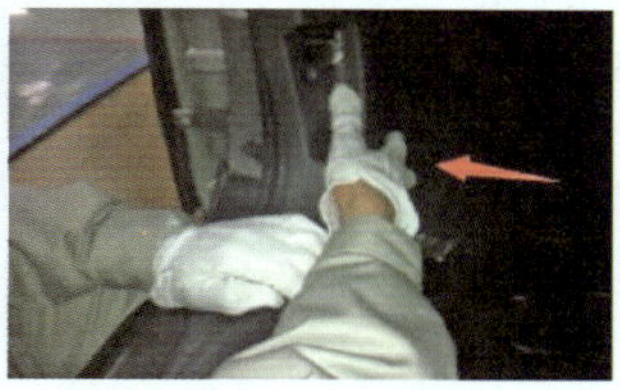	确保安装到位
5	安装卡扣	将卡扣按入A柱下护板上的工艺孔中	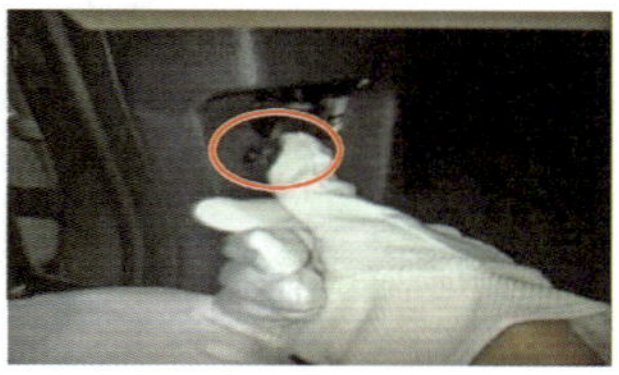	卡扣要按到底
6	安装操纵手柄总成—发动机舱盖拉索	将操纵手柄总成—发动机舱盖拉索导向槽对准定位柱，向垂直方向用力敲，听到"咔"的声音，装配完毕	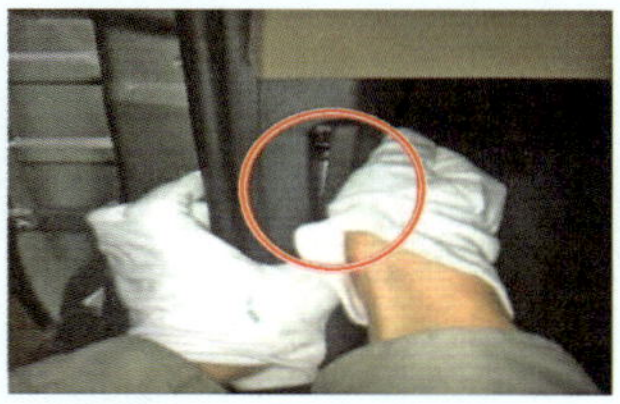	前后晃动手柄，不要与A柱下护板干涉和发卡
7	连接喇叭线束	将喇叭、停车辅助线束连接到扬声器上	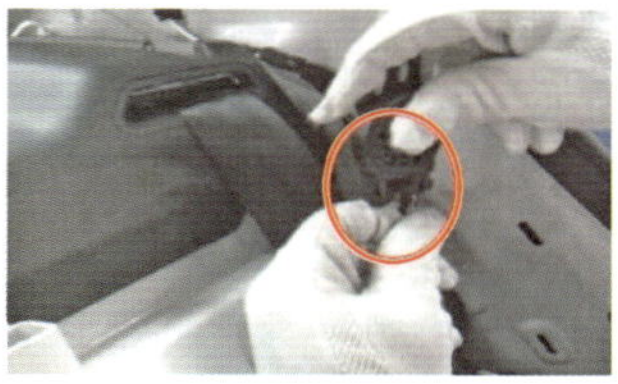	+7X0 无喇叭，停车辅助 +7X1 有喇叭，停车辅助
8	安装喇叭、停车辅助	先用一个铆钉将喇叭、停车辅助内侧固定到钣金件上，再用另一个铆钉将喇叭、停车辅助外侧固定到钣金件上	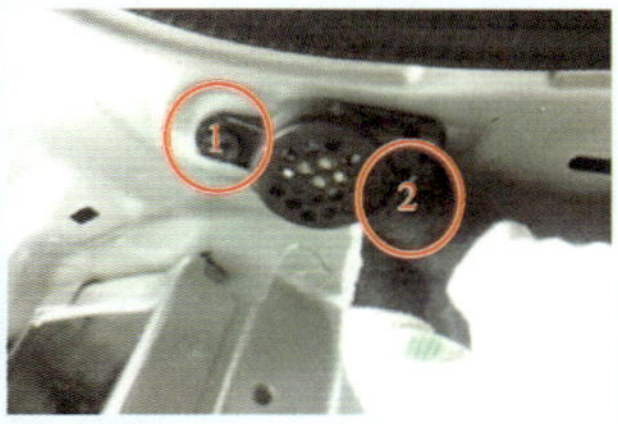	检查喇叭不松动

3. 门槛饰板、仪表侧饰板、C柱护板、轮罩装配

MA14 1	查看装配单，检查零件	查看装配单位置，检查门槛内装饰压条总成划伤，卡片丢失	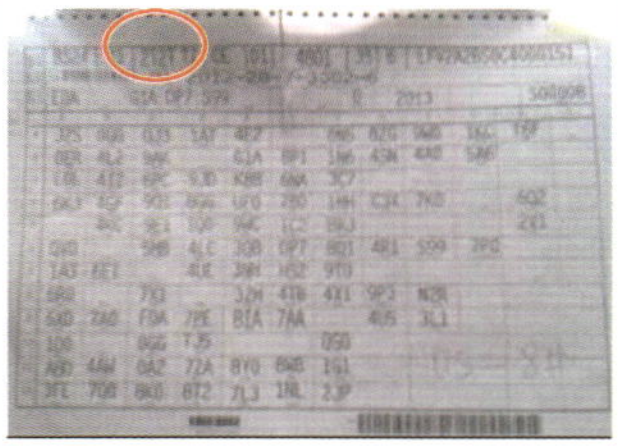	1）2AF 对应灰色 2）JM/WR/TZ 对应黑色

171

（续）

序号	操作步骤	操作方法	操作图示	注意事项
2	装配右前门槛内装饰压条总成前部与中部	将门槛内装饰压条中部插进B柱安全带与钣金件之间，先将压条后部靠近B柱位置卡进B柱卡槽里，然后将前部卡进B柱卡槽里，再将压条总成中部卡进B柱卡槽里，再装配压条前部，将压条上的卡扣对准钣金孔从右往左拍进去，再将门洞条扒出包住门槛装饰压条	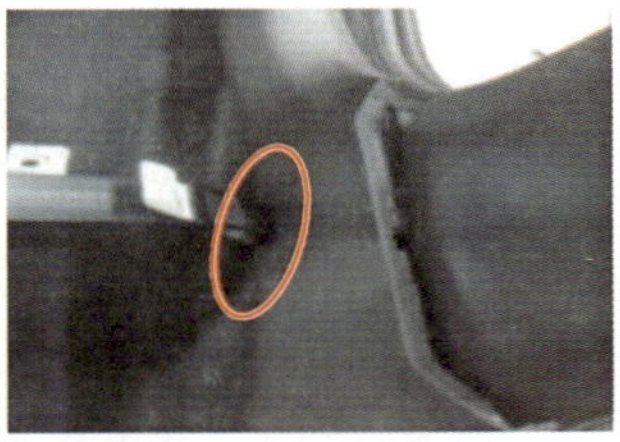 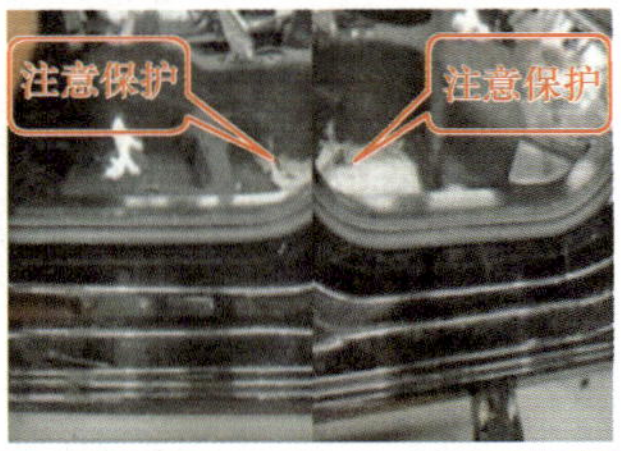	装配中部时，注意与B柱连接处的门洞条，容易夹坏；装配前部时注意与A柱下护板连接处的卡子
3	门槛内装饰压条总成连接A柱下护板	用压板将A柱下护板翘起，然后用手将门槛内装饰压条总成向内侧扭转，听到"咔"的一声后完成装配	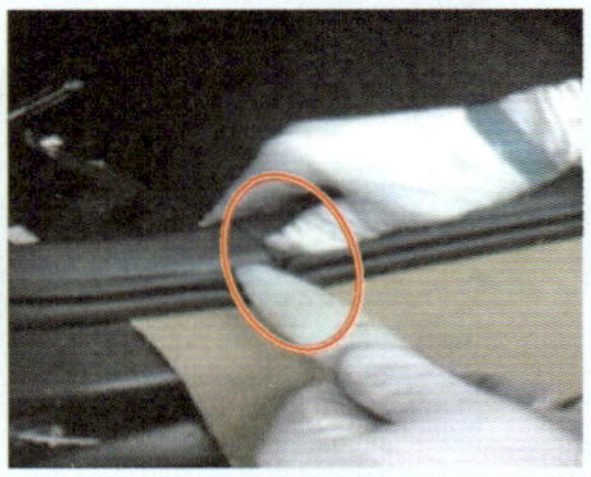	检查与A柱下护板匹配，压板不要划伤门槛内装饰压条总成、门洞条
4	装配右前门槛内装饰压条总成后部	将门槛装饰压条后部的卡片和卡扣对准钣金孔从左往右拍进去，将门洞条扒开包住门槛内装饰压条总成		装配时，注意与B柱下护板连接处的门洞条，容易夹坏
5	装配卡子	将卡子按入衬套	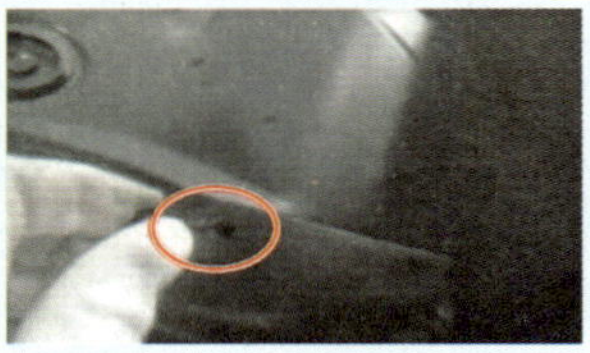	卡子要按到底
MA15 1	查看装配单，检查零件	查看装配单位置，检查门槛内装饰压条总成，应无划伤、卡片丢失	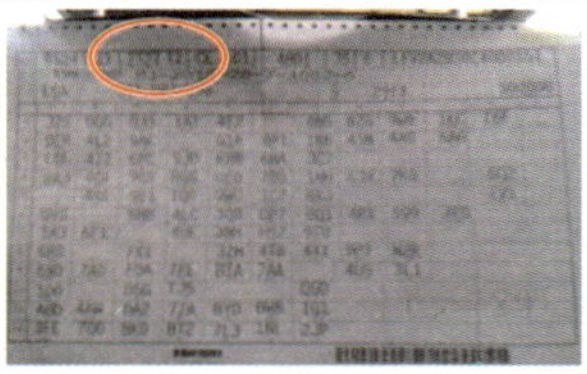	
2	装配左侧门槛内装饰压条总成中部与前部	将门槛内装饰压条总成中部插进B柱安全带与钣金之间，然后卡进B柱下护板卡槽里，再装配门槛内装饰压条总成前部，将压条上的卡片对准钣金孔从左往右拍进去，再将门洞条扒出包住门槛内装饰压条总成	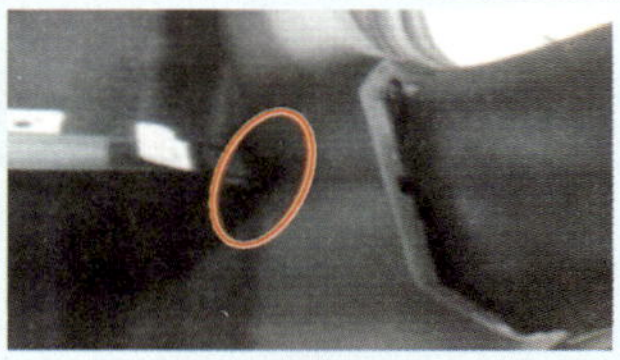 	装配前部时，注意与B柱连接处的门洞条，容易夹坏

（续）

序号	操作步骤	操作方法	操作图示	注意事项
3	门槛内装饰压条总成与A柱下护板连接	用压板将A柱下护板翘起，然后用手将门槛内装饰压条总成向内侧扭转，听到"咔"的一声后完成装配	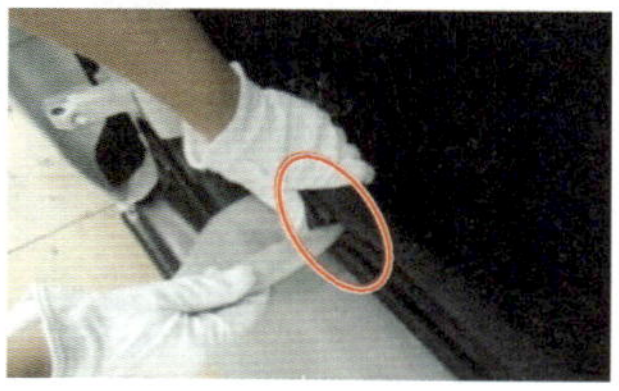	检查与A柱下护板装配，压板不要划伤门槛内装饰压条总成、门洞条
4	装配左门槛内装饰压条总成后部	将门槛内装饰压条总成后部的卡片和卡扣对准钣金孔从左往右拍进去，将门洞条扒开包住门槛内装饰压条总成	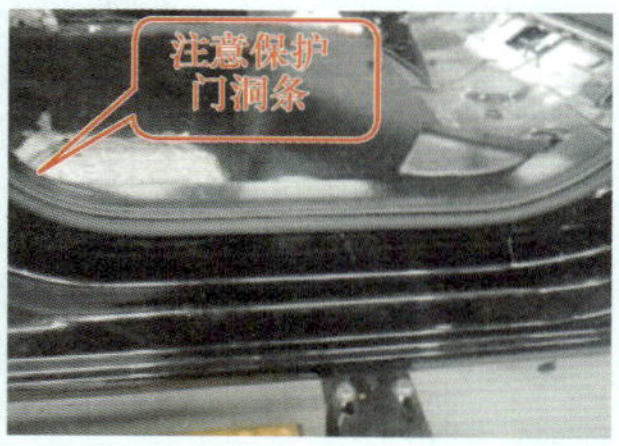 注意保护门洞条	装配前部时，注意与B柱下护板连接处的门洞条，容易夹坏
5	装配卡子	将卡子按入衬套	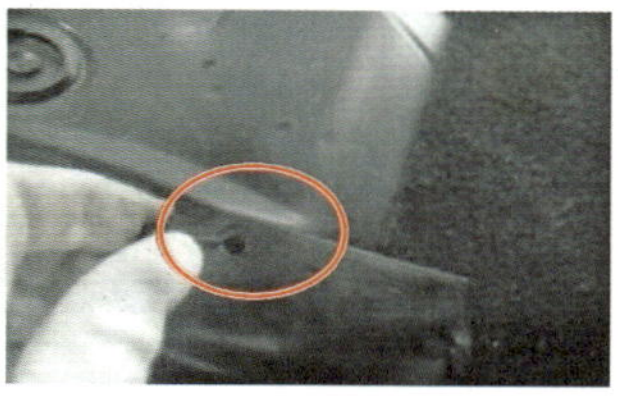	卡子要按到底
MA16 1	查看FIS单	查看PR号	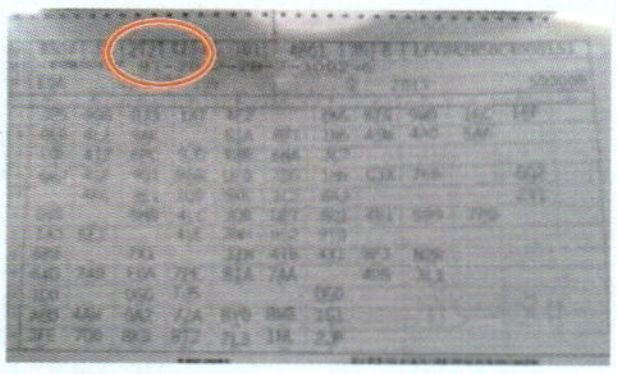	1）JX为米色 2）AF为灰色 3）JM/TZ/WR为黑色
2	将转向盘提升至高位	将转向盘提升至高位，然后锁死	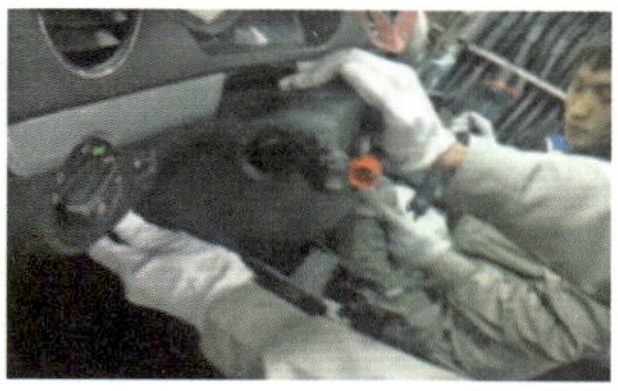	检查多功能开关锁片，缺少锁片的开关禁止做转向柱对中，并记卡下线
3	安放对中设备	对中设备与转向柱相连接，将设备支架固定在座椅钉孔处	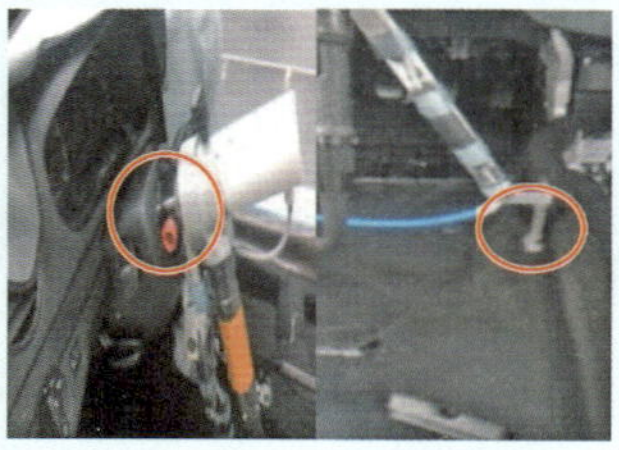	连接前，应检查转向柱位置
4	确定程序开始对中	确认程序后，打开点火开关，然后启动设备开关打点，待设备运行完毕后，关闭点火开关。取下设备放到存放处	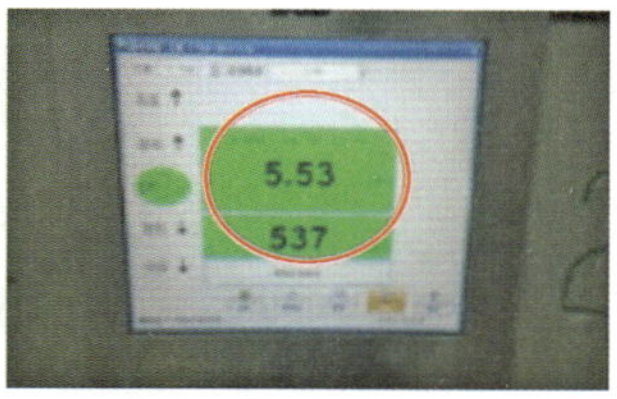 5.53 537	设备参数：转矩为0~20N·m，角度为520°~540°

（续）

序号	操作步骤	操作方法	操作图示	注意事项
5	粘贴空气滤清器指示牌	利用辅具粘贴空气滤清器指示牌	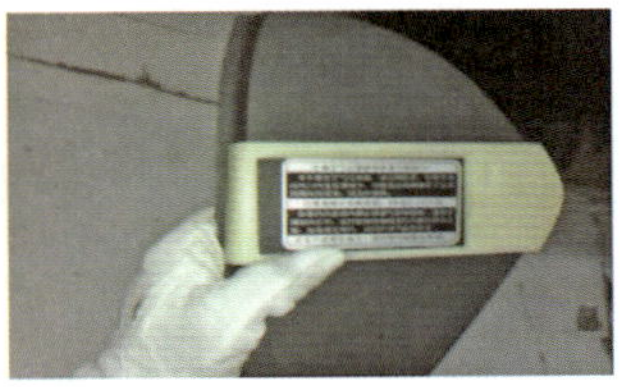	使用对应辅具按照规定粘贴
6	装配左侧连接板	将连接板前端先卡入仪表，再依次将盖板上的卡片拍入仪表孔中	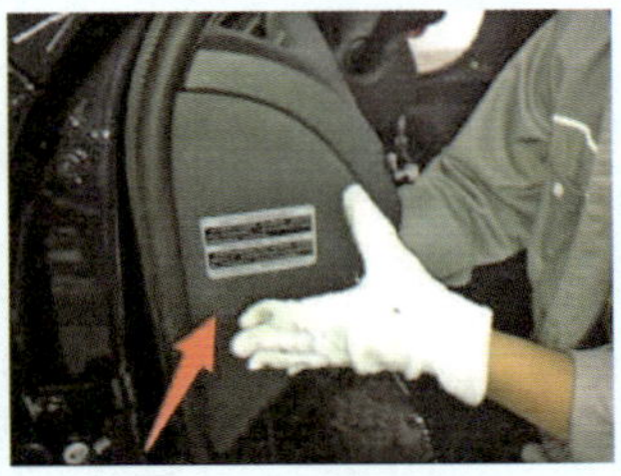	确保卡紧到位
7	粘贴安全气囊标识	利用辅具粘贴安全气囊标识	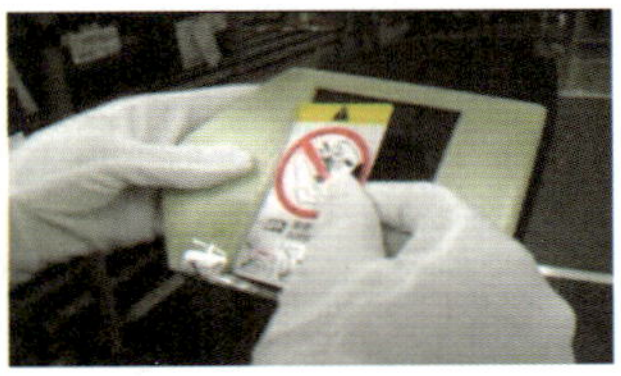	用辅具按照工艺要求粘贴安全气囊标识
8	装配右侧连接板	将连接板前端先卡入仪表，再依次将盖板上的卡片拍入仪表孔中	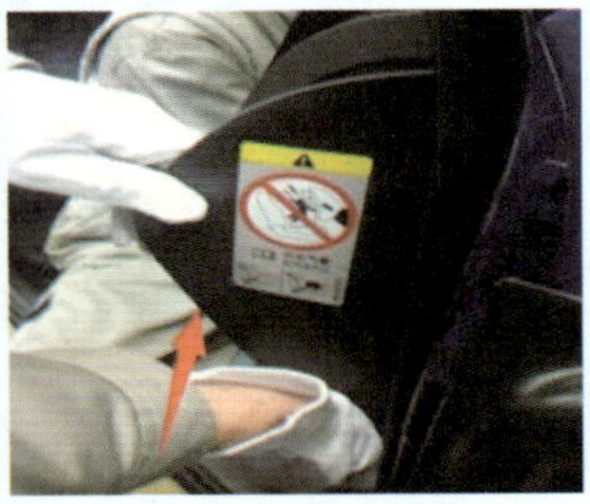	确保卡紧到位
MA17 1 左侧	查看 FIS 单	查看 FIS 单位置，检查 C 柱护板和后轮罩护板划伤，卡片丢失	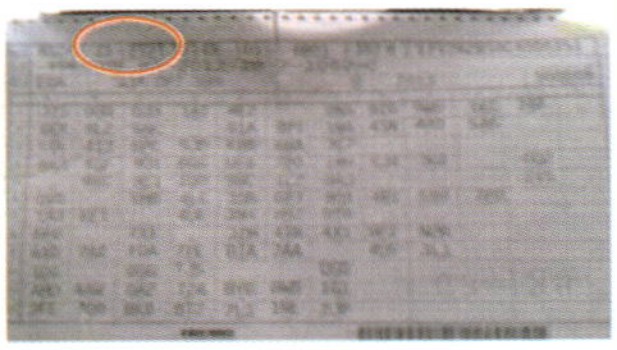	C 柱护板： JX 为米色 AF/JM/TZ 为灰色 WR 为黑色 后轮罩护板： AF 为灰色
2	安装左 C 柱护板	先将 C 柱护板放到衣帽架护板的槽里，再将 C 柱护板上的 4 个卡片和 2 个定位销对准钣金孔和卡片，最后用手将 C 柱护板上 4 个卡片和 2 个定位销依次拍上	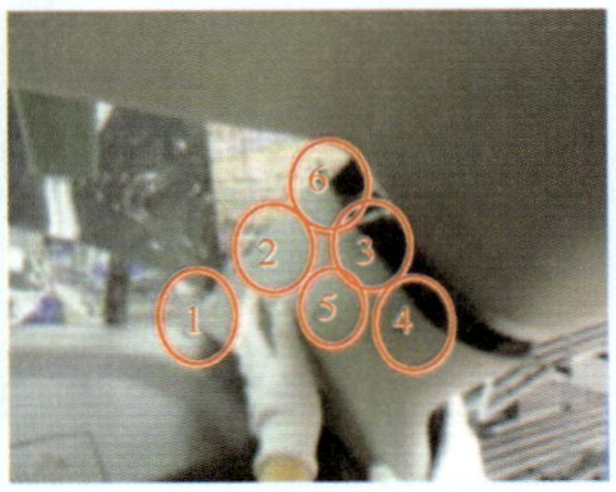	确保卡子对准钣金孔后，再将护板拍进钣金孔内
3	扒门洞条	将门洞条扒开，使其包住 C 柱护板		确保胶条包住护板边缘

项目六　汽车内饰二装配

（续）

序号	操作步骤	操作方法	操作图示	注意事项
4	调整C柱护板匹配	保证与C柱护板平度合格，C柱护板与顶篷、风窗玻璃匹配符合工艺要求［与风窗玻璃间隙为（2.5±0.5）mm，与顶篷平度为（2.0±0.5）mm］		C柱护板白边视觉匹配效果：在3个点以内看不到C柱护板，就符合标准要求
5	安装后轮罩护板	先将后轮罩护板下部卡槽卡进门槛内装饰压条总成，并将下部卡片对准钣金孔	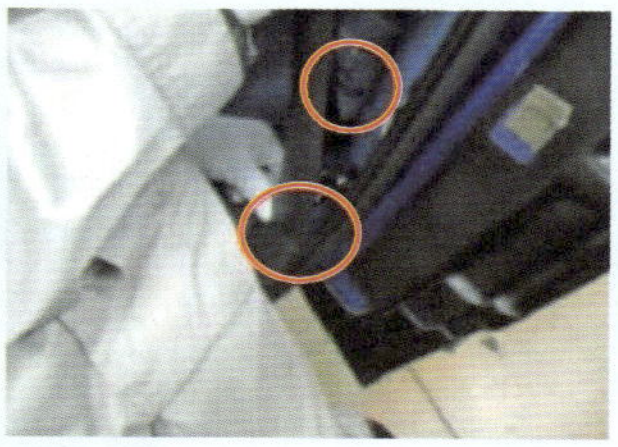	确保安装到位
6	对卡片	卡片对准钣金孔，按①~④的顺序拍入	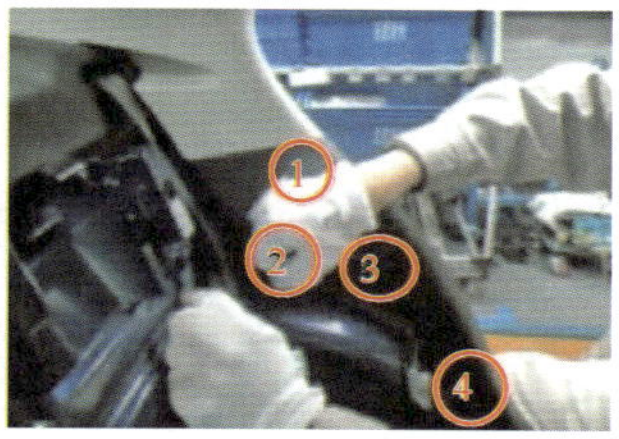	确保卡子对准钣金孔后，将护板拍进钣金孔内
7	扒门洞条	将门洞条扒开，使其包住后轮罩护板外侧	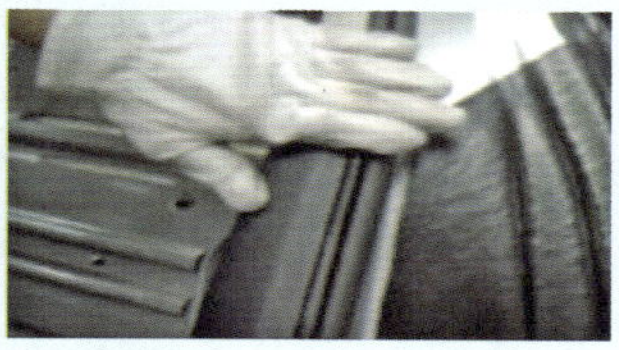	确保胶条包住护板边缘
8	与C柱护板插接	定位销插入C柱护板下部定位槽，再轻拍，最后将轮罩护板的卡包住C柱上护板的卡，左手按住轮罩护板向外用力完成装配	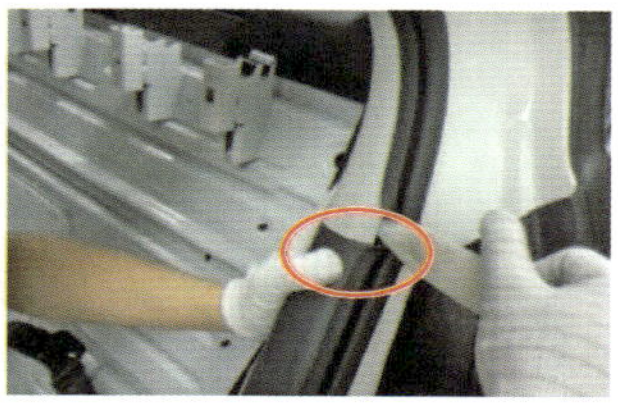	确保插进槽中后拍卡片，压板不要划伤零件
MA181右侧	查看FIS单，检查C柱护板和后轮罩护板	查看FIS单位置，检查C柱护板和后轮罩护板，应无划伤、卡片丢失	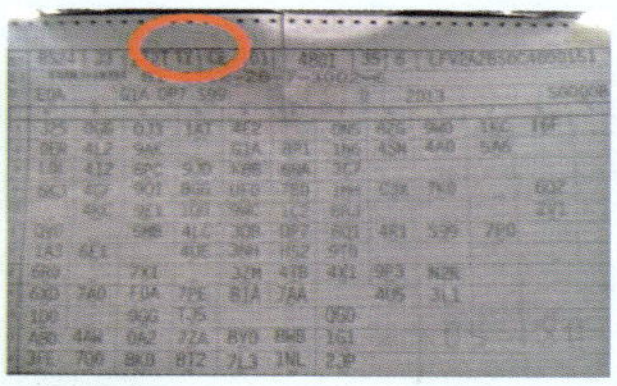	C柱护板： JX为米色 AF/JM/TZ为灰色 WR为黑色 后轮罩护板： AF为灰色
2	装配右C柱上护板	先将C柱护板放到衣帽架护板的槽里，最后用手将C柱护板上4个卡片和2个定位销固定	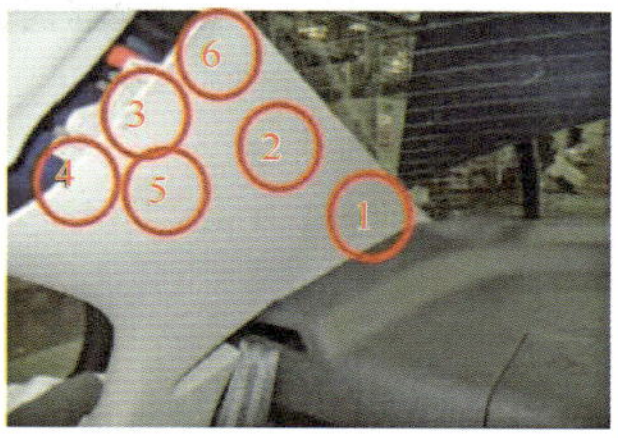	检查风窗玻璃加热线是否漏插

（续）

序号	操作步骤	操作方法	操作图示	注意事项
3	扒门洞条	将门洞条扒开，使其包住C柱护板	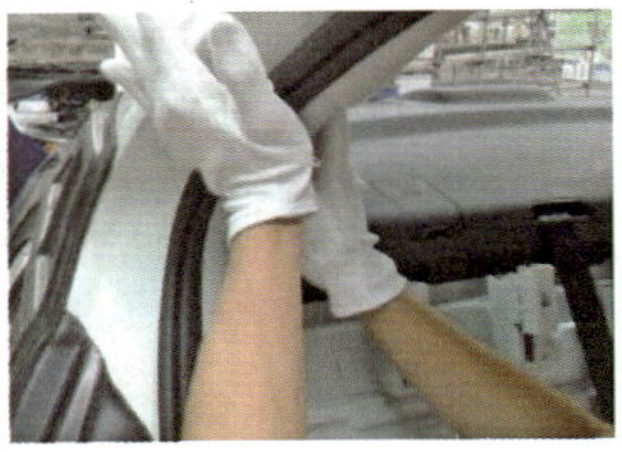	确保胶条包住护板边缘
4	调整C柱上护板匹配	保证与C柱上护板平度合格，C柱护板与顶篷、风窗玻璃匹配符合工艺要求［与风窗玻璃间隙为（2.5±0.5）m］		C柱护板白边视觉匹配效果：在3个点以内看不到C柱护板，就符合标准要求
5	安装后轮罩护板	后轮罩护板下部卡槽卡进门槛压条，并将下部卡片对准钣金孔	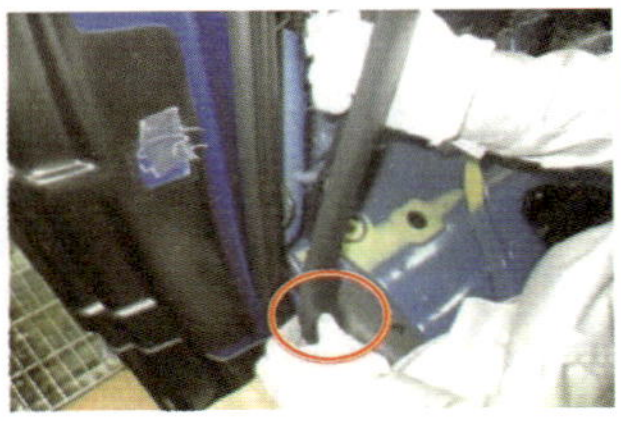	确保安装到位
6	对卡片	卡片对准钣金孔，用力拍入	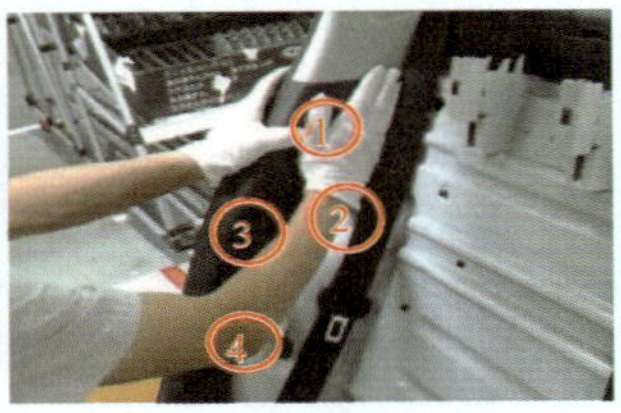	对准钣金孔再拍，否则卡片会破损
7	扒门洞条	将门洞条扒开，使其包住后轮罩护板外侧	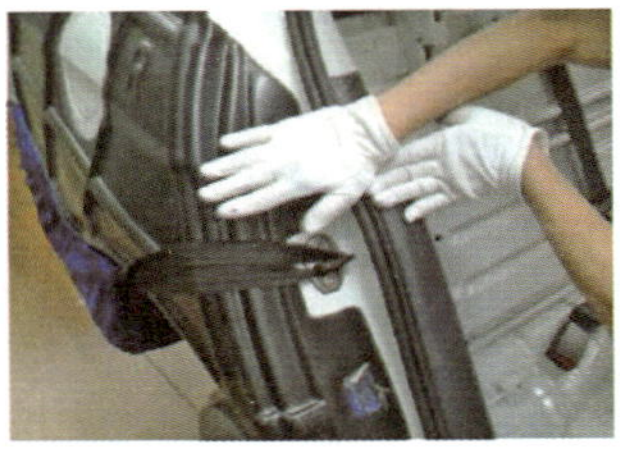	确保胶条包住护板边缘
8	与C柱上护板插接	定位销插入C柱护板下部定位槽，再轻拍，最后将轮罩护板的卡包住C柱上护板的卡，右手按住后轮罩护板向外用力，听见"咔"的一声表示完成装配	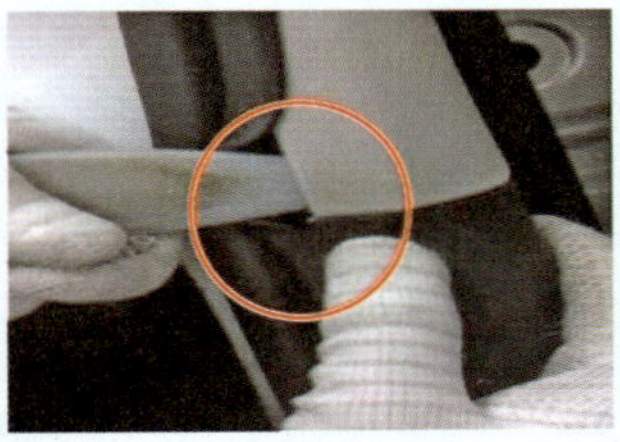	C柱护板与顶篷、风窗玻璃匹配符合工艺要求［与风窗玻璃间隙为（2.5±0.5）mm，与顶篷平度为（2.0±0.5）mm］

【检测评价】

教师依据表 6-2 对学生进行该任务的考核测评（内饰二装配内容较多，本次考核选取了行李舱饰板、刮水臂、空气滤清器、A 柱下护板等零部件的装配）。

表 6-2 评价考核表

序号	步　　骤	评　分　细　则	分值	得分
1	安装左侧行李舱饰板	操作步骤正确，能正确回答操作注意事项	8	
2	安装右侧行李舱饰板	操作步骤正确，能正确回答操作注意事项	8	
3	装配包裹架护板	操作步骤正确，能正确回答操作注意事项	8	
4	安装刮水臂总成	操作步骤正确，能正确回答操作注意事项	8	
5	安装锁紧盖	操作步骤正确，能正确回答操作注意事项	4	
6	分装进气管	操作步骤正确，能正确回答操作注意事项	6	
7	安装空气滤清器	操作步骤正确，能正确回答操作注意事项	8	
8	连接真空管	操作步骤正确，能正确回答操作注意事项	4	
9	连接助力管	操作步骤正确，能正确回答操作注意事项	4	
10	调节驻车制动器拉力	操作步骤正确，能正确回答操作注意事项	8	
11	装配支架	操作步骤正确，能正确回答操作注意事项	6	
12	装配右侧 A 柱下护板	操作步骤正确，能正确回答操作注意事项	8	
13	装配左侧 A 柱下护板	操作步骤正确，能正确回答操作注意事项	8	
14	安装操纵手柄总成—发动机舱盖拉索	操作步骤正确，能正确回答操作注意事项	6	
15	安装喇叭、停车辅助	操作步骤正确，能正确回答操作注意事项	6	
	总分		100	

注：每项分值都是扣完为止。

【课后测评】

填写图 6-15 中刮水器零部件的名称。

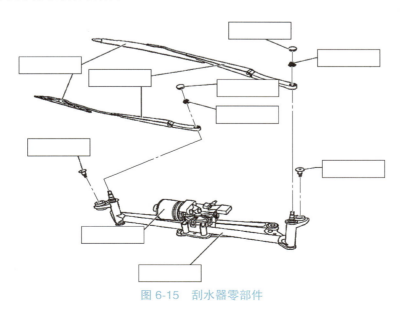

图 6-15 刮水器零部件

项目七　汽车尾线装配

　【项目描述】

车身在内饰二装配完毕后输送至尾线工段进行最终装配,其主要内容包括副仪表、座椅总成、车轮、车门总成装配,以及一系列电检工作等。

任务一　尾线工作安全与作业准备

　【任务目标】

知识目标:	技能目标:	素养目标:
1)了解尾线装配线的安全风险。 2)了解尾线装配线工具和设备的使用方法。	1)具有判断尾线装配线安全风险点的能力。 2)具有操作尾线装配线工具和设备的能力。	1)提高安全素质和安全意识。 2)养成安全生产的习惯,自觉规范安全行为。

　【任务描述】

在汽车尾线装调线需要装配许多体积大且重的零部件,稍不注意容易出现安全事故和质量问题,所以,从事这些岗位的人员必须是经过特殊岗位培训并合格的人员。

　【知识储备】

车轮总成、座椅总成、车门总成属于笨重且体积大的部件,这类部件在安装时需要使用辅助吊具进行吊装。操作此类吊具时,容易发生的安全事故有:零部件掉落造成腿部受伤;吊运过程中撞到其他人员,且容易因操作不慎而撞上车身,造成重大安全事故和质量事故。安装车轮、座椅、车门总成如图7-1~图7-3所示。

项目七　汽车尾线装配

图 7-1　安装车轮

图 7-2　安装座椅

图 7-3　安装车门总成

【任务实施】

轮胎螺栓拧紧机的使用

轮胎螺栓的拧紧要求高，轮胎螺栓拧紧机可以实现装配的自动化，极大地提高劳动生产率和安全性，见表 7-1。

表 7-1　轮胎螺栓拧紧机的使用

序号	操作方法	操作图示	注意事项
1	按动轮胎拧紧机前进档，同时调整轮胎拧紧机的位置，使其套筒与各螺栓对齐，并套在各螺栓上，勾动一次扳机，开始拧紧		轮胎拧紧机开始拧紧时，轻轻晃动拧紧机前部，使套筒完全与螺栓接触
2	拧紧结束后，设备自动后退，5 个指示灯全为绿色，则本次拧紧为合格		亮起的指示灯中有红色的，则此次拧紧不合格。需转动不合格确认开关，重新拧紧一次

【检测评价】

教师依据表 7-2 对学生进行该任务的考核测评。

表 7-2　评价考核表

序号	步骤	评分细则	分值	得分
1	尾线安全事故易发点的确认	能描述出尾线安全事故易发工位的位置和原因	25	
2	手持电枪的使用	展示手持电枪拿握正确姿势，能说出操作注意事项	25	
3	弯头电枪的使用	展示弯头电枪拿握正确姿势，能说出操作注意事项	25	
4	轮胎螺栓拧紧机的使用	能描述轮胎螺栓拧紧机的操作注意事项和拧紧质量的判断依据	25	
		总分	100	

注：每项分值都是扣完为止。

【课后测评】

判断题

1）使用手持电枪紧固螺栓时，可以用手抓握旋转的枪头。（　）
2）弯头电枪正确的拿握姿势为右手握枪头，左手握枪尾。（　）
3）轮胎螺栓拧紧机具有高度的自动化功能，可以极大提高生产率和安全性。（　）
4）轮胎螺栓拧紧机在紧固螺栓时，如紧固不合格，对应的螺栓指示灯会亮起红灯。（　）
5）轮胎螺栓拧紧不合格时，可进行第二次紧固。（　）

任务二　尾线装配工艺

【任务目标】

知识目标：	技能目标：	素养目标：
1）了解尾线装配线装配的零部件，了解零部件布局。 2）了解尾线装配线劳保用品穿戴要求。 3）掌握尾线装配线的工艺流程。 4）掌握尾线装配线装配工艺操作方法。	1）具有认识转向盘、靠垫、车门铰链及零件的能力。 2）具有正确描述尾线装配工艺流程的能力。 3）具有正确描述尾线装调线操作注意事项的能力。	1）养成安全生产的习惯，自觉规范安全行为。 2）树立质量意识，严格按照标准作业。 3）培养工匠精神，制造合格产品。

 【任务描述】

尾线为总装车间所有装配工作的最后一条工段，在尾线将完成汽车总装剩余的装配工作。尾线工段完成作业后，汽车将送往检测线进行整车性能的检测工作。

 【知识储备】

一、尾线常见零件装配图

1. 转向盘装配图

转向盘装配图如图 7-4 所示。

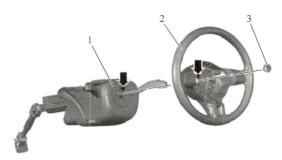

图 7-4　转向盘装配图

1—转向柱　2—转向盘　3—转向盘固定螺母

2. 后排座椅靠垫装配图

后排座椅靠垫装配图解如图 7-5 所示。

3. 车门总成与车身合装装配图

车门合装装配图解如图 7-6 所示。

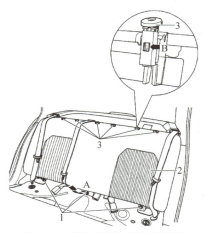

图 7-5　后排座椅靠垫装配图解

1—螺栓　2—后排座椅靠垫　3—头枕插销

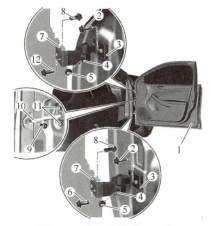

图 7-6　车门合装装配图解

1—车门总成　2、4、6、8、9、11、12—螺栓
3、7—车门铰链　5—盖罩　10—车门限位器

二、尾线装配工艺流程

尾线装配工艺流程图如图 7-7 所示。

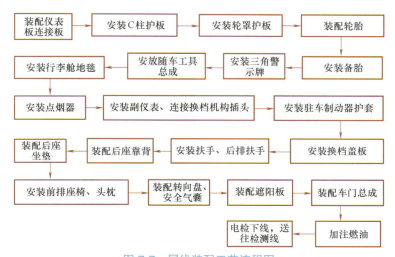

图 7-7　尾线装配工艺流程图

【任务实施】

一、尾线劳保用品的穿戴要求

尾线劳保用品的穿戴要求如图 2-10 所示。

二、汽车尾线装配工艺

序号	操作步骤	操作方法	操作图示	注意事项
1. 轮胎、车轮装饰罩、备胎、三角警示牌、工具包、行李舱地毯装配				
MA01 1 左侧	装配左前车轮	检查轮胎、轮毂表面,不能有划伤。激活"脱离"按钮,操作设备将车轮(带轮胎总成)安装在左前轮处,将轮胎工艺孔与车身钉孔对齐		若轮胎来件有划伤,应正常装配并记卡下线
2	预紧左前车轮	用电枪将5颗螺栓按对角紧固法预紧左前车轮(带轮胎总成)		预紧1颗螺钉后再将设备撤离,然后按对角紧固法预紧其余4颗螺钉
3	抓取左后车轮	操作轮胎设备机械手,按下降按钮下降,把机械手拉出5段距离,按返回启动按钮,从输送带上抓取左后车轮(带轮胎总成)		注意按下返回按钮后,应远离机械手的感应区域
4	装配左后车轮	检查轮胎表面以及轮毂,不能有划伤。激活"脱离"按钮,操作设备将车轮(带轮胎总成)安装在左后轮处,将轮胎工艺孔与车身钉孔对齐		注意按下返回按钮后,应远离机械手的感应区域
5	预紧左后车轮	用电枪将5颗螺栓按对角紧固法预紧左后车轮(带轮胎总成)		预紧1颗螺钉后再将设备撤离,然后按对角紧固法预紧其余4颗螺钉
MA02 1 右侧	查看装配单	查看FIS单及PR号是否与输送带上车轮(带轮胎总成)相对应,PR号所在位置:4H+7F	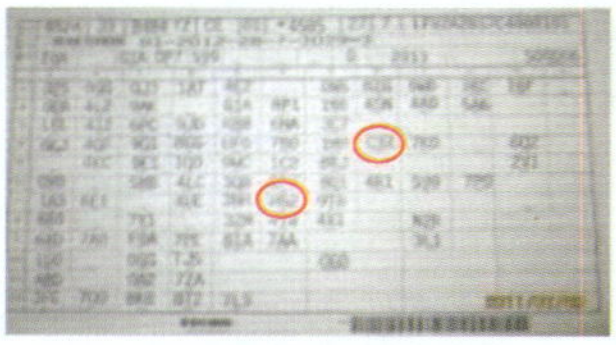	操作者100%检查来件的"CCC"标识,如果没有"CCC"标识,禁止装车
2	装配右前车轮	检查轮胎、轮毂表面,不能有划伤。激活"脱离"按钮,操作设备将车轮(带轮胎总成)安装在右前轮处,将轮胎工艺孔与车身钉孔对齐		若轮胎来件有划伤,应正常装配并记卡下线

（续）

序号	操作步骤	操作方法	操作图示	注意事项
3	预紧右前车轮	用电枪将5颗螺栓按对角紧固法预紧右前车轮（带轮胎总成）		预紧1颗螺钉后再将设备撤离，然后按对角紧固法预紧其余4颗螺钉
4	抓取右后车轮	操作轮胎设备机械手，按下降按钮下降，把机械手拉出5段距离，按返回启动按钮，从输送带上抓取右后车轮（带轮胎总成）		按下返回按钮后，应远离机械手的感应区域
5	装配右后车轮	检查轮胎表面以及轮毂，不能有划伤。激活"脱离"按钮，操作设备将车轮带轮胎总成安装在右后轮处，将轮胎工艺孔与车身钉孔对齐		按下返回按钮后，应远离机械手的感应区域
6	预紧右后车轮	用电枪将5颗螺栓按对角紧固法预紧右后车轮（带轮胎总成）		预紧1颗螺钉后再将设备撤离，然后按对角紧固法预紧其余4颗螺钉
MA031	紧固左侧车轮	操作拧紧机，紧固左前轮螺栓，将左后轮螺栓紧固		拧紧机开始拧紧时，轻轻晃动拧紧机前部，使套筒完全与螺栓接触
2	安装左侧车轮装饰罩总成	装饰罩总成有豁口处对准轮胎气门嘴，然后将装饰罩总成上7个卡片对准轮胎工艺孔依次拍入。分别完成前、后车轮装饰罩的安装		装饰罩总成豁口对准气门嘴后再拍
3	紧固右侧车轮	操作拧紧机，紧固右前轮螺栓，将右后轮螺栓紧固	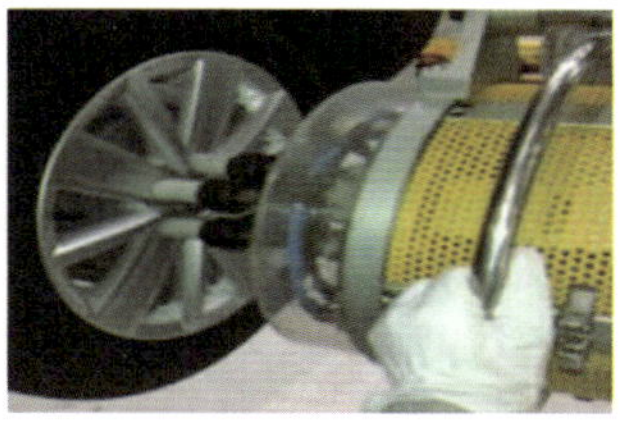	拧紧机开始拧紧时，轻轻晃动拧紧机前部，使套筒完全与螺栓接触

（续）

序号	操作步骤	操作方法	操作图示	注意事项
4	安装右侧车轮装饰罩总成	装饰罩总成有豁口处对准轮胎气门嘴，然后将装饰罩总成上7个卡片对准轮胎工艺孔依次拍入。分别完成前、后车轮装饰罩的安装		装饰罩豁口对准气门嘴后再拍
MA04 1	查看FIS单及PR号	查看FIS单，根据车型选择零件类型，PR号所在位置：4F+7F+12H	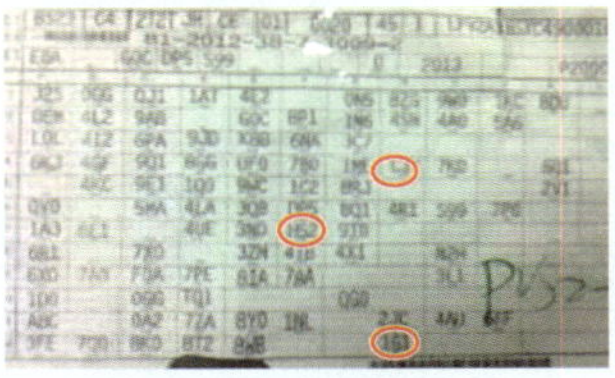	
2	安装备胎	将备胎慢慢地移动到车内固定位置正上方，慢慢将备胎放置在行李舱中，依次按下辅助和释放按钮，放下备胎		备胎的正中间位置要将安装固定的工艺孔露出
3	安装三角警示牌	将三角警示牌右箭头的一面朝左，放置在下件左下角长方形槽中，用力按入	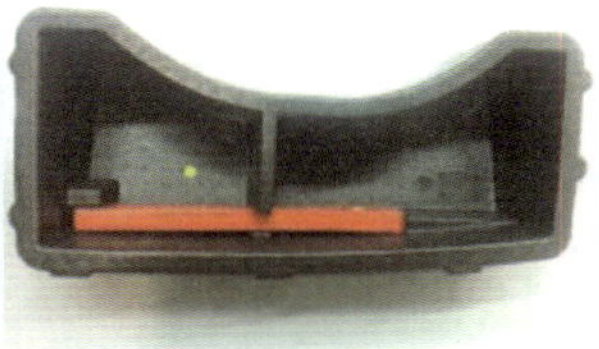	三角警示牌朝向不要放反
4	安装垫片绳	有锁止的一侧在右，将垫片从备胎轮辋孔中由右侧向左侧穿出，直到垫片绳左、右长短相匀称	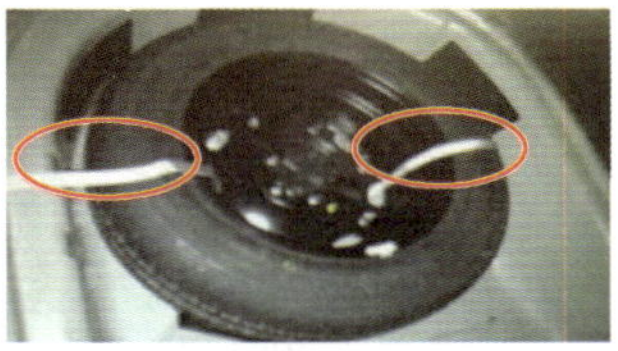	不要将垫片扭曲
5	安装下件	将下件呈半圆的一面朝前放置在备胎后方，用力按入		不要用力过大，防止将下件按坏
6	安放随车工具总成	将随车工具总成放入行李舱左侧平台上	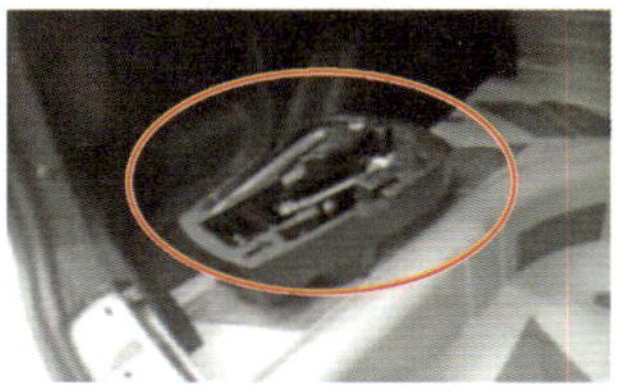	检查随车工具总成内工具无缺失
7	连接高位制动灯线束	将高位制动灯线束锁止朝前插到高位制动灯插口处，轻拉线束不脱落即可		线束插头注意不要虚插、漏插

（续）

序号	操作步骤	操作方法	操作图示	注意事项
MA051	查看 FIS 单	PR 号所在位置：7A、5C	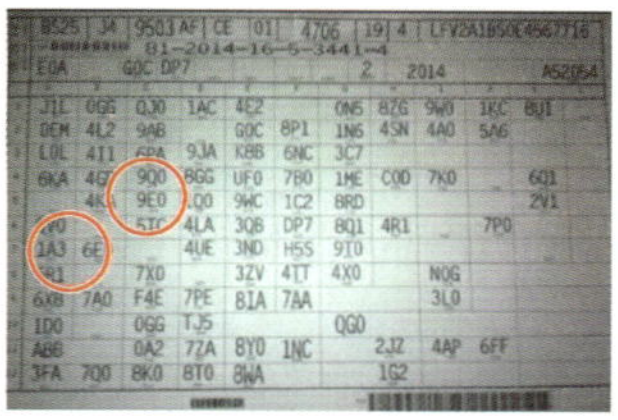	
2	安装固定	用手预紧工艺孔螺母 2~3 圈，然后用电枪拧紧		紧固时，电枪要保持垂直，避免损坏螺纹
3	安装随车工具	将随车工具总成有箭头的一面朝前放置在备胎中间，用力按进备胎中间，用垫片将其扎紧	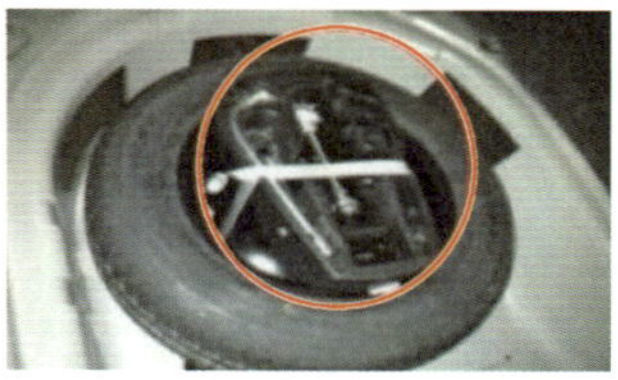	随车工具总成里包含千斤顶、拉钩、牵引臂和扳手，注意不要漏装
4	安装行李舱地毯	将行李舱地毯带有海绵块的一面朝下，抓着地毯两边平着放进行李舱中	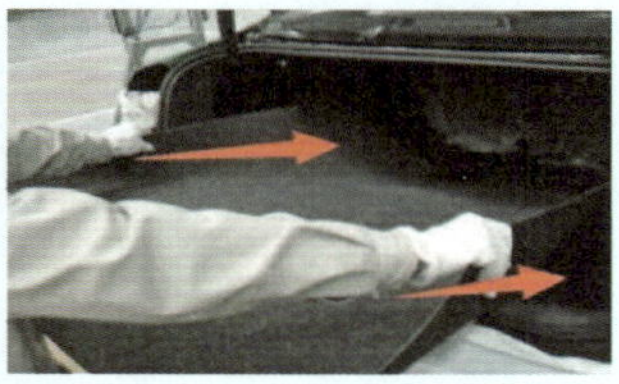	注意不要划到密封条
5	放置辅具	将辅具绳距离左侧侧护面末端约 10cm 的地方开始穿进行李舱密封条中，从左至右直至绳子用尽，期间绳子不能露出	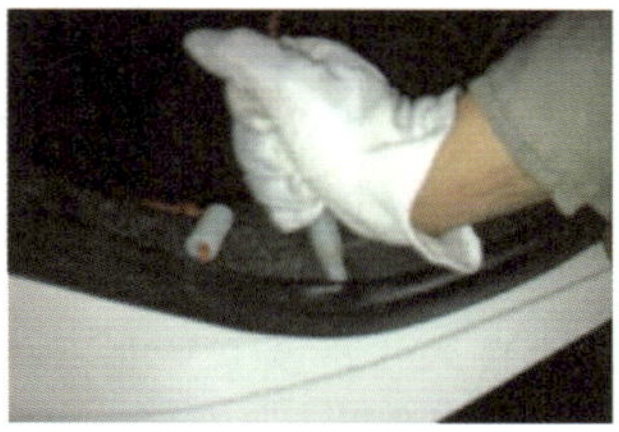	注意力度，不要将密封条划破
6	放置后围护板	将后围护板中间位置对准行李舱锁柱位置，两侧固定销对准钣金上的工艺孔，按下后围护板	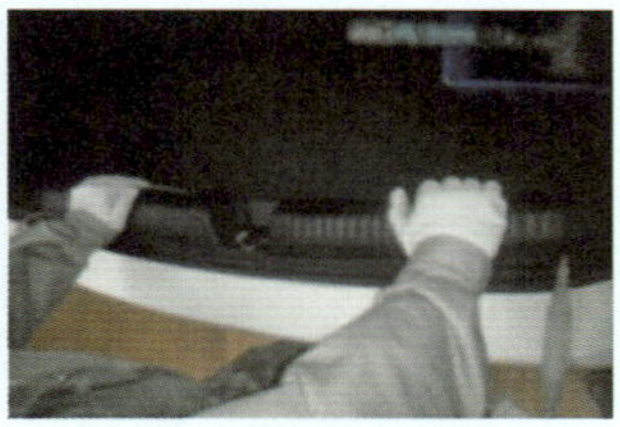	定位销要对准钣金孔再按
7	安装后围护板	将辅具两头绳索从两边至中间拉出，使密封条翻出包住后围护板边缘，再用橡胶锤用力敲击 4 颗卡片所在的位置	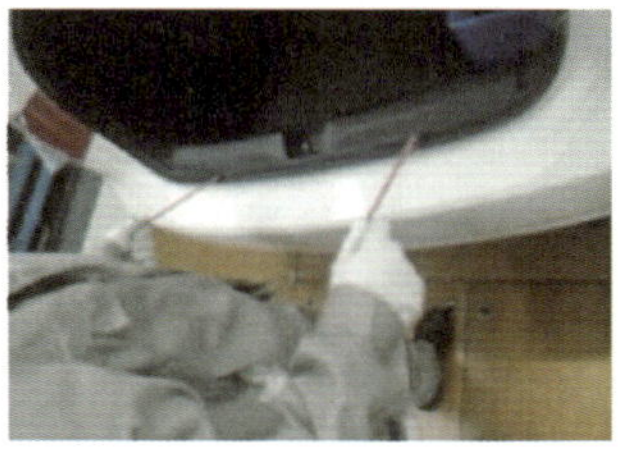	密封条要包住行李舱

（续）

序号	操作步骤	操作方法	操作图示	注意事项
8	安装卡扣	将 3 个卡扣安装至后围护板内侧 3 个固定孔中	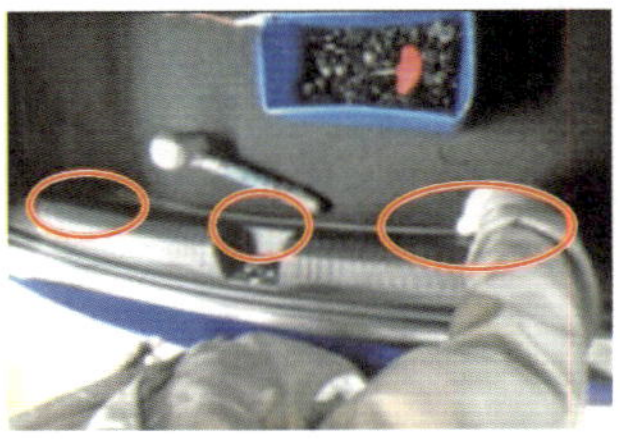	卡扣有 3 颗，不要漏装
9	连接后盖触点开关线束插头	将后盖触点开关线束插头的平口方向对准后盖触点开关的平口方向插入孔内，轻拽后盖触点开关线束插头，应无脱落		确保插头连接到位，连接好后用手推拉检查，确认是否连接到位
10	安装后盖饰板	将后盖饰板安装至后盖上，用 16 颗卡扣固定后盖饰板	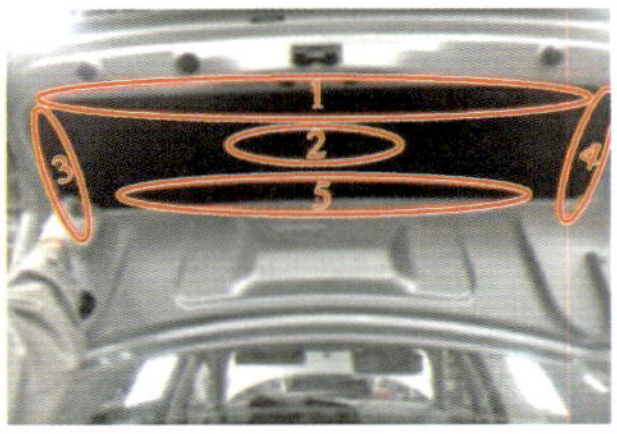	一边抚平后盖护面，一边安装卡扣，否则会产生褶皱；卡扣按照顺序安装

2. 点烟器、副仪表、变速杆外套、杂物盒、收音机饰框、中扶手、后排中扶手、后座装配

序号	操作步骤	操作方法	操作图示	注意事项
MA06 1	分装点烟器	将点烟器平的一面对准副仪表下部，用力按入，直至紧固套完全进入，用力按入		紧固套上的铜触片要与点烟器上的铜触片接触，点烟器夜行方可正常工作
2	分装 12V 电源	将 12V 电源总成导轨对齐紧固套内部导轨用力按入，直至 12V 电源总成完全进入紧固套中		12V 字样朝向，开口应朝向正后方
3	分装电压计或开关模块	将电压计（灰色插头在左，绿色插头在右）安装到副仪表板上工艺孔内，或将开关模块安装到副仪表板上工艺孔内		
4	连接换档机构线束	检查换档机构插头端子是否完好，将其插入换档机构左下方插孔，并按下紫色锁止锁死插头，插完后轻拉，应不脱落	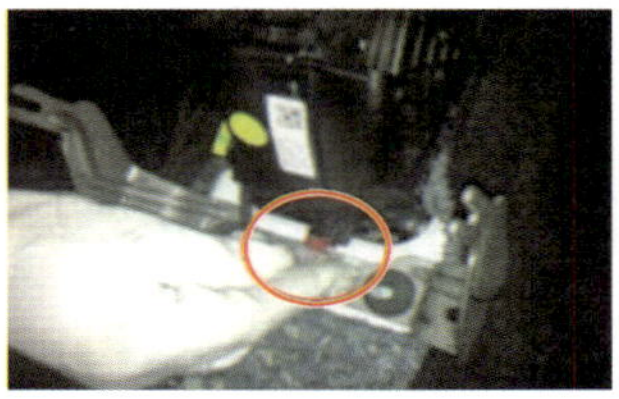	手动档的汽车没有此插头

项目七　汽车尾线装配

（续）

序号	操作步骤	操作方法	操作图示	注意事项
5	整理线束	将线束从驻车制动器手柄下方的地毯豁口处穿过，并将凸起的地毯按几下，使线束在地毯下方不会露出来	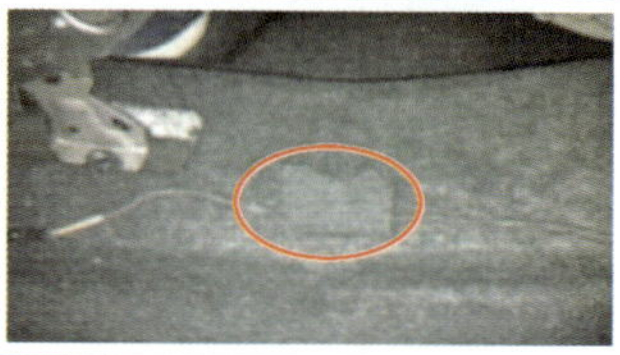	
6	连接手动档车线束插头	将手动档车线束插头有锁止的一端朝左，插入接触开关，插完后轻拉，应不脱落	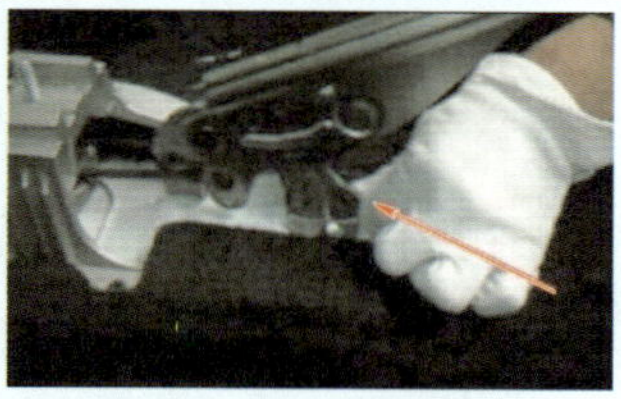	插此插头时一只手应扶着驻车制动器手柄，避免驻车制动器手柄滑档，夹伤手臂
7	放置副仪表	将驻车制动器杆拉至最高，将副仪表后部抬起，以与地面成45°左右的角由上至下插在仪表下方，再将副仪表下部后端放下	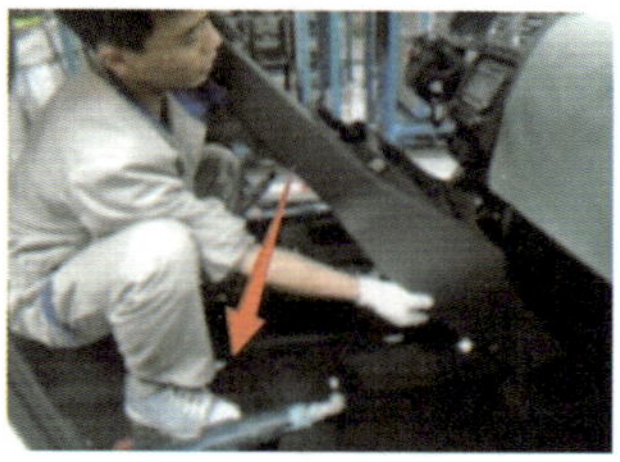	驻车制动器手柄不要划伤副仪表
8	连接线束	将点烟器（或12V电源）线束锁止朝左前方方向插入点烟器（或12V电源）底座中，听到"咔"的一声后，轻拉不脱落为插接合格	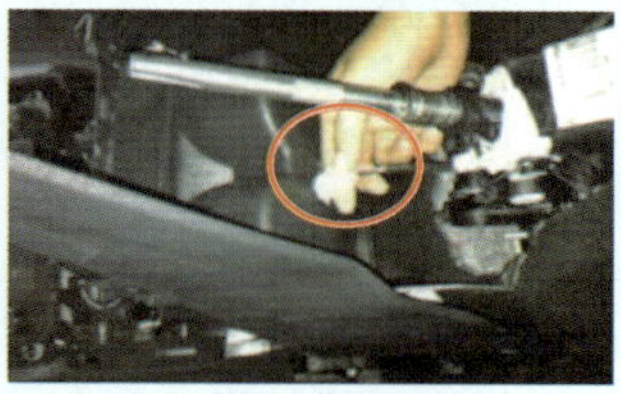	注意不要将铜触片碰掉
9	安装副仪表	将副仪表后部慢慢放下，同时向前用力，使固定脚板两侧支架插在副仪表下部前端两侧的工艺孔中		注意副仪表下部左侧的护板不要插到加速踏板左侧
10	紧固	紧固副仪表正前方2颗螺钉		注意不要划伤副仪表板
11	紧固	紧固副仪表后端1颗螺钉	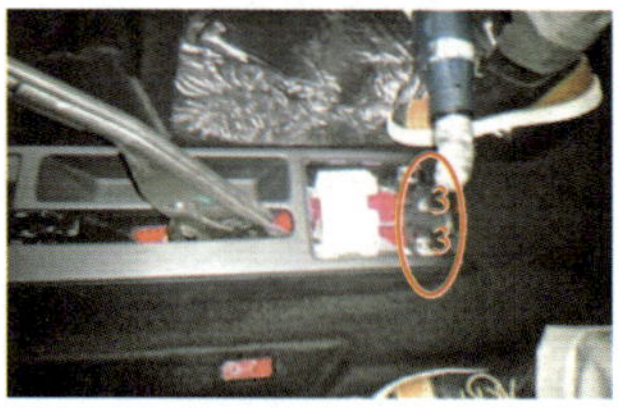	注意不要划伤副仪表板
12	紧固	紧固副仪表中部固定脚板两侧2颗螺钉	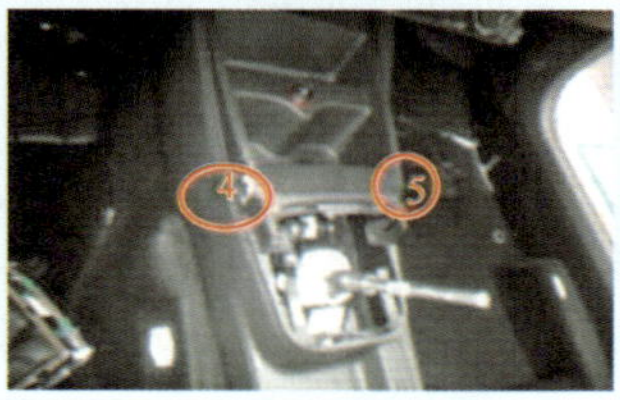	注意不要划伤副仪表板

(续)

序号	操作步骤	操作方法	操作图示	注意事项
13	紧固	紧固副仪表最前方右侧1颗螺钉、左侧1颗螺钉	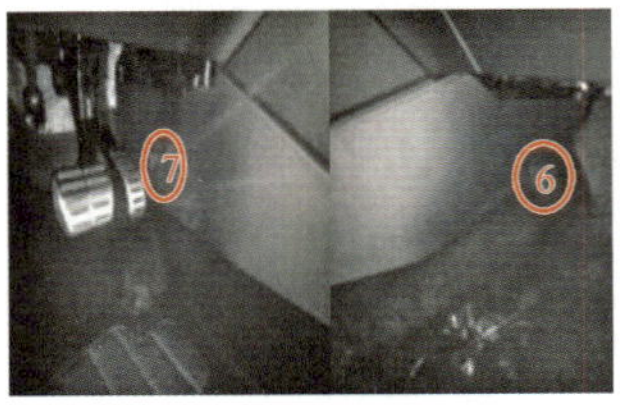	注意不要划伤副仪表板
MA07 1	查看FIS单	查看FIS单，核对PR号与零件状态AF/JX/TZ/JM/WR	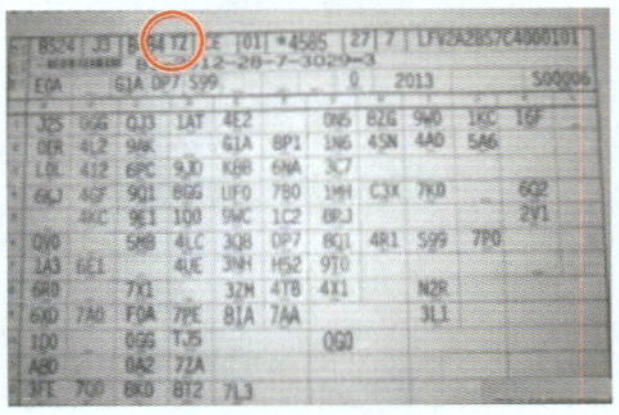	
2	安装副仪表上部	先将副仪表上部平行放置于副仪表下部上，再将其前部定位销对准副仪表下部前方的定位孔，用力向前推至接合处无缝隙	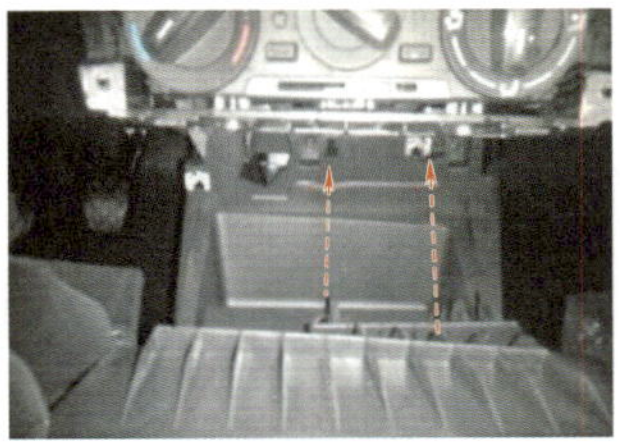	副仪表上部中间伸出的两个带有卡片的塑料板一定要插到副仪表下部对应工艺孔的下方
3	调整副仪表上部	推动副仪表上部两侧，调整使其与空调面板两侧间隙均匀。注意副仪表上部与仪表蒙皮结合处间隙的标准为(0.8 ± 0.4)mm		两侧间隙若不均匀会影响空调饰框匹配
4	紧固	按照顺序紧固副仪表上部4颗螺钉	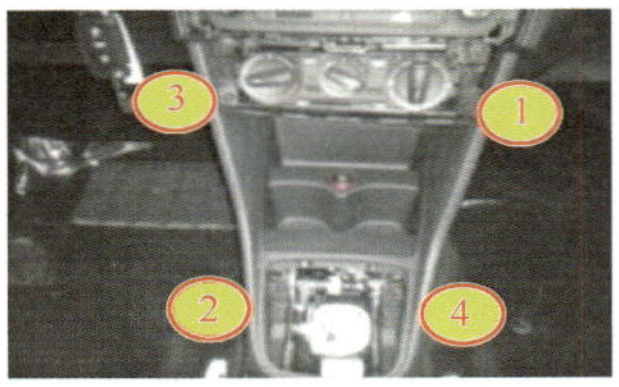	注意不要划伤副仪表
5	安装烟灰盒总成	将烟灰盒总成开口朝向车身正后方，放进副仪表下部前方左侧工艺槽中，轻拍烟灰盒总成		注意烟灰盒开口朝向
MA08 1	安装驻车制动器护套	驻车制动器护套竖直套在驻车制动器手柄上，晃动将内部滑道与驻车制动器手柄滑道对齐，两手抓住驻车制动器护套，将驻车制动器护套下部中间位置的定位卡按进驻车制动器护套中	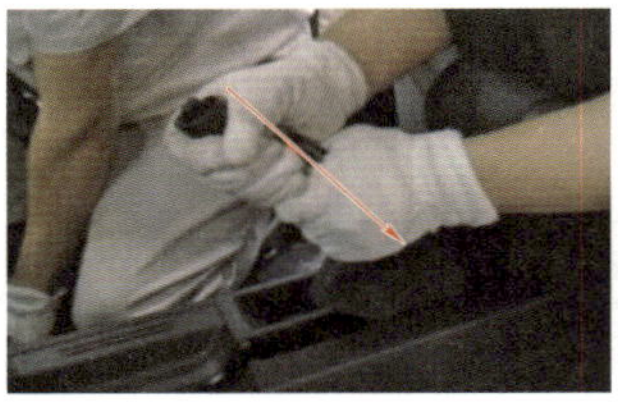	若向下拉驻车制动器护套时阻力较大，则应拔出驻车制动器护套重新装配

项目七　汽车尾线装配

（续）

序号	操作步骤	操作方法	操作图示	注意事项
2	安装驻车制动器护套按钮	将驻车制动器护套按钮斜面朝上扣在驻车制动器杆头部，用力按下，听到"咔"的一声即可	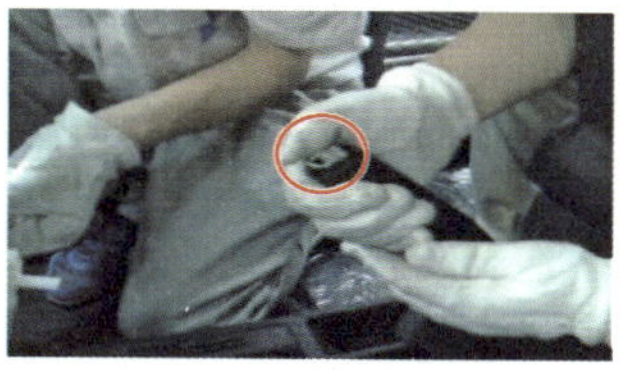	安装时，不要划伤驻车制动器护套头部
3	安装驻车制动器前盖	将驻车制动器前盖卡进副仪表卡槽内	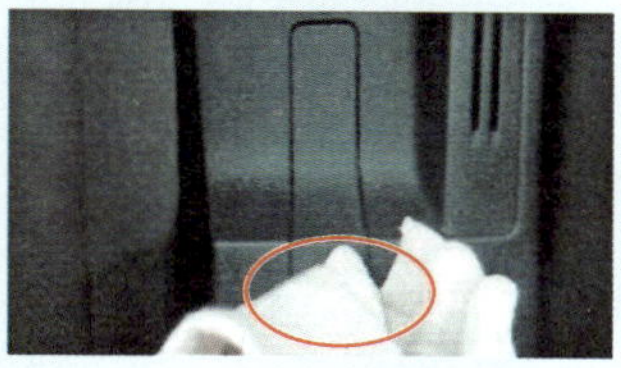	注意装配后的驻车制动器前盖与副仪表下部两侧间隙要均匀
4	插入换档盖板、连接线束	向下拍换档手柄球头至换档手柄不能下移为止。将插头连接到换档盖板上	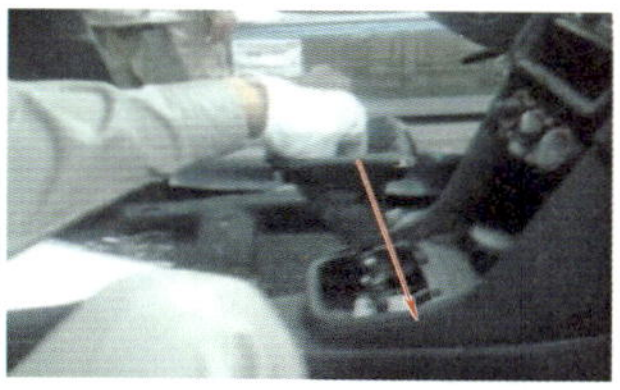	若盖板内部标签露出，应将其撕下粘到盖板内部，避免夹到盖板与副仪表中间
5	紧固换档盖板	使用胡桃钳将换档盖板内锁紧环用力掐紧至轻拔换档盖板不会脱落	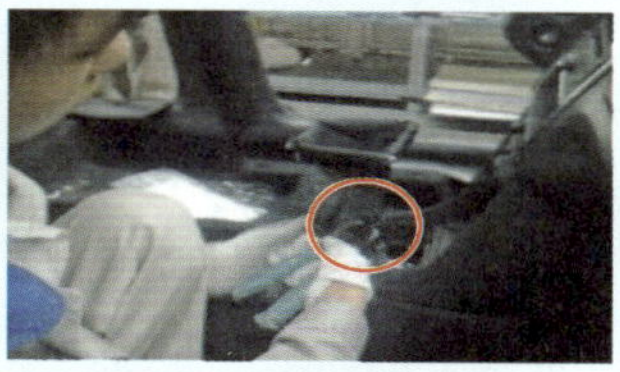	不要用力过大将锁紧环掐断
6	盖上换档盖板	将档位挂1档，若为自动档车，则将档位放置在P位，否则在BA7板链处可能撞车	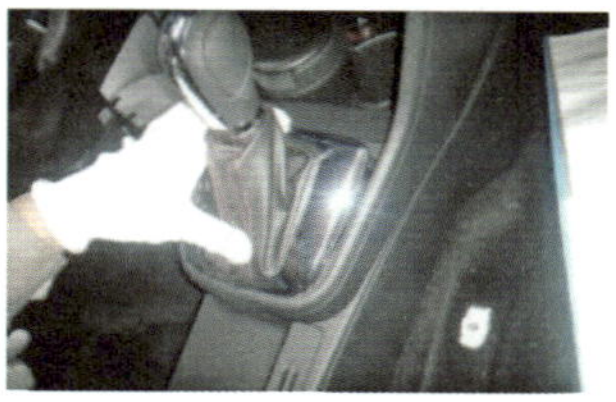	将换档盖板后端完全卡进定位槽后才按换档盖板前端
7	装配杂物盒	将杂物盒/饮料杯架前段先卡进副仪表上，再用力将后部按下	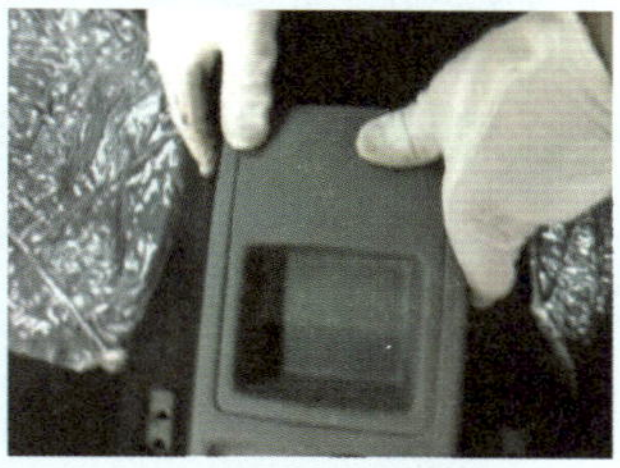	注意杂物盒/饮料杯架与副仪表间隙两侧要均匀
8	安装隔板	将空调饰框后部各个定位销对准空调面板上各个定位孔，从左至右，按顺时针方向将面板四周依次按入定位销	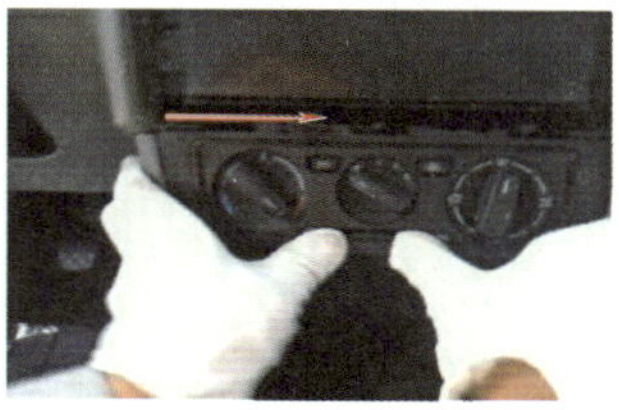	手动空调需要先将手动操作按钮取下，才能装配空调饰框
9	安装收音机饰框	将收音机饰框后部各个定位销对准收音机面板上各个定位孔，从右至左，按逆时针方向将面板四周依次按入		确保卡紧到位，无翘起现象

189

(续)

序号	操作步骤	操作方法	操作图示	注意事项
MA09 1	安装中扶手	将中扶手下部工艺孔套在中扶手支架螺柱上，两侧护板插入副仪表下部定位槽中		不要将两侧护板插到副仪表外面
2	紧固中扶手	用手将内花形扁圆头凸缘螺栓放入EC扳手套筒中，同时用手托着螺栓，放置在螺柱上，紧固中扶手	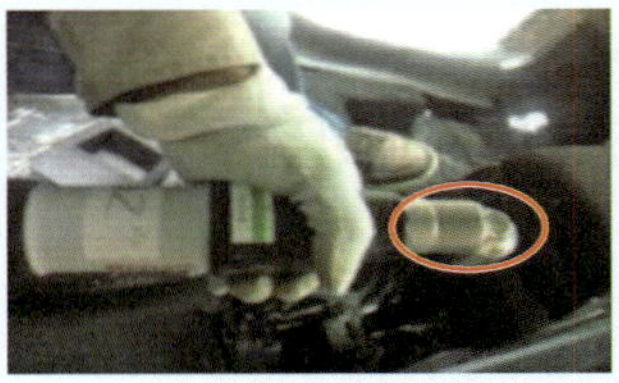	要将螺母放正，否则会造成紧固不合格
3	装配中扶手后盖	将中扶手后盖上部两个定位销先卡进中扶手上部两个定位孔中，再顺势将其余定位销按进各定位孔中	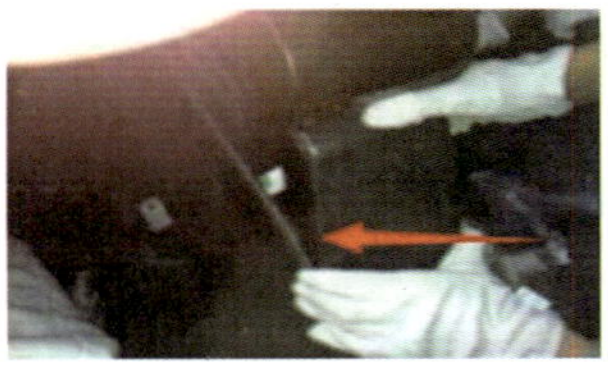	中扶手底部两侧与副仪表下部的间隙标准为 (0.5±0.2) mm
4	安装后排中扶手	取后排中扶手，将有拉环的一侧朝后，先将中扶手右侧卡柱放到支架孔中，再将左侧卡柱放入支架左侧	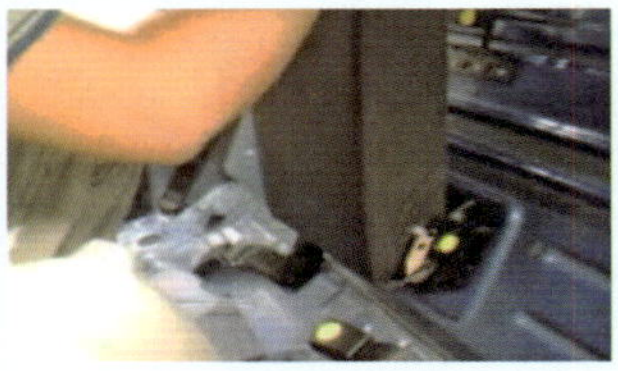	不要将扶手方向放反
5	安装后排中扶手盖板	先将右侧定位销从上向下卡进支架钣金孔，再将左侧定位销从上向下卡入支架孔中，最后将上部向后推，使盖板与支架钉孔对齐	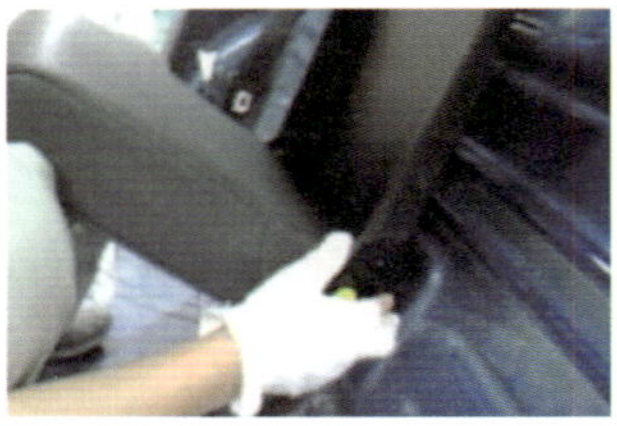	注意盖板工艺孔要与定孔对齐，否则会造成紧固不合格
6	紧固中扶手盖板	用电枪和2颗螺栓将盖板紧固，紧固时带钉的电枪要与钉孔垂直，采用三枪紧固的原则	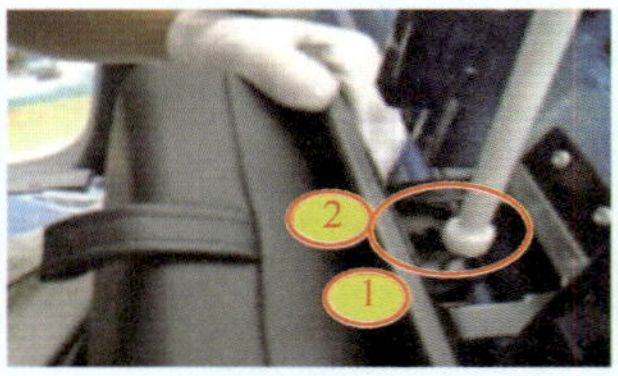	注意不要漏拧紧
MA10 1	查看装配单	查看PR号，后排座椅靠背、坐垫，PR号所在位置：8I	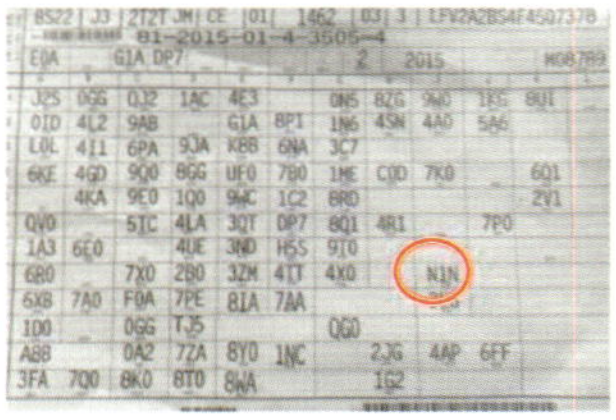	
2	放入靠背	穿过左侧安全带，将靠背右侧递给右侧操作者，使靠背放入安全带与钣金件之间	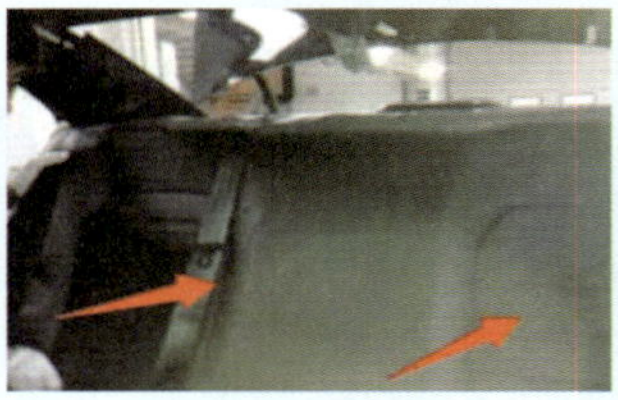	装配前，先检查缓冲罐是否漏装，共4个

（续）

序号	操作步骤	操作方法	操作图示	注意事项
3	装配靠背	与右侧操作者同时将靠背提起，同时向下和向后两个方向用力，并敲击靠背上端面，使其完全挂到靠背支架上	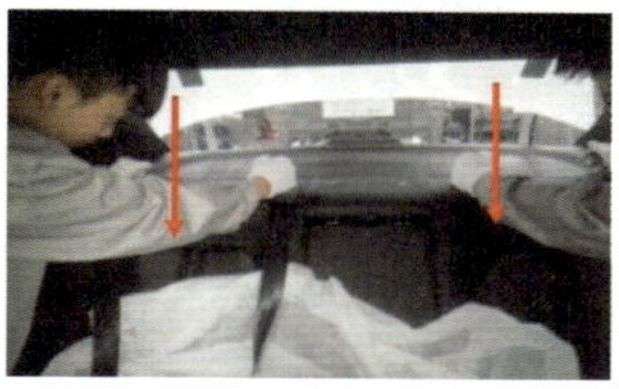	保证安全带未翻折
4	紧固后座椅靠背	紧固左侧3颗螺栓	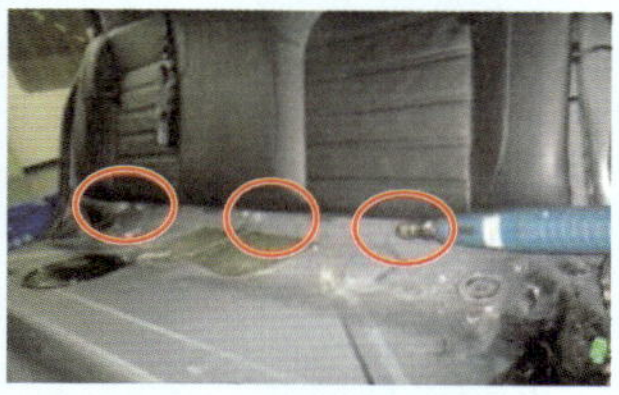	注意电枪不要划伤靠背，先紧固中间螺栓，再紧固两侧螺栓
5	安放坐垫	将坐垫递给右侧的操作者，将双锁抬高，再将坐垫后部放入靠背下方	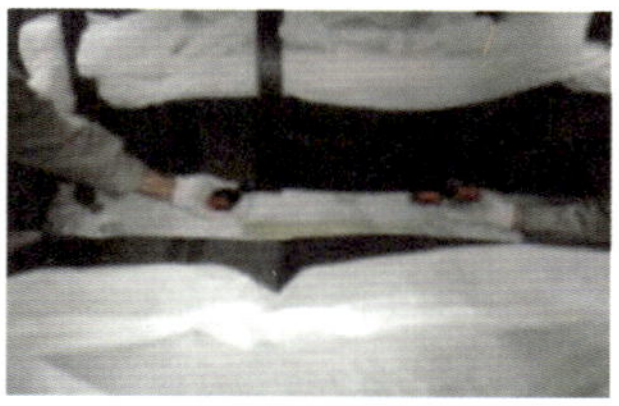	保证双锁朝向正确，锁孔向下
6	装配坐垫	将坐垫前侧挂钩对准护孔垫圈，用力按下，听到"咔"的一声后，表示安装到位	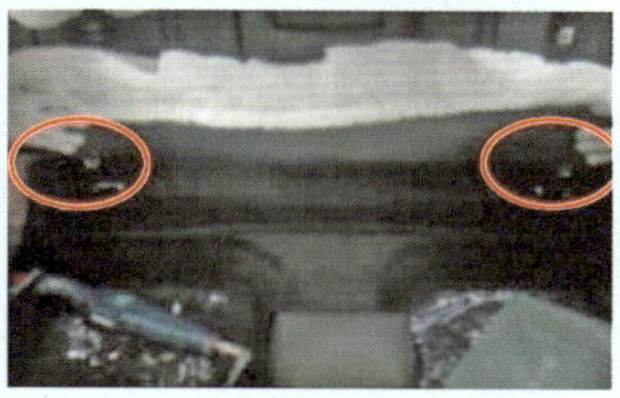	装配前，先检查护孔垫圈无漏装，坐垫按入护孔垫圈座时，需一次性按到底

3. 前排座椅、头枕、转向盘、安全气囊、遮阳板装配

序号	操作步骤	操作方法	操作图示	注意事项
MA11 1 左侧	查看装配单	查看PR号，前排座椅PR号所在位置：8I+8G+2I	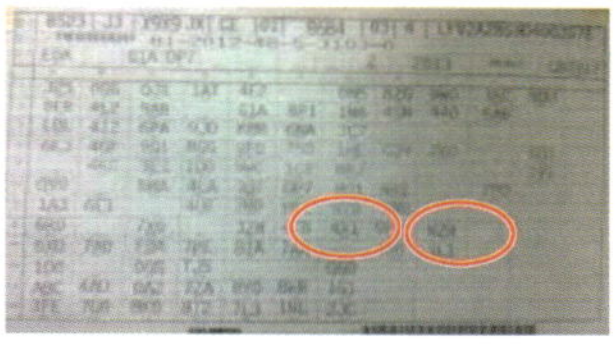	
2	操作机械手夹座椅	检查来件质量，操作机械手行走到座椅，调整机械手高度，将机械手插到座椅里面，左手按下夹紧按钮，将座椅固定在机械手上		注意机械手要插到底，机械手要插在座椅中部，避免与副仪表和B柱干涉
3	吊起座椅到左前门	右手按下机械手上的升降按钮，将座椅吊起，推着机械手到左前门。安装至驾驶室，取出夹具		注意移动座椅时不要撞到车身
4	插头枕	按住座椅导向件上的按钮，将座椅头枕对准座椅上的孔将其插在座椅上		插头枕时要小心，不要划伤插销

（续）

序号	操作步骤	操作方法	操作图示	注意事项
5	线束连接	将线束取下，拿开地毯，将线束对准相应插孔，连接线束，并按下插头上的按钮，将插头锁死	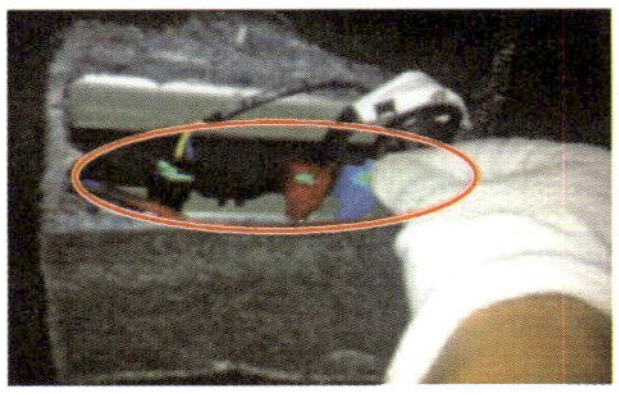	插线束前，确认蓄电池线是断开的，否则座椅安全气囊有可能弹出，造成安全隐患
6	放置座椅	座椅调节拉杆调至上方，将导轨调至最前端，将座椅上的焊柱卡在钣金孔中	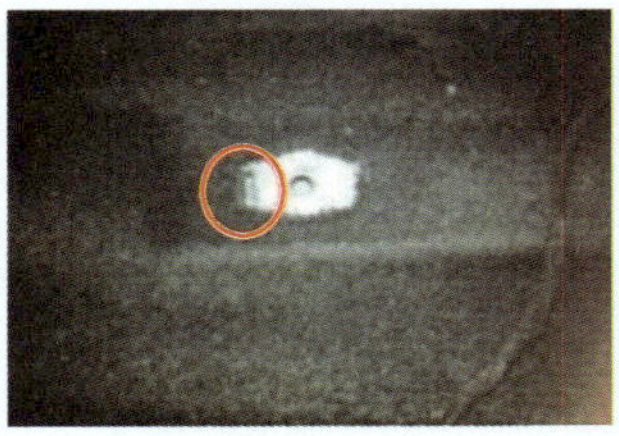	
MA12 1 右侧	查看装配	查看PR号，前排座椅PR号所在位置：8I+8G+2I	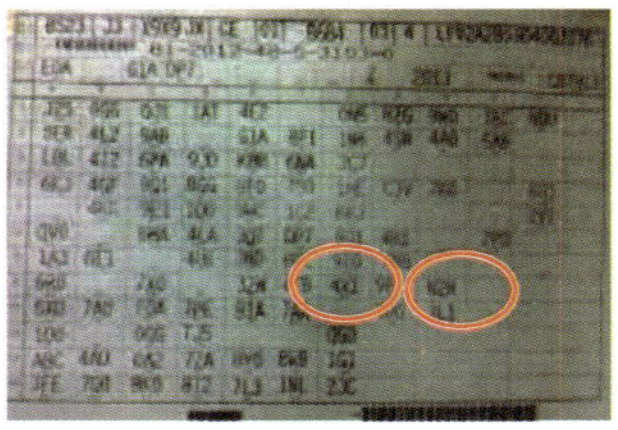	+NOG 灰色布面 +NIN 白点纹路布面 +N2H 竖线型纹路布面
2	操作机械手夹座椅	调整机械手高度，将机械手插到座椅里面，左手按下夹紧按钮，将座椅固定在机械手上		注意机械手要插到底，机械手要插在座椅中部，避免与副仪表和B柱干涉
3	吊起座椅到右前门	右手按下机械手上的升降按钮，将座椅吊起，推着机械手到右前门。安装至驾驶室，取出夹具		注意移动座椅时不要撞到车身
4	插头枕	按住座椅导向件上的按钮，将座椅头枕对准座椅上的孔将其插在座椅上	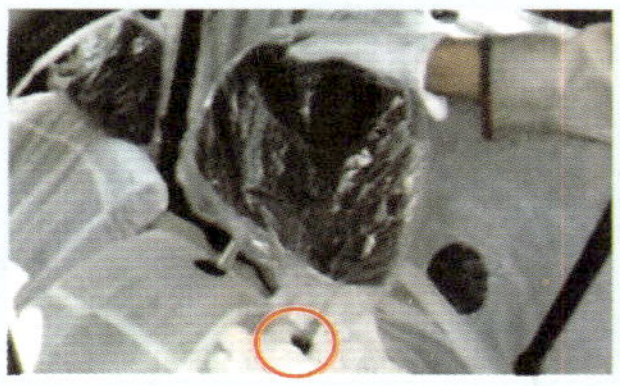	插头枕时要小心，不要划伤插销
5	线束连接	将线束取下，拿开地毯，将线束对准相应插孔，连接线束，并按下插头上的按钮，将插头锁死	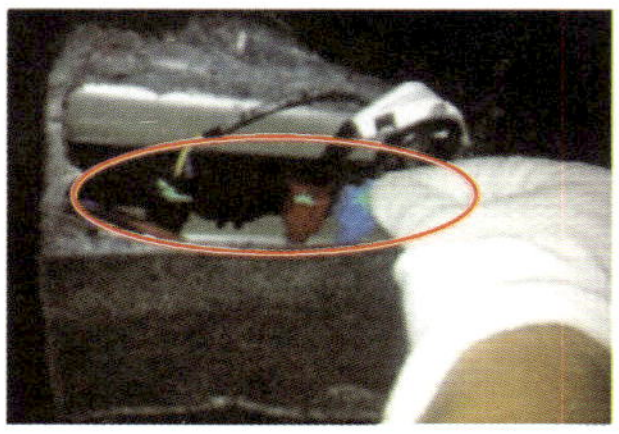	插线束前，确认蓄电池线是断开的，否则座椅安全气囊有可能弹出，造成安全隐患

（续）

序号	操作步骤	操作方法	操作图示	注意事项
6	放置座椅	座椅调节拉杆调至上方，将导轨调至最前端，将座椅上的焊柱卡在钣金孔中	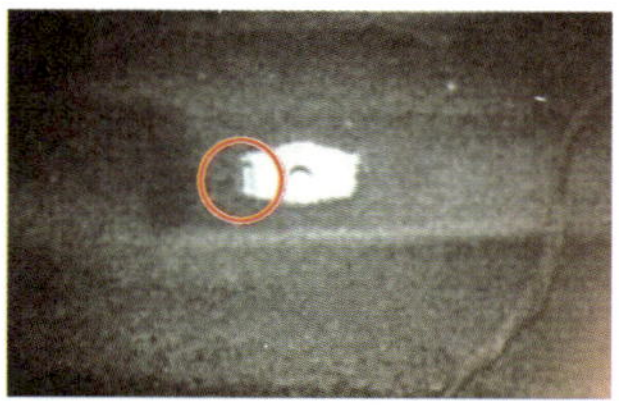	
MA13 1	查看装配单	行走至车前查看FIS单，取靠枕骨架总成和靠枕总成	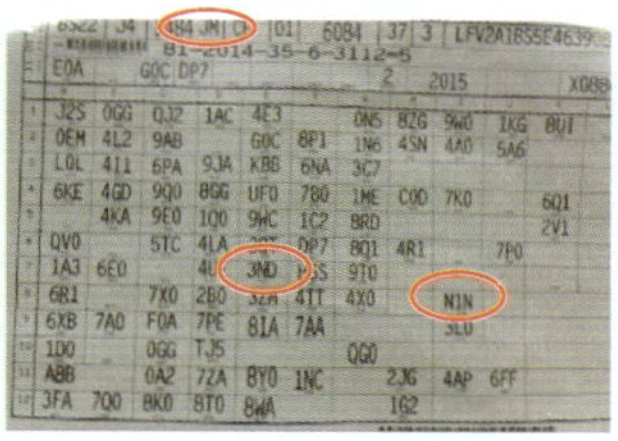	AF+3ND+N0G：灰色布头枕 JX+ 3ND+N2H：米色布头枕 JX+3NH+ N2R：米皮头枕
2	安装导向件	按照从左向右的顺序将6个导向件依次按入座椅工艺孔		将导向件插入2/3处，不要完全镶入钣金
3	调整导向件	用橡胶锤按从左向右的顺序调整导向件，保证导向件周边座椅面料不出现褶皱，再用橡胶锤敲打导向件，使其完全镶入钣金内		不要敲坏导向件
4	装配头枕	安装靠背左侧，安装至锁止。再将小头枕按以上方法安装至靠背头枕装配位置的中间，最后安装另一侧的较大头枕	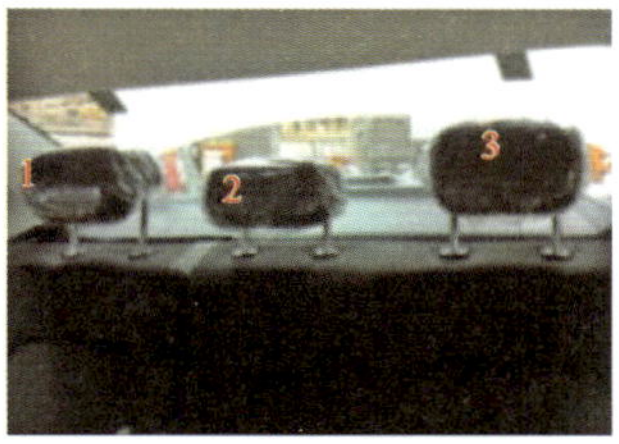	安装头枕前，注意检查头枕外观有无破损
MA14 1 前排座椅	紧固左前座椅前面2颗螺栓	预紧2颗螺栓，再用电枪紧固2颗螺栓	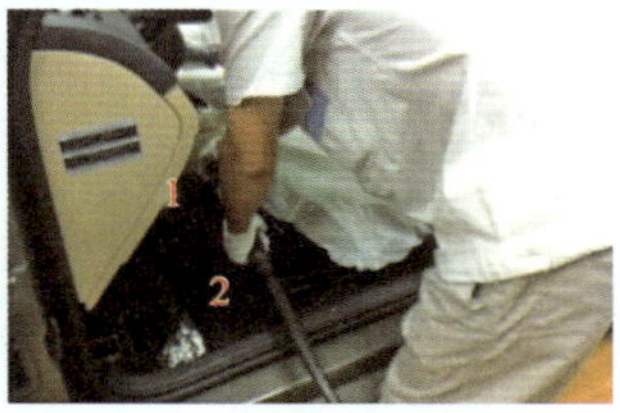	紧固过程中要垂直拧紧螺钉，小心枪头划伤座椅轨道和门槛
2	调节滑轨	调节滑轨将座椅移动到最前端	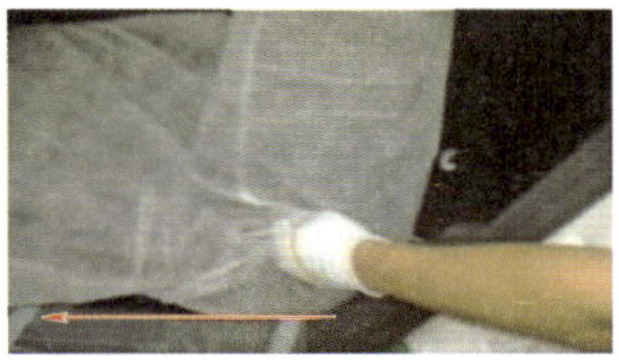	在拧紧后面的螺栓时，两个导轨必须同步卡紧

（续）

序号	操作步骤	操作方法	操作图示	注意事项
3	紧固后面2颗螺栓	预紧2颗螺栓，用电枪紧固2颗螺栓	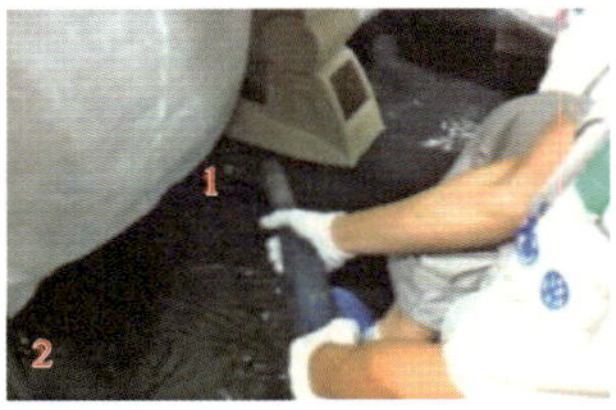	用定值力矩紧固到位时，要进行2次紧固确认，以防地毯过厚，导致力矩衰减造成假力矩
4	紧固右前座椅前面2颗螺栓	预紧2颗螺栓，用电枪紧固2颗螺栓	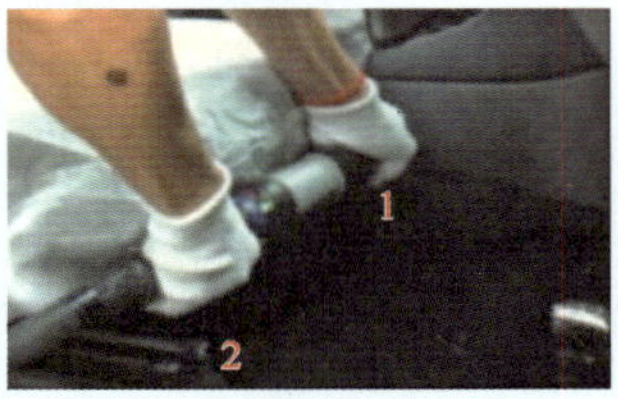	紧固过程中要垂直拧紧螺钉，小心枪头划伤座椅轨道和门槛
5	调节滑轨	调节滑轨将座椅移动到最前端	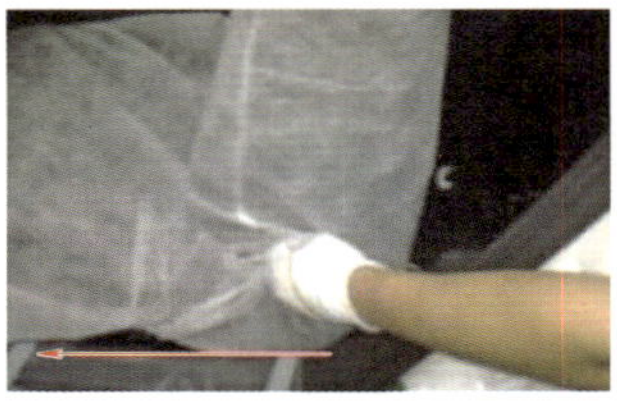	在拧紧后面的螺栓时，两个导轨必须同步卡紧
6	紧固后面2颗螺栓	预紧2颗螺栓，用电枪紧固2颗螺栓	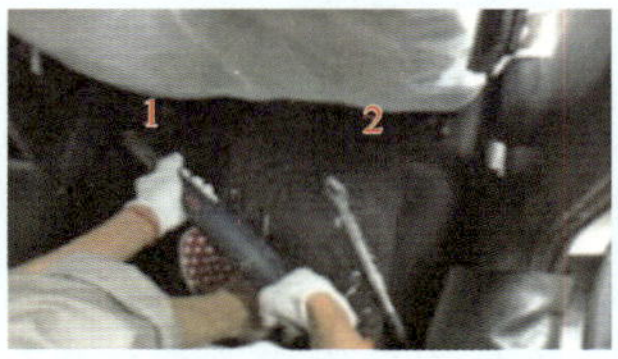	用定值力矩紧固到位时，要进行2次紧固确认，以防力矩衰减造成假力矩
MA15 1	查看装配单	查看转向盘、安全气囊和后视镜信息	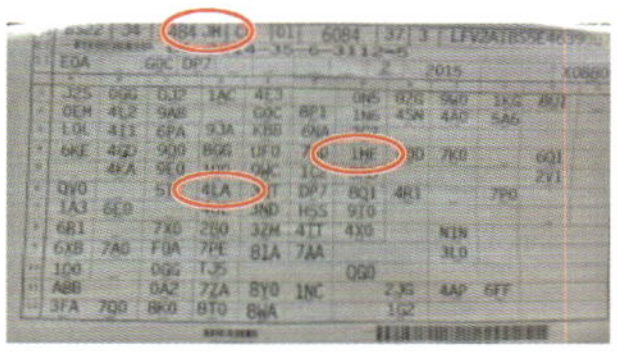	
2	取下固定锁片	检查转向盘来件是否有划伤压痕，将组合开关上的集电环固定锁片取下	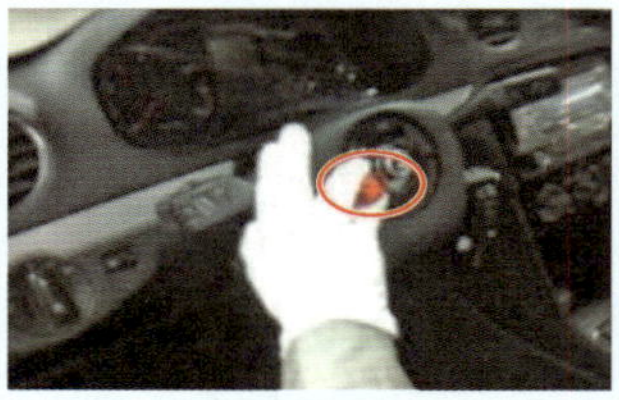	取下集电环上固定锁片时，不能碰到集电环，防止集电环转动影响装配转向盘对中
3	安装转向盘	两手握住转向盘，当转向盘上的对中标记对准转向柱上的对中标记后，垂直向下用力，将转向盘装到转向柱上	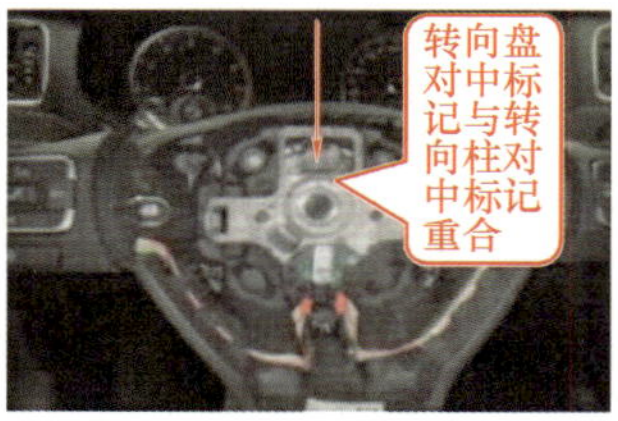	转向盘的位置只允许与转向机构中心的精确位置最大有2°6′的偏差
4	紧固转向盘	预紧1颗转向盘螺栓，用电枪紧固转向盘	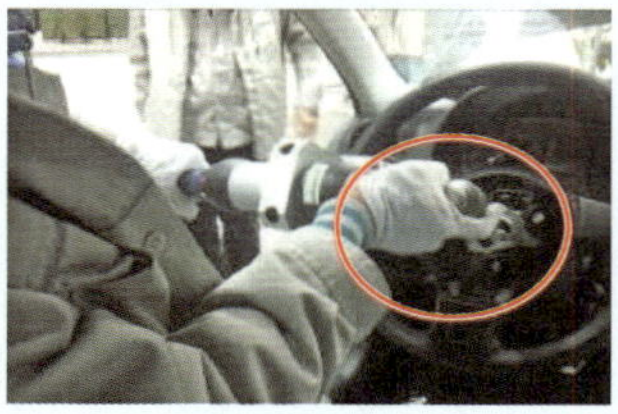	带涂层螺栓要求在5min内完成拧紧

（续）

序号	操作步骤	操作方法	操作图示	注意事项
5	安装安全气囊	连接安全气囊插头。将安全气囊放入转向盘内，两手握住转向盘将安全气囊向下按。在转向盘中定位安全气囊单元，并将其卡住		插头止动保险件必须完全卡入（能听到卡入的声音），按下安全气囊时注意不要压到线束
6	装配内后视镜总成	将内后视镜背面卡槽位置对准风窗玻璃上的底座，在装配时旋转90°，将后视镜旋紧在底座中	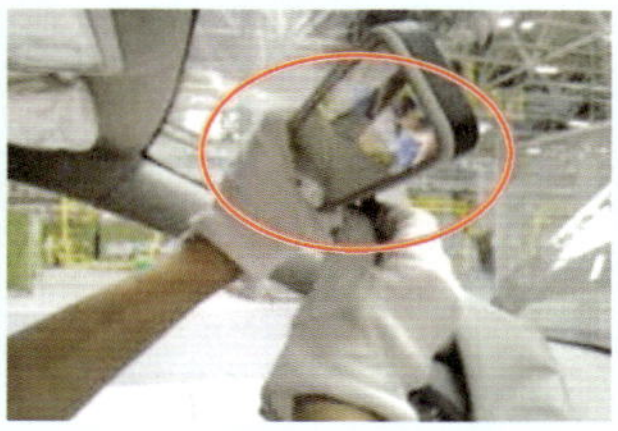	1）注意不要划伤风窗玻璃 2）若无 CCC 标识，禁止装车
MA16 1	查看 FIS 单	查看 FIS 单遮阳板、下饰板、空调饰板信息	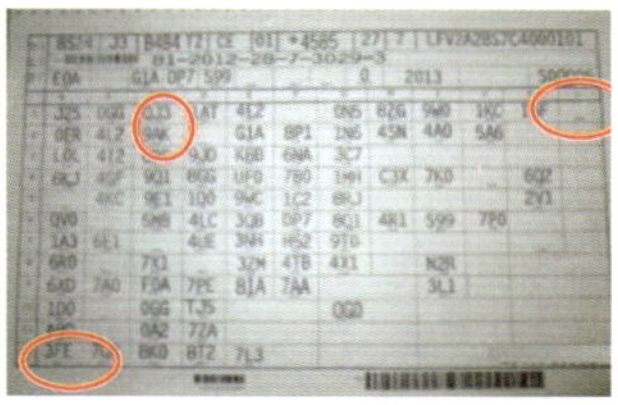	9AB 为手动空调 9AK 为自动空调 3FA 为无天窗 3FB 为有天窗
2	装配左侧遮阳板	将遮阳板底部后部挂钩挂到天窗轨道后部的凹槽里，然后将前部销子按入天窗钣金孔内，再将2个销子按顺序卡入1、2两个天窗钣金孔里	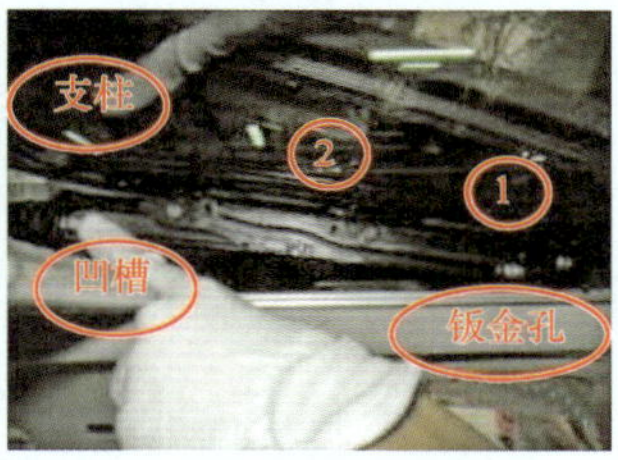	检查来件状态，区分左右，遮阳板应卡在导轨的固定位置，避免在关闭天窗时压坏遮阳板
3	装配右侧遮阳板	将遮阳板底部后部挂钩挂到天窗轨道后部的凹槽里，最后将遮阳板卡槽卡入焊柱里，再将2个销子按顺序卡入1、2两个天窗钣金孔里	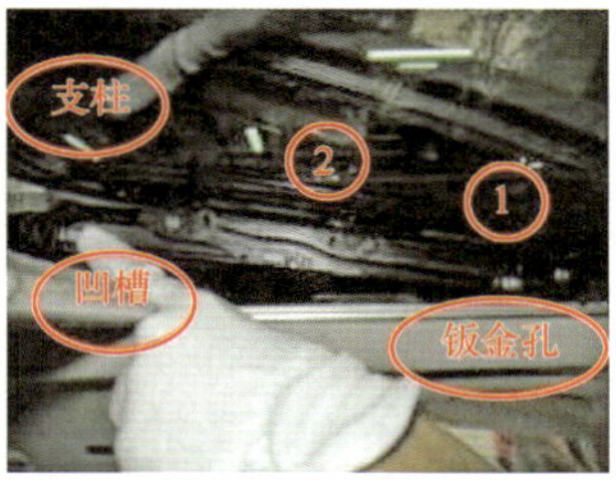	检查来件状态，区分左右，遮阳板应卡在导轨的固定位置，避免在关闭天窗时压坏遮阳板
4	拆下饰框	先目测中装饰框和空调饰框两侧间隙，再将中装饰框和空调饰框用压板先后卸下		不要划伤饰板
5	调整空调饰框	调整空调饰框的间隙，在压板调整不能满足的情况下，用电枪拆卸下螺钉，用手推着副仪表上部，调整好间隙后用电枪紧固螺钉，然后盖上空调饰框	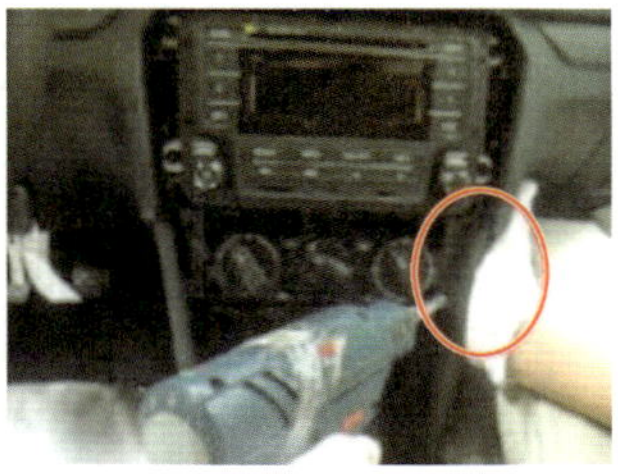	要求空调饰框左、右间隙一致，操作过程中不要划伤仪表蒙皮

（续）

序号	操作步骤	操作方法	操作图示	注意事项
6	装配空调循环按钮	安装空调循环按钮	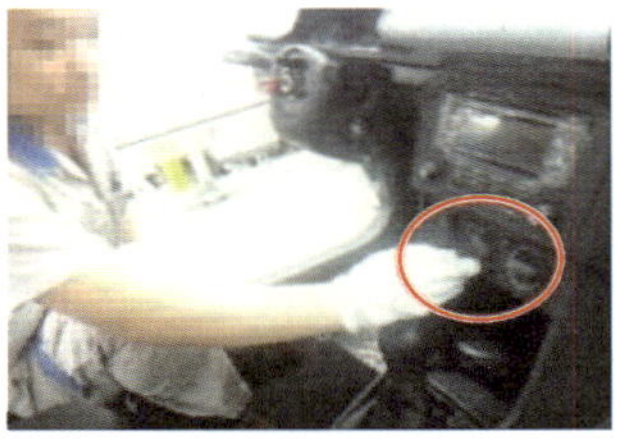	注意按钮背面有工艺孔的位置向上，且要按压到位

4. 车门总成、门槛亮条装配，燃油加注，连接蓄电池负极，电检

序号	操作步骤	操作方法	操作图示	注意事项
MA17 1 左侧	操作机械手吸住左前车门	双手握住操作柄，将机械手靠近车门，使下面的托钩完全将钣金件卡住，定位销靠紧钣金，右手按下右侧第3个按钮将吸盘贴住玻璃，双手同时按住左、右侧第1个按钮，使车门吸住防划伤垫片	 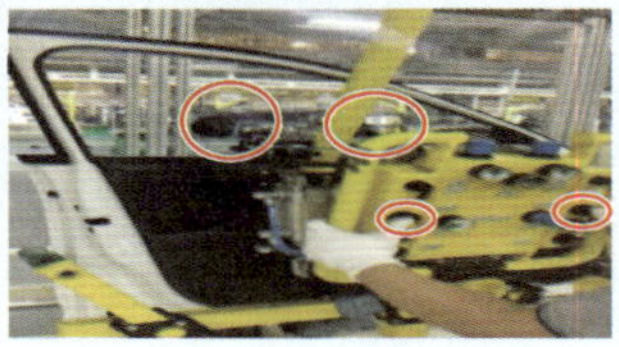	防止机械手划伤车门，造成车门钣金划伤
2	结合左前车门	将车门与车门铰链结合，结合的时候，先对下铰链、后对上铰链，双手同时按住左、右侧第2个按钮，将机械手与车门分开，撤出机械手	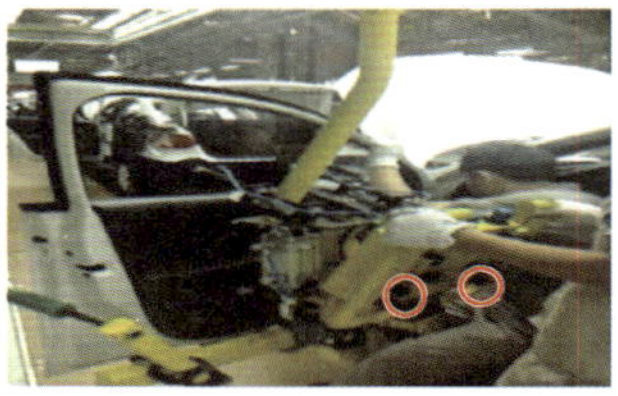	防止机械手划伤钣金件
3	操作机械手吸住左后车门	双手握住操作柄，将机械手靠近车门，使下面的托钩完全将钣金件卡住，定位销靠紧钣金件，右手按下右侧第3个按钮将吸盘贴住玻璃，双手同时按住左右侧第1个按钮，使车门吸住防划伤垫片	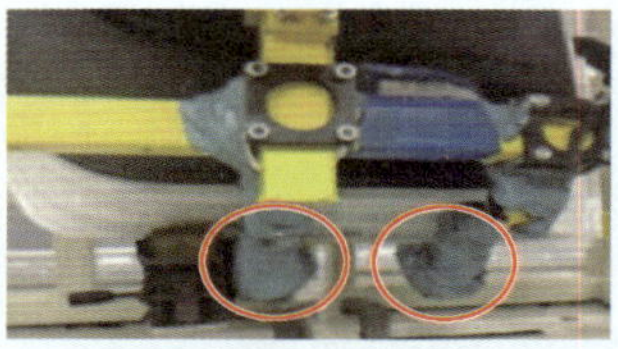 	防止机械手划伤车门，造成车门钣金划伤
4	结合左后车门	将车门与车门铰链结合，结合的时候，先对下铰链，后对上铰链，双手同时按住左、右侧第2个按钮，将机械手与车门分开，撤出机械手		防止机械手划伤钣金件

（续）

序号	操作步骤	操作方法	操作图示	注意事项
MA18 1 右侧	操作机械手吸住右前车门	双手握住操作柄，将机械手靠近车门，使下面的托钩完全将钣金件卡住，定位销靠紧钣金件，右手按下右侧第3个按钮将吸盘贴住玻璃，双手同时按住左右侧第1个按钮，使车门吸住防划伤垫片	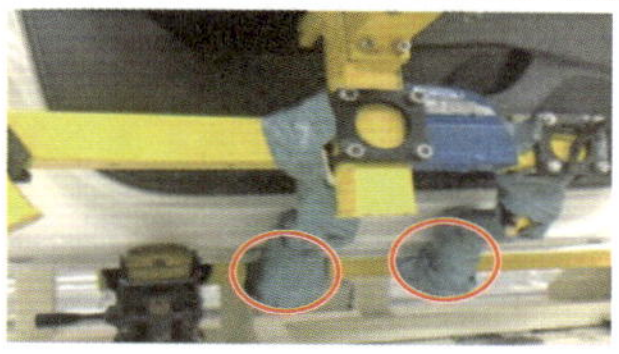 	防止机械手划伤车门，造成车门钣金划伤
2	结合右前车门	将车门与车门铰链结合，先对下铰链，后对上铰链，双手同时按住左、右侧第2个按钮，将机械手与车门分开，撤出机械手	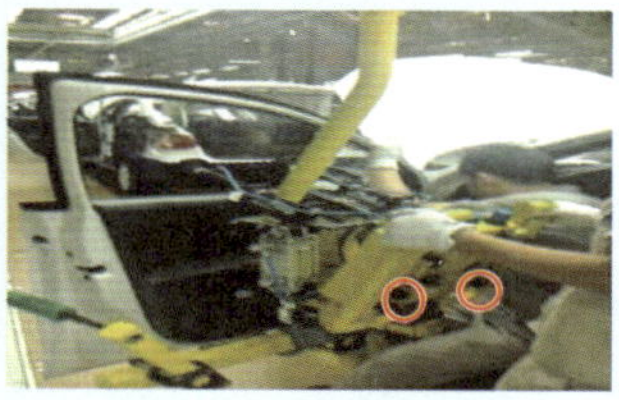	防止机械手划伤钣金件
3	操作机械手吸住右后车门	双手握住操作柄，将机械手靠近车门，使下面的托钩完全将钣金件卡住，定位销靠紧钣金件，右手按下右侧第3个按钮将吸盘贴住玻璃，双手同时按住左、右侧第1个按钮，使车门吸住防划伤垫片	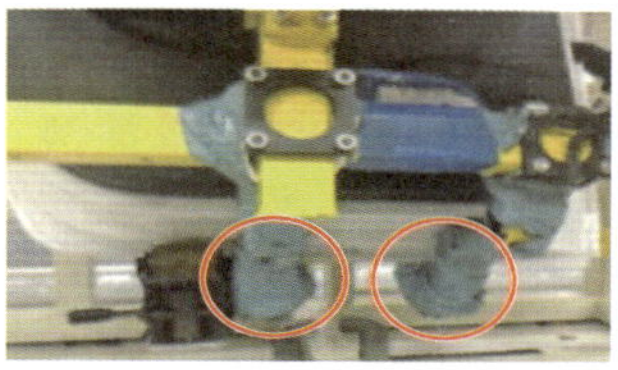 	防止机械手划伤车门，造成车门钣金划伤
4	结合右后车门	将车门与车门铰链结合，先对下铰链，后对上铰链，双手同时按住左、右侧第2个按钮，将机械手与车门分开，撤出机械手		防止机械手划伤钣金件
MA19 1 左侧	紧固左前门限位器螺栓	预紧固限位器1颗螺栓，再用电枪紧固螺栓	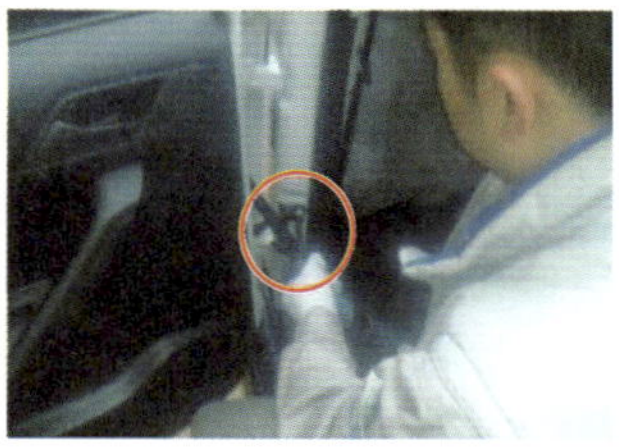	紧固螺栓时，注意枪头要垂直，左手不要用力按枪头，避免乱扣
2	连接左前门线束波纹管	将插头水平插入插槽当中锁死，再将波纹管下部卡子放入工艺孔中，最后将波纹管上部卡子锁死	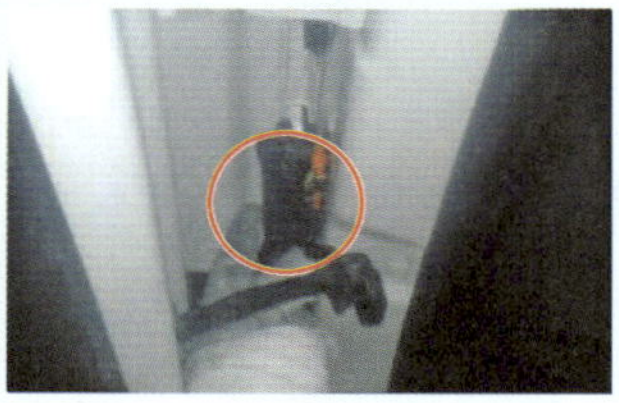	线束插头锁死装置要卡死

（续）

序号	操作步骤	操作方法	操作图示	注意事项
3	紧固左后门限位器螺栓	预紧固限位器1颗螺栓，再用电枪紧固螺栓	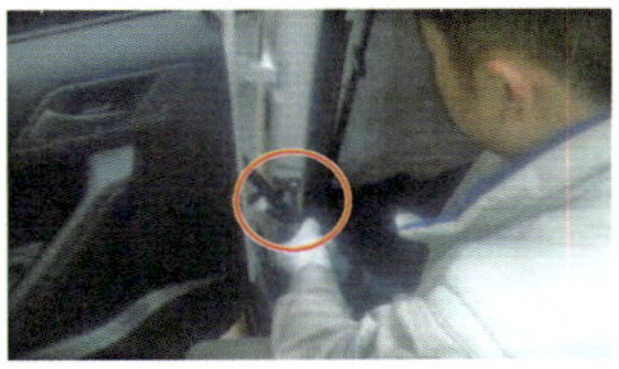	紧固螺栓时，注意枪头要垂直，左手不要用力按枪头，避免乱扣
4	连接左后门线束波纹管	将插头水平插入插槽当中锁死，再将波纹管下部卡子放入工艺孔中，最后将波纹管上部卡子锁死		若线束插头插接困难，应及时拆下查看车身端子状态
MA201 右侧	紧固右前门限位器螺栓	预紧固限位器1颗螺栓，再用电枪紧固螺栓	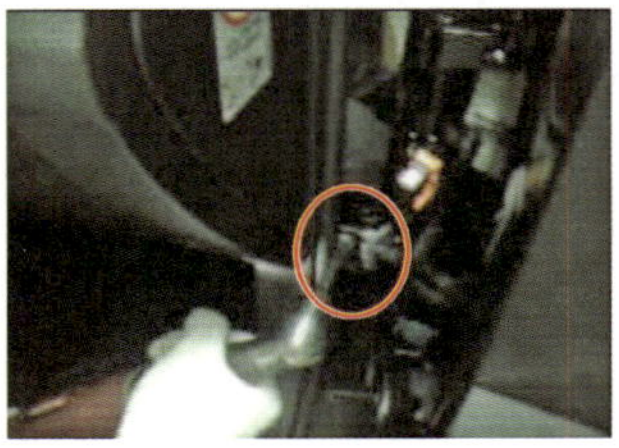	紧固螺栓时，注意枪头要垂直，左手不要用力按枪头，避免乱扣
2	连接右前门线束波纹管	将插头水平插入插槽当中锁死，再将波纹管下部卡子放入工艺孔中，最后将波纹管上部卡子锁死		若线束插头插接困难，应及时拆下查看车身端子状态
3	紧固右后门限位器螺栓	预紧固限位器1颗螺栓，再用电枪紧固螺栓	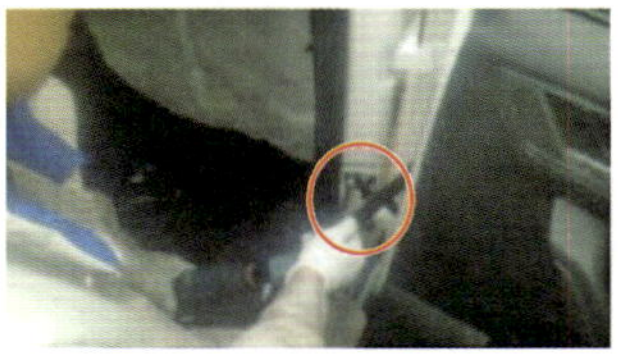	紧固螺钉时，注意枪头要垂直，左手不要用力按枪头，避免乱扣
4	连接右后门线束波纹管	将插头水平插入插槽当中锁死，再将波纹管下部卡子放入工艺孔中，最后将波纹管上部卡子锁死		线束插头锁死装置要卡死。若线束插头插接困难，应及时拆下查看车身端子状态
MA211 左侧	紧固左前门铰链螺栓	预紧上、下2颗门铰链螺栓，再用电枪紧固螺栓	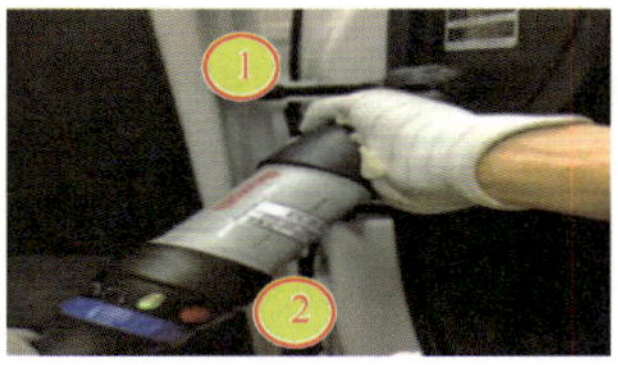	紧固时，EC扳手必须垂直于操作面，必须拿稳，防止枪头划伤钣金件
2	安装左前门防尘帽	用拇指将防尘帽按到铰链螺栓上	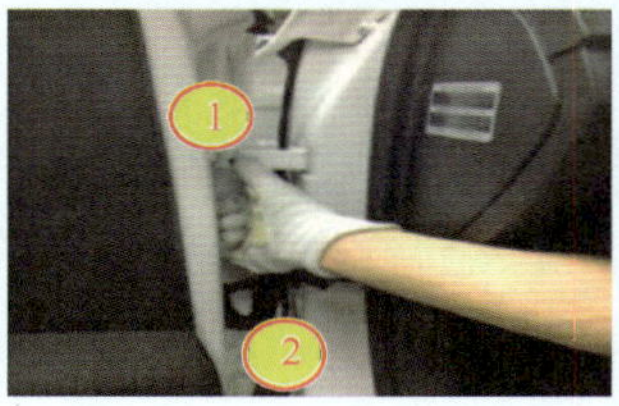	防尘帽必须装配到铰链螺栓底部

项目七　汽车尾线装配

（续）

序号	操作步骤	操作方法	操作图示	注意事项
3	紧固左后门铰链螺栓	预紧上、下2颗门铰链螺栓，再用电枪紧固螺栓	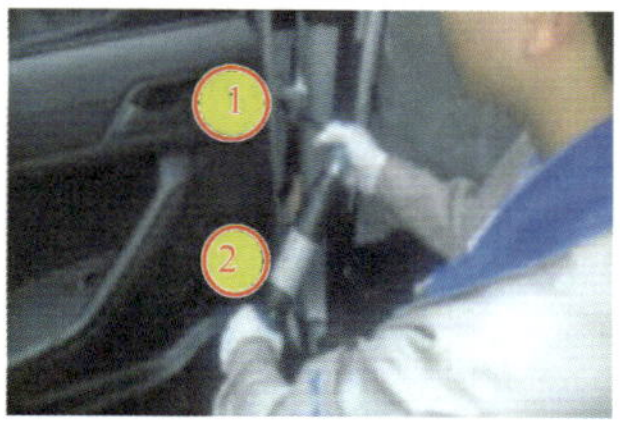	紧固时，EC扳手必须垂直于操作面，必须拿稳，防止枪头划伤钣金件
4	安装左后门防尘帽	用拇指将防尘帽按到铰链螺栓上	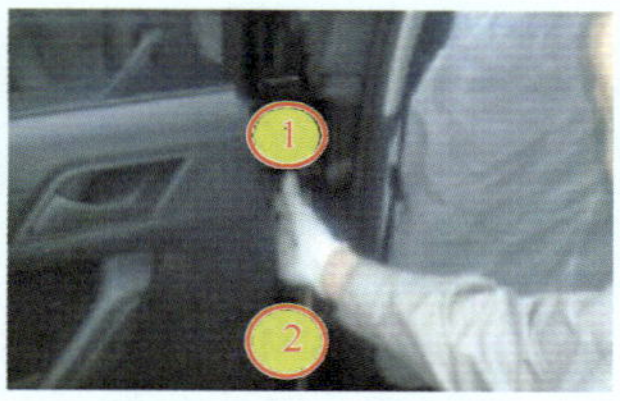	防尘帽必须装配到铰链螺栓底部
MA22 1 右侧	紧固右前门铰链螺栓	预紧上、下2颗门铰链螺栓，再用电枪紧固螺栓	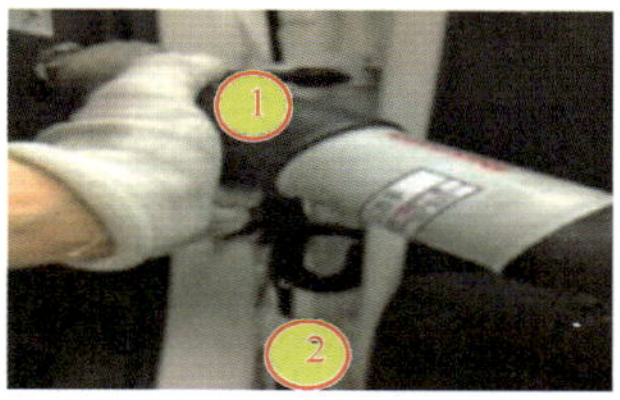	紧固时，EC扳手必须垂直于操作面，必须拿稳，防止枪头划伤钣金件
2	安装右前门防尘帽	用拇指将防尘帽按到铰链螺栓上	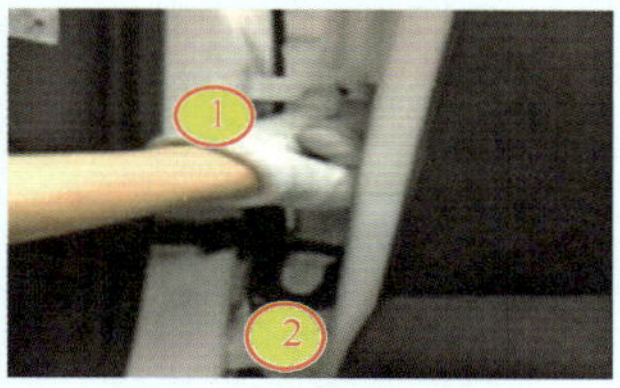	防尘帽必须装配到铰链螺栓底部
3	紧固右后门铰链螺栓	预紧上、下2颗门铰链螺栓，再用电枪紧固螺栓	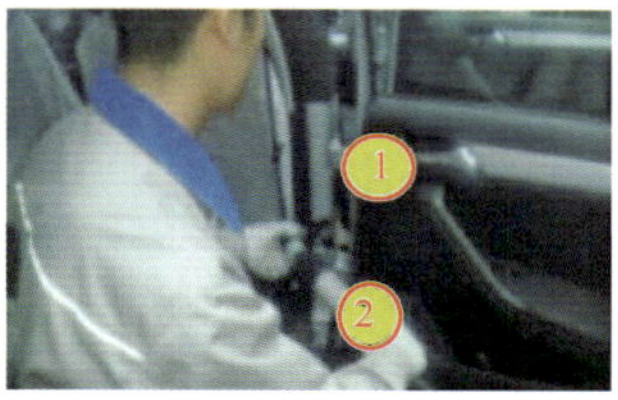	紧固时，EC扳手必须垂直于操作面，必须拿稳，防止枪头划伤钣金件
4	安装右后门防尘帽	用拇指将防尘帽按到铰链螺栓上	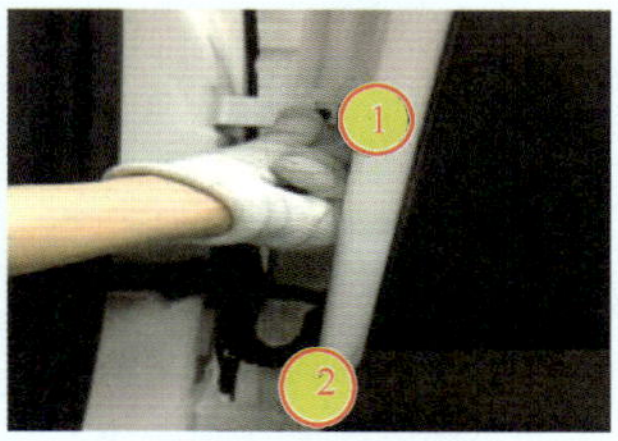	防尘帽必须装配到铰链螺栓底部
MA23 1	安装座椅保护罩	先将右前座椅头枕及后靠背套住，然后将坐垫套住	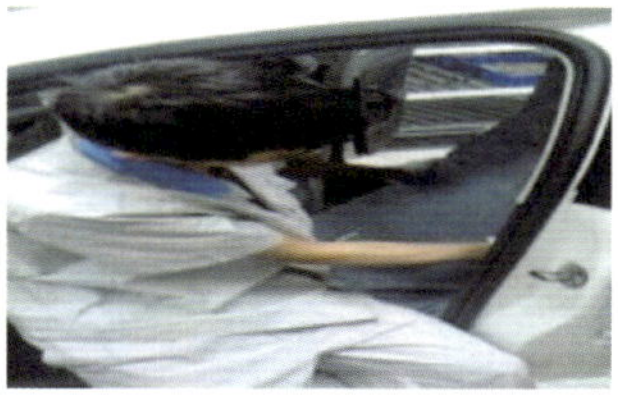	安装过程中注意保护罩要整洁

（续）

序号	操作步骤	操作方法	操作图示	注意事项
2	安放左前门槛亮条定位辅具	将门槛亮条定位辅具左侧定位于左前门铰链处，通过磁条将定位辅具定位，使门槛亮条定位辅具表面与门槛钣金表面完全贴合	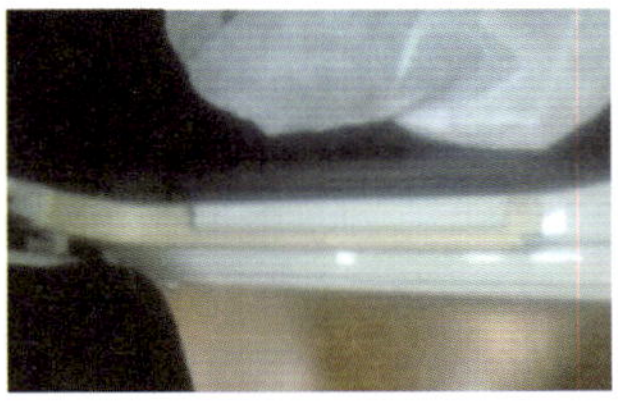	检测来件表面是否划伤，安装辅具时不要磕伤门槛
3	装配左前门槛亮条	将门槛亮条带保护膜撕开，从左至右将门槛亮条抹平，使其贴紧钣金，最后取下辅具，用滚压辅具滚压门槛亮条来回2次	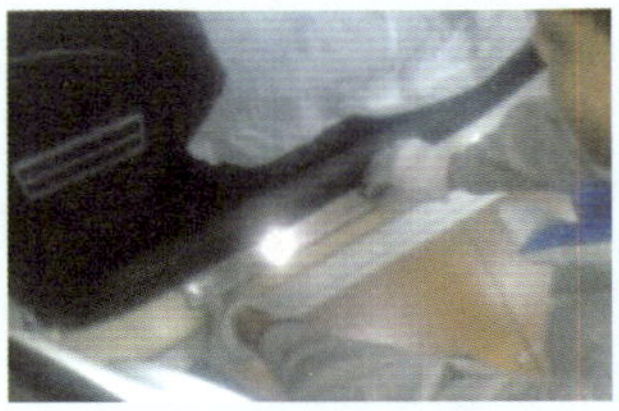	1）门槛亮条需要使用大于20N/cm²的力予以装配 2）工作温度需要高于18℃
4	安放右前门槛亮条定位辅具	将门槛亮条定位辅具右侧定位于右前门铰链处，使门槛亮条定位辅具表面与门槛钣金表面完全贴合	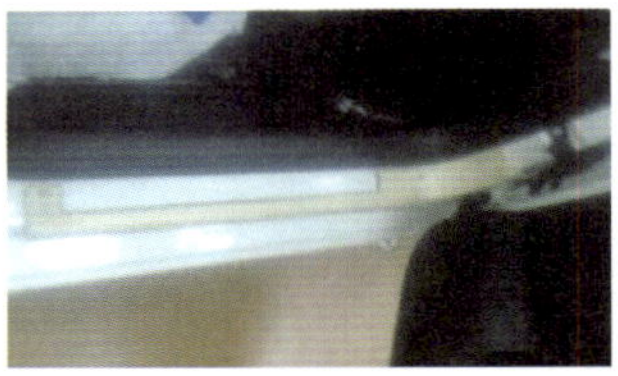	检测来件表面是否划伤，安装辅具时不要磕伤门槛
5	装配右前门槛亮条	将门槛亮条带保护膜撕开，从右至左将门槛亮条抹平，使其贴紧钣金，最后取下辅具，用滚压辅具滚压门槛亮条来回2次	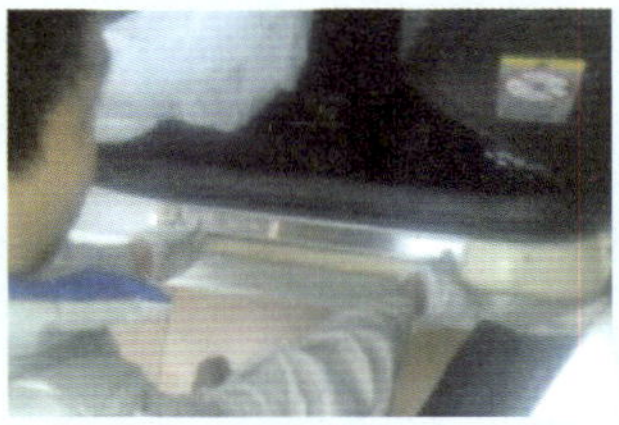	1）门槛亮条需要使用大于20N/cm²的力予以装配 2）工作温度需要高于18℃
MA24 1	开启燃油箱盖	取随车卡，行至车身燃油箱盖处，将燃油箱盖向里按打开，逆时针旋动燃油箱锁，将油箱口打开		
2	操作设备进行加注	操作手柄和按钮将加注头插入燃油箱里，加注头旋入燃油箱，开始加注	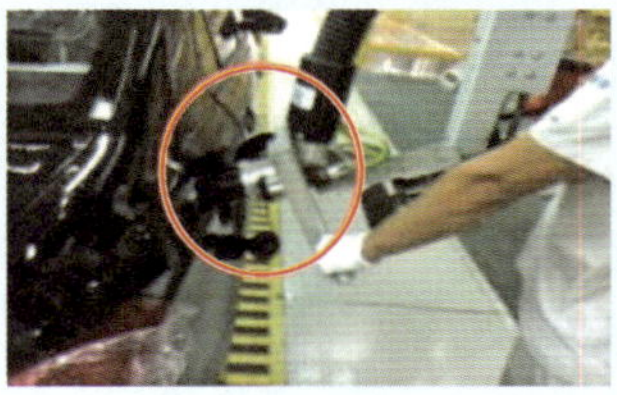	枪头位置偏移过大时，先手动调试枪头位置，操作枪头过程中注意不要将车身划伤
3	关闭燃油箱盖	加注完成后，加注头自动抽出，加注机自动回到原点，顺时针旋动燃油箱锁，盖紧燃油箱盖	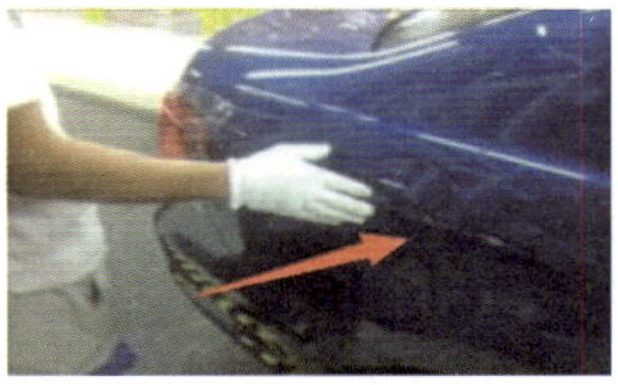	听到"咔咔"声表示燃油箱锁关闭到位
4	装配负极线，预紧蓄电池负极线	先将蓄电池负极线对准负极柱，然后用手把其按进负极柱内，右手用电枪预紧，蓄电池负极线指向蓄电池2点钟方向		负极柱应高于蓄电池负极线圈上边缘，预紧力矩≤4.8N·m

（续）

序号	操作步骤	操作方法	操作图示	注意事项
5	紧固蓄电池负极线	将力矩对准负极线螺母，右手转动力矩，听到"咔"的一声紧固结束		
6	降4门玻璃、互检	先降2个前门玻璃，然后降2个后门玻璃、互检：检查来车各用电开关是否处于关闭状态，波纹管防尘帽是否漏装	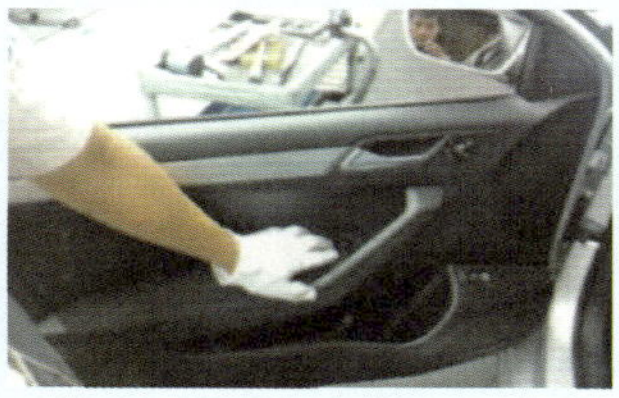	若发现有用电开关未处于关闭状态，必须关闭用电开关
7	试车门关闭功能	取钥匙，试左前门机械锁	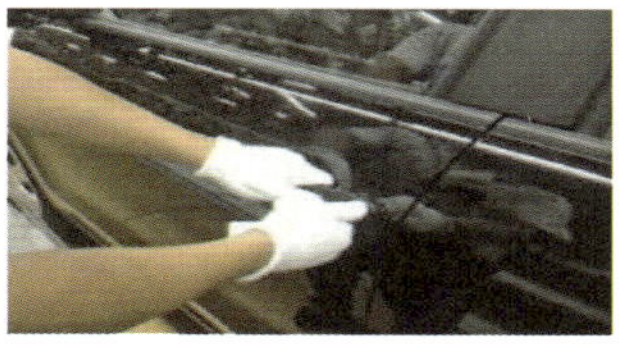	插钥匙时，防止划伤车门及钥匙孔，锁门时，4个车门要锁死

【检测评价】

教师依据表7-3对学生进行该任务的考核测评。

表7-3 评价考核表

序　号	步　　骤	评分细则	分值	得分
1	装配左前轮胎	操作步骤正确，能正确回答操作注意事项	10	
2	装配左前轮拱罩	操作步骤正确，能正确回答操作注意事项	6	
3	安装后围护板	操作步骤正确，能正确回答操作注意事项	6	
4	安装中扶手	操作步骤正确，能正确回答操作注意事项	8	
5	安装后排中扶手	操作步骤正确，能正确回答操作注意事项	8	
6	装配后排座椅靠背	操作步骤正确，能正确回答操作注意事项	10	
7	装配后排座椅坐垫	操作步骤正确，能正确回答操作注意事项	8	
8	安装左前座椅	操作步骤正确，能正确回答操作注意事项	10	
9	安装头枕	操作步骤正确，能正确回答操作注意事项	6	
10	安装转向盘	操作步骤正确，能正确回答操作注意事项	6	
11	安装安全气囊	操作步骤正确，能正确回答操作注意事项	6	
12	安装左前车门总成	操作步骤正确，能正确回答操作注意事项	16	
		总分	100	

注：每项分都是扣完为止。

【课后测评】

填写下列零部件的名称至空白处。

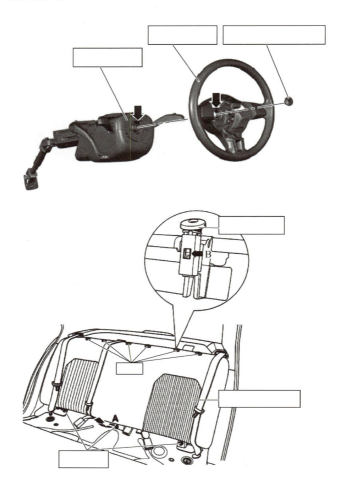

项目八　汽车检测与调试

【项目描述】

在汽车生产制造企业，不是每一辆汽车的制造质量都完全符合技术标准，对于不符合技术标准的所有车辆并不是重新回炉重造，而是通过专业的调试人员进行面差间隙调整，规格尺寸和性能的调试和校准，最终满足汽车的质量要求，不让任何一辆有问题的车辆交付出厂。

任务一　汽车调试工艺

【任务目标】

知识目标：	技能目标：	素养目标：
1）掌握汽车检测与调试的目的及意义。 2）掌握整车调试技术与操作要领。	1）具有离合器踏板、制动踏板高度调整和间隙调整的能力。 2）具有车门间隙和车身间配合调整的能力。	1）养成安全生产的习惯，自觉规范安全行为。 2）树立质量意识，严格按照标准作业。 3）培养工匠精神，制造合格产品。

【任务描述】

总装调试是整车下线前的必要工序。整车在前期的零部件装配过程完成后是无法达到商品车的要求的，所以在下线前需要进行四门两盖的间隙断差调整、四门两盖开关功能的调试，制动踏板和离合器踏板的自由行程调试，电气系统主要部件功能调试等工序，使其满足商品车的外观、功能和安全等要求。

【知识储备】

1. 四轮定位调试

四轮定位调试主要对车辆四轮的前束、外倾角、主销内倾进行调整，主销后倾角通常情况下不调整。各调整的值以车辆设计的值为标准。

2. 前照灯调试

前照灯调试的内容有远、近光亮度的测量和光束照射的角度调整。各调整值有相应的国家标准或企业标准。

3. 转向角调试

转向角调试是对车辆转向轮进行调整，使转向轮的最大转向角能达到车辆设计的范围值。

4. 四门两盖的间隙、阶差调整

调整四门与侧围、前门与后门的配合间隙和阶差，通过对门锁扣、门铰链等的调整，使各配合间隙和阶差达到质量检验的标准。

5. 前、后组合灯的间隙、阶差调整

调整前、后组合灯与侧围、保险杠的配合间隙和阶差，通过调整使各配合间隙和阶差达到质量检验的标准。

6. 刮水片位置和喷水位置的调整

通过调整刮水片初始位置和喷水喷在前（后）风窗玻璃的位置使各功能达到质量检验的标准。

7. 踏板高度的调整

调整离合器踏板、制动踏板和加速踏板与底板的距离，使各踏板的高度达到设计的标准。

8. 内饰件的配合间隙、阶差调整

调整各内饰件之间的配合间隙和阶差，通过调整使配合间隙和阶差达到质量检验的标准。

9. 转向盘对中调整

通过调整使转向盘在车辆直线行驶时处于水平位置。

【任务实施】

一、离合器踏板的调整

（1）离合器踏板高度调整

1）测量离合器踏板高度值：用钢直尺（0~200mm）的零值端抵在底板上，同时使钢直尺的边紧靠踏板外边中间点位置，在踏板的自由状态下，踏板垫表面外边中间点在钢直尺上的读数即为安装高度测量值。检查此值经内饰线初调整后是否在技术要求的范围内。离合器踏板安装高度的调节如图 8-1 所示。

技术要求：离合器踏板高度就是离合器踏板表面垫上中心到底板之间的距离。离合器踏板到底板高度 >140mm。

2）离合器踏板高度值如经初调不符合规定要求，按下述方式进行重新调整：松开调整离合器总泵推杆螺栓的锁紧螺母，转动调整螺栓至适当的位置，使踏板安装高度达到规定值。

技术要求：离合器踏板自由行程是指离合器踏板由自由状态至离合器主缸开始作用之间经过的距离。

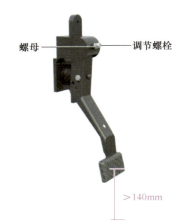

图 8-1 离合器踏板安装高度的调节

（2）离合器踏板自由行程调整

1）用钢直尺（0~200mm）的零值端抵在前围隔声垫上，同时使钢直尺的边紧靠踏板外边中间点位置，且与踏板的上下移动方向平行。在踏板自由状态下，用手按压踏板，直至有阻力时的距离应符合规定值。离合器踏板调整结构如图 8-2 所示。

技术要求：离合器踏板的自由行程为 5~15mm。

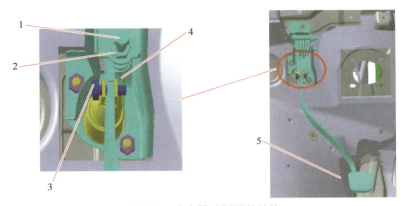

图 8-2　离合器踏板调整结构

1—调节螺栓　2—调节螺母　3—销轴　4—锁销　5—离合器踏板

2）调整完毕后，拧紧锁紧螺母。

3）检查离合器的工作情况。

技术要求：离合器彻底分离时，踏板力 ≤ 130N。踏板工作行程为 120~135mm。

二、制动踏板安装高度和踏板自由行程的检查和调整

1. 调整前的准备工作

检查储液缸中的制动液液面高度。排除制动系统中的空气，在加注制动液工位已进行真空抽气排除制动系统空气的前提下，此处只进行适当检查，制动系统有空气时，按常规排气操作程序排气，ABS 排液使用故障诊断仪进行常规排液。

技术要求：制动液高度应该在储液罐刻线的上限和下限之间。

2. 制动踏板安装高度的检查与调整

（1）制动踏板安装高度的检查　用离合器踏板安装高度检查的测量方法测量制动踏板安装高度。安装高度不符合规定值时，应进行调整，如图 8-3 所示。

技术要求：制动踏板安装高度是指制动踏板上面中心至前围隔声垫的距离。

（2）制动踏板安装高度的调整

1）拆开制动灯开关导线插头，旋松制动灯开关锁紧螺母，旋出制动灯开关，直到踏板臂与开关之间存在间隙。制动灯开关如图 8-4 所示。

2）旋松锁紧螺母，转动真空助力器控制阀推杆，以调整踏板高度，然后拧紧锁紧螺母（转动控制阀推杆，应确保踏板高度最高时，控制阀推杆的端面不低于调整叉口柄螺纹内平面）。

制动踏板上面中心到前围板的距离为 140~160mm

图 8-3　制动踏板安装高度的检查

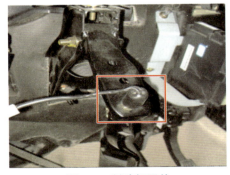

图 8-4　制动灯开关

3）旋入制动灯开关，使制动灯开关的螺纹端部与踏板缓冲垫接触，然后用制动灯开关锁紧螺母锁紧。

4）接上制动灯开关导线插头。

技术要求：制动踏板上面中心到前围板的距离为140~160mm。

3. 制动踏板自由行程的检查与调整

（1）制动踏板自由行程的检查

1）关闭发动机后，踩制动踏板5次以上，使真空助力器内真空度接近于零。

2）用手指轻微地推动踏板，测量踏板从自由状态移到有阻力时的距离。用钢直尺（0~200mm）进行测量，判断自由行程是否符合要求，如图8-5所示。

技术要求：制动踏板自由行程是指踏板从自由状态移动到有阻力时的距离。

（2）制动踏板自由行程的调整　若所测得的结果不符合要求，则按以下方法调整：拧松锁紧螺母2，转动真空助力器控制阀推杆，调整自由行程到符合规定值为止，如图8-6所示。

技术要求：在调整工作完成后，应确保制动踏板安装高度和制动灯开关工作正常。

图8-5　制动踏板自由行程的检查

图8-6　制动踏板自由行程的调整
1、2—锁紧螺母　3—控制阀推杆

4. 制动踏板储备行程的检查与调整

1）制动踏板储备行程的检查：在发动机运转时，对制动踏板施以490N的力，测量踏板背面与车身底板之间的距离，此距离为踏板储备行程。

2）制动踏板储备行程的调整：在调整制动踏板安装高度时兼顾。

技术要求：制动踏板储备行程≥80mm（发动机起动后）。

三、电气系统主要件功能的调整

1. 刮水器工作状况调整

技术要求：刮水器快慢间歇档工作正常，刮水片运行无爬行现象，刮刷弧度符合设计要求，往返运动无异响。

2. 空调工作状况调整

技术要求：空调操纵板上的空调器开关、暖风机开关、进风操纵、出风操纵、温度调节开关等工作正常。空调各通风管道连接处无漏风现象。

3. 收放机、点烟器工作状况调整

技术要求：收放机、点烟器应正常工作，收放音时不得有干扰杂声。

4. 玻璃升降器工作状况调整

技术要求：车门玻璃升降轻便灵活，玻璃窗关闭严密，在工作和行驶过程中都不会产生振动和噪声。

5. 电动天窗工作状况调整

技术要求：电动天窗工作正常。

6. 线束检查及调整

技术要求：各线束按规定电路铺设整齐、平顺、牢固。

四、车门调整

1. 对四车门锁及车门间隙进行调整

调整方法如下：

1）以后门为例：后门的面要比侧围的面高一些（间隙要求 5.0mm、最大 6mm、最小 4.5mm、平行差 1.0mm），前门的面比后门高一些（间隙要求 4.0mm、最大 4.5mm、最小 3.5mm、平行差 0.7mm，前门与后门的段差要求 ±1.0mm，以前门为基准）。

2）首先判断车门是否干涉。如有干涉问题，判断车门是上干涉还是下干涉，用扭力扳手松开锁扣，进行调试，锁扣应在门锁中间位置，保证不干涉，车门易锁。解决完干涉后，调一下后门与侧围的间隙面差、侧围与后门框的间隙段差（间隙要求 5.0mm、最大 5.5mm、最小 4.5mm、平行差 0.7mm，段差要求 0mm，以侧围为基准）。

3）然后调试前门。与调试后门的方法一样，首先解决干涉问题，判断是上干涉还是下干涉，解决完干涉后，调试前门与后门的面差、前门与翼子板的面差（间隙要求 4.0mm、最大 4.5mm、最小 3.5mm、平行差 0.7mm，翼子板与前门的段差要求是 −1.0mm，以发动机舱盖为基准），最后用扭力扳手拧紧锁扣，用记号笔在锁扣位置处做正确的标记。

图 8-7 左图所示为锁扣上干涉示意图。锁扣干涉会造成门不易锁，严重时锁不住门，损坏门锁，其调整方法是用铜棒和铁锤把锁扣往下砸，使锁扣处于中间位置。

图 8-7 右图所示为锁扣下干涉示意图。其调整方法是用铜棒和铁锤把锁扣往上砸，使锁扣处于中间位置。

图 8-7 锁扣干涉示意图

图 8-8 左图所示为前门与后门的段差。段差影响美观，其调整方法是把前门的上铰链砸高一点，或者把前门抬高一点，同时前门的锁扣往上砸；把后门的上铰链往后砸，下铰链往前砸，或者把后门往下拽一点，同时将锁扣后门的锁扣往下砸。

图 8-8 右图所示为前门与后门的面差示意图。前门的面比后门的面高，这样门的密封性就差，汽车在行驶时容易进风，其调整方法是把锁扣往里面砸一点，保证面差达到数值要求。

图 8-8　前门与后门的段差和面差

车门间隙调整如图 8-9 所示。其技术要求如下：
1）车门启闭灵活，锁止位置准确、可靠。
2）锁开关应轻便灵活，内外手柄、锁止按钮操纵应灵活，工作应可靠。
3）四门开启档位手感好，无异响，前、后门开启时无干涉现象。
4）符合《外表面间隙及面差检测标准》。

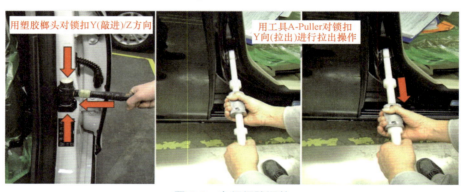

图 8-9　车门间隙调整

2. 对其他外露件装配间隙进行调整

技术要求：车体外饰周边间隙均匀，相互之间曲面吻合，无明显凸起或下凹现象，符合《外表面间隙及面差检测标准》。

五、照明指示系统主要件功能的调整

1）照明信号装置（远光灯、近光灯、高位制动灯、牌照灯、前位灯、后位灯、前雾灯、后雾灯、倒车灯、行李舱照明灯）的调整。

技术要求：开关自如，工作正常。

2）中控锁、左/右后视镜、危险警告灯、防盗指示灯、室内灯、阅读灯和门控灯的检查。

技术要求：开关灵活可靠，各电器应工作正常。

3）组合仪表（燃油指示表、油量过低指示灯、左/右转向指示灯、远光指示灯、尾灯指示灯、冷却液温度表、制动故障指示灯、ABS 指示灯、车速表、机油压力过低指示灯、发动机故障指示灯、发动机转速表、后雾指示灯、安全气囊指示灯、车门开指示灯、未戴安全带指示灯等）的指示状况调整。

技术要求：组合仪表工作正常，各指示灯工作正常。

六、机舱盖及后背门的调整

1）对机舱盖锁及周边间隙进行调整，如图 8-10 所示。

技术要求：启闭灵活，锁止位置准确、可靠，符合《外表面间隙及面差检测标准》。

2）后背门锁及周边间隙调整，如图 8-11 所示。

技术要求：启闭灵活，锁止位置准确、可靠，符合《外表面间隙及面差检测标准》。

图 8-10　机舱盖锁及周边间隙的调整

图 8-11　后背门锁及周边间隙的调整

七、整车调整常规内容

1. 乘员座椅及安全带状态的调整

乘员座椅及安全带状态的技术要求如下：

1）前排两座椅能各自顺利前后移动而无卡滞现象，并能可靠锁止。

2）前排两座椅的靠背角度可以在调节范围内各自前后调节，并可靠锁止。

3）前、后排座椅头枕的高度可以分别调整。

4）座椅安全带能自由伸长和自动收缩。

5）乘员锁上安全带后，锁止必须牢靠。

2. 发动机运行情况的检查与调整

发动机运行情况的技术要求如下：

发动机起动良好、无异响，怠速转速稳定在（800±50）r/min 范围内。

3. 初步检查并调整各管路渗漏情况

各管路的技术要求：管路连接完好，无渗漏。

4. 冷却液、制动液、洗涤液、机油加注情况检查及调整技术要求

1）冷却液液面高度应该位于储液罐刻线之间，如图 8-12 所示。

2）制动液液面高度应该在储液罐刻线的上限到距上限 5mm 处范围内。

3）洗涤液液面应位于刻线 3/4H 与上限之间。

4）机油油面应位于标尺的 F~L 之间。

【检测评价】

教师依据表 8-1 对学生进行该任务的考核测评。

图 8-12　冷却液液面正常高度

表 8-1　评价考核表

序号	步骤	评分细则	分值	得分
1	离合器、制动踏板的调整	能正确进行相关调试，并完成调试工作	20	
2	制动踏板安装高度和踏板自由行程的检查与调整	能正确进行相关调试，并完成调试工作	20	
3	电气系统主要部件功能的调整	能正确进行相关调试，并完成调试工作	10	
4	车门调整	能正确进行相关调试，并完成调试工作	15	
5	照明指示系统主要部件功能的调整	能正确进行相关调试，并完成调试工作	10	
6	机舱盖及后背门的调整	能正确进行相关调试，并完成调试工作	15	
7	整车常规调试	能正确进行相关调试，并完成调试工作	10	
	总分		100	

注：每项分值都是扣完为止。

【课后测评】

判断题

1）调试人员不必持上岗证就能进行调试工作。（　）
2）调试人员必须穿戴相关的劳保用品。（　）
3）出现线束、熔丝、开关等电气部件损坏时，允许维修后继续使用。（　）
4）调试时，对所拆紧固件有力矩要求的必须严格检测力矩，对有特殊要求的紧固件必须更换。（　）
5）两人及两人以上人员同时进行调试时，应确保所有人员安全的情况下进行调试，必要时要用统一的信号。
（　）

任务二　总装下线检测

【任务目标】

知识目标：	技能目标：	素养目标：
1）掌握四轮定位项目和目的。 2）掌握灯光检测项目和目的。 3）掌握车速表检测项目和目的。 4）掌握喇叭声级检测项目和目的。 5）掌握侧滑检测项目和目的。 6）掌握制动/轴重检测项目和目的。 7）掌握尾气排放检测项目和目的。 8）掌握底盘检查项目和目的。 9）掌握淋雨检测项目和目的。	1）具有四轮定位检测与调整的能力。 2）具有灯光检测与调整的能力。 3）具有车速表检测的能力。 4）具有喇叭声级检测的能力。 5）具有侧滑检测的能力。 6）具有制动/轴重检测的能力。 7）具有尾气排放检测的能力。 8）具有底盘检查的能力。 9）具有淋雨检测的能力。	1）养成安全生产的习惯，自觉规范安全行为。 2）树立质量意识，严格按照标准作业。 3）培养工匠精神，制造合格产品。

【任务描述】

检测线的主要工作任务是对车辆行驶的动力性、经济性、环保性、操纵稳定性、安全性和舒适性等一系列性能进行检测评定。其主要检测内容有四轮定位、转向盘标定校正、灯光检测、尾气排放检测、淋雨检测、制动力测试等检测项。

【知识储备】

一、四轮定位和灯光检测

总装下线检测工艺布局通常是将四轮定位、灯光检测和转向盘对中标定整合在一个工位进行的。由于四轮定位和灯光检测项目存在相互关系,四轮定位中的转向盘对中是为了保证灯光检测和四轮定位的准确性,灯光检测需要四轮定位车辆对中后再检测调整,否则会有偏差。

1. 四轮定位

四轮定位包含转向盘对中标定(图8-13)、前轮定位和后轮定位(图8-14)。前轮定位包括主销后倾(角)、主销内倾(角)、前轮外倾(角)和前轮前束4个内容。这是对于两个转向前轮而言,对于两个后轮来说,同样存在与后轴之间安装的相对位置,称为后轮定位。

通过四轮定位后的车辆在行驶时,车轮行走轨迹在一定范围内应保持直线,并具有良好的着地性和操控性,不会出现跑偏现象。四轮定位影响车辆行驶,特别是高速行驶的可控制性、安全性,并减少轮胎附加磨损,因此是整车装配的关键质量环节。

图8-13 转向盘对中标定

图8-14 非接触式激光四轮定位

2. 灯光检测

灯光是汽车在夜间或在能见度较低的情况下,为驾驶人提供行车道路照明的重要设备,也是驾驶人发出警示、进行联络的灯光信号装置,所以灯光必须有足够的发光强度和正确的照射方向。如果灯光照射方向不正确,会造成对面来车交会时驾驶人眩目;如果发光强度不足,会使驾驶人对前方道路情况辨认不清。因此,灯光发光强度和光束的照射方向为机动车运行安全检测的必检项目。灯光检测如图8-15所示。

图8-15 灯光检测

二、车速表检测

汽车的行驶速度影响行车安全与运输生产效率。为了提高运输生产效率,应发挥车辆性能所能提供的尽量高的车速，但若车速过高超过了汽车性能所允许的界限，往往会使汽车失去操纵稳定性与制动距离过长，影响行车安全。因此，在行车中，汽车驾驶人通过车速表来了解、掌握车辆行驶速度，这就要求车速表应具有一定的精度，能尽量准确地反映车辆的实际速度。

三、喇叭声级检测

喇叭声级检测的目的是确保喇叭足够响，足以发挥提醒路人和其他车辆注意的作用，同时要确保喇叭不能过于响亮造成噪声污染。

四、侧滑检测

侧滑是指由于前束与车轮外倾角配合不当，在汽车行驶过程中，车轮与地面之间产生一种相互作用力，这种作用力垂直于汽车行驶方向，使轮胎处于边滚边滑的状态。它使汽车的操纵稳定性变差，增加油耗和加速轮胎的磨损。

如果让汽车驶过可以在横向自由滑动的滑板，由于存在上述作用力，将使滑板产生侧向滑动。检验汽车的侧滑量，可以判断汽车前轮前束和外倾这两个参数配合是否恰当，并不用测量这两个参数的具体数值。

五、制动/轴重检测

制动/轴重检测的项目包括各轮阻滞力、各轮制动力、前轴制动力、后轴制动力、整车制动力总和、前轮制动平衡率、后轮制动平衡率、驻车制动力、制动踏板力、驻车制动操纵力，如图8-16所示。

六、尾气排放检测

汽车发动机工作会排放许多有害气体，如一氧化碳（CO）、碳氢化合物（HC）、氮氧化合物（NO）等；为了满足国家排放标准，控制排放的有害气体含量，整车下线前需要对尾气中的有害气体含量进行测定。尾气的检测是管理大气污染的一种措施，也是一种安全保障，如图8-17所示。

图8-16 制动/轴重检测

图8-17 尾气检测

七、底盘检查

底盘检查的主要任务是检查整车底盘各系统的紧固件是否紧固到位；油液管路、电路安装布局是否合理，有无干涉；各油液管路、发动机、变速器等部件有无渗液；通过底盘检查项目保证整车的功能性正常。

八、淋雨检测

汽车淋雨检测主要用模拟自然环境降雨来检测汽车的密封防雨性能。每辆汽车组装完成下线前必定要经过淋雨线进行检测，只有达到淋雨检测标准的车辆才能允许下线，如图 8-18 所示。

图 8-18　淋雨试验

【任务实施】

一、四轮定位 / 灯光检测工序及操作要领

（1）受检车入位

1）引车员扫描一下受检车 VIN，选择相应的车型，如图 8-19 所示。

2）将受检车摆正方向，以 3~5km/h 的速度缓慢驶上非接触四轮定位。变速器挂"空档"，禁止拉紧驻车制动器手柄，关闭发动机，引车员离开受检车。

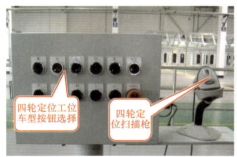

图 8-19　扫描受检车 VIN

（2）车辆对中

1）按一下"开始/完了"按钮，车辆进行自动对中，如图 8-20 所示。

2）观看显示器上横向流量，相应微转动转向盘，横向流量到绿色区域。5s 后自动完成车辆对中（操作要领："转向盘水平仪"应轻拿轻放）。

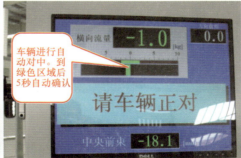

图 8-20　车辆对中

（3）固定转向盘

1）安装"转向盘水平仪"，转向盘锁紧装置顶住转向盘，使转向盘角度为"0"固定，转向盘固定完毕，如图 8-21 所示。

2）按一下"开始/完了"按钮，设备进入轮胎偏摆测试。数秒钟后轮胎偏摆测试完毕。

（4）前轮前束、外倾角的测试及后轮前束的调整

1）观看显示器，先调整左后轮前束，松开下摆臂锁紧螺母旋转调节部位，如图 8-22 所示。将前束值调至企业标准范围内，锁紧螺母打好力矩、涂上色标。确认外倾角参数是否合格，按一下"开始/完了"按钮，后轮前束、外倾角测试完毕。

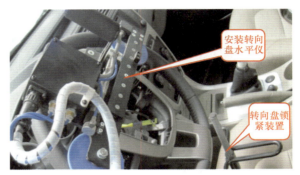

图 8-21　固定转向盘

操作要领：前轮前束（双边）（2.8 ± 2）mm；后轮前束（双边）：（–3.4 ± 2）mm；后轮外倾角：–0.98° ± 0.75°；前轮外倾角：–0.21° ± 0.75°。

2）右后轮前束调整方法同左后轮，前轮前束调整方法同上。

操作要领：转向拉杆螺母紧固力矩为（45 ± 5）N·m。

3）前束调整完成，调整人员按一下"开始/完了"，看提示。

操作要领：后轮摆臂螺母力矩为（45 ± 5）N·m。

4）引车员放回"转向盘锁紧装置"和"转向盘水平仪"，设备自动进行下步检测。

操作要领：调整前轮前束时，保证左、右横拉杆螺纹一样长。

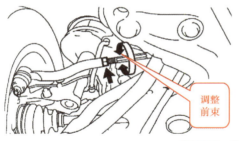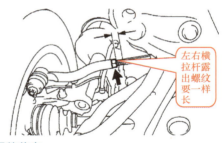

图 8-22　调整前束

（5）主销后倾角、内倾角的测试

1）安装踩制动装置，安装左轮毂夹具（紧密贴合）和主销内倾角传感器。左右微动旋转传感器，使蓝色灯呈常亮状态（不闪烁）后按一下传感器蓝色灯按钮。

操作要领：仔细阅读显示器右上角安装步骤。

2）观看显示器，左轮黄灯闪烁。右轮安装方法同左轮。拿轮毂夹具和主销后倾角、内倾角传感器时，应轻拿轻放。

3）看见显示器 4 个黄灯同时闪烁时，检验员转动转向盘，先把左轮左转 20°，使显示器左轮闪烁的黄灯变为绿色。

操作要领：匀速转动转向盘，转动量为 20°；主销内倾角为 11.58° ± 0.75°，如图 8-23 所示。

4）看显示器，主销后倾角、内倾角数据出现。回正转向盘，按一下"开始/完了"按钮，主销后倾、内倾角测试完毕。

操作要领：主销倾角 10% 抽检。

5）按下"开始/完了"按钮。主销后倾角、内倾角测试完毕。

6）检验员拆卸踩制动装置、左右轮毂夹具和主销后倾角、内倾角传感器。

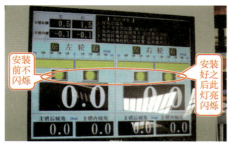

图 8-23 主销后倾角、内倾角的测试

（6）车轮最大转角的检测

1）看显示器提示，检验员向左转动转向盘至最大转角，待显示器有数据显示后，立即向右转动转向盘至最大转角，显示器有数据显示后，将转向盘回正（数据显示为零），如图 8-24 所示。

操作要领：前轮最大转角，内：38.83°±2°；外：30.77°±2°；匀速转动转向盘。

2）按下"开始/完了"按钮，转角检测完毕。

操作要领：车轮最大转角 10% 抽检。

图 8-24 车轮最大转角的检测

（7）前照灯检测

1）自动对中后，按下"开始/完了"按钮，近光灯开始检测。

2）调整近光灯：打开机舱盖，开启近光灯。灯光仪自动测量灯光水平、垂直偏差。观看显示器上的"明暗截止线"水平和垂直偏差情况，调前照灯相应螺栓，使"明暗截止线"至黄色方框内（为国标），灯光仪合格确认，黄色方框变绿，如图 8-25 所示。

操作要领：近光光轴下偏差为 $0.7H \sim 0.9H$，左偏差 ≤ 170mm，右偏差 ≤ 350mm。

图 8-25 前照灯检测

3）调整远光灯：开启远光灯，灯光仪自动测量灯光水平、垂直偏差。观看显示器上的"十字光标"水平和垂直偏差情况，调前照灯相应螺栓，使"十字光标"至黄色方框内（为国标），

215

灯光仪合格确认，黄色方框变绿。

操作要领：远光光轴光强 >18000cd；左灯：下偏差为 0.9H~1.0H；左偏差 ≤ 170mm，右偏差 ≤ 350mm；右灯：下偏差为 0.9H~1.0H；左右偏差 ≤ 350mm。

二、车速表检测工序及操作要领

（1）受检车入位

1）将受检车摆正方向，以 3~5km/h 的速度缓慢驶上试验台，如图 8-26 所示，将变速器置于"空档"，禁止拉紧驻车制动器手柄。

操作要领：申报之前，看车辆组合仪表车速表指针稳定到 40km/h 进行申报。

2）插上 ECU 通信插头，扫描 VIN，设备准备中，如图 8-27 和图 8-28 所示。

3）观看显示屏提示，提升受检车车速（大于 40km/h 后）。待车速表指示为 40km/h（看车辆组合仪表车速表提示）时，按一下"遥控器"申报键申报车速。测试结果如图 8-29 所示。

操作要领：车速稳定在 40km/h 时（即转速表显示为 40km/h），实际车速应在 32.8~40km/h 的范围内。

图 8-26 受检车入位

图 8-27 连接 ECU 通信插头

图 8-28 扫描 VIN

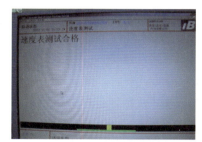

图 8-29 测试结果

（2）ABS 检测如图 8-30 所示

1）进行轮速传感器检测及 HECU 泵增压保压检测。观看显示器提示，踩住制动踏板稳定制动力到绿色区域，看提示一步一步地进行检测。检测完毕后，拔出 HECU 插头，受检车驶下转鼓试验台。

图 8-30 ABS 检测

2）记录卡记录不合格项，进行返修，返修后，复检合格后盖章。

三、声级检测工序及操作要领

1）观看显示器，按喇叭（持续 2s），观看显示器数据出现。确认是否合格，检测完毕。

操作要领：按两下喇叭。

2）记录卡记录不合格项，进行返修，返修后，复检合格则盖章（操作要领：喇叭噪声要求 90~115dB），如图 8-31 所示。

图 8-31　喇叭声级检测

四、侧滑检测工序及操作要领

1）受检车按与滑板运动垂直的方向，以 3~5km/h 的速度驶向侧滑试验台，在轮胎接触滑板前，引车员松开转向盘，受检车缓缓通过滑板。

操作要领：前轮侧滑量为（0±3）m/km，后轮侧滑量为（0±5）m/km，如图 8-32 所示。

图 8-32　侧滑检测

2）观看显示器侧滑检测数据。

操作要领：禁止在滑板上停车，踩制动踏板，拉驻车制动器手柄和转动转向盘。

3）记录卡记录不合格项，进行返修，返修后，复检合格后盖章。

五、制动/轴重检测工序及操作要领

（1）前轴荷检测

1）受检车以 3~5km/h 的速度前轴驶上制动试验台前轴入位。

2）引车员扫描一下受检车整车装配记录卡上的车辆 VIN。根据受检车车型，观看显示器，用"遥控器"上的跳过键选择车型，按"确认键"确认车型。测量前轴轴荷准备，测量前轴轴荷，如图 8-33 所示。

（2）前制动检测　观看显示器提示操作，自动进行前轮阻滞力检测、前轮制动力检测，如图 8-34 所示。观看显示器提示，缓踩制动踏板，制动力踩到绿色区域内。前轴检测完毕，设备退出。

操作要领：制动力的要求符合 GB 7258—2012 标准，制动力总和≥整车重量的 60%，前轴制动力≥轴荷的 60%；后轴制动力≥轴荷的 20%。左、右前轮制动力差的最大值与左、右前轮最大制动力中最大值之比≤20%。

（3）后轴荷检测　受检车以 3~5km/h 的速度前轴驶上制动试验台，后轴入位，测量后轴轴荷。

图 8-33 前轴荷检测

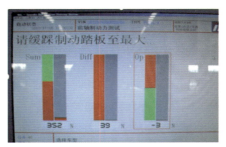
图 8-34 前制动检测

操作要领：后轴制动力≥后轴轴荷的 60% 时，左、右后轮制动力差的最大值与左、右后轮最大制力中最大值之比≤ 24%。后轴制动力＜后轴动轴荷的 60% 时，左、右后轮制动力差的最大值≤后轴轴荷的 8%，如图 8-35 所示。

（4）后制动检测　观看显示器提示操作，自动进行后轮阻滞力检测，如图 8-36 所示。观看显示器提示，缓踩制动踏板，制动力踩到绿色区域内。后轴检测完毕，设备退出。

操作要领：各车轮的阻滞力均≤该车轮所在轴轴荷的 5%。

图 8-35 后轴荷检测

图 8-36 后制动检测

（5）驻车力检测

1）观看显示器提示操作，缓拉驻车制动器手柄进行驻车力检测。驻车力检测完毕，设备退出。

操作要领：驻车制动力总和≥整车重量的 20%。

2）记录不合格项，进行返修，返修后复检。

（6）踏板力、手拉力检测

1）将踏板力计安装在制动踏板上。手拉力计套在驻车制动器手柄上。踏板力、手拉力检测和制动、驻车检测同时进行，如图 8-37 所示。

图 8-37 踏板力、手拉力检测

操作要领：行车制动产生最大制动效能时，踏板力≤ 500N。驻车制动工作部件（后制动器）

锁止时，驾驶人施加于操纵装置（驻车制动器）上的力≤400N。

2）记录不合格项，进行返修，返修后，复检合格后盖章。

六、尾气排放检测工序及操作要领

(1) 受检车入位　引车员将受检车以3~5km/h的速度行驶到排放检测位置，变速器挂"空档"，拉紧驻车制动器手柄。将采样管用压缩空气充分吹干净。

操作要领：取样管和探头内残留HC不得大于210-6；排放检测时，发动机冷却液和润滑油温度应不低于80℃或者达到规定的热车状态（发动机加速到3500r/min，运转30s）。

(2) 排放检测　转速测试感应钳夹到发动机1缸的高压点火线上（或将转速适配器线束接入点烟器），扫描受检车VIN。进入检测状态，如图8-38所示。

(3) 残留物检测　观看显示器，发动机加速到3500r/min（额定转速70%），如图8-39所示。

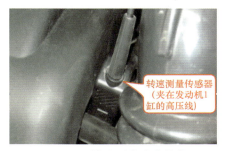

图8-38　转速测试感应钳夹

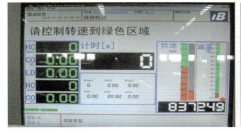 

图8-39　残留物检测

(4) 高怠速检测

1）减速到50%状态[(2500±10)r/min]。运转15s后，将废气分析仪取样探头插入排气管中，深度不小于400mm，如图8-40所示。

2）持续30s后，系统自动读取废气分析仪在高怠速状态的污染物检测数据，及排气管中混合气体（λ）的检测数据。

操作要领：排放检测要求高怠速状态(2500±100)r/min；$CO ≤ 0.1\%$；$HC ≤ 50×10^{-6}$；λ：$1.0±0.03$。

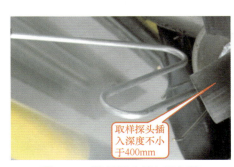

图8-40　取样探头插入排气管

(5) 怠速检测

1）将发动机慢慢从高怠速状态降至怠速状态[(800±100)r/min]，维持30s后。系统自动采样废气分析仪在怠速状态的污染物检测数据，如图8-41所示。

操作要领：怠速状态(800±100)r/min；$CO ≤ 0.1\%$；$HC ≤ 50×10^{-6}$。

2）检测完毕，放回取样探头和转速测试感应钳夹，如图8-42所示。

3）记录不合格项进行返修，返修复检合格后盖章。

七、底盘检查工序及操作要领

(1) 底盘部位检查　将受检车停在地沟检测区，发电机处于发动状态，底盘检查人员观察底盘各处有无异常情况，如图 8-43 所示。

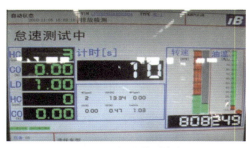

图 8-41 怠速检测参数

图 8-42 检测完毕

操作要点：各连接点色标标记正确，无漏打情况。

（2）转向部位检查　检查转向器紧固件，应涂有符合拧紧力矩的色标，转向油管连接部位无渗、漏油现象，转向性能工作可靠、有效。

操作要点：各连接点色标标记正确，无漏打情况。

（3）传动部位检查　检查变速器底部、驱动轴无渗、漏油现象，变速器紧固件应涂有符合拧紧力矩的色标，如图 8-44 所示。

操作要点：各连接点色标标记正确，无漏打情况。

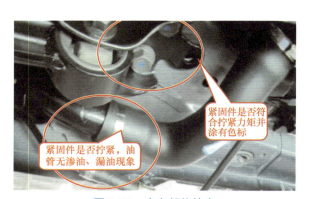

图 8-43 底盘部位检查

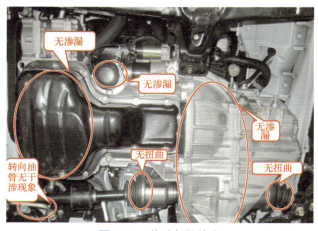

图 8-44 传动部位检查

（4）行驶部位检查　检查车架纵梁减振器，前、后悬架杆系紧固件应涂有符合拧紧力矩的色标，减振器无漏油现象，如图 8-45 所示。

操作要点：各连接点色标标记正确，无漏打情况。

（5）制动部位检查　检查制动管路是否干涉，制动油管连接部位是否有渗漏油现象，紧固件应涂有符合拧紧力矩的色标，如图 8-46 所示。

操作要点：各连接点色标标记正确，无漏打情况。

（6）发动机检查

1）检查发动机、发电机运转是否正常。检查各油管、油底壳、机油滤清器、水管路，应紧固到位，无渗漏现象，如图 8-47 所示。

2）检查油底壳，应无划伤、无划痕。

3）排气筒挂钩，应装配牢靠。

图 8-45 行驶部位检查

图 8-46 制动部位检查

图 8-47 发动机检查

(7) 其他检查项

1) 各线束插头连接紧密，走向符合要求、无干涉，卡扣稳固。

2) 前、后保险杠下支架螺栓无漏装。

3) 各螺栓无松动、无漏装。

八、淋雨检测工序及操作要领

（1）淋雨试验

1) 检验员关闭好四门两盖、车窗玻璃升到位，将受检车缓慢地驶到淋雨室板链上。

2) 随板链线正常前行，淋雨 3min。检验员在此期间应检查收放机、光照度传感器的工作情况；检查车内各部位，查看有无渗、滴、流水的情况，并在淋雨试验记录卡上圈出相应渗、滴、流漏水部位，做好记录。

操作要领：喷嘴出水压力为 0.15MPa，如图 8-48 所示；受检车淋雨 3min；平均淋雨强度：小雨区 55mm/min；大雨区：60mm/min；禁止拉紧驻车制动器。

（2）车外检查 检验员下车后，打开行李舱检查左右侧围、行李舱下至口、尾灯、密封条和后风窗玻璃是否有流、滴、渗现象，如图 8-49 所示。

1) 在淋雨试验记录卡上圈出相应渗、漏水部位，并做好记录，然后将受检车开到淋雨返修区进行返修。

2) 返修完毕后再次淋雨前，必须用干布将水擦干净，然后将受检车进行淋雨复检。

图 8-48 喷嘴出水压力

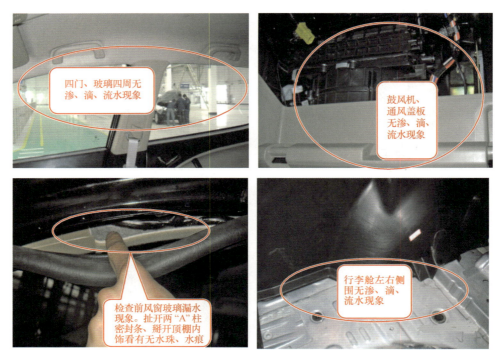

图 8-49 流、滴、渗检查

【检测评价】

教师依据表 8-2 对学生进行该任务的考核测评（总装下线检测需要使用专用设备才能进行，因此结合实际情况进行操作步骤、操作要领的理论考核）。

表 8-2 评价考核表

序 号	步 骤	评分细则	分值	得分
1	四轮定位/灯光检测	能描述操作步骤和操作要领	20	
2	车速表检测	能描述操作步骤和操作要领	10	
3	喇叭声级检测	能描述操作步骤和操作要领	10	
4	侧滑检测	能描述操作步骤和操作要领	10	
5	制动/轴重检测	能描述操作步骤和操作要领	20	
6	尾气排放检测	能描述操作步骤和操作要领	10	
7	底盘检查	能描述操作步骤和操作要领	10	
8	淋雨检测	能描述操作步骤和操作要领	10	
		总分	100	

注：每项分值都是扣完为止。

【课后测评】

判断题

1）非接触数字激光测量检测时间长,不能满足总装生产节拍。（   ）
2）通过四轮定位后的车辆在行驶时,车轮行走轨迹在一定范围内应保持直线,并具有良好的着地性和操控性,不会出现跑偏现象。（   ）
3）车速表检测时,禁止拉紧驻车制动器手柄。（   ）
4）声级检测,喇叭噪声要求 60~100dB。（   ）
5）淋雨试验的目的是查看车辆有无渗、滴、流水的情况。（   ）

参 考 文 献

[1] 邢峰. 汽车装配与检测 [M]. 北京：机械工业出版社，2016.
[2] 杨志红，海争平. 汽车总装技术 [M]. 2版. 北京：机械工业出版社，2019.